买在起涨点

（第二版）

李郑伟　著

地震出版社
Seismological Press

图书在版编目（CIP）数据

买在起涨点/李郑伟著．—2版．—北京：
地震出版社，2015.5
ISBN 978-7-5028-4562-9

Ⅰ.①买…　Ⅱ.①李…　Ⅲ.①股票投资－基本知识
Ⅳ.①F830.91

中国版本图书馆CIP数据核字（2015）第008859号

地震版　XM3463

买在起涨点（第二版）
李郑伟　著
责任编辑：刘素剑
责任校对：庞亚萍

出版发行：地震出版社
北京市海淀区民族大学南路9号　　邮编：100081
发行部：68423031　68467993　　传真：88421706
门市部：68467991　　传真：68467991
总编室：68462709　68423029　　传真：68455221
证券图书事业部：68426052　68470332
网址：http：//www.dzpress.com.cn
E-mail：zqbj68426052@163.com
经销：全国各地新华书店
印刷：廊坊市华北石油华星印务有限公司

版（印）次：2015年5月第二版　2015年5月第一次印刷
开本：787×1092　1/16
字数：357千字
印张：17.25
书号：ISBN 978-7-5028-4562-9/F（5254）
定价：42.00元

前　言

FOREWORD

炒股看似好像很复杂，盘面千变万化，数据图表让人看得晕头转向，都不知哪儿是北了。其实炒股很简单，不就是一买和一卖。只要买卖把握好了，则一好百好。这是在股市生存的最关键要素，却也是最难把握的地方。

股票买入的方法很多，归纳起来无非是两种。一是根据基本面买入。宏观方面经济向好，政策支持，通常股市也会进入上升通道，此时买入股票赢的几率比较大，是合适的进场时间。对于个股而言，上市公司财务数据良好，估值合理，盈利连续保持上升趋势，且主业前景广阔，这种股票适合买入。二是根据技术面买入。这是最常见的买入方法。现在 A 股市场大部分投资者都是技术分析派，基本都是根据技术信号买卖。

本书主要是表述技术面的内容，对于基本面的分析较少涉及。技术分析的门派本身就比较多，因此衍生出很多的技术方法。从大的方面来说，无非是趋势分析、波浪分析、K 线分析和技术指标分析。这种分类可能不太科学，互相有交叉，但易于学习者掌握，因此用于本书的框架构建。波浪分析因为过于繁杂，不适合刚入门的读者，故本书未涉及。

K 线分析是技术分析之母，也是买卖时机确立的基础。但事实上只凭单根 K 线很难确立买卖点。所有的 K 线类型都可以在股价运行的任何位置出现，因此独立的 K 线完全不能作为买卖的信号。但为什么我们还要花那么多时间来研究这个东西呢？刚才我们说的是 K 线不能单独拿来使用，反过来说结合其他因素是可以用的，且非常有效。所谓的其他因素是什么呢？首先，最重要的是股价的整体位置。我们要能辨识股价是处于建仓期、拉升期还是出货期，简单来说就是处于高位还是低位。股价的整体位置制约了K线运行的趋势，脱离整体背景来分析K线就是无源之水。同样是下影线，在低位很可能是探底，而在高位则可能是空头试探的信号。在股价的不同位置，K线表现出完全不同的市场含义。这就是为什么要结合股价的整体位置来研判的原因。其次，比较重要的因素是成交量。成交量本身没有多空之分，有买就有卖；反之亦然，正所谓一个巴掌是拍不响的。如果成交量结合K线分析就有意义多了，放量突破压力区是健康的信号，但量能过大则有出货的嫌疑。如果上涨没有成交量的配合，拉升多是虚涨，有诱多的嫌疑。

单独分析一根K线没有多大意义，但是两根K线、三根K线合起来，市场含义就会越来越明确。比如连续大阳线拉升意味着做多动能快速消耗，后市反转在即；反过来，低位连续大阴线暴跌则可能迎来反弹。K线组合衍生出技术形态分析，市场耳熟能详的头肩顶、旗形、双底、三角形等，都是K线组合的类型。技术形态分析在技术分析中占有非常重要的位置，因为技术形态提供的买卖信号准确度比较高，深受广大投资者喜爱。当然技术形态也不能脱离股价的整体位置来研判，同时也需要结合成交量分析，还有突破形态时的攻击力度等。

趋势分析也是把握买卖点的重要环节。事实上K线分析也是不能脱离趋势分析的。趋势的表现有多种，比如波浪、平均线等，最直观的就是趋势线。趋势线看起来容易，但真正要画好还真不容易，因为趋势线也可能随时在转变，需要及时调整，不能生搬硬套。一般而言，画出的趋势线不能穿过K线的实体，以穿过最多的影线为准。具体我们可以自己多试试，画多了就熟悉了。能准确地画出趋势线后，操作就相对容易了：上升趋势买进，下跌趋势卖出，平行趋势观望，就这么简单，没有过多的东西。

有些投资者喜欢使用平均线，这也是趋势把握的一种。平均线结合K线也可以产生买卖信号。平均线的使用有两个关键点要注意。一是短期平均线是否受制于中长期的平均线，也就是短期趋势是否受制于中长期趋势。这也是我们有些投资者经常把平均线普通交叉当做黄金交叉的原因，因为他们没有考虑交叉的位置。二是平均线本身的运行方向。如果平均线本身下行，股价即便突破也会受到该平均线向下牵引的影响，行而不远。

技术指标分析也是受到投资者普遍喜爱的一种分析方法，但是很多投资者连这些指标是怎么来的都搞不清，使用起来会经常犯教条主义的毛病。因此学习技术指标不在多，而在于精，更在于懂。不仅需要掌握技术指标的来龙去脉，还要能把握使用的要点和精髓。本书因为篇幅的原因无法细致展开，原理方面的东西还需读者自己做功课，我们这里只是点到为止。技术指标通常也不能单独使用，需要结合股价的整体位置和成交量等来研判，这一点可能跟读者的印象不太吻合，但也是不可忽视的一个方面。

本书的基本内容大致就这么一些，罗列了众多的买入方法，您不需要全部掌握，能掌握几个方法就足够了。万变不离其宗，很多方法都是相通的，而最终的目的都是一样的，就是希望能在恰当的时机以一个合理的价位买入。希望投资者能精通一两个方法，提炼出一两个自己的绝招，提升自己操作的水平，最终实现稳定的盈利。

现在的投资者都承认股票是越来越难炒，难有傻瓜式的行情，要想在股市中生存，就必须有高超的技能和稳定的心理素质。希望您能通过不断的学习，最终成为一个成功的交易者。祝愿各位投资者朋友能在证券市场快乐的生存、赚钱。

李郑伟

2011 年夏于广州

目 录

CONTENTS

第 1 章

K 线起涨点

买在起涨点

K线是技术分析的基础，称之为技术分析之母一点也不为过。K线体现了多空厮杀的结果——大阳线是多头所向披靡，大阴线则是空头随意肆虐，十字星则是多空暂时妥协平衡。很多高手的行情软件上只剩下光溜溜的K线，这对他们来说已经足够了，可是对一般散户来说达到这种境界是非常困难的。但是，单凭一根K线是很难做出有效的判断，大阳线可能是葵花宝典的自宫，大阴线未必不是否极泰来的惊喜，如果能多几根K线情况就有很大改观。一天造假容易，能天天造假的估计得是天才，但这个市场里天才毕竟是少数。有位资深人士说，天才要不是神，要不就是疯子，我们散户既不做神也不做疯子，而是老老实实学点朴实的招法，能混个小康就足够了。

两根K线、三根K线的组合更具分析性和可靠性，最好的是多根K线的组合，也就是我们常说的技术形态，比如头肩顶、双底、旗形等。技术形态比较难造假，同时具有明显的趋势含义，对我们预判后市启发更大。

第一节 K线组合起涨点

一、旭日东升

起涨信号

前日一根阴线，次日一根跳空高开的中大阳线，收盘价高于前一根阴线的开盘价，我们称这样的两根K线组合为旭日东升，这种组合具有什么市场含义呢？毫无疑问，这是多头强势反攻的态势。高开表示市场人气旺盛，此后股价节节推进，征服前日最高价，至少昨天的套牢盘已经扫荡干净。在股价大幅下跌后出现这样的形态表示多头强力反击，股价就此反转，是一个比较明确的起涨点，投资者可以适当追涨。旭日东升本身表现得非常强势，跳空高开反映市场急切的做多气氛，高收则表明市场的热情持续贯穿全天，不是诱多行为。旭日东升如果有量能放大的配合则更佳，不过通常在超跌区的成交量很难放大，谨慎心理还是比较明显，因此我们可以适当参与，等反转行情确认后再进行加仓。

如图1-1所示，青海明胶2011年1月26日高开高走，当日收出中阳线，股价高出前日阴线最高价，是典型的旭日东升形态。前期股价大幅下跌后，出现该组合时，显示市场整体上多头完全压制了空头，犹如风卷残云般一路高歌猛进，气势很盛。这样的走势自然预示着后市多头很可能继续进攻，跟进做多没有多少问题。

当然旭日东升也要看该股所处的整体位置。该股当时已经大幅下

图1-1　青海明胶　000606

跌，股价处于严重超跌区，成交量持续低迷，说明跌无可跌，反弹一触即发。而这个旭日东升的组合正好是吹起反攻的号角，我们焉能错过。

如图1-2所示，大连国际2010年7月6日在前日小阴线内部高开，此后持续上涨，最后收出中阳线，股价已远高于前日阴线的最高价。我们称这样的两根K线组合为旭日东升。旭日东升说明多头强势反攻，如果有量能配合，后市应该还会继续上升。

本例该股的旭日东升出现在股价严重超跌的背景下，反转的可能性极大，只是量能还比较低迷，说明大家还心有余悸。后市该股在成交量的配合下逐浪攀升，这个旭日东升成为行情的起涨点，如果能在那时跟进，收益颇丰。

图1-2　大连国际　000881

如图1-3所示，安徽合力2011年1月25日在前日小阴线的基础上跳空高开，此后一路高走，当日收出中阳线，与前日小阴线形成旭日东升的组合。这是一个起涨点，因为多头攻击的态势很明显。高开说明多头迫不及待反击了，股价大幅收高说明多头已经取得了初步胜利，后市继续上涨的可能性很大。当然我们还需要结合其他因素来研判，比如成交量，如果成交量同步放大则更可靠。还有就是股价的整体位置也需要关注，如果旭日东升出现在严重超跌区域，这种反击就更有望获得较大战果。同时我们也可以结合MACD指标等来研判这个起涨信号的可靠性。

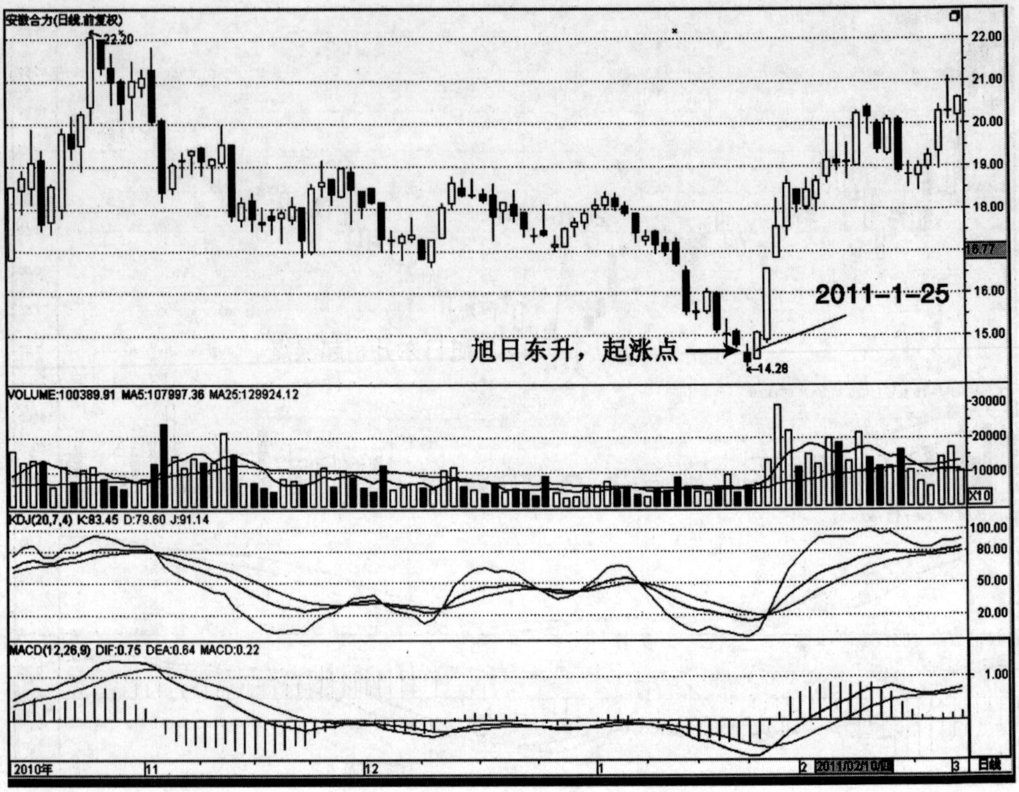

图 1－3　安徽合力　600761

二、阳子母线

起涨信号

子母线也叫包裹线，就是后一根 K 线穿头破脚包裹前一根 K 线。子母线有很多类型，作为起涨点的子母线则只限于后面一根 K 线是中大阳线的情况，即阳子母线，前面的小 K 线可以不论阴阳。阳子母线表明多头绝地反击，已经完全占据优势，后市看涨。当然阳子母线也必须考量股价的整体位置和成交量等。一般来说在股价大幅下跌后或者在上升途中的回调后，股价有上涨的需求，此时的阳子母线成为起涨的信号可靠性比较高；如果同时放量则能确认做多真实，排除一些诱多空涨行为。

另外阳子母线有探底成功的意味，我们可以自己体会。

如图1－4所示，滨江集团在日线图上多次出现子母线，我们看其中两次具有典型意义的情形。2010年7月2日，该股在前日小阴线的基础上低开，此后股价拉升，最后收出中阳线，与前一根K线形成子母线组合。这具有什么样的市场含义呢？该股此前快速下跌，然后跌势减缓，说明空头能量逐渐衰减。衰减不代表行情就能逆转，逆转需要行动来证明。7月2日这根中阳线就是逆转的标志。中阳线把前日阴线全部吞没，说明多头已经彻底把空头打垮，逆转态势明显，是一个买入的时机。不过当时该股的量能有所欠缺，所以此后的涨势比较缓慢，直到此后量能明显放大，涨势才得以加速。

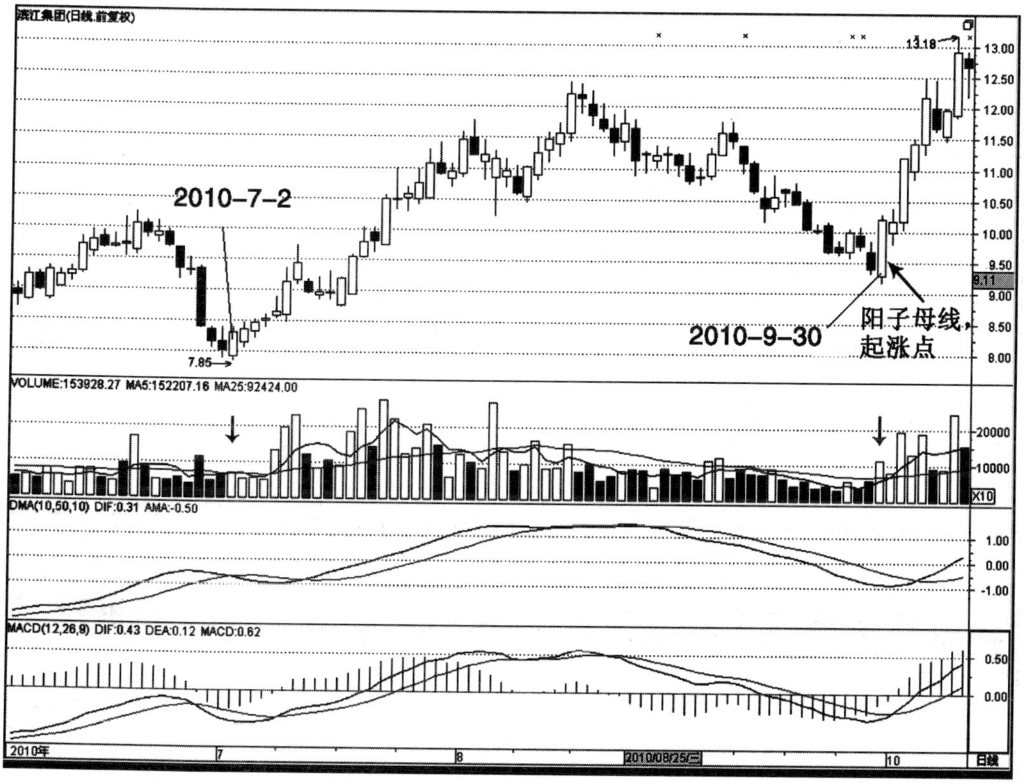

图1－4　滨江集团　002244

我们再看2010年9月30日的子母线。这个组合跟7月2日的组合有明显不同。这回的多头明显更加强势，因为当时是大阳线吞没前日阴线，且量能有放大，多头进攻态势明显，因此此后直接进入快速拉升阶段，这个进场机会比上一个更好。

子母线作为起涨点同样不能忽略股价的整体位置。本例中的两次子母线出现均在股价经过较大调整的背景下，本身具有反弹的需求，子母线只是发起了反击的号令，告诉投资者进场时机到了。

如图 1－5 所示，紫光股份 2011 年 1 月 26 日走出了一个大逆转的走势。当日该股大幅低开，没想当日盘中一路高歌猛进，毫不费劲地封于涨停板。这根涨停大阳线与前日的小阴线组合成一个子母线图形。这种阳子母线的含义比较明确：低开有诱空的嫌疑，此后一路高走，让人猝不及防，主力成功地甩开了散户的追涨，同时又收集到了廉价的筹码，可谓居心叵测。既然主力刻意诱空，我们不妨趁机追进，哪怕股价已经略微偏高。

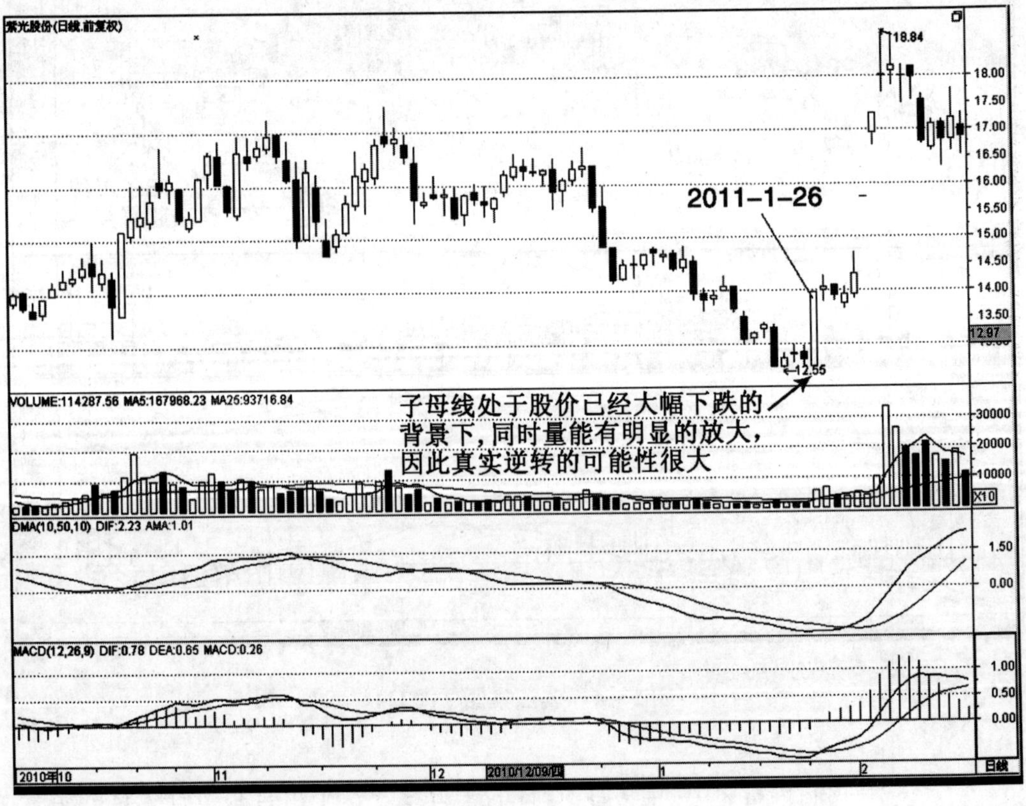

图 1－5　紫光股份　000938

本例该股的子母线处于股价已经大幅下跌的背景下，同时量能有明显的放大，因此真实逆转的可能性很大，我们可以积极参与。

如图1－6所示，山下湖2010年9月21日延续前面的连续跌势，当日收出小阴线。次日该股继续疲软，股价低开，但是没想到盘中忽然发力，一路上行，最后收出一根中阳线，把前日的小阴线彻底吞并。这个阳子母线也表明了多头的攻击态势很明确，投资者可以在盘中适当参与。

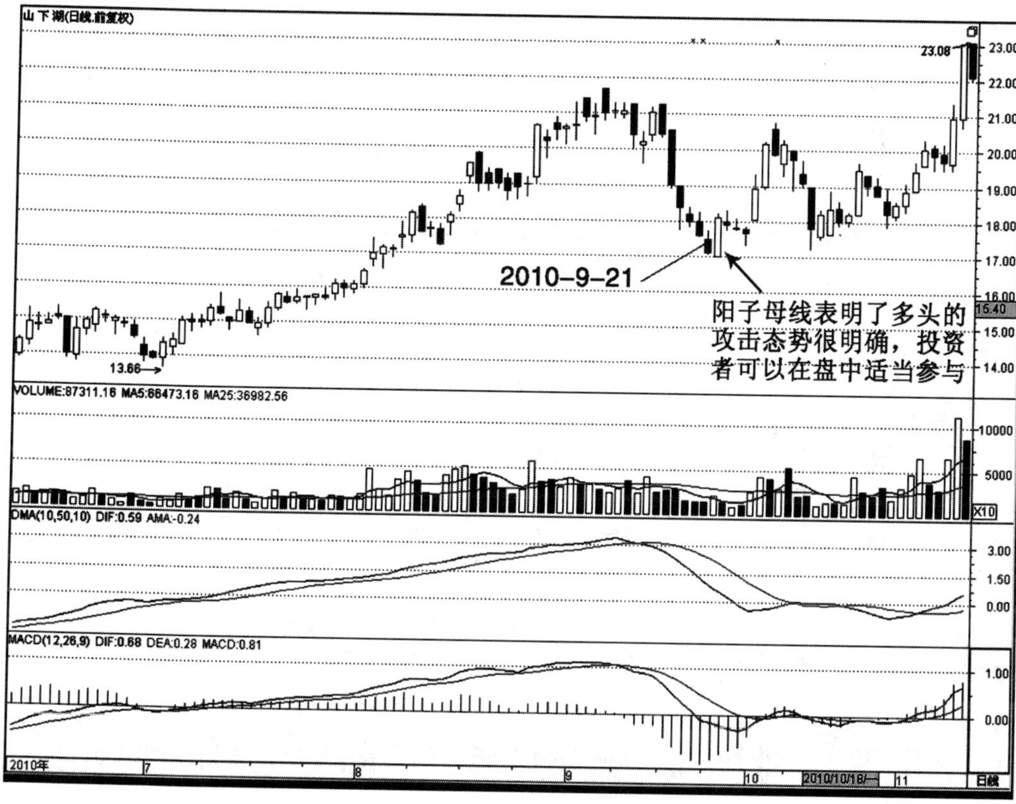

图1－6 山下湖 002173

本例山下湖的子母线出现股价连续下跌的背景下，短线股价显然已经超跌，此时适当参与没有多大问题，但是因为前高的压力，我们不能奢望太多。该股此后回到前高附近的时候果然再度受压回落。

三、双针探底

起涨信号

双针探底在市场上很有名气。“双针”特别强调两根 K 线都有较长的下影线，倒不怎么要求最低价非常接近，相差一点也是正常的。双针的市场含义是主力大力打压股价，试探低档的承受能力，然后拉回，表明底部确认。

双针也不要求两根 K 线是紧邻的，相隔一段距离也许更可靠，但是不能相距过于遥远。双针探底发生在股价大幅下跌或者回调到位的背景下，通常成交量明显萎缩，表示市场惜售。双针探明底部后自然成为一个起涨点，我们可以适当参与。

如图 1－7 所示，丰原生化 2010 年 7 月 2 日收出一根带有长下影线

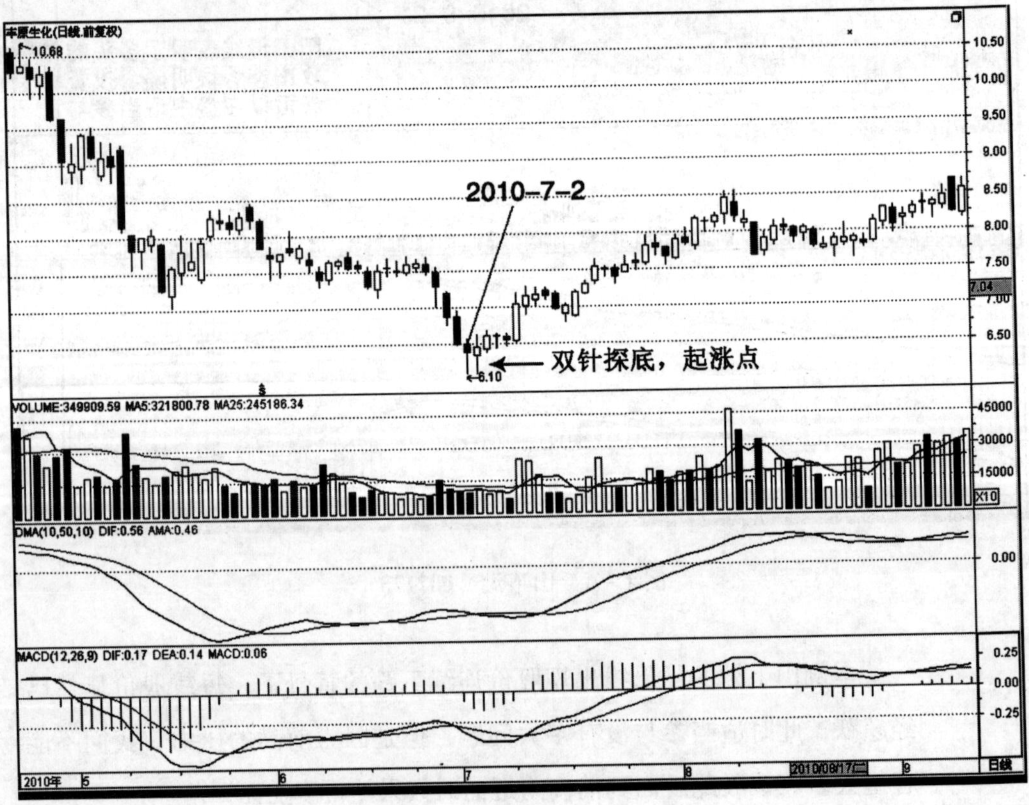

图 1－7　丰原生化　000930

的小阴线，次日则收出一根带有长下影线的小阳线，两根K线的最低价相差不多。我们把这两根带有长下影线的K线称为双针。双针探底是市场中常见的现象。为什么双针很可能探明底部呢？长下影线说明空头曾经大幅打压股价，但最后被拉回，也说明此处多头的阻击力度比较大，空头已经有些力不从心了。一次探底可靠性不是很大，两次相同的行为就可靠性大增。双针就是反复探底的表现，如果此后股价再没有新低则说明探底成功。

本例丰原生化双针探底后股价再没有下移，此后开始逐浪上升，说明这个双针组合是一个比较可靠的起涨点。当然双针的可靠性跟股价的位置也有很大关系，如果股价已经大幅下跌，处于超跌区域，那么可靠性就更高。本例该股的双针就是处于股价严重超跌区域，探底成功的可能性也自然比较高。

如图1－8所示，三钢闽光2010年6月30日收出一根带有长下影

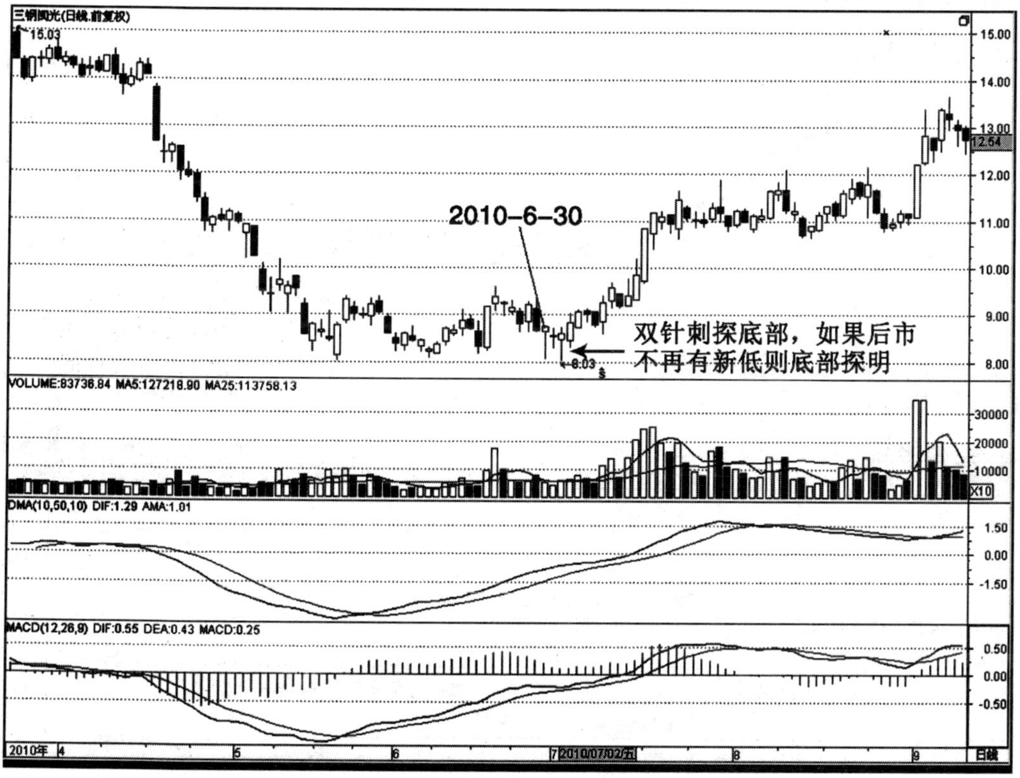

图1－8 三钢闽光 002110

线的小阳线，次日收出一根十字线，第三天又收出一根带有长下影线的小阳线，股价创出新低，但距离前低很近。这两根带有长下影线的小阳线也可称为双针，只是中间间隔了一根十字线。双针还是刺探底部的作用，如果后市不再有新低则底部探明。本例这个双针的位置更具可靠性。为什么呢？我们看到这个双针的位置恰好在前面横盘的位置，也就是说本来该股在此前就进行了较长时间的筑底，这次股价再度下探，只不过是再次测试前期底部的扎实程度，这种二次探底一般来说成功的可能性极大，我们可以准备随时进场。该股此后的走势也证明了这个底部比较扎实，如果能在双针后进场，收获还是非常可观的。

如图1-9所示，宁波富达2010年7月2日收出小阳线，但当日股价曾经大幅下探，只是多头猛烈反击才把股价拉回，最后股价收高，说

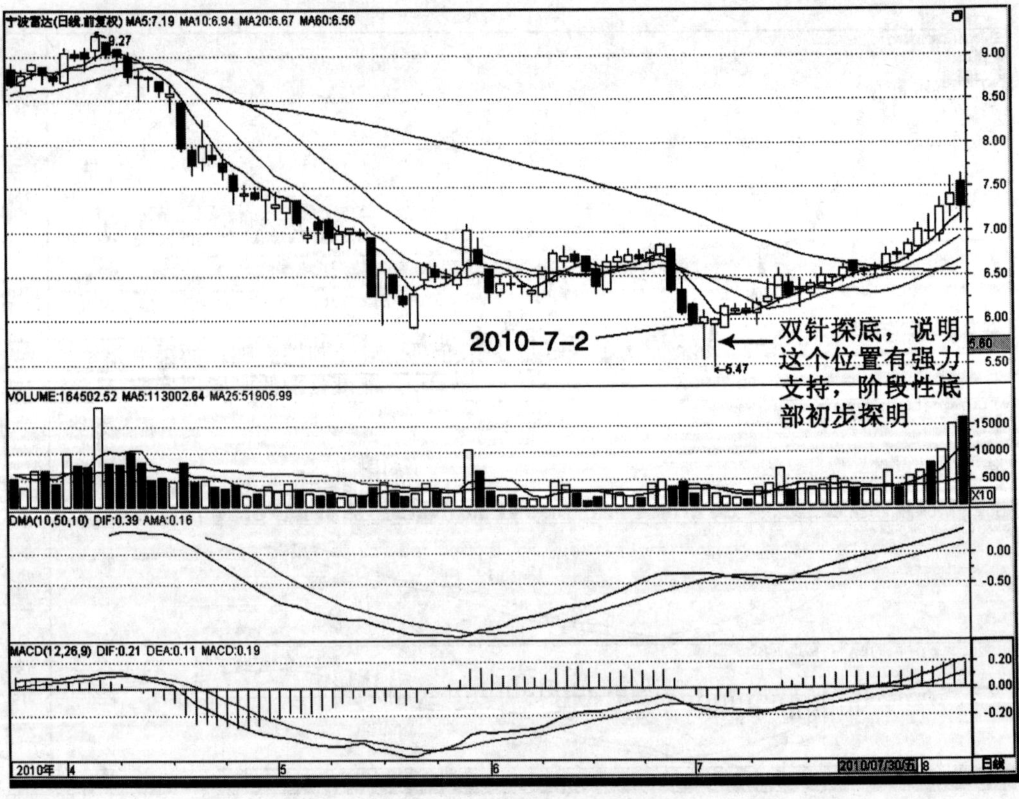

图1-9　宁波富达　600724

明多头略占优势。次日股价几乎复制了前日走势，形成双针的组合。这说明这个位置有强力支持，空头每次打压到这个位置均受到多头有力的反击，最后空头败退。经过这么两次争夺，阶段性底部初步探明，投资者可以适当参与。

双针能否有效还需要评估股价的整体位置，如果股价前期大幅下跌，空头能量得到了有效释放，这时候的双针成为有效起涨点的可靠性更大。

四、镊底

起涨信号

镊底类似于双针，都是两次试探底部的支撑。镊底不要求两根 K 线都有较长的下影线，但是要求最低价必须非常接近，最好是同一个价位。把镊底特别拿出来讲解是因为它太典型，且很好使用。试想谁能把两天的股价控制在同样的价位？自然是主力。既然主力在此阻击，后市上行的可能性就极大，也即一个极好的起涨点。镊底出现在大跌后或者上升途中的回调时，信号更准确，我们可以积极参与。

镊底也有几种类型，作为起涨点应该保证后面一根是阳线，且最好股价高过前一日的最高价，这样可以确认升势。

如图 1－10 所示，宁波联合 2011 年 1 月 20 日延续前面的跌势，当日收出中阴线，收盘价也是当日最低价 8.78 元。第二天该股平开高走，收出小阳线，涨幅接近 3 个点，多头有所起色。这时候我们就发现这两根 K 线的最低价一模一样，都是 8.78 元，比较神奇吧。是谁搞出这么两个相同的最低价呢？我们心里都很清楚。散户是不可能的，散户说到底是分散的，除非巧合，否则是没法控制价格的，那么只有主力有这个能力了。这就是我们所说的镊底，像镊子一样夹住了价格，一动不动。既然主力已经明显在这个价位上使劲了，那很可能这个价位就是阶段性的底部。当然镊底的成立还需要其他因素的配合。本例的镊底出现在股价大幅下跌之后，股价严重超跌，因此成为底部的可能性很大，我们可以适当参与，万一股价创出新低，我们再止损也不迟。

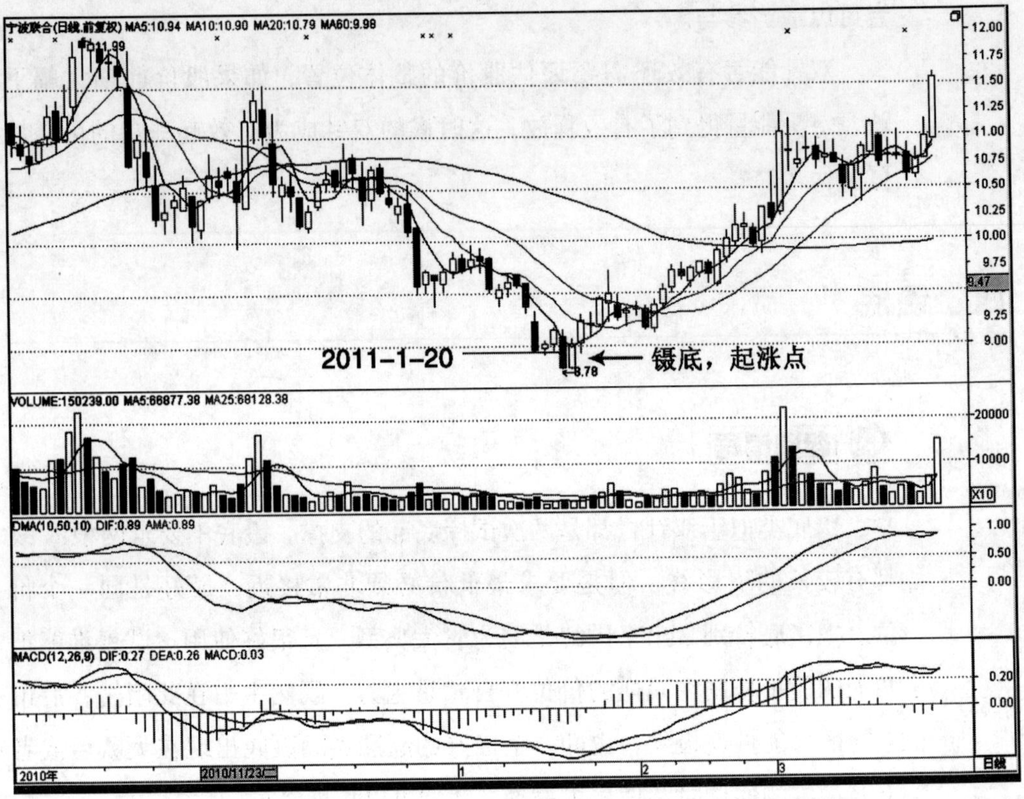

图1-10　宁波联合　600051

如图1-11所示，南方建材2011年1月25日收出中阴线，最低价8.07元，次日收出小阳线，最低价也是8.07元。这是一个标准的镊底，两天的最低价一模一样，不差一分。谁能做到把两天的最低价控制在同样的价位上？散户肯定没有这个能力，那只有主力才有这个实力。当然你也可以归结为巧合，不过巧合这种东西毕竟很少见，你要相信巧合就不该炒股，而应该去买彩票。

既然主力在相同的价位阻击空头，那这个价位成为阶段性底部的可能性就很大，也即起涨点，此时我们适当参与就理所当然。如果我们能同时关注一下股价的整体位置则更好。如果股价得到充分调整，镊底的

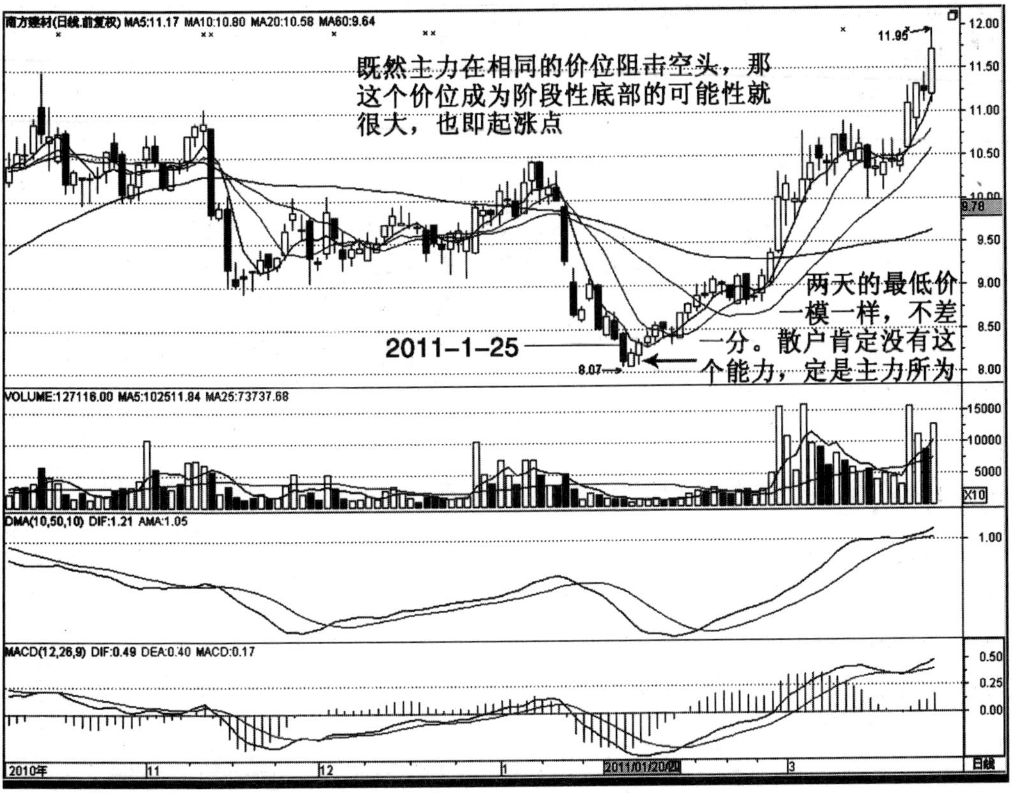

图1-11　南方建材　000906

可靠性就很高。本例南方建材的这个镊底出现在股价快速大幅调整之后，其可靠性应该很高，后市该股的走势也证明了这一点。

如图1-12所示，深赤湾A 2010年7月2日收出一根带有长下影线的小阴线，次日几乎复制了前日的走势，走出一个双针的组合。不过我们这里更关注两根K线的最低价。7月2日的最低价为10.69元，次日的最低价为10.68元，相差一分钱。这说明在这个位置有较强的支撑，同时也很可能是主力行为，因为散户是很难在两天里控制股价在相同的位置止跌。既然主力在同样的价位阻击，那么这个价位很可能就是阶段性底部，从另外一个角度讲就是一个起涨点。

镊底能不能成为可靠的底部还与股价的整体位置等有很大关系，如果股价处于严重超跌区域，或者上升途中的回调中，其形成底部的可能性很大。本例深赤湾A的股价显然已经严重超跌，筑底的可能性很大，

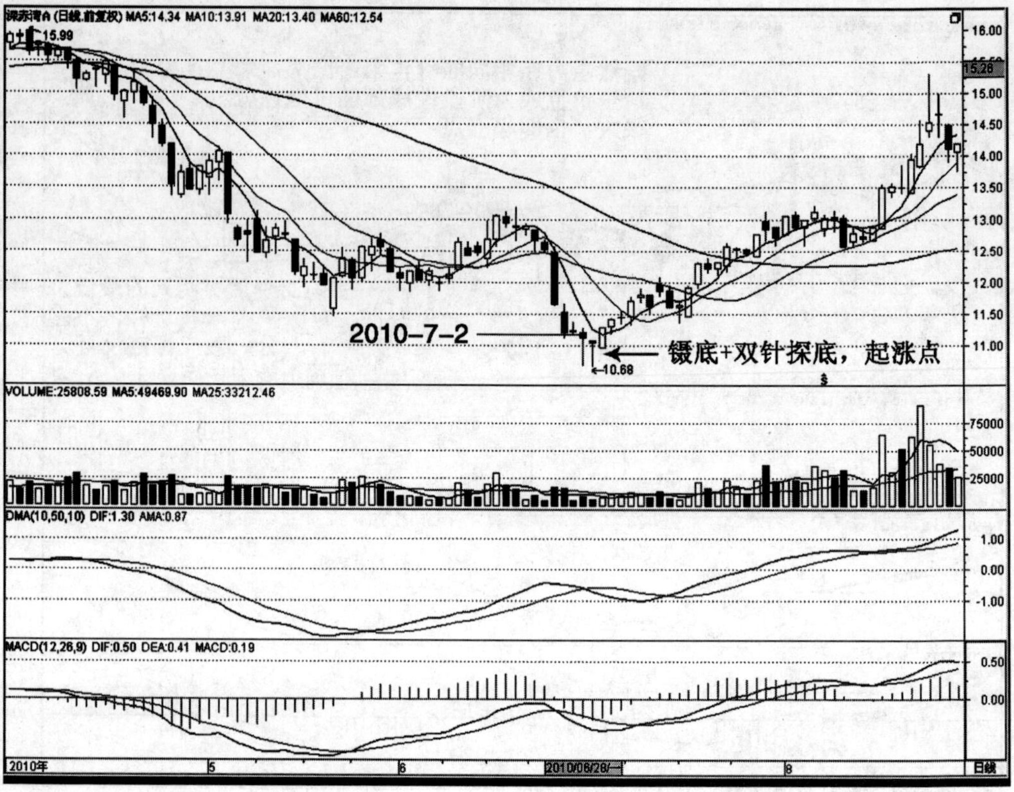

图1-12　深赤湾A　000022

此时可以适当参与，如果股价再创出新低可止损，损失也不会很大。

五、早晨之星

起涨信号

早晨之星也是市场耳熟能详的起涨信号。这个K线组合形态是这样的：第一天股价下跌；次日股价跳空低开，最后涨跌幅都不大，收出星线，缺口仍在；第三天股价跳空向上，收出中大阳线。早晨之星通常说明空头衰竭，多头出击，股价就此反转上行。早晨之星作为起涨点通常也要求是出现在股价大幅下跌或者上升途中回调到位后。成交量方面则一般是要求下跌的时候缩量，最后上涨的时候有量能放大配合。

如图1-13所示，洪涛股份2010年10月19日收出一根大阳线。单独看一根大阳线其实没多大意义，但是结合其他因素看就有意义了。这根大阳线与前面两根K线一起组合成一个早晨之星的图形。这通常是一个比较可靠的起涨点，因为这个图形反转走势非常明确。第一天是中阴线，下跌好像加速，但第二天跳空低开却跌幅不大，只是一根十字星，说明下跌动能不足，多头的抵抗出现，当然能不能抵抗得住还要继续观察验证。第三天的跳空大阳线则完全明明白白告诉了我们多头抵抗成功，走势已经明确逆转上行。后市该股也如期持续上行。这个早晨之星的提示作用还是非常明显，给了我们很好的介入机会。

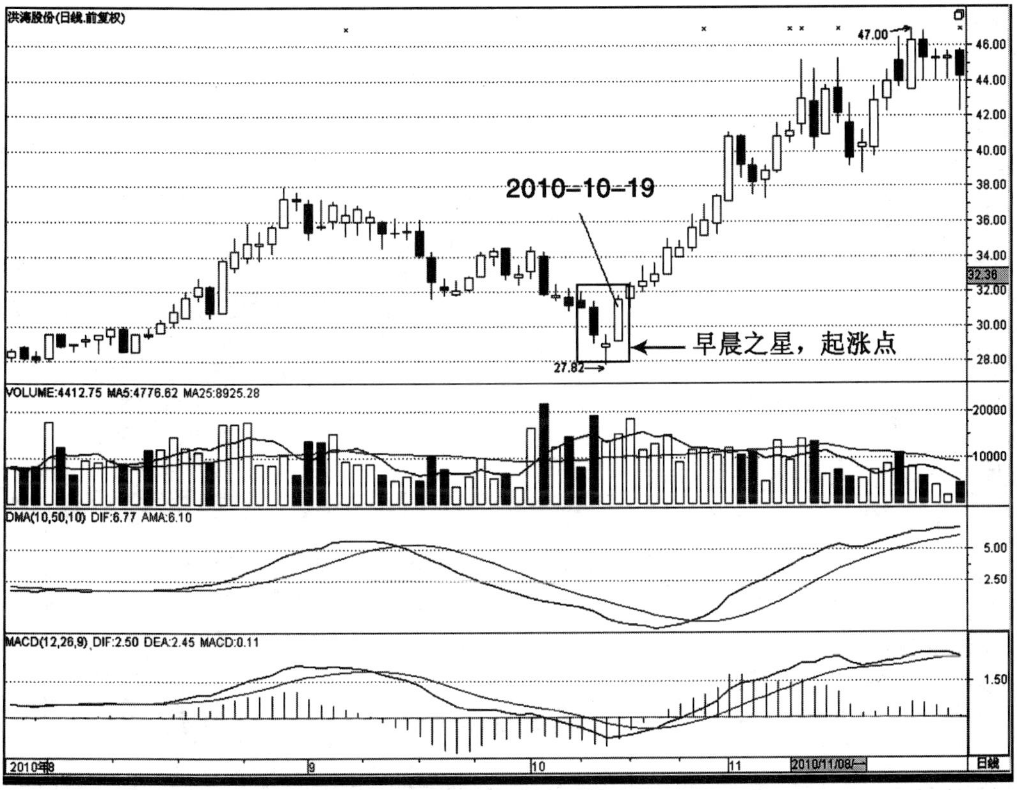

图1-13 洪涛股份 002325

早晨之星也需要放在股价的整体位置下考量。本例这个早晨之星处于前面股价横盘的位置，这里是一个比较重要的支撑位，此处的早晨之星探底成功的可能性极大，我们在第三天盘中基本可以确认早晨之星的情况下买进正好。

如图 1－14 所示，超声电子 2011 年 1 月 24 日跌势较猛，当日收出中阴线，看似走势依旧低迷。次日该股跳空低开，可是当日并没有预期的那样暴跌，反而站住了脚跟，当日收出一根十字星。这是止跌的迹象，但是后市能不能就此反转上行还有待观察。第三天该股高开高走，走势极为强悍，最后涨停。这三根 K 线演绎了一个完美的反转图形，我们称之为早晨之星。早晨之星出来，说明走势有了彻底的改变，后市很可能就此反转上行。这是一个较为明显的起涨点，我们可以积极参与。

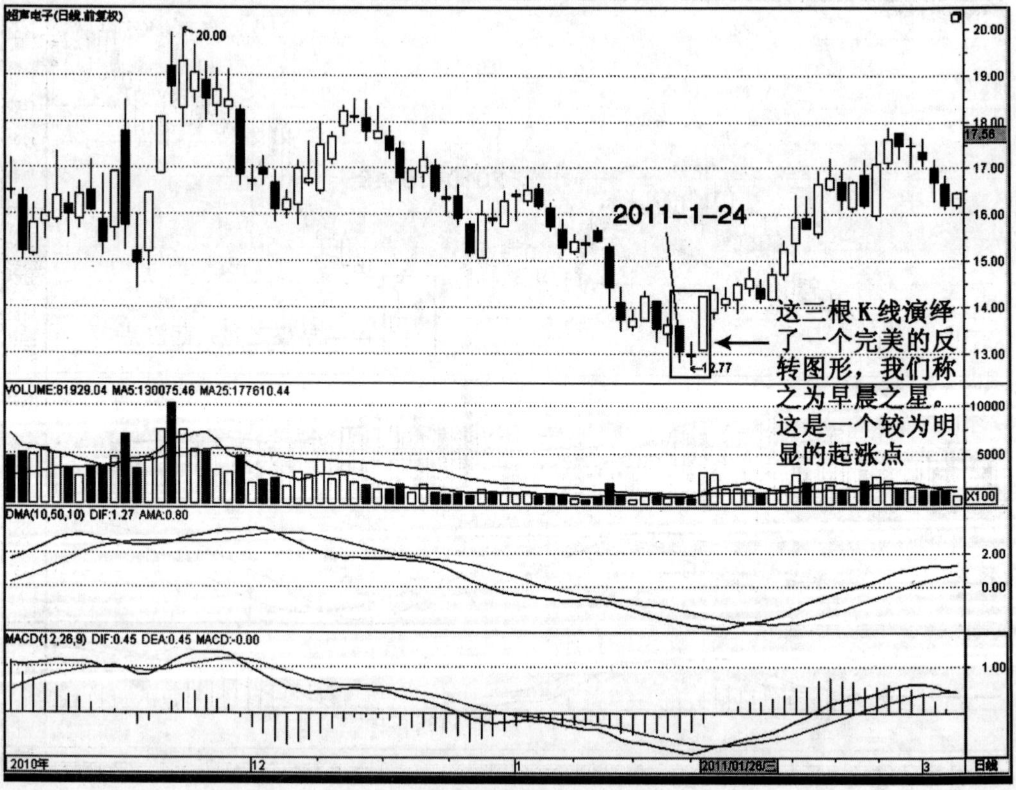

图 1－14　超声电子　000823

本例超声电子的早晨之星较为标准，第三天放量大涨也说明多头实力强劲，后市继续上涨已经没有多少悬念，我们要能随机应变，空转多正是时候。

如图1－15所示，东方金钰2011年1月24日延续前面的跌势，当日收出中阴线。次日该股跳空低开，但最后只是收出十字线，股价并没有大幅下挫，反而有止跌迹象。第三天股价跳空高开，收出光头光脚的中阳线。这三根K线组合成一个早晨之星的形态，通常是股价反转的标志，也即一个起涨点，投资者可以适当参与。

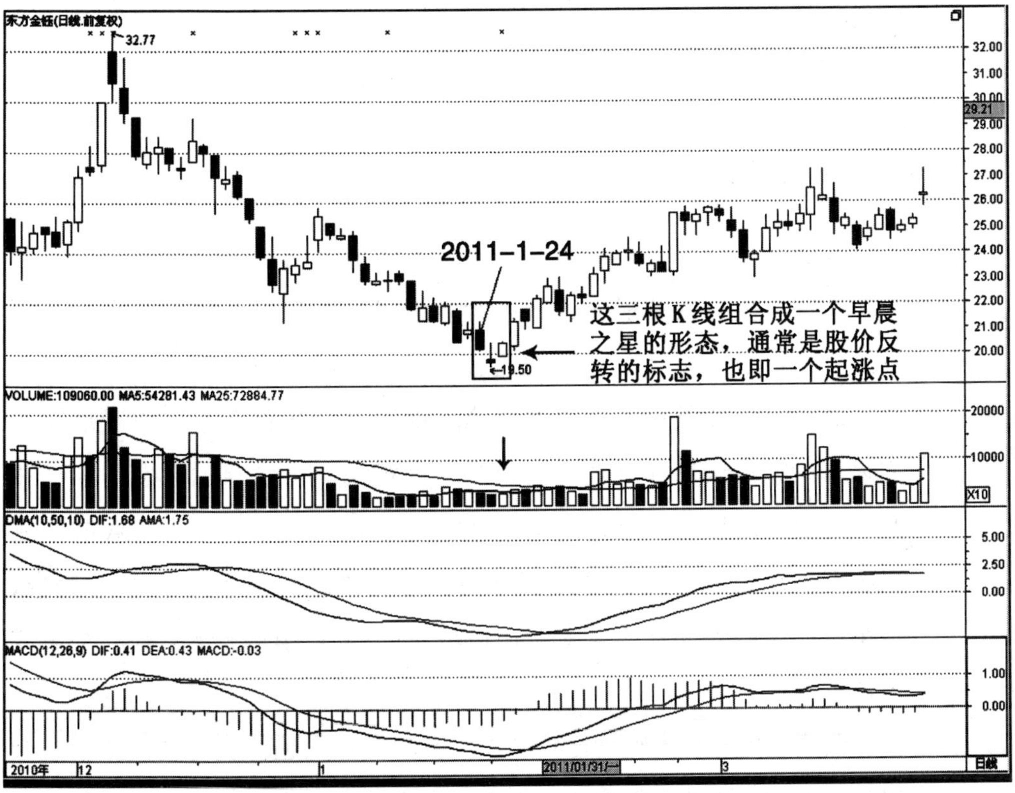

图1－15　东方金钰　600086

本例东方金钰的早晨之星出现在股价已经大幅下跌的背景下，因此很可能就此反弹。但是这个早晨之星的第三根阳线并没有量能的配合，成交量依然低迷，说明市场参与的热情并不高，因此面对这个起涨点我们要保持一份冷静，少量参与即可。

第一节 K线技术形态起涨点

一、头肩底

起涨信号

头肩底比较复杂，通常的表述是这样的：它犹如倒置的两个肩膀扛一个头。头肩底的形成过程：股票价格从左肩处开始下跌至一定深度后弹回原位，然后重新下跌超过左肩的深度形成头部，之后再度反弹回原位；经过整理后股价开始第三次下跌，当跌至左肩位置形成右肩后开始第三次反弹，这次反弹的力度很大，很快穿过形态的顶部并且一路上扬。把每次反弹的高点连接起来就得到颈线，头肩底的形成以突破颈线为准。成交量的变化通常是前面两次下跌有放量的表现，但第三次下跌则要求明显缩量。最后突破颈线的时候要求有成交量放大的配合。

头肩底出现在大跌后比较可靠，有时候在大趋势上升的背景下也会出现，说明回调的底部出现，也是一个起涨点。头肩底是一个反复筑底的过程，通常比较可靠，我们可以积极参与。头肩底的第一上涨目标至少是形态的等高距离。

如图 1－16 所示，华映科技在 2010 年 11 月 8 日之前形成一个头肩顶模样。不过模样只能是模样，在没有突破颈线之前千万不能想当然地认为这是头肩底，先期潜伏没有意义，反倒有可能会偷鸡不成蚀把米，因为这种形态成为下跌中继平台的可能性也很大。

本例华映科技在 11 月 8 日以大阳线突破颈线，头肩顶形态正式成

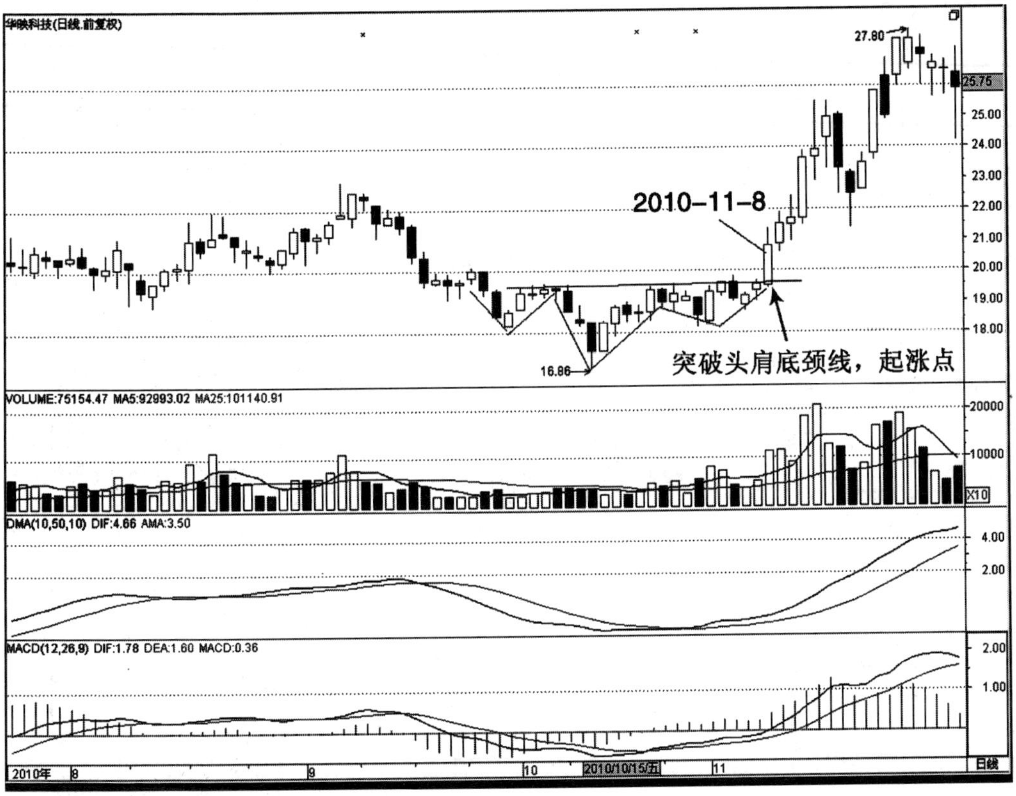

图1－16　华映科技　000536

立，这才是一个非常明确的起涨点，此时进场应该非常可靠。另外在细节上我们也可以略加关注。该股以大阳线的形式突破颈线，而成交量成倍放大，多头发起进攻非常有力，后市自然更为看好。

如图1－17所示，江中药业2010年7月26日收出中阳线。这是一个起涨点。为什么这么说呢？肯定不是因为这根K线的涨势非常强势，单根的K线分析意义不大。从形态看，这根中阳线恰好突破此前反复纠结形成的头肩底形态的颈线，因此具有很强的分析意义。头肩底形态要正式确立，股价必须突破颈线，这是毫无疑问的，否则就不能称其为头肩底。头肩底一旦形成，说明筑底过程结束，后市将进入上升行情中，是一个很好的起涨点，给了我们很明确的买入信号。

头肩底的突破最好有成交量的配合，突破的力度要强。本例江中药业的突破在成交量上有所欠缺，这也导致了后市反复震荡，可以理解为

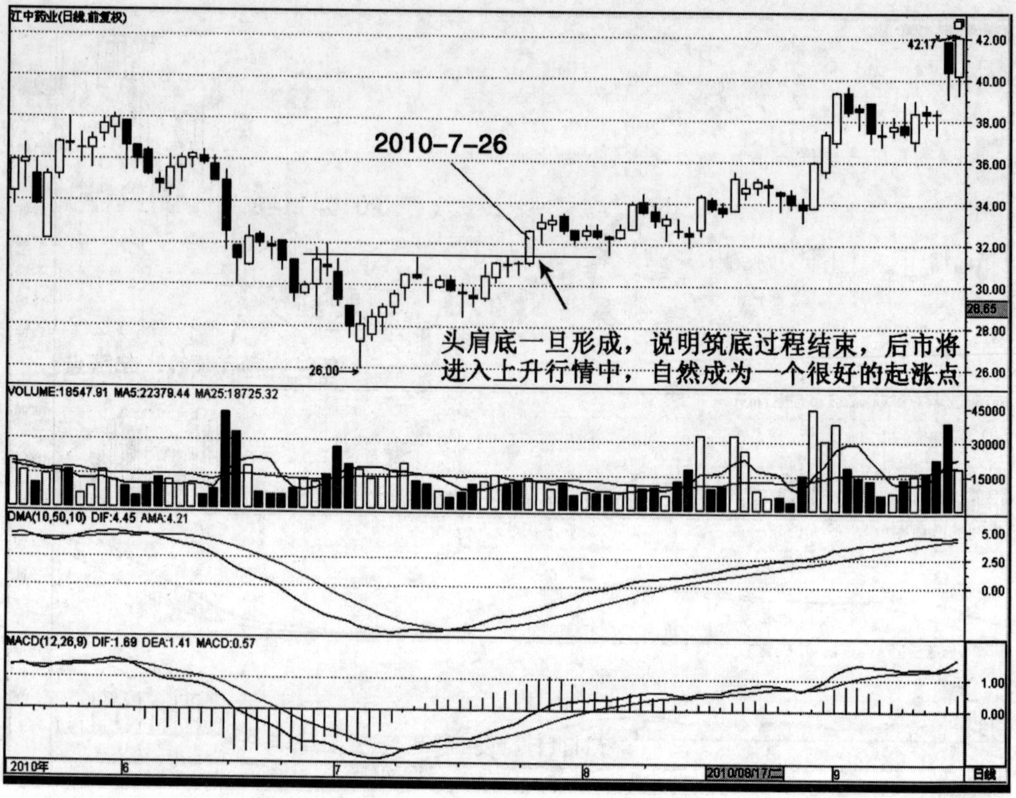

图 1-17 江中药业 600750

主力边拉边收集筹码。总体来说头肩底不太容易形成，一旦确立就比较牢固，至于后市走势则还受很多其他因素制约。

二、塔形底

起涨信号

塔形底因其形状像个倒扣的塔顶，故命名为塔形底。塔形底的形成过程：在一个下跌行情中，股价在拉出中、大阴线后，跌势开始；在跌到一定位置后出现了一连串平行的小阳线、小阴线，然后蹿出一根大阳线，塔形底正式确立。一般来说，股价在大幅下跌后的低位形成塔形底后，如若有成交量配合，往往会有一段较大的涨势出现，因此塔形底的放量大阳线既是形态确立的标志，也是一个非常好的起涨点，我们可以积极跟进做多。

如图1－18所示，西仪股份2010年7月19日涨停，当日大阳线很是突兀。从表面看，这根大阳线与图像左边的大阴线形成对称，中间是一溜的呈平行走势的小阳线、小阴线。我们把这种凹形的K线组合叫塔形底。塔形底的市场含义是什么？左边大阴线快速下跌，做空动能得到极好释放，并且逐渐衰竭，然后股价在一个价位横盘整理，上下两难，空头已无力打压，多头心有余悸也不愿意冒头，于是只能呈胶着状态，直到一根大阳线拔地而起，才宣告多头进攻开始，行情就此逆转。因此塔形底的右侧大阳线就是一个起涨点，也是追进的很好时机。

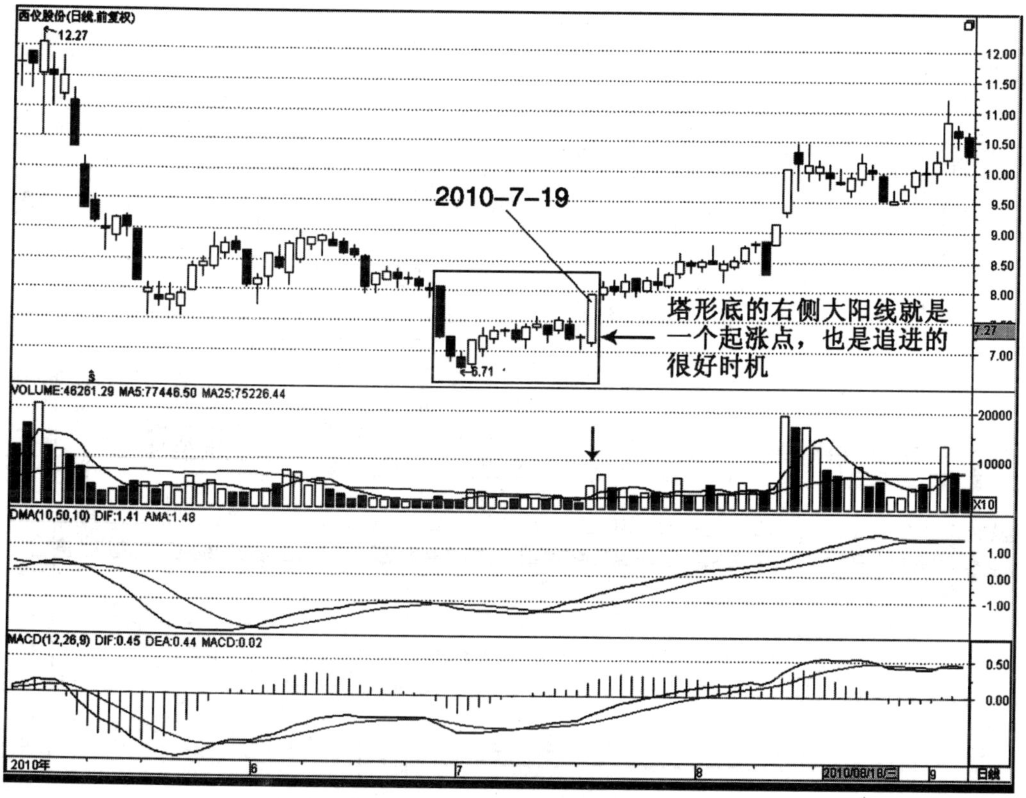

图1－18 西仪股份 002265

本例西仪股份的塔形底形成于股价大幅下跌之后，可靠性比较高。右侧大阳线发动的时候也有量能的配合，一切条件都非常好，后面不涨都难。

如图1－19所示，湖北金环2011年1月27日收出一根中阳线，这是一个起涨点。说它是起涨点绝不单单是因为这根中阳线。结合前面的走势看，这是一个比较标准的塔形底。前面一根大阴线，然后连续七天横盘，最低价都差不多，说明这个位置的支撑非常明显。当然支撑仅仅是支撑，后市能不能有所作为还得继续观察，我们不能先入为主先行进去潜伏。潜伏的风险比较大，当利空来袭的时候，这种横盘很可能变成下跌的中继平台，那后果就很严重了。因此必须等到进攻的信号出现才能行动。本例该股1月27日的中阳线就是一个进攻的信号，至此一个塔形底已经明确形成，后市继续上升应该没有什么疑问了，我们可以积极参与。

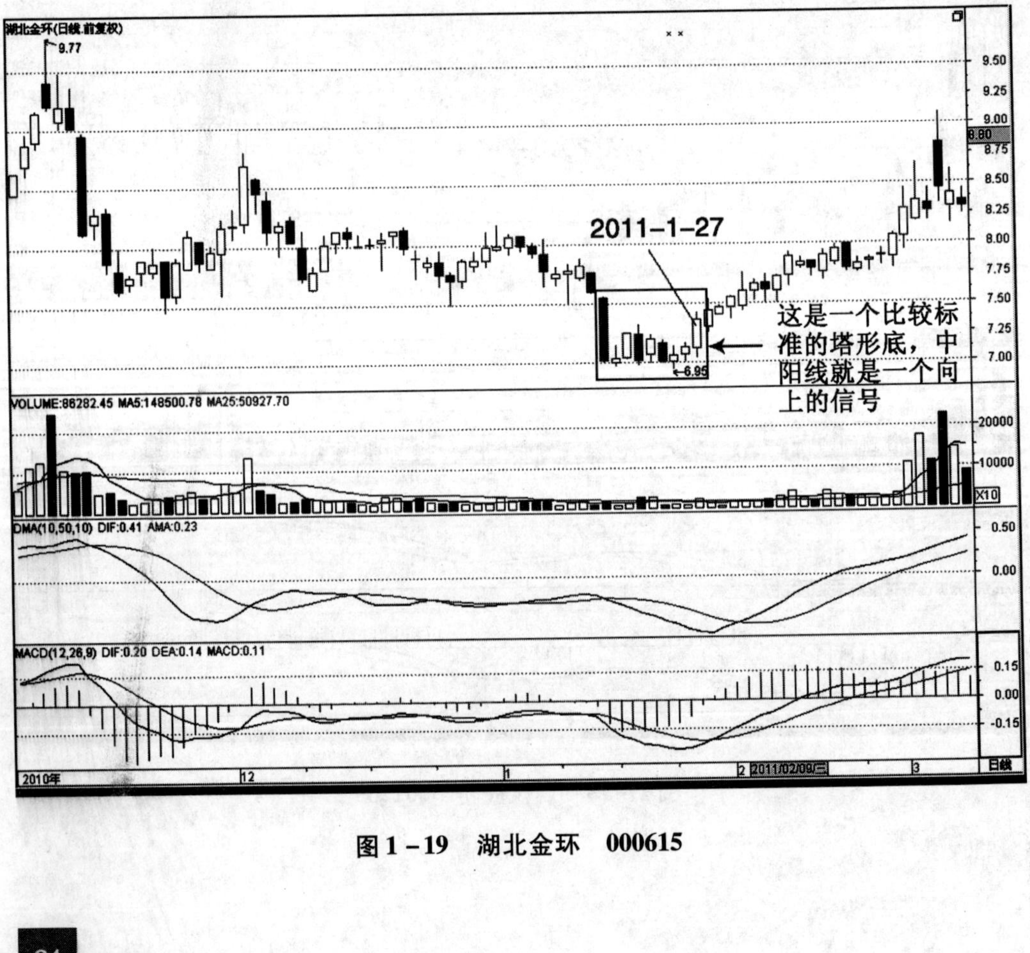

图1－19　湖北金环　000615

如图1－20所示，苏州高新2011年2月15日强势涨停，至此我们发现股价走势形成一个鲜明的凹形，这就是所谓的塔形底。塔形底形成的初期股价快速下跌，当做空动能逐渐释放干净后，股价开始横盘整理。这是一个主力收集筹码的过程，至于时间则很难确定，因此在横盘的时候不宜先期潜伏。再说这个底部未必是真正的底部，也有可能破位下跌，那么最好的办法就是等待塔形底的正式成立。而塔形底正式成立的标准就是股价再度快速拉起。本例该股2月15日的这根涨停大阳线可以说宣告了塔形底的正式成立，此时追进虽然股价有点高，但安全度更高。

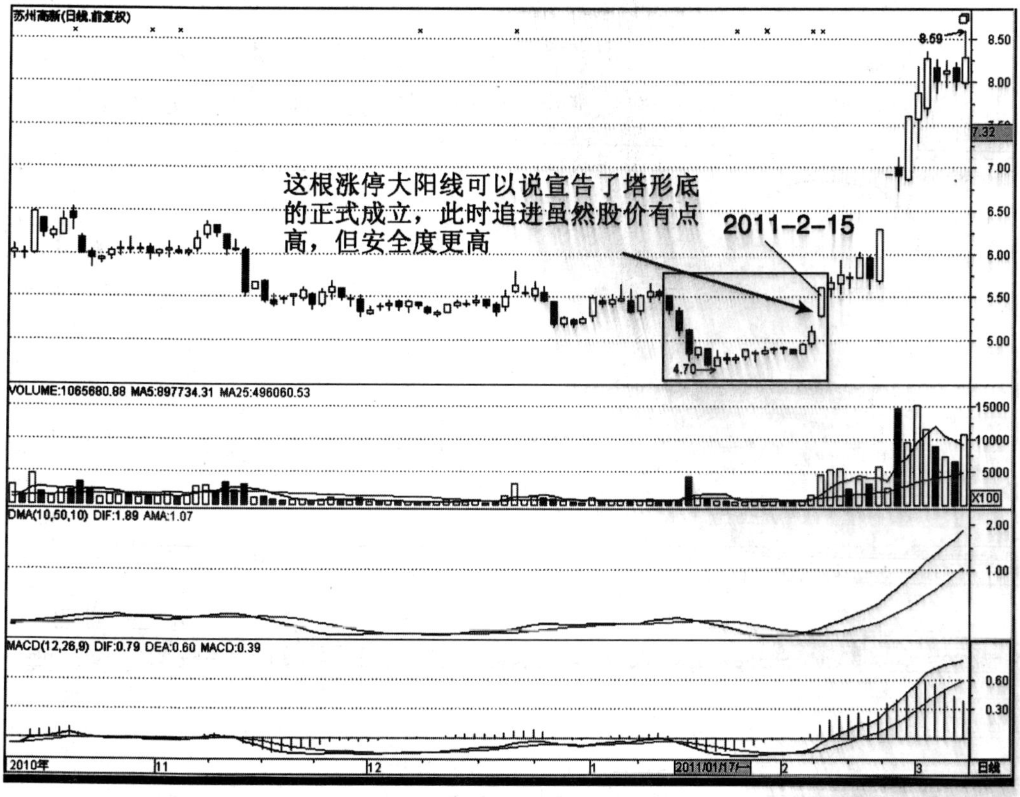

图1－20 苏州高新 600736

三、圆底

起涨信号

圆底的形成过程：股价在经历长期下跌之后，跌势逐渐趋缓，最终停止下跌，在底部横盘一段时间后，又再次缓慢回升，最后放量加速向上，成交量一般也会形成一个圆底。圆底的形成是一个较长的过程，也无明显的进场信号，但从整体来看是一个中长期趋势的起涨点。圆底经过充分的蓄势整理，后市的涨幅也必定可观。中长线投资者可以在股价由跌到涨走势逐渐形成的时候进场，短线投资者则可以在放量加速的时候再抢进。

如图 1－21 所示，中钢天源 2010 年 7 月 23 日涨停，股价已经突破前面的高点，这是一个起涨点已经毫无疑问。我们再来看看该股此前的

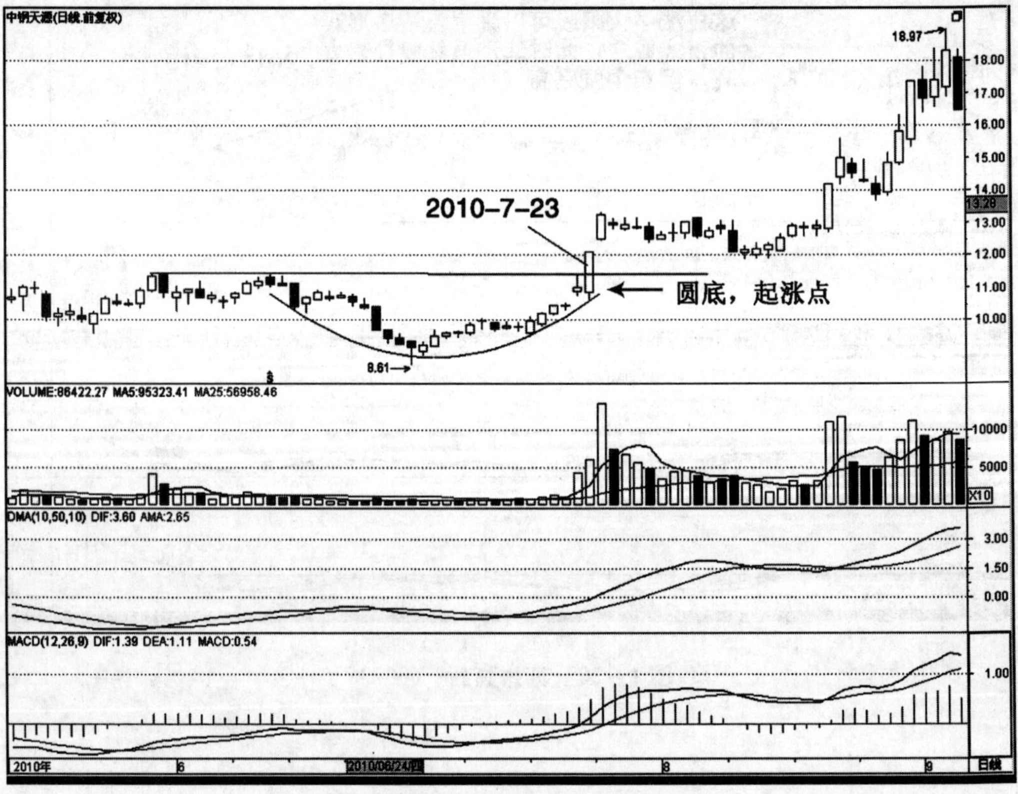

图 1－21　中钢天源　002057

走势。整体看，该股在涨停之前走出一个漂亮的圆弧形状，左边是缓慢下跌，然后慢慢弯上来，像一个锅底似的。这就是我们所称的圆底。圆底的形成过程较为漫长，股价跌得缓慢，此后上涨也很缓慢，这就是一个比拼耐力的战场。长线投资者可以在圆底右边逐步形成的时候介入。对于短线投资者来说最好等到股价加速上升的时候再进场。7 月 23 日该股涨停，上升加速态势明显，同时股价突破前高，上升障碍全部扫清，又有圆底的基础，这是一个绝佳的起涨点，短线投资者可以追进，哪怕股价已经有点高了。

如图 1 – 22 所示，东方金钰是 2010 年的明星大牛股。其实明星也不是一日炼成的，我们从图中可以看到该股的底部形成过程也是一波三折，时间比较长。粗略地看，该股的底部呈现典型的圆弧形，基本都是小阳线、小阴线，每天涨跌的幅度都很小，整体呈弧形反转。这种圆底

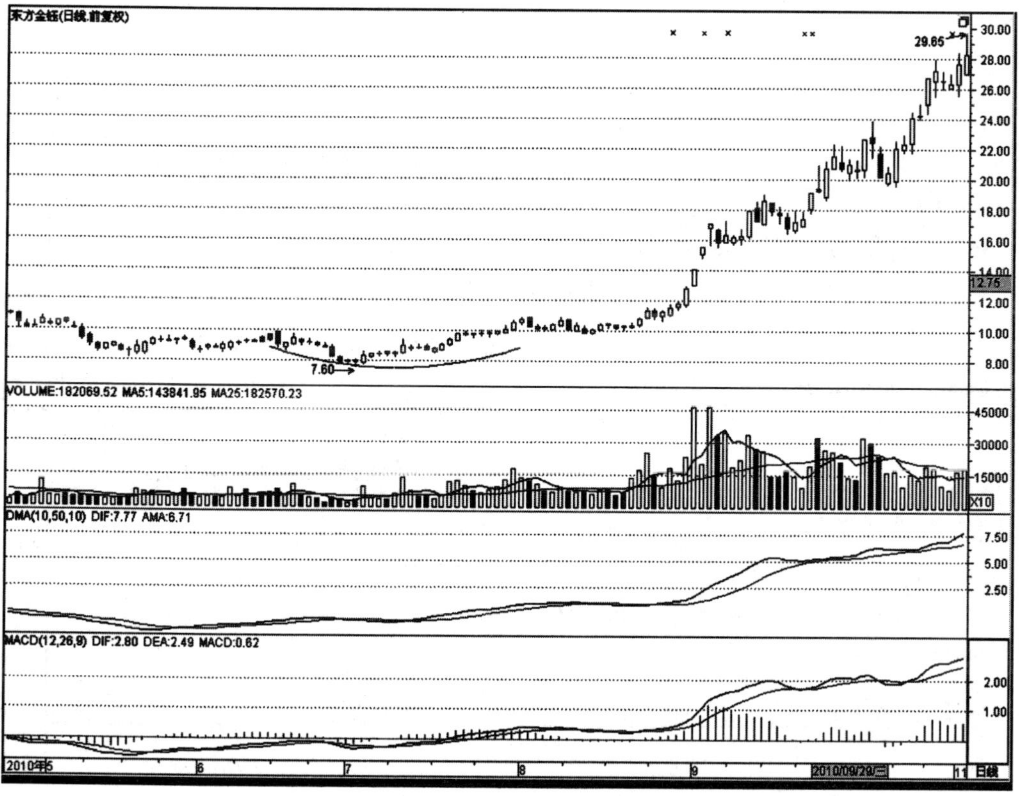

图 1 – 22　东方金钰　600086

的形成过程是很熬人的，也很难找到一个舒适的介入点。短线投资者可以在股价加速上升的时候再追涨，这样可以避免漫长的筑底过程。

四、V 形底

起涨信号

V 形底也称尖底，是指股价本来连续下跌，但突如其来的某个因素扭转了整个走势，在底部放出大成交量并形成十分尖锐的转势点，一般仅需二至三个交易日，随后股价出现近乎垂直的急升，整个移动轨迹就像英文字母 V。V 形底没有明确的买卖点，最佳买点就是在低位放量跌不下去的回升初期，或是放量大阳转势时。

如图 1－23 所示，华润锦华 2010 年 6 月 29 日延续前面持续的跌势，

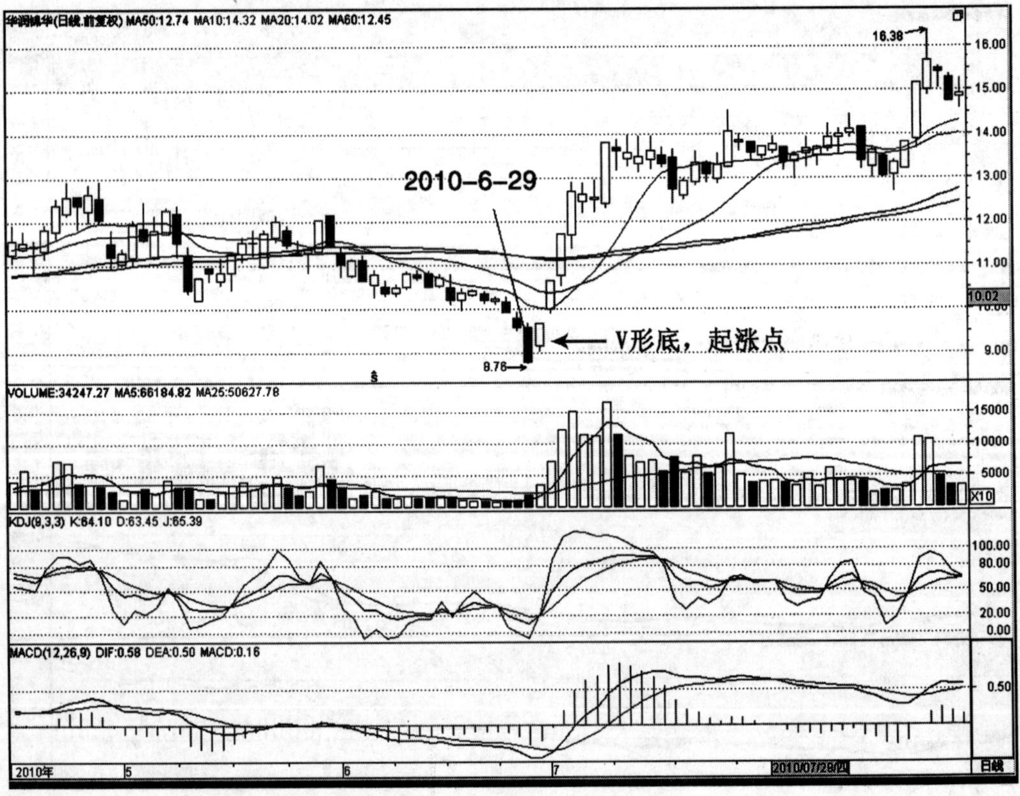

图 1－23　华润锦华　000810

全天加速下跌，最后收出大阴线，跌幅超过8个点，看似这股票已经无可救药了。但是第二天该股竟然高开高走，瞬间封住涨停，形成了令人不可思议的逆转，此后更是连连涨停，走出了标准的V形反转。V形底看是好看，但实际操作起来很难把握，在你的迟疑中股价可能已经大幅拉高，让你追也不是，不追也不是。对于这种股票，胆大的投资者可以在放量走出大阳线的时候适当参与。

如图1－24所示，宏润建设2010年5月21日低开高走，收出小阳线，次日跳空高开，收出中阳线。这时候我们看到左边的连续下跌和右边的上升形成了对称，中间没有任何铺垫就完成了反转，走出了一个V形反转。V形反转作为起涨点是不好把握的。首先股价反转的速度太快，追高肯定有心理压力；其次害怕这种急涨是短线的反弹，等你追进的时候股价反弹很可能就结束了。这就需要我们评估股价的整体位置，如果

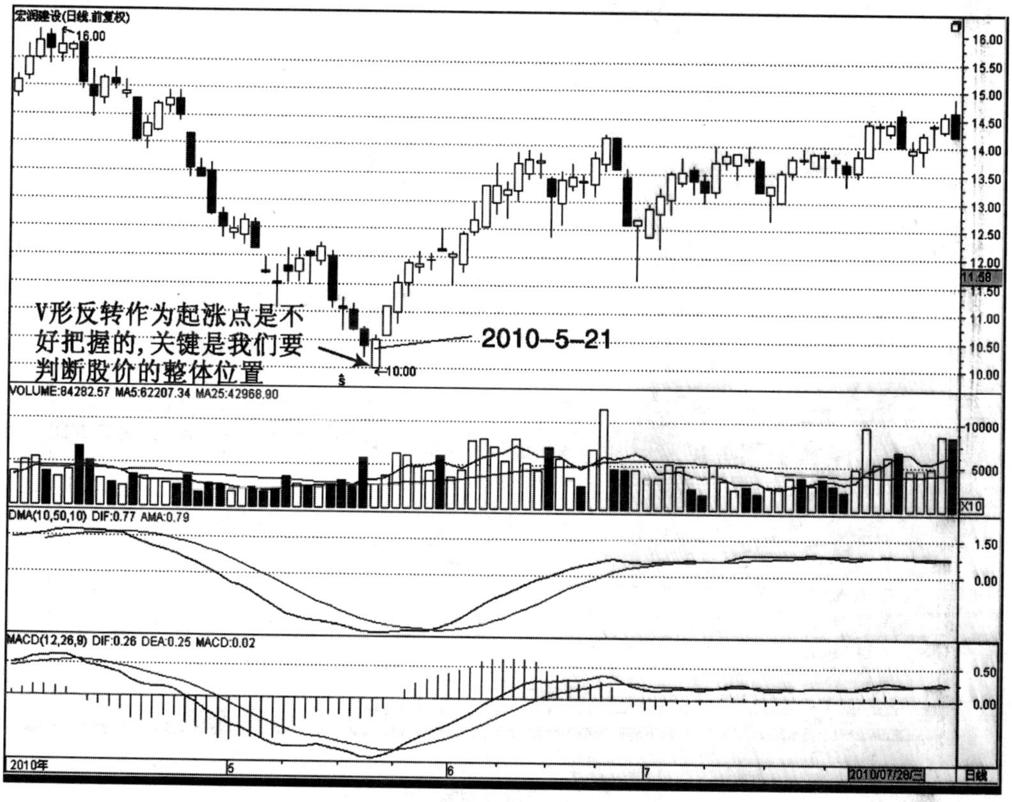

图1－24　宏润建设　002062

股价已经严重超跌，V形底成立的可能性就很大，此时我们可以适当参与。另外V形底的形成过程中最好有量能的持续放大，这代表主力的进场，不是游资所为。

如图1－25所示，友利控股2010年7月6日一字涨停，量能也有所放大，这是非常好的现象。不过我们这里不讨论这个，我们关注的是K线的组合图形。我们看到涨停左侧是一溜的阴线，其中一根中阴线比较显眼，然后是小阴线，整体呈现下跌趋势，只是跌势有减缓的表现，而右侧一字涨停，与左侧形成鲜明的对比，股价直接逆转，形成市场常见的V形底。这是一个起涨点，不过不是很好把握。不要说一字涨停没法追涨，一般的大阳线逆转都会让人心有顾忌，要心里有数才敢追。

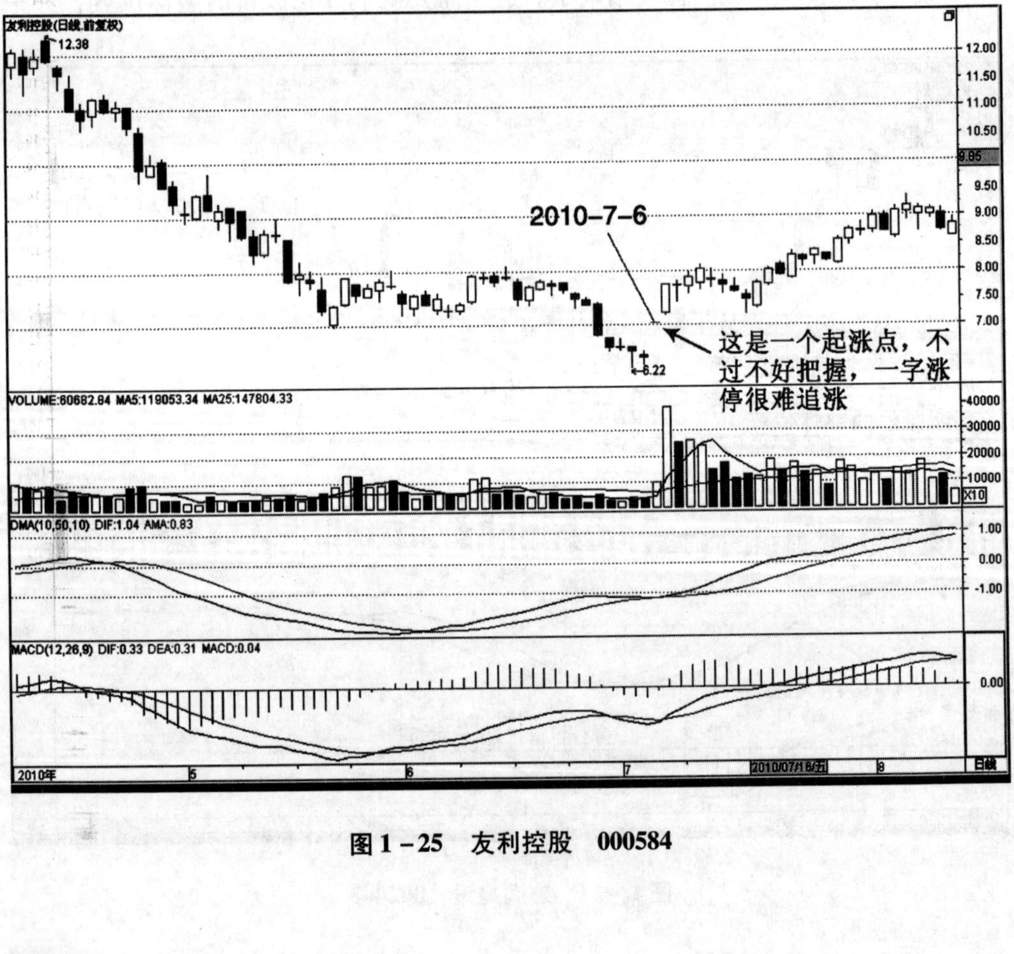

图1－25 友利控股 000584

本例的 V 形底不算标准，因为 7 月 6 日以前的几天都是小阴线探底，走势不是很急，此后的一字涨停倒是很有 V 形反转的风范。鉴于这种走势出现在股价大幅下跌的背景下，而且成交量也有保证，因此反转的可能性极高，我们可以适当参与。

五、双底

起涨信号

双底又称为 W 底。双底的形成过程：股价经过一轮下跌行情之后，在阶段性底部明显止跌，并放量出现反弹行情，但股价反弹行情很快终结，再次进入下跌阶段；股价下跌时，并未击穿前期下跌时的低点，成交量持续萎缩到底部整理以来的地量结构状态，股价波动幅度不断收窄；此后当股价突破反弹高点的连线即颈线的时候，双底正式成立。双底右肩底要比左肩底略高。双底的第一安全买点应该在第二次探底不创出新低的时候，最安全的买点是股价放量突破双底颈线的时候。

如图 1－26 所示，宏源证券 2010 年 7 月 20 日小幅上涨，看似也没什么特别的地方。但是从技术形态分析的角度看，这根小阳线具有非常重要的意义，因为这根小阳线突破了此前逐步形成的一个 W 底的颈线，至此 W 底正式形成。W 底必须等到该形态的颈线被突破才算正式成立，在没有突破之前，这个形态充其量也就是一个横盘整理的形态，方向很难说。只有等股价突破颈线，W 底才正式成立，这才是一个真正的起涨点。

本例宏源证券在突破 W 底的颈线的时候量能有所放大，虽然涨幅不大，但多头进攻的态势已经显露无遗，我们可以积极参与。通常 W 底还是非常可靠的，因为毕竟经过了 2 次探底的过程。

如图 1－27 所示，宝新能源 2010 年 7 月 20 日大涨 6 点多，成交量也明显放大，这是一个比较明确的起涨点。原因不是因为这是一根放量的中阳线涨势非常强势，而是在于这根中阳线突破了一个重要的技术形

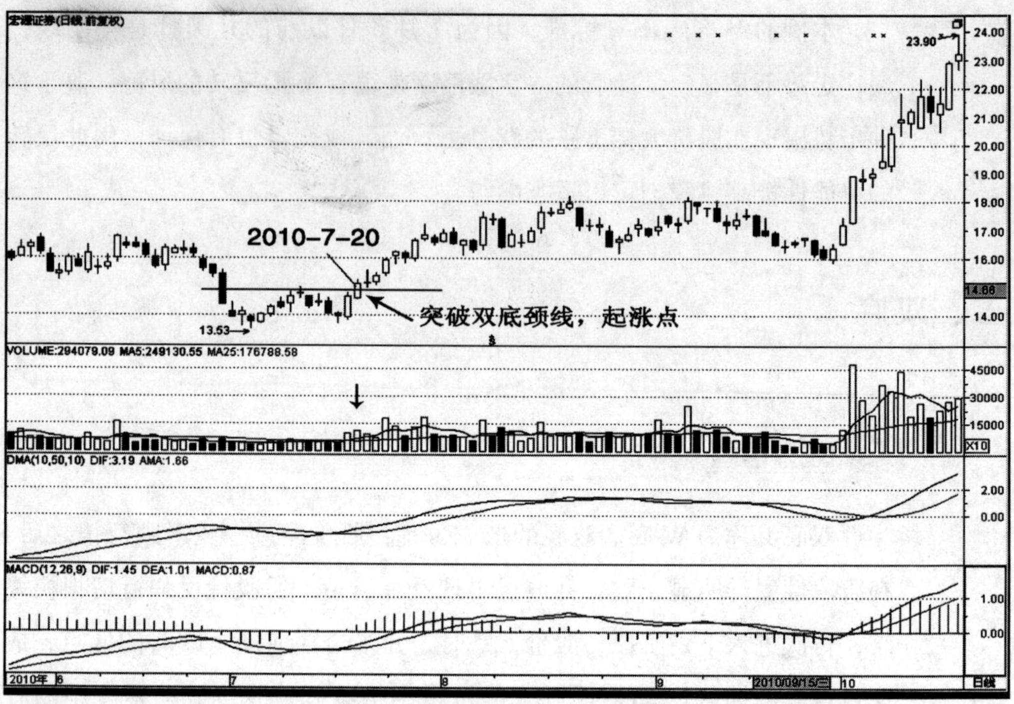

图 1-26 宏源证券 000562

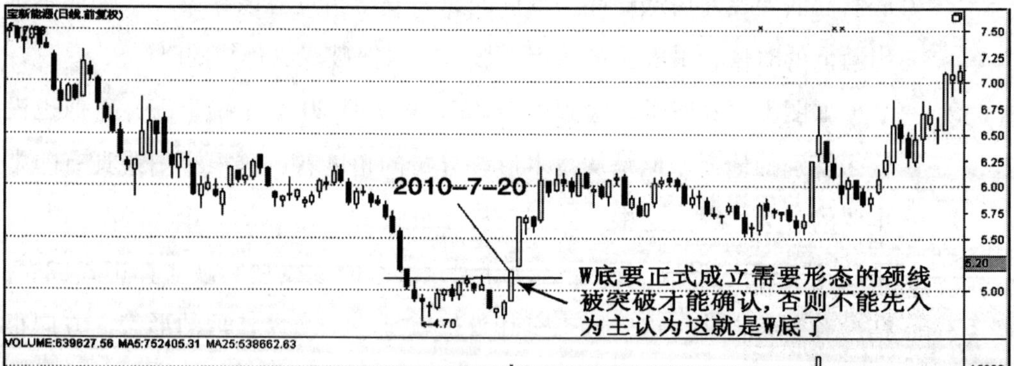

图 1-27 宝新能源 000690

态的颈线。这个技术形态就是双底。本例该股7月20日有效突破形态颈线，双底正式成立，宣告探底成功，后市将进入上升行情中，我们可以积极参与。

如图1－28所示，登海种业2010年7月23日大涨，接近涨停。这根大阳线具有很重要的分析意义，因为该股此前有两次探底过程，这根大阳线则有效突破了双底的颈线，至此双底正式成立，说明探底已经成功，后市将进入上升行情中。这根大阳线也成为一个标准的起涨点，自然也是我们买入的时机。

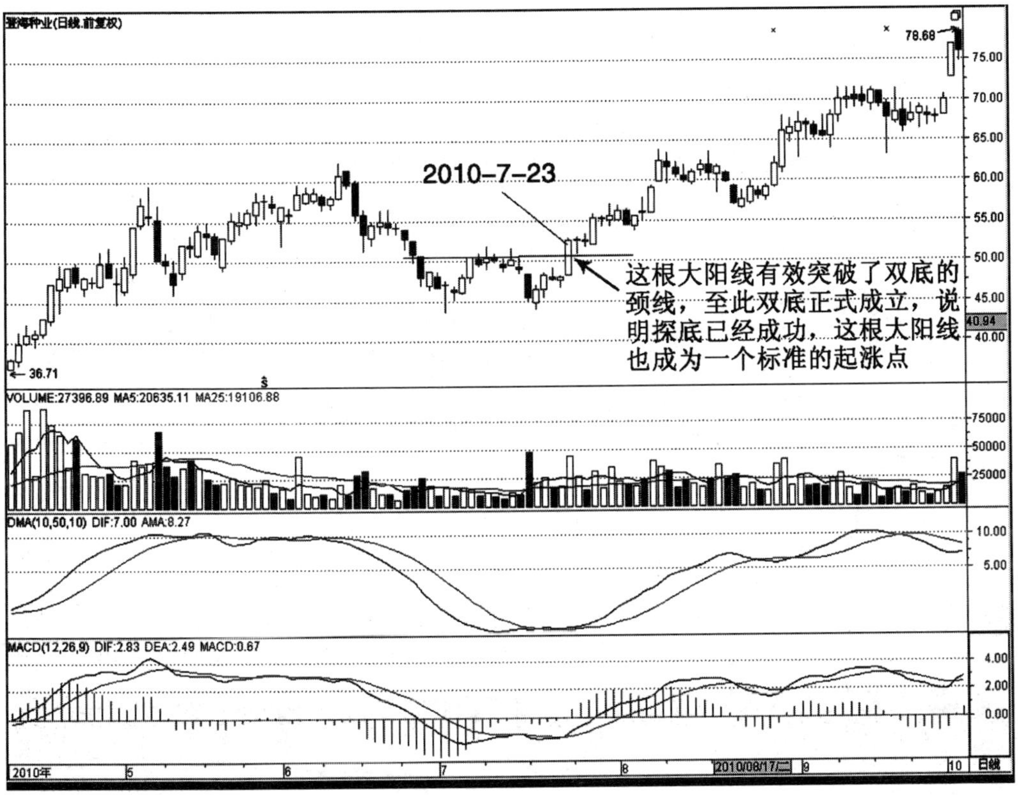

图1－28　登海种业　002041

本例登海种业的这个双底处于股价回调过程中，不是平常所说的大底，但分析意义没有多少差别。如果股价突破的时候有量能的配合则更可靠，因为这更能确认主力的行为是否真实。

六、三重底

起涨信号

三重底指股价在下跌过程中形成三个价位相差不多的低点，然后股价放量上涨，突破反弹高点连线（即颈线），此时三重底正式成立。成交量在前面两个底的形成过程中一般会缩量，第三次探底成功后会放量上升。起涨点就在股价突破颈线成功的时候，投资者可以积极买入，此时进场非常安全。

如图 1－29 所示，冀东水泥 2010 年 7 月 9 日收出一根小阳线，貌不起眼，估计大多数人不会关注。但是这根小阳线对于形态分析人士来说

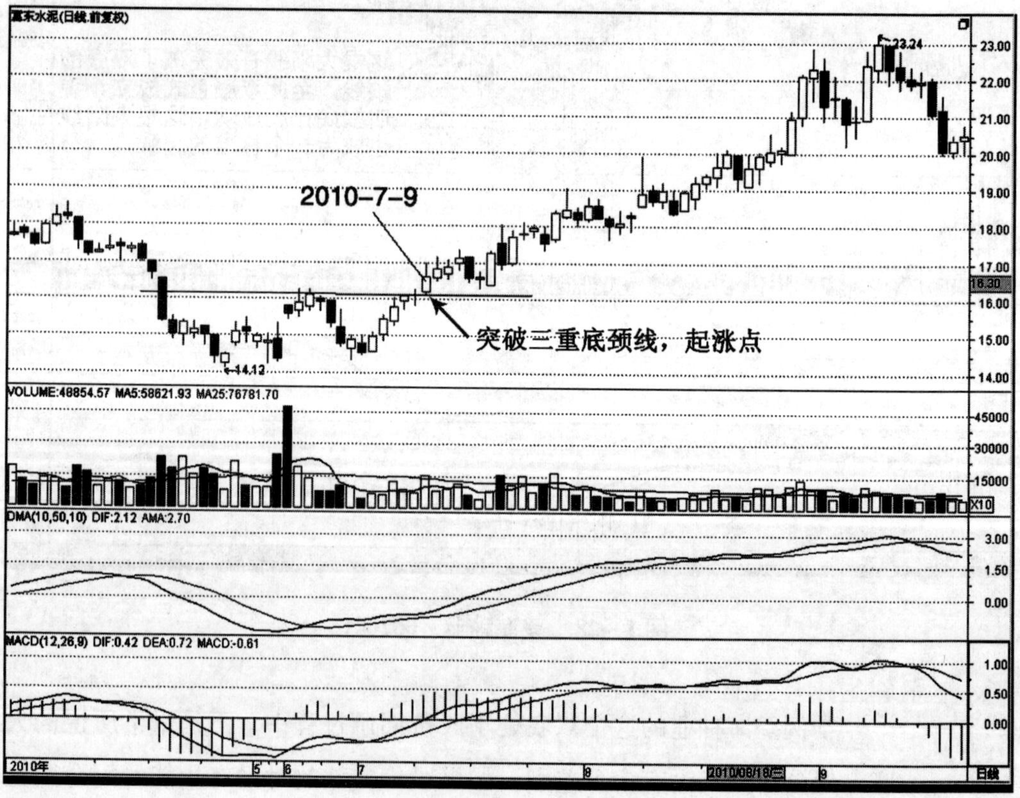

图 1－29　冀东水泥　000401

是一个相当重要的信号，因为这根小阳线刚好突破前面的三重底颈线，也就是说三重底正式成立，是一个比较标准的起涨点。

本例这个三重底有些许缺陷，就是突破的颈线的时候量能不够，且留有较长的上影线。量能不够说明多头攻击力度不够，上影线则说明空头还没消灭殆尽，后市行情可能有些波折。该股此后震荡上行也证明了这一点。当然三重底本身比较牢靠，底部比较扎实，买进也不会有错。

如图1－30所示，万马电缆2010年7月23日收出一根中阳线，股价有效突破此前的三重底颈线，至此三重底正式成立，是一个明确的起涨点。三重底意味股价曾三次向下试探底部，在相同的位置站住脚，说明这个位置支撑非常稳固。三次探底后也未必能走出上升行情，有的股票此后还陷入没完没了的横盘中，甚至破位下跌，因此先期潜伏的策略不合适，必须要等到三重底正式成立的时候才进场，因为只有等股价突

图1－30 万马电缆 002276

破三重底颈线的时候才能确认整理结束，此后进入上升走势才是顺理成章的事。

如图 1－31 所示，九阳股份 2010 年 7 月 20 日收出一根小阳线，至此一个三重底成立，预示后市将进入上升阶段，是一个较好的买点。从整体看，该股前期下跌幅度比较大，此后又长时间震荡横盘，形成一个三重底的态势。三重底要真正成立还需要股价突破颈线，7 月 20 日这根小阳线恰好突破颈线，至此筑底阶段宣告结束。

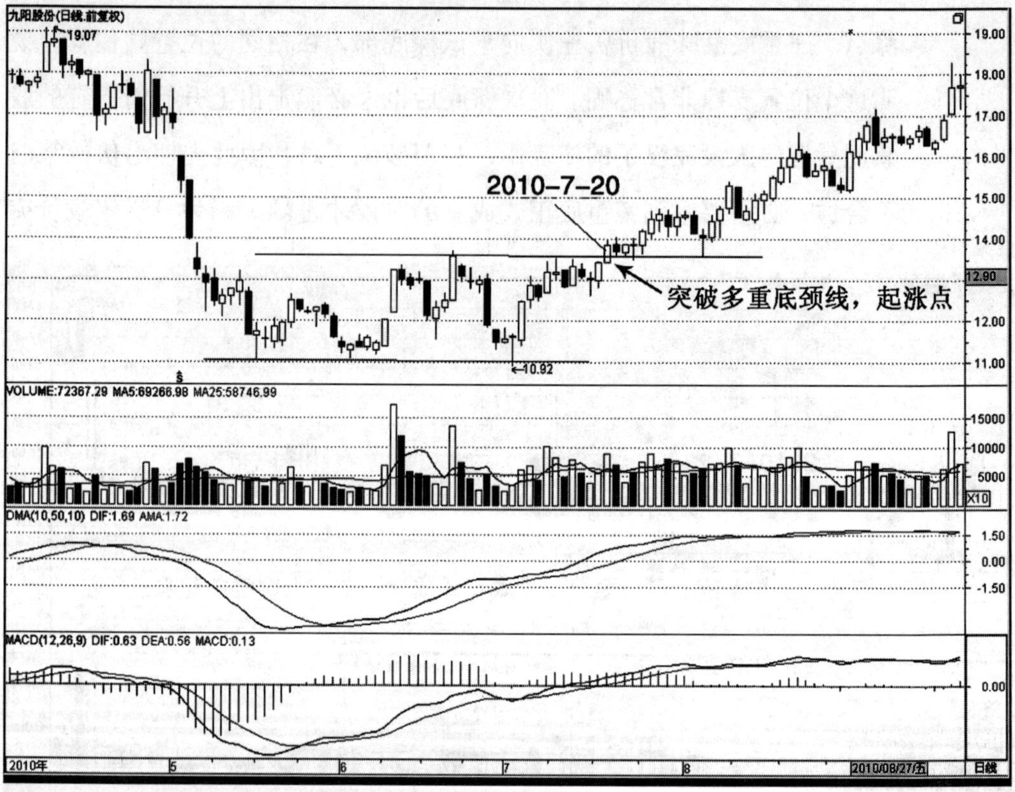

图 1－31　九阳股份　002242

本例九阳股份的三重底有点缺陷，就是突破的力度不够，如果是中大阳线突破则更能表现出多头的实力，而小阳线则显然有点勉强，这也导致后市的走势比较纠结，没有牛股的气势如虹的走势。

七、箱体

起涨信号

箱体也叫矩形，它是由于股价在两条水平的上下界线之间变动而成的形态。股价上升到某水平时遇上阻力，掉头回落，但很快地便获得支持而回升，回升到上次同一高点时再一次受阻，挫落到上次低点时则再得到支持。将这些短期高点和低点分别以直线连接起来，便可以绘出一条通道，这通道既非上倾，亦非下降，而是平行发展，这就是箱体。箱体本身不能作为起涨信号，一定要等到股价放量突破上边线的时候，才能买入。

如图1－32所示，伟星股份2010年7月15日冲高回落收出一根小

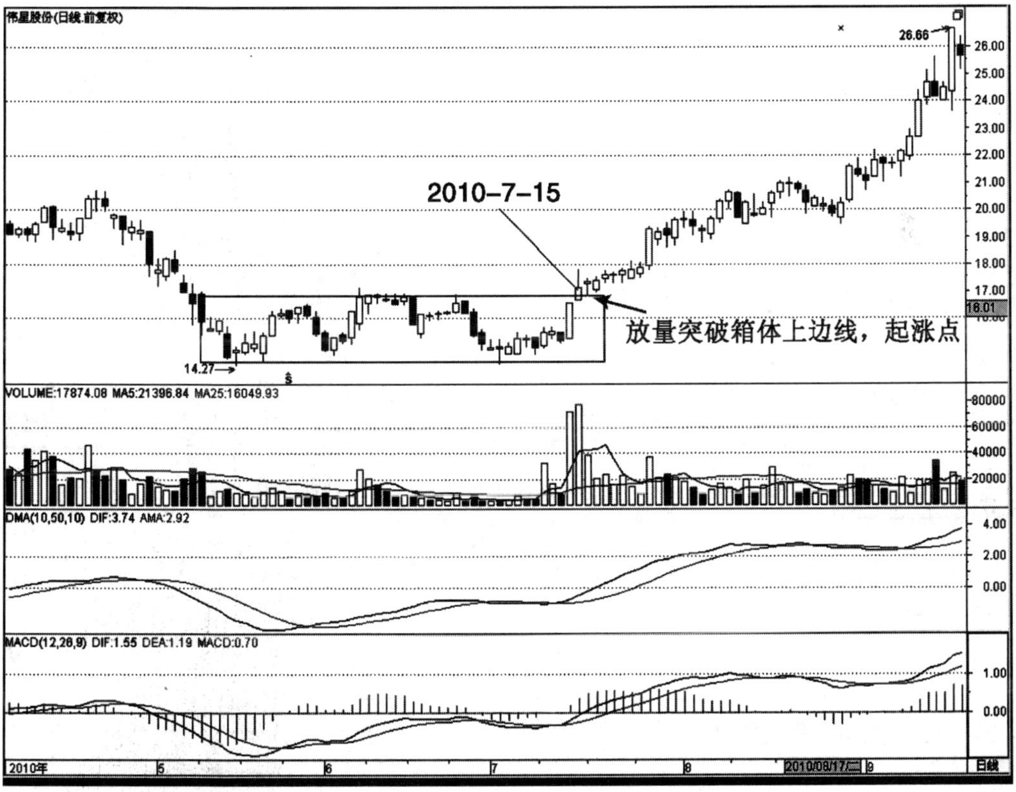

图1－32 伟星股份 002003

阳线，看起来走势不是很强势，空头压力明显。但是从形态看，我们发现此时的股价已经明确突破了一个箱体。所谓箱体就是股价在两条平行线之间上下折腾，横向发展，一般理解为整理形态。一旦股价突破箱体，则意味着横盘整理走势结束，进入上升走势中，这当然是一个起涨点，而且股价因为经过了较长时间的横盘整理，蓄势充分，通常会有较大的涨幅。本例该股突破箱体后果然一路上涨，涨幅巨大。

如图1-33所示，海马股份2010年9月2日涨停，成交量大幅放大。这是一个明确的起涨点，原因并不是因为该股放量涨停。该股此前进行了较长时间的横盘，走出一个箱体，即股价走势呈现平行趋势。箱体本身没有方向性提示，不像上升三角形和上升旗形那样，而只是一个普通的整理形态，整理完毕后可能向上也可能向下。既然箱体最终要选择方向，那么我们就等待它做出选择。当股价明确突破箱体的上边线的时候，我们基本

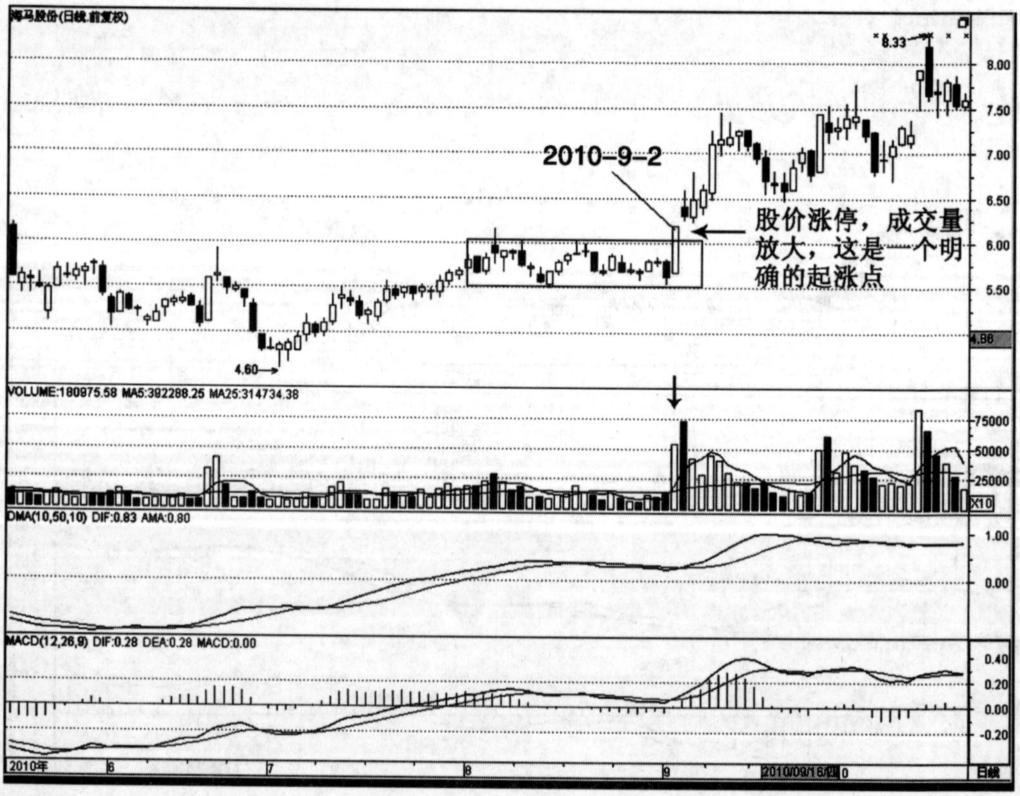

图1-33 海马股份 000572

可以确定走势将向上发展，突破点就是一个很好的买点。

如图 1－34 所示，江铃汽车 2010 年 8 月 16 日收出中阳线，当日涨幅 3 点多，成交量没有多大变化。单纯从这根 K 线看没有什么特色和价值。但是从形态的角度看就很有价值，因为这根中阳线突破了该股此前的一个平行运行的箱体。这预示着该股的震荡整理已经结束，后市将再度回到上升趋势中。这根突破箱体的中阳线是一个标准的起涨点，我们可以积极参与。

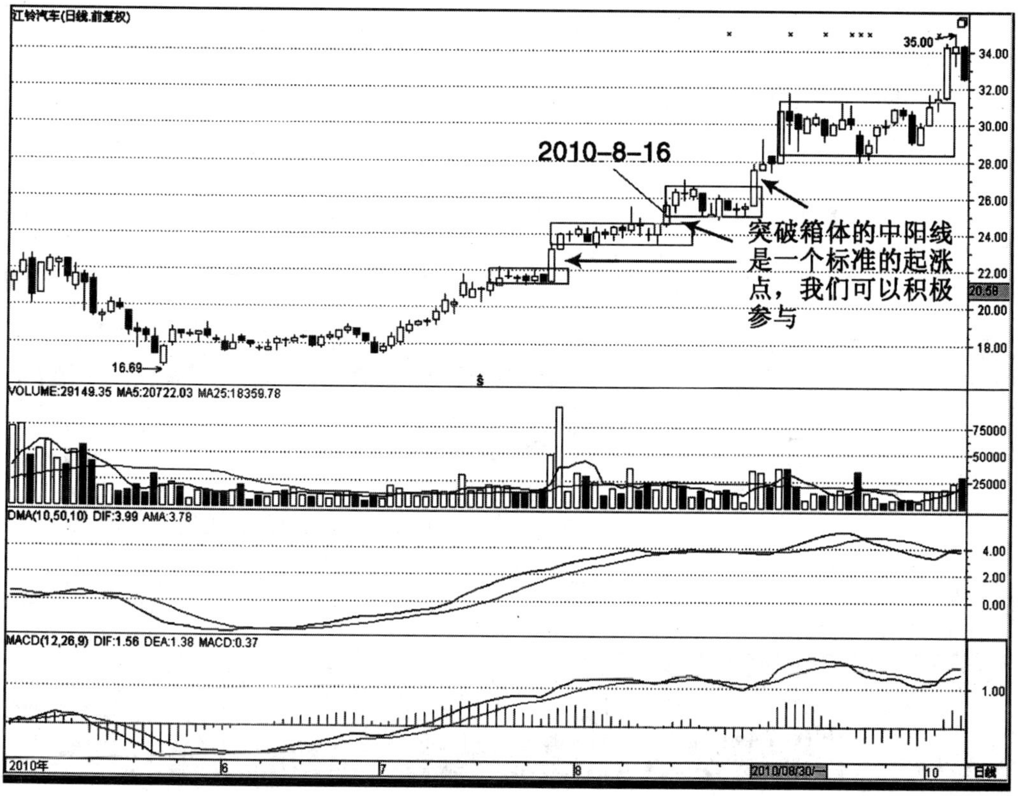

图 1－34　江铃汽车　000550

从截图上看，该股前后还进行过多次的箱体整理，每次突破箱体的上边线都是很好的参与机会。当然我们也需要注意箱体的位置，如果股价涨幅本身已经很大，则要小心主力诱多突破。另外突破的时候通常也需要量能的配合，最好是能放量，但不能是异常的巨量。

八、三角形

起涨信号

通常大家都只是把上升三角形作为起涨信号。事实上，所有类型的三角形都属于整理形态，都有可能会向上突破。三角形的形态特点就是股价在震荡过程中振幅逐渐缩窄，到最后必定会向上或者向下变盘。起涨点自然是股价向上变盘的时候，即股价放量突破三角形上边线的时候，此时是最佳买点。

如图 1-35 所示，莱茵生物 2010 年 8 月 5 日收出大阳线。这根大阳线有标志性的意义，是一个起涨点。此前该股有一波较大的涨幅，然后

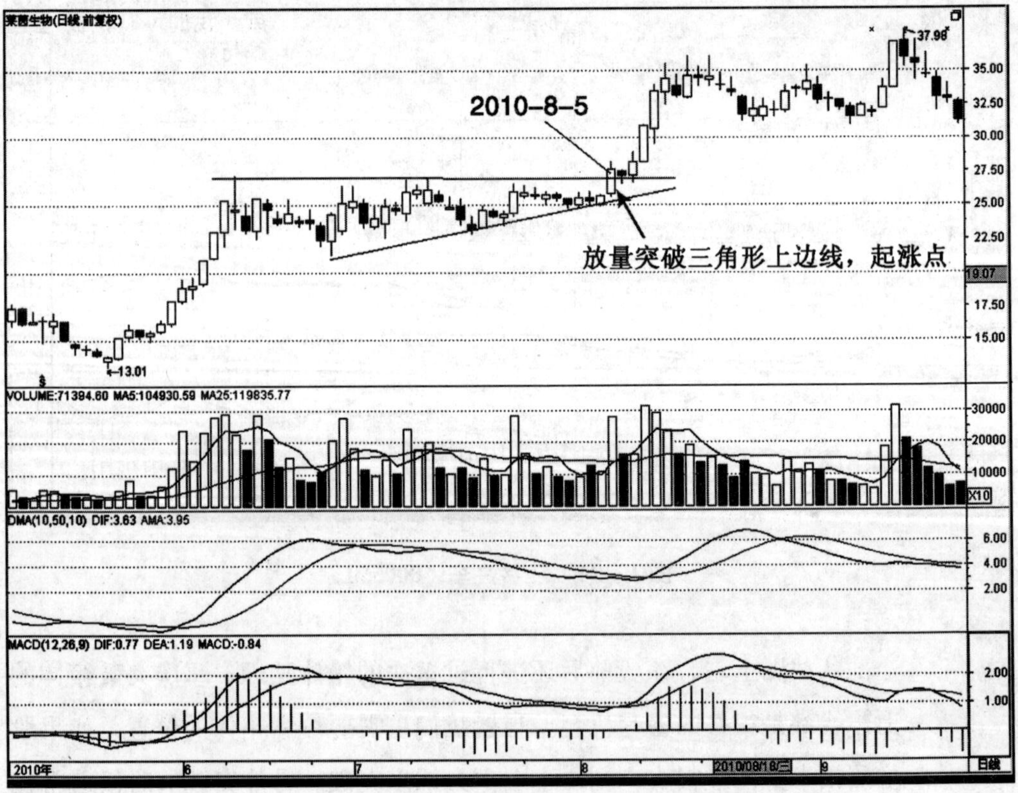

图 1-35　莱茵生物　002166

横盘整理，走出一个三角形模样。这个三角形就是我们常说的上升三角形，高点一致，但低点在逐步抬高。通常上升三角形向上突破的可能性比较大。本例该股在涨幅已经很大的背景下走出一个上升三角形，着实让人难以选择。既然难以选择，那么我们就等待股票自己选择方向。8月5日股价以大阳线向上突破明确告诉我们方向了，此时可以适当参与。在高位的上升三角形也不能冒险全仓，毕竟涨得越高风险越大。

如图1-36所示，华润铸钢2010年9月10日收出一根大阳线，这根大阳线恰好突破前面的三角形的上边线。这个三角形就是所谓的上升三角形，高点一致，低点则逐步抬高，是一个上升途中的整理形态，形态完成后将进入下一波上升行情中。9月10日这根大阳线是一个突破的信号，也就是一个起涨点，是买入的时机。

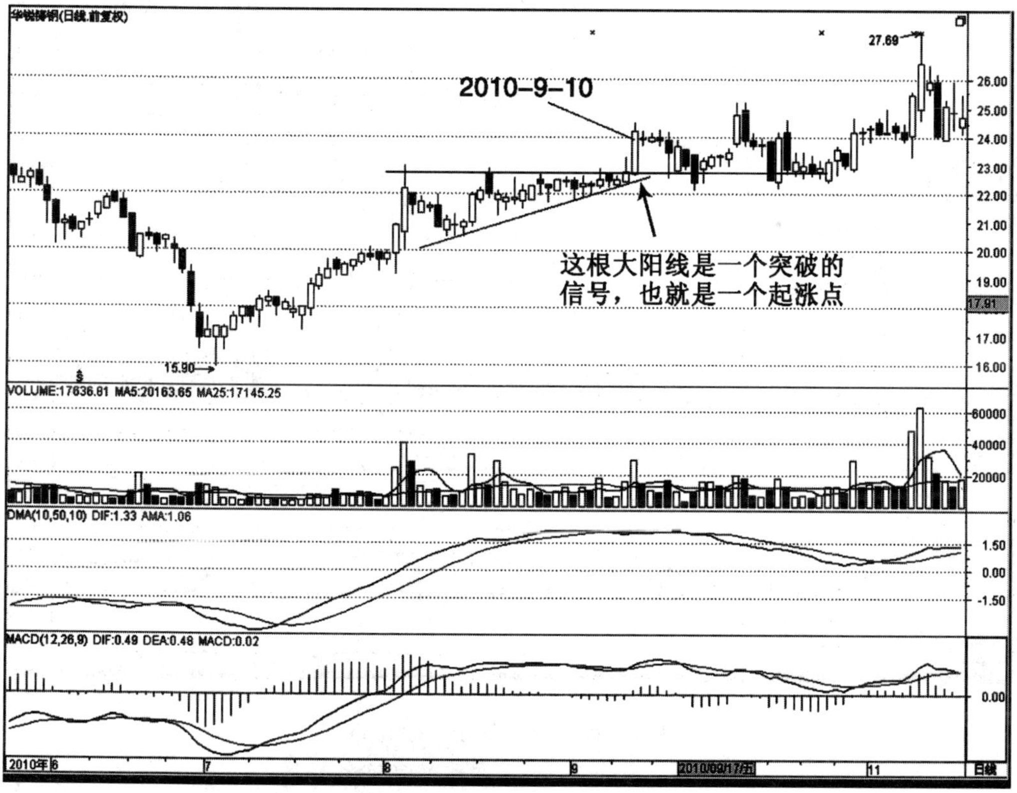

图1-36 华润铸钢 002204

本例华润铸钢的三角形突破后并没有直接进入拉升阶段，这并不奇怪，因为前期的量能不够，导致主力的控盘程度不够，即使突破了也难免震荡，但是只要股价不跌回到三角形内部，三角形突破即有效。当然本例该股没有直接拉升还有一些基本面的因素，当时的钢铁板块持续低迷，也导致该股难有作为。

如图 1－37 所示，远兴能源 2010 年 9 月 9 日涨停。这个涨停是一个起涨点，因为此前该股有一个较长的整理阶段，形成一个收敛的三角形，而这根涨停大阳线则宣告了整理结束，行情将进入下一波上升走势中，是一个较好的买点，适当追涨也是可以的。

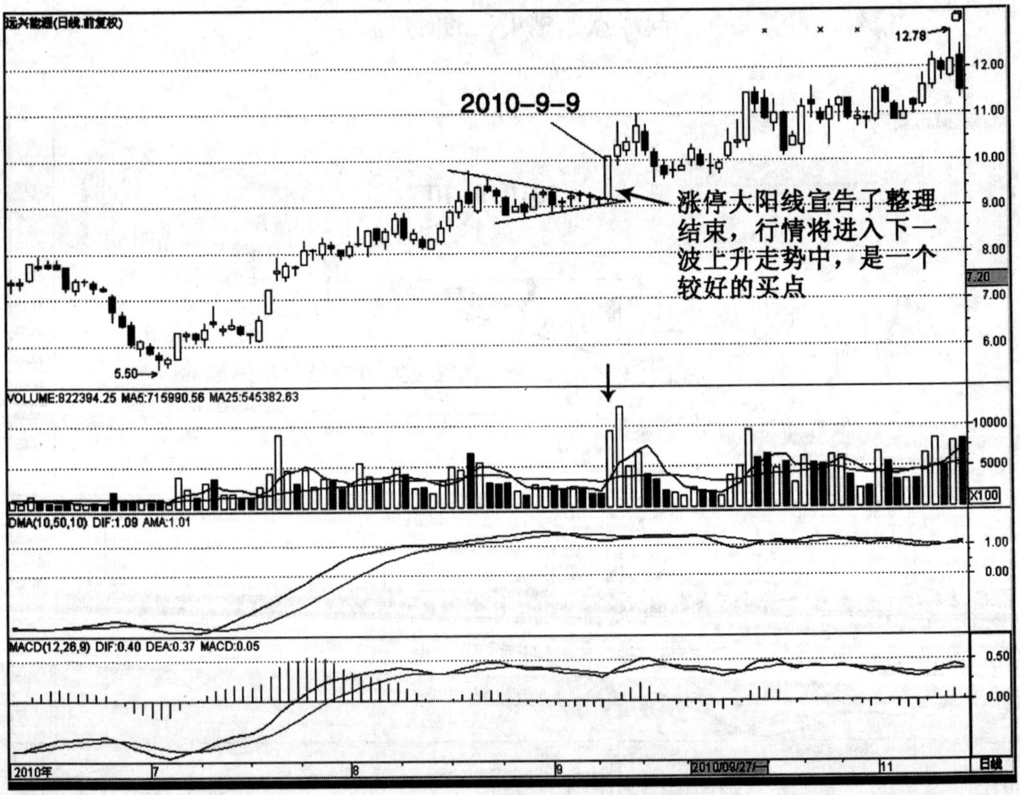

图 1－37　远兴能源　000683

按常理来说，本例这个三角形突破是非常标准的，整理阶段量能萎缩，突破的时候气势如虹，量能配合也比较好，但是该股此后并没有走出势如破竹的走势，反而是一步三回头，可见形态分析只是能确认一个买点，对后市走势还是没有根本性的预测作用。当然这个走势与该股的基本面也有很大关系，不过不属于我们这里讨论的重点。

如图1－38所示，古井贡酒2010年8月30日大涨8个点，当日收出一根突兀的大阳线。此前该股进行了较长时间的横盘整理，走出一个三角形模样。这个三角形的低点一致，高点却越来越低，类似于下降三角形。但是该股最后选择了向上突破，这根大阳线成为一个标准的起涨点。可见下降三角形最后并不一定下降，关键看最后的选择。其实不管是上升三角形还是下降三角形，都是整理形态，最后的方向选择没有定论，我们要做的是等待股票自己选择方向，而不是押宝赌方向。

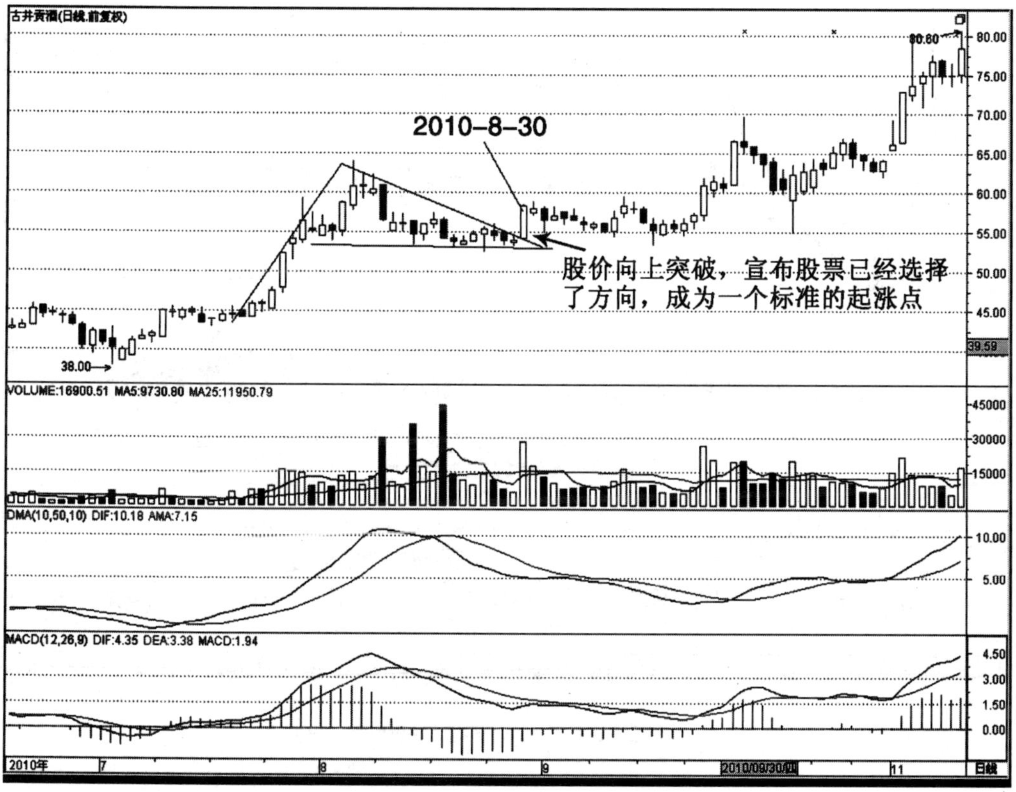

图1－38 古井贡酒 000596

如图1－39所示，长城电脑2010年9月6日收出一根中阳线，涨幅3点多，成交量稍微有所放大。从表面看这也没什么特点，但是从形态分析的角度看，这根中阳线突破了此前形成的一个三角形。这个三角形低点比较一致，但高点越来越低，按常规分析是买入愿望越来越低，后市并不看好。不过我们不这么认为。整理形态仅仅是整理，主力的目的在于尽量扫除一些不坚定的浮筹，不被看好的形态反而能达成他们的目的。我们要关注的是这个整理形态什么时候结束，一旦突破三角形的上边线，那么起涨点就出现了，我们可以积极参与。该股后市的表现也证明了这个不好看的三角形同样能发挥作用。

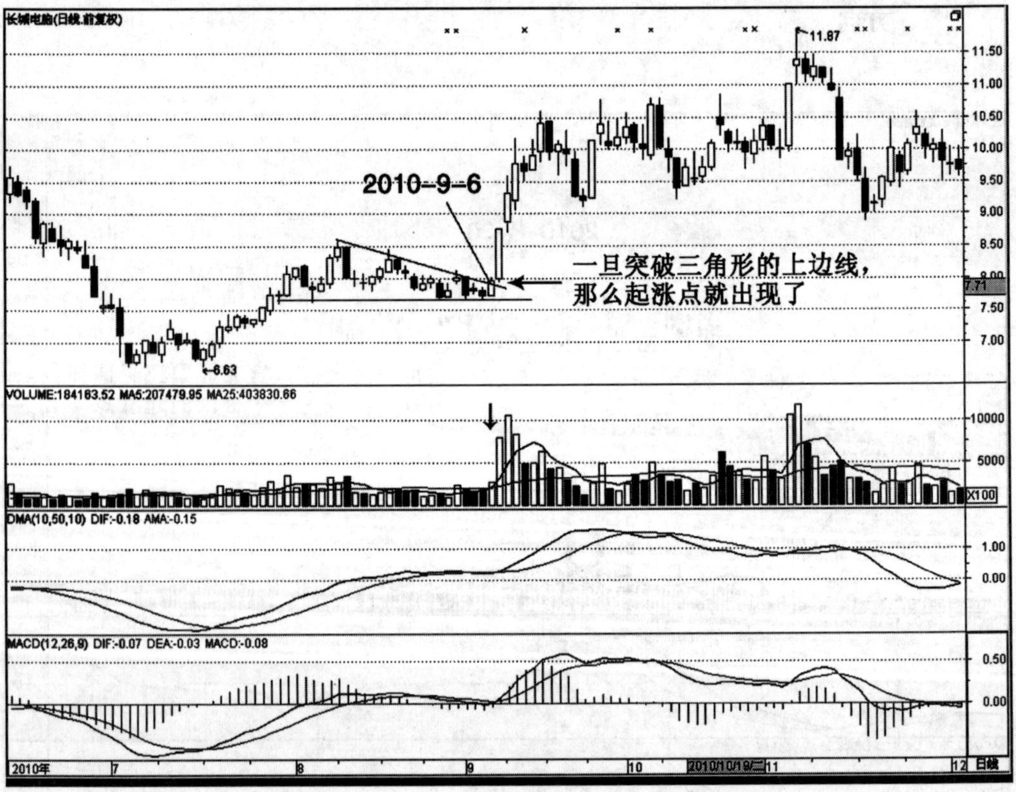

图1－39　长城电脑　000066

九、旗形

起涨信号

旗形的形态就像一面挂在旗杆上的旗帜，通常在急速而又大幅的市场波动中出现。价格经过一连串紧密的短期波动后，形成一个稍微与原来趋势呈不同方向倾斜的平行四边形，这就是旗形走势。通常人们只是把上升旗形作为起涨点，事实上在实战中并不仅限于此，我们可以在下面的实战分析中看到典型案例。一般来说，旗形就是整理形态，整理完毕后放量向上突破就是一个新的起涨点，我们可以积极跟进。

如图1－40所示，经纬纺机前期快速拉升，股价笔直上行，然后开

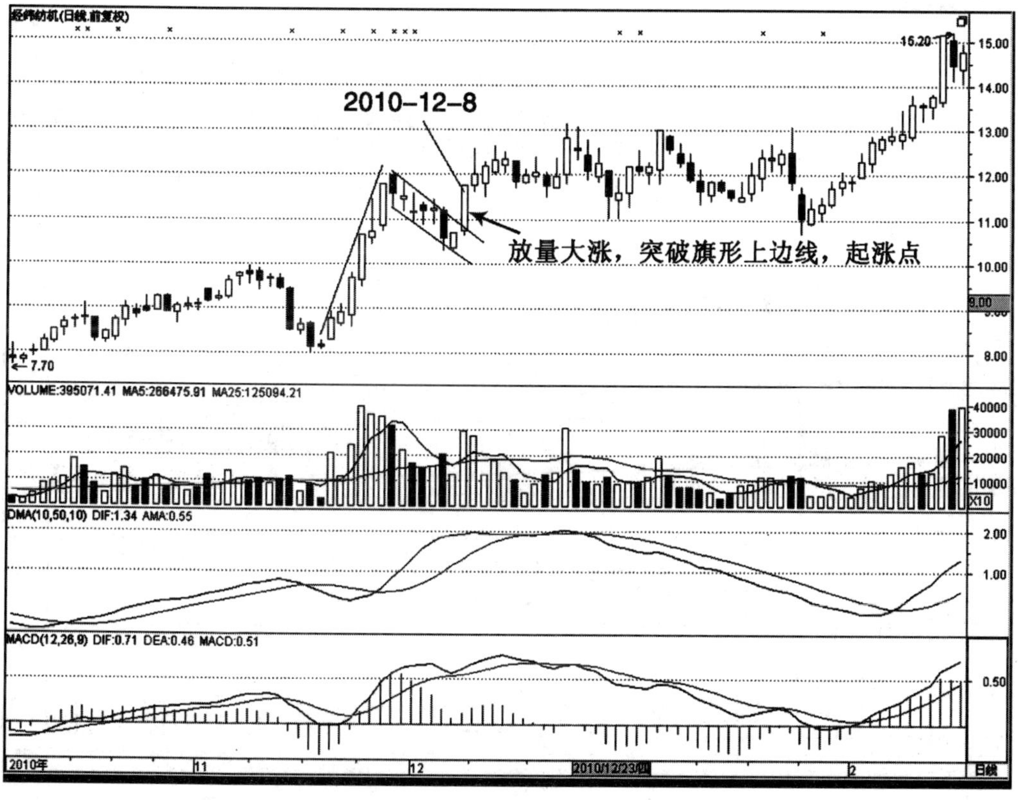

图1－40　经纬纺机　000666

始缓慢回落，走出一个平行四边形模样，加上前面的快速拉升，整个走势就是一面迎风飘扬的旗帜。在平行四边形整理的时候我们要意识到旗形正在形成过程中，新的起涨点就在旗形整理结束之时。2010 年 12 月 8 日该股放量大涨，突破旗形的上边线，旗形正式成立，这是一个很好的买点，我们可以积极跟进。通常旗形突破后会有至少等于前面旗杆高度的涨幅。只是本例该股的走势不符合标准走势，突破旗形后没有直接拉升，而是经过了较长时间的横盘震荡才拉升，已经完全变形了。因此我们做技术分析不能生搬硬套。

如图 1－41 所示，徐工机械 2010 年 10 月 29 日强势涨停。我们认可这个涨停是因为它具有形态分析的价值。这根涨停大阳线突破了此前的一个旗形整理区域，预示着旗形整理结束，将进入下一波上升中。这是

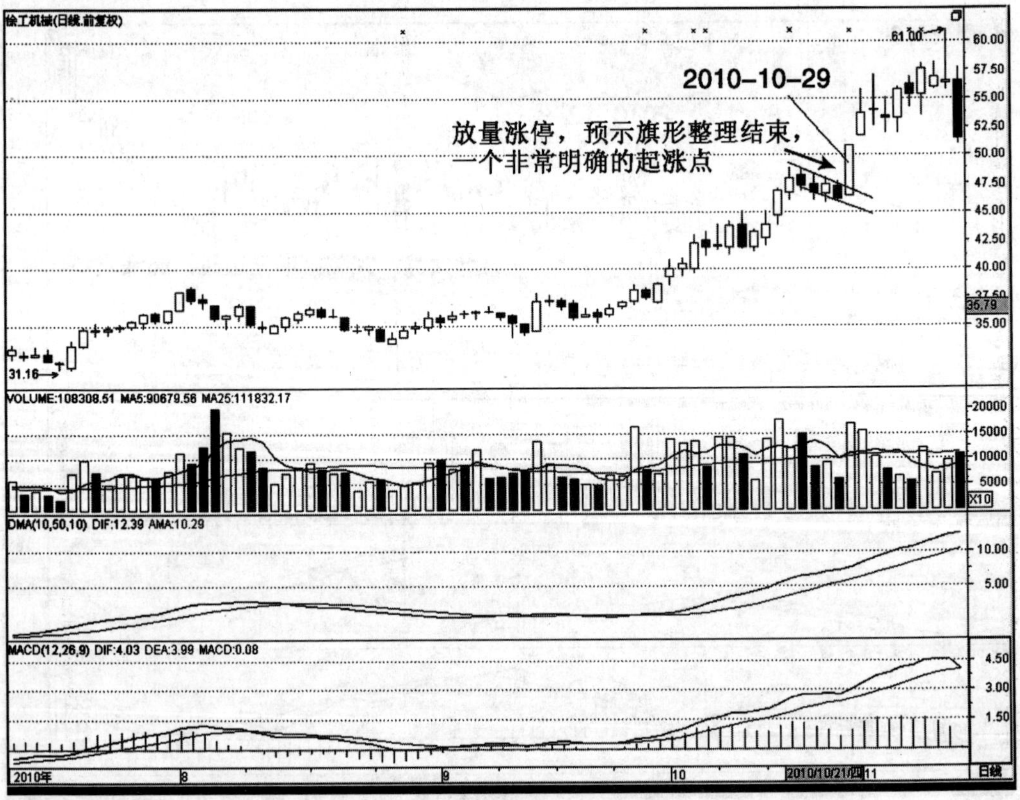

图 1－41　徐工机械　000425

一个非常明确的起涨点，我们可以在盘中伺机积极追涨。后市该股果然继续上升，涨幅不小。

本例徐工机械的旗形整理时间比较短，震荡的幅度也不大，说明主力已经完全操控了这只股票，以涨停的方式突破更显示多头的实力和决心，我们没理由错过这样的起涨点，理当积极参与，跟随主力收获丰硕的战果。

如图 1－42 所示，羚锐制药 2010 年 8 月 30 日股价大幅上涨，当日收出中阳线，同时成交量成倍放大。这是一个不错的买入信号。从技术形态的角度看，这根中阳线突破了此前的一个旗形整理区域。这个旗形不是通常我们所说的上升旗形，那个旗子是呈整体下降趋势，而这里的旗子是上升的。事实上在我们眼里两者没有什么区别，都是

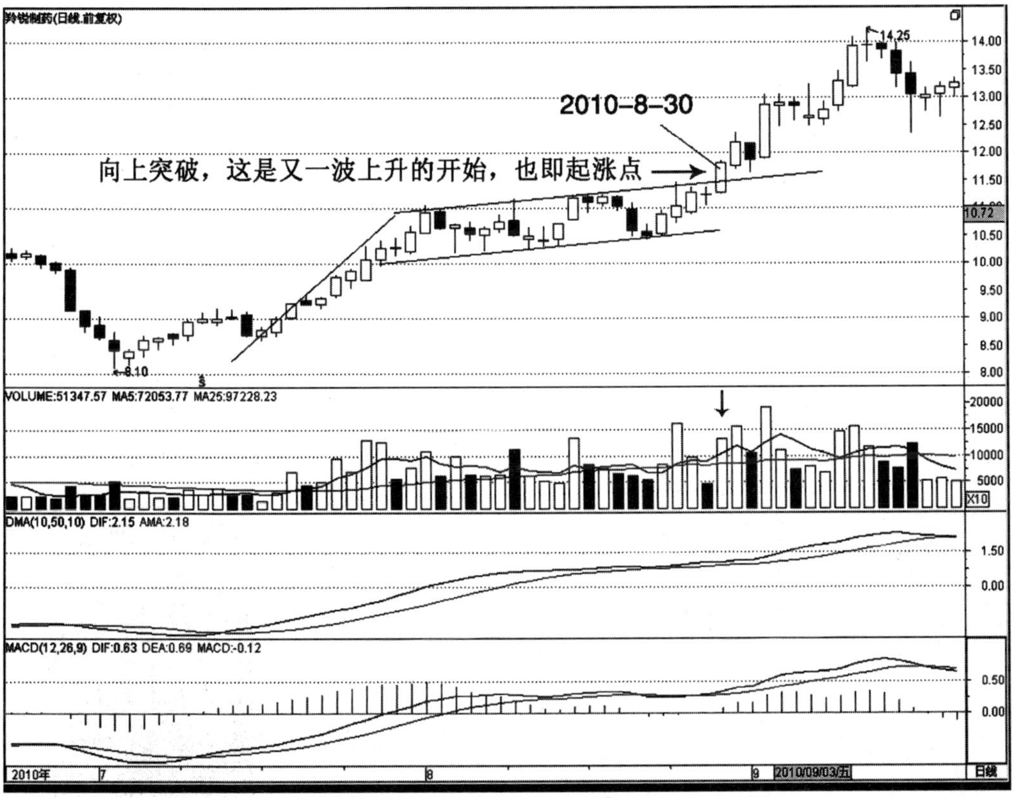

图 1－42　羚锐制药　600285

整理形态。整理本身很难说好坏，最后得看股票自己选择的方向。本例该股明确向上突破，这是又一波上升的开始，也即起涨点，我们可以积极参与。

第2章

平均线起涨点

买在

起涨点

平均线来源于股价，跟我们上一个章节讲的K线密切相关。比较教科书式的说法是：移动平均线（MA）是以道·琼斯的“平均成本概念”为理论基础，采用统计学中“移动平均”的原理，将一段时期内的股票价格平均值连成曲线，用来显示股价的历史波动情况，进而反映股价或指数未来发展趋势的技术分析方法。很显然，平均线不仅能反映股价的变化趋势，且秉承趋势做多或者做空，可免去我们每天追涨杀跌的辛劳。

可是平均线只是反映过去的趋势，也就是要用过去的历史来预测未来，就像用一个人的青少年来预测中老年，缺陷是明显的。这就需要投资者有相当的经验，而且深知目标个股过去的特点，这样预测的胜算才会更大点。

目标个股在某个阶段会沿着某条平均线上下运行，如果我们能掌握这个特性，无疑对操盘有很大帮助，这等于掌握了目标个股的命门。另外如果我们能将多根平均线综合使用，自然可靠性就更高。

第一节 单根平均线起涨点

一、突破平均线

起涨信号

股价前期大幅下跌，底部特征比较明显。股价在低位震荡整理，平均线开始走平，甚至上翘，然后股价向上突破该平均线。突破的时候要有力，最好以中大阳线的方式突破，同时一般要求有成交量的放大。

突破平均线事实上是很难把握的一个起涨信号，这方面的虚假信号太多了。要想准确把握这种信号，既需要我们对个股的股性非常熟悉，也要了解主力的操盘特征。同时我们还要关注股价的整体位置，配合技术形态和技术指标进行综合分析。任何买卖方法都不可能“一招鲜，吃遍天”，全面综合分析才能提高操作的成功率。

如图 2－1 所示，一致药业 2010 年 7 月 20 日收出一根中阳线，股价成功突破 10 日平均线，可以作为一个起涨点。当然突破 10 日平均线不是一个必然的起涨点，还需要较多其他条件的配合。首先是看股价的整体位置，如果股价严重超跌，那么突破 10 日平均线后可能迎来较大的反弹甚至反转；其次要看该平均线本身的走势；最后是看平均线是否已经走平或者开始上行。如果该平均线还在下行，则说明短期的走势依然是弱势，偶尔突破也难免受到平均线的牵引而继续下跌。本例该股在突破的时候 10 日平均线已经走平，前面有一个震荡筑底过程，因此突破的可靠性比较高，作为一个起涨点应该是合格的，我们可以适当参与。另外突破的时候最好有量能放大的配合，本例该股在这一方面有所欠缺，当

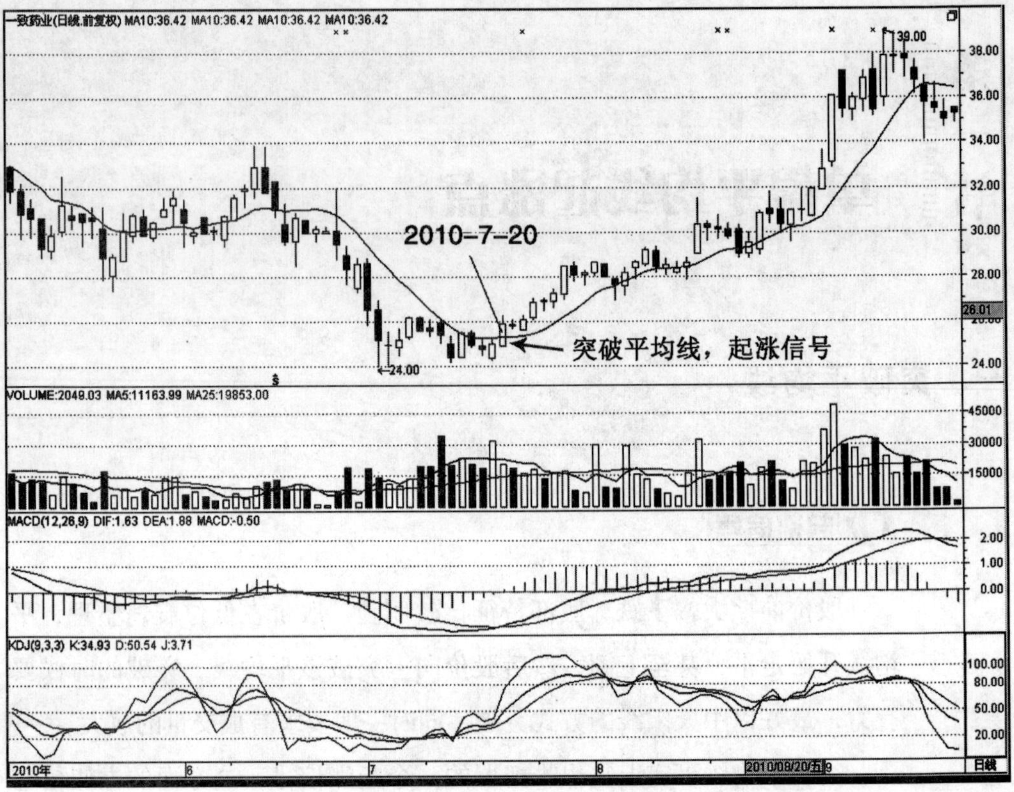

图 2-1　一致药业　000028

日缩量，量能不够，后市可能震荡。

如图 2-2 所示，辽通化工 2010 年 7 月 20 日大涨收出大阳线。这根大阳线已经明确突破 10 日平均线，是一个非常好的起涨点。从平均线看，该股当时的 10 日平均线已经开始上行。此前该股有个震荡筑底的过程，底部在抬高，所以平均线呈现明显的上行趋势。如今股价明确站上 10 日平均线，这自然是一个起涨的信号，我们可以积极参与。另外该股 7 月 20 日的大阳线也有成交量的配合，当日成交量成倍放大，主力做多态势明显，后市应该继续看好。此后该股的走势也证明了 7 月 20 日股价强力突破 10 日平均线是一个可靠的起涨点。

如图 2-3 所示，中航地产 2010 年 5 月 24 日跳空上行，当日收出中阳线，成交量也明显放大。从平均线角度看，股价已经明确突破 10 日线。从多个角度来看，这都是一个明确的起涨点，是一个很好的买入时

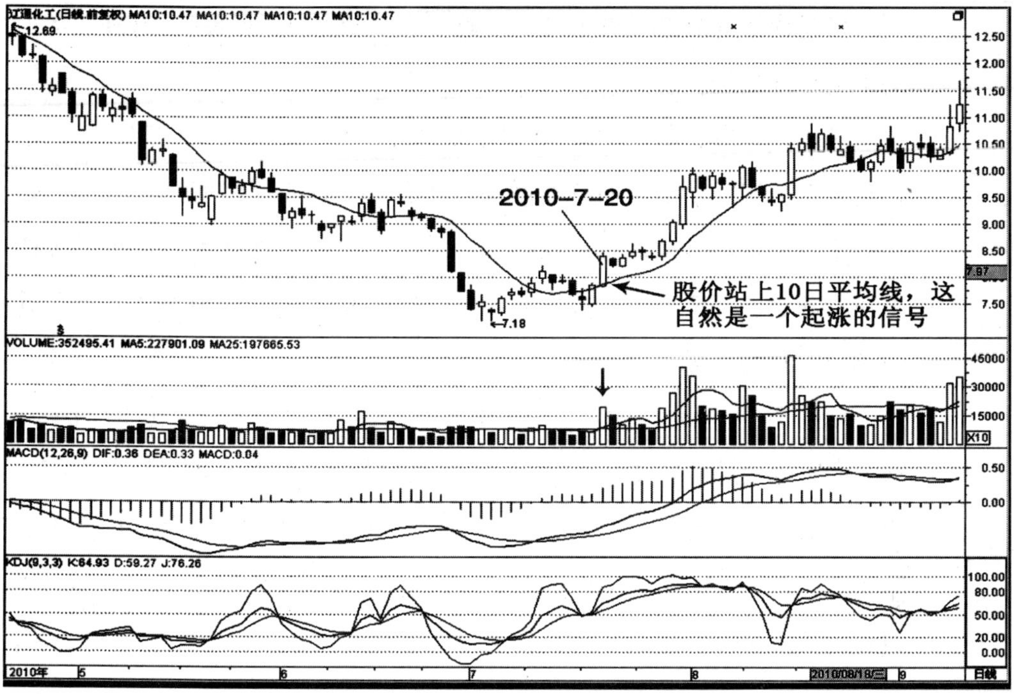

图2-2 辽通化工 000059

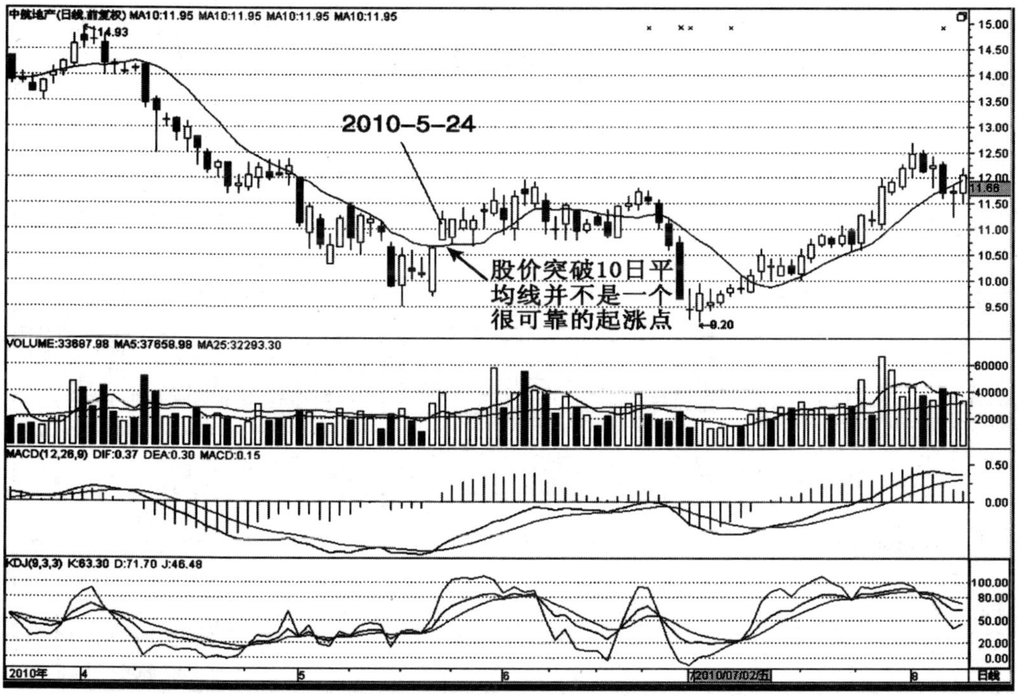

图2-3 中航地产 000043

机，可是该股此后并没有上涨多少就再度跌破10日平均线，直到二次探底成功后才反转上行。

从本例来看，股价突破10日平均线并不是一个很可靠的起涨点。本例失败的原因除了基本面的因素外，还有一个重要原因就是该股没有经历一个筑底过程，突破有点仓促，导致后面需要二次探底，这也很可能是主力建仓的需要。对于散户来说，既然股价再度跌破10日平均线，就应该及时止损出局。

如图2－4所示，中兴通讯2010年11月4日以中阳线突破10日平均线，同时成交量明显放大，看似一个明显的起涨点。可是次日该股即掉头直下，追高买入的全线套牢。这又是一个比较典型的失败案例。因此单看平均线还是很难保证信号的准确性。其实结合其他一些情况来研判是可以避免这种失误的。首先本例该股当时处于较高位置，股价经过三波上涨，

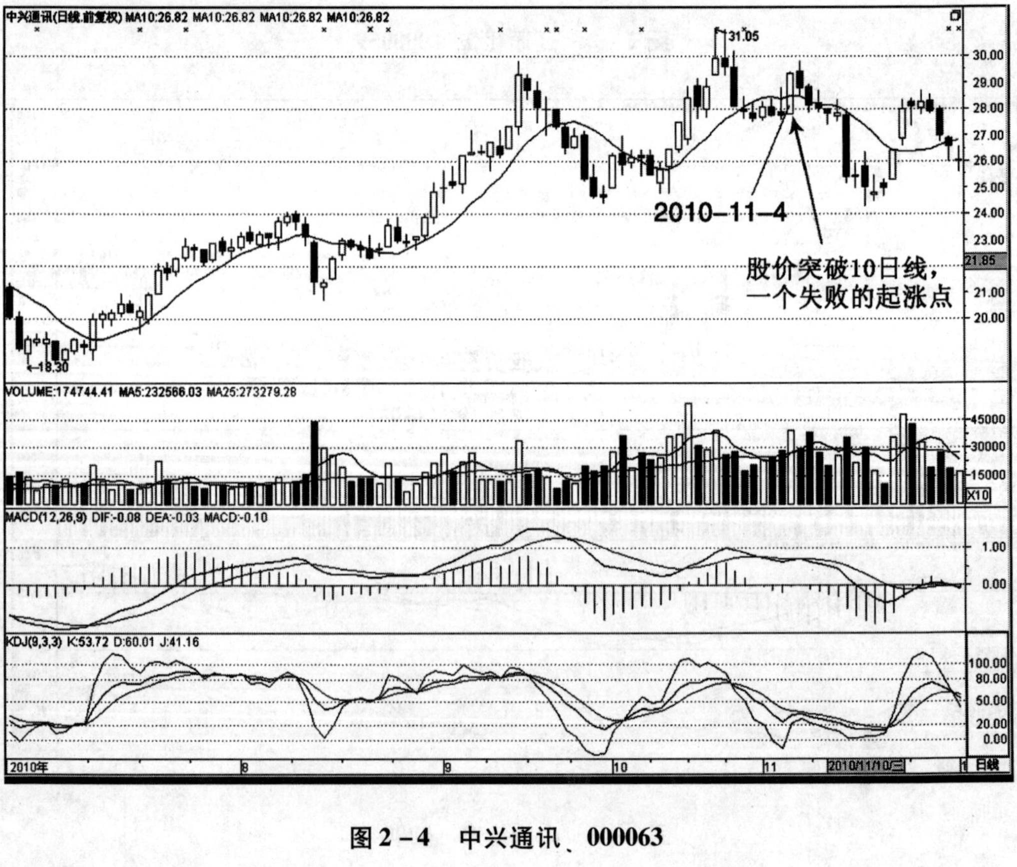

图2－4　中兴通讯、000063

已经偏高；其次从 MACD 指标等看，也有明显的背离表现，预示着股价的上升难以为继。如此综合研判一下，这个突破就存在很大疑问，不能盲目进场，即便参与，当股价再度跌破 10 日线的时候也应止损出局。

如图 2－5 所示，海王生物 2010 年 11 月 24 日收出中阳线，股价站上 10 日平均线。这是不是一个起涨点呢？这不是一个起涨点，因为该股刚从高位反转下行，10 日平均线呈现明显的下行趋势。当然股价处于下跌趋势中也不代表没有上涨，期间的反弹还是时常可见的。本例 11 月 24 日的反弹就算有力，股价也站上了 10 日平均线，但反弹仅仅是反弹，其持续性是很难维持的。另外下行的平均线对股价的反弹有很强的压制作用，或者说是有向下的牵引力，最后会带动股价下行。我们也看到了该股此后反弹无力，只能选择再度下跌。总之，当平均线还呈下行趋势的时候，即便股价突破了该平均线我们也不能乐观，不能把它当做一个起涨点。

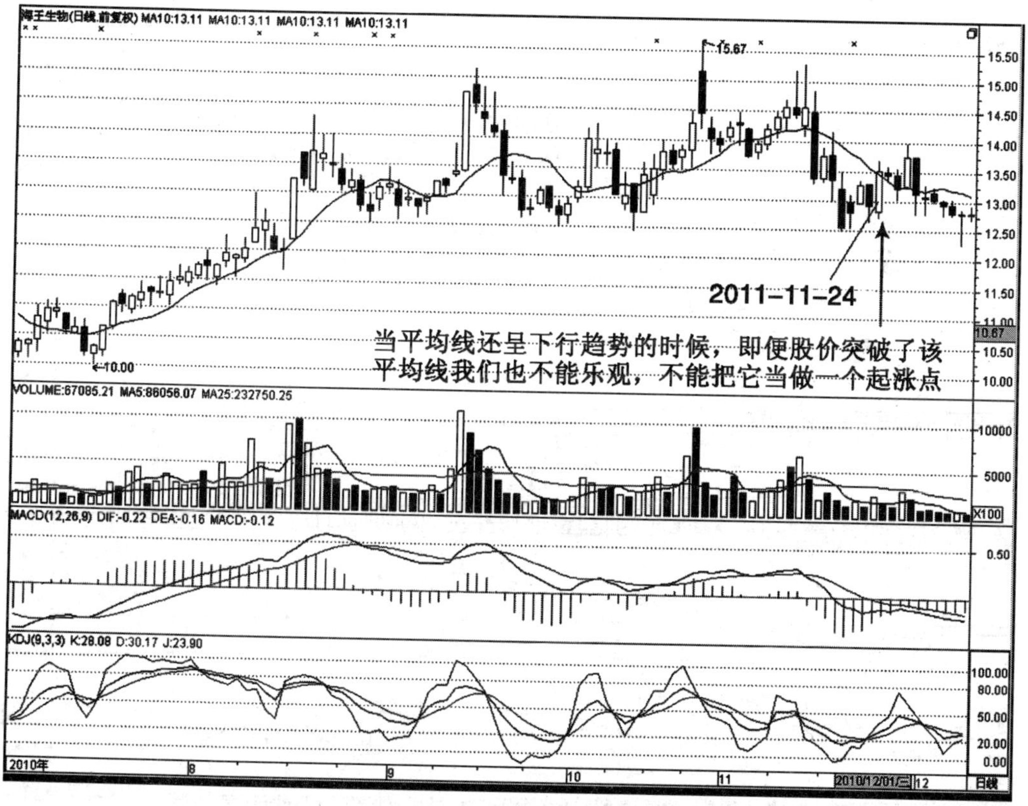

图 2－5 海王生物 000078

二、整理后再度突破平均线

起涨信号

股价自低位上涨一段后回调整理或者横盘整理，跌回某平均线之下，此时该平均线走平或者仍然保持上升趋势。当股价以放量中大阳线突破该平均线时，便是一个新的起涨点，投资者可以积极买进。

主力在建仓完毕后通常有一个洗盘打压的过程，股价会跌穿某平均线。洗盘结束后股价再度回升，当突破该平均线的时候，意味着新一轮上涨开始，自然是一个很好的买点。

如图 2－6 所示，英特集团 2010 年 9 月 27 日跳空高开收出中阳线，

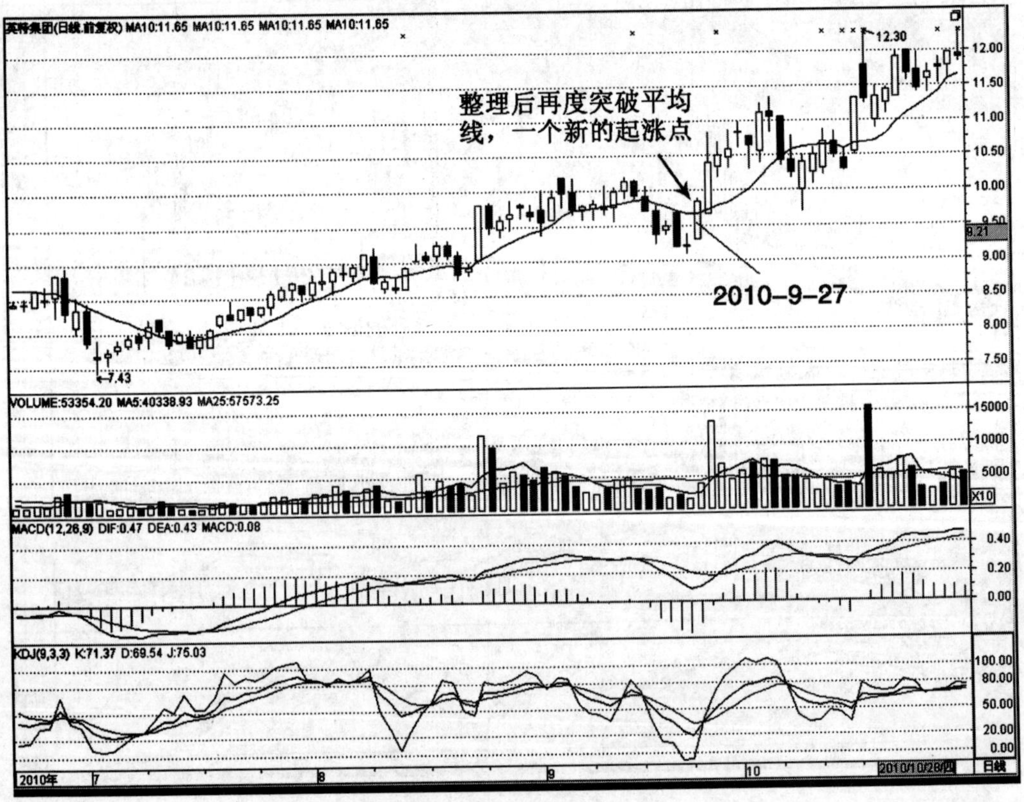

图 2－6　英特集团　000411

这通常是多头强势的表现，特别是在成交量放大的情况下，这种走势比较有力。结合平均线看，这根中阳线更有市场意义。几天前该股跌破10日平均线，但跌幅不大，如今很快再度回到该平均线之上，这说明什么呢？毫无疑问，这说明短暂的回调已经结束，股价走势将重新回到上升趋势中。因此这根中阳线也就是一个新的起涨点，我们可以积极参与。

当然并不是所有的股价重新回到平均线之上都是起涨点，我们也需要小心诱多陷阱。首先我们要关注股价的整体位置，如果股价已经大幅拉升，就要注意后面的拉升可能是主力的最后诱多出货；其次也要注意成交量的变化，量能需要放大，但不能异常放量，异常放大的成交量通常意味着分歧巨大，后市不妙。

如图2－7所示，中集集团2010年9月30日大涨近7个点，股价明确突破10日平均线，我们认为这是一个很明确的起涨点。从股价的整体

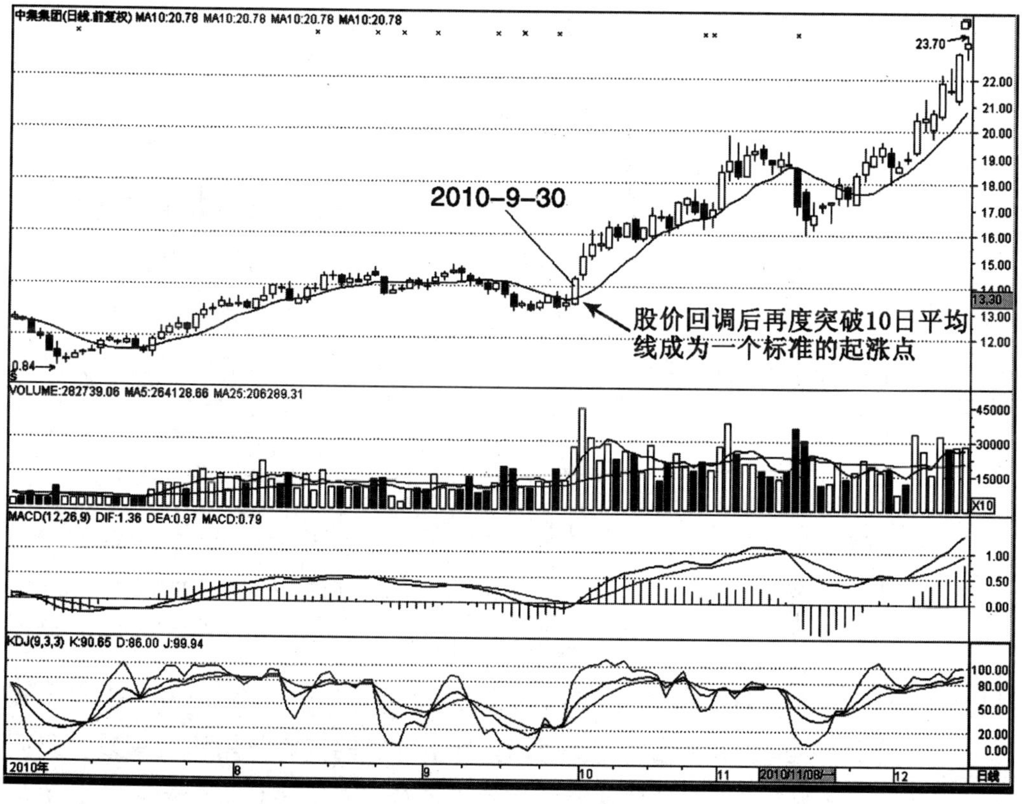

图2－7 中集集团 000039

走势看，该股此前有一波慢涨走势，然后股价回调，跌破 10 日平均线，但是回调的幅度不是很大。我们猜测这是主力的洗牌动作，但是炒股不是靠猜的，到底是不是短暂的回调还要继续观察。那么 9 月 30 日股价强势站上 10 日平均线则证明此前的下跌确实是主力的洗牌行为。当股价重新站上 10 日平均线的时候，我们认为回调就此结束，股价将进入下一波上升走势中。因此股价回调后再度突破 10 日平均线成为一个标准的起涨点，我们可以积极参与。

判别是否是回调后的突破其实不是那么容易的，需要我们对股价的整体位置和成交量等进行综合研判，另外也可以参照一些技术指标，比如本例股价再度站上 10 日平均线的时候，MACD 指标产生金叉，发出明确的买入信号。

三、回调不破平均线

起涨信号

在实战操盘中，我们经常发现某些平均线有重要的支撑作用。当然个股哪条平均线有支撑作用是各不相同的，投资者可以自己去试，这个不难。股价在上涨一段后开始缩量回调，但是在某平均线上方站稳，支撑作用明显，此时我们可以低吸，当股价再度放量拉升的时候我们可以加仓。

如图 2－8 所示，中润投资 2010 年 11 月 2 日收出一根十字线，当日震荡幅度非常小。投资者可能对这根小十字线不怎么在意，但是如果你对平均线在意的话就会关注它。该股此前是沿着 10 日平均线上行，涨幅不大，应该还有潜力。但是股票不可能一直往上走，一波三折是正常的。11 月 2 日这根小十字线就是一个正常的回调，股价刚好向下触碰到 10 日平均线止跌站稳。这说明 10 日平均线的支撑作用比较有效，我们可以大胆估计这是短线调整的下档支撑位，是一个较好的买点，股价很可能从这里起涨。此后该股没有直接上行，而是继续沿着 10 日平均线窄幅整理，我们可以继续静观其变。最后该股果然大阳线启动，股价进入快速拉升阶段，短期涨幅非常大。

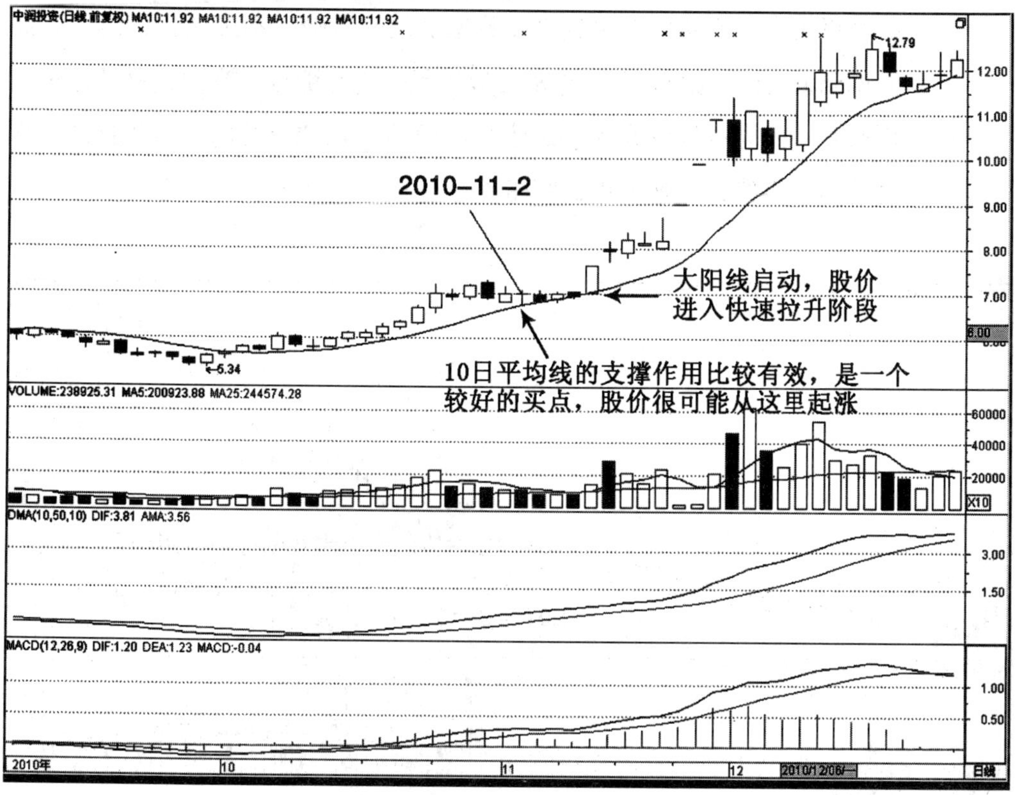

图2-8　中润投资　000506

回调不破平均线是一个很好的起涨点，但是到底采用哪根平均线值得我们仔细研究。一般来说主力操盘都有一定的习惯，该股此前沿着哪根平均线上行，此后还会重复这个动作，我们记住这个规律就可以了。也有些投资者以60日平均线、半年线或年线为支撑参考，各有利弊，具体选择哪根平均线，根据各人的操盘风格而定。

如图2-9所示，富龙热电2010年9月16日小幅下跌，收出小阴线。因为前日该股收出中阴线，所以可以认为9月16日的小阴线是跌势延续，按常规我们将继续观望。从平均线角度看，这根小阴线刚好触碰到10日平均线，并且留下了些许下影线，说明该平均线有一定支撑。但是该平均线支撑的有效性还有待于进一步观察。该股此后几天横盘，但股价基本站稳在10日平均线之上，此时差不多可以认定该平均线的支撑是有效的，投资者可以逢低买入。稳妥的投资者可以等股价向上启动的时候再买进，这样可以避免股价破位下跌的风险。不过无论如何，股价回调到10日平均线止跌企稳都可以算是一个起涨点。当然这只是针对本例而言，因为本例该股本来就是沿着10日平均线上行的，回调获得支撑也是理所当然，否则走势就变坏了。

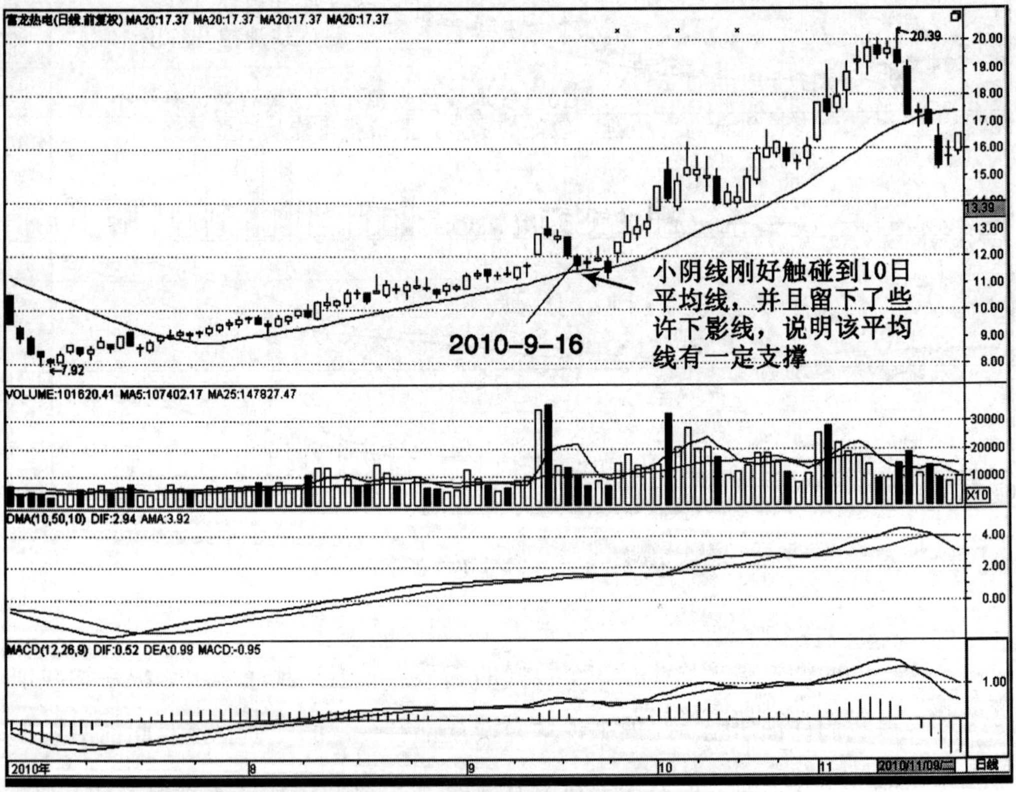

图2-9　富龙热电　000426

如图2-10所示，南玻A 2010年8月6日大涨近7个点，是一个明确的起涨点。当然我们不是因为仅仅看到一根放量中阳线就说这是起涨点。从平均线的角度看，该股此前沿着10日平均线上行，股价回调也受到该平均线的支撑。有些投资者可能在8月6日前几天股价回调触碰10

日平均线获得支撑的时候就进场了，这也是可以理解的，只要你对这个股票的运行非常熟悉就行。稳妥的办法是等股价向上启动的时候再进场，这样成功几率更高。缺陷就是等股价明确上攻的时候通常都已经涨了几个点，增加了我们的投资成本。可见风险和收益是正相关的，我们想避免风险就必须牺牲一部分利润。

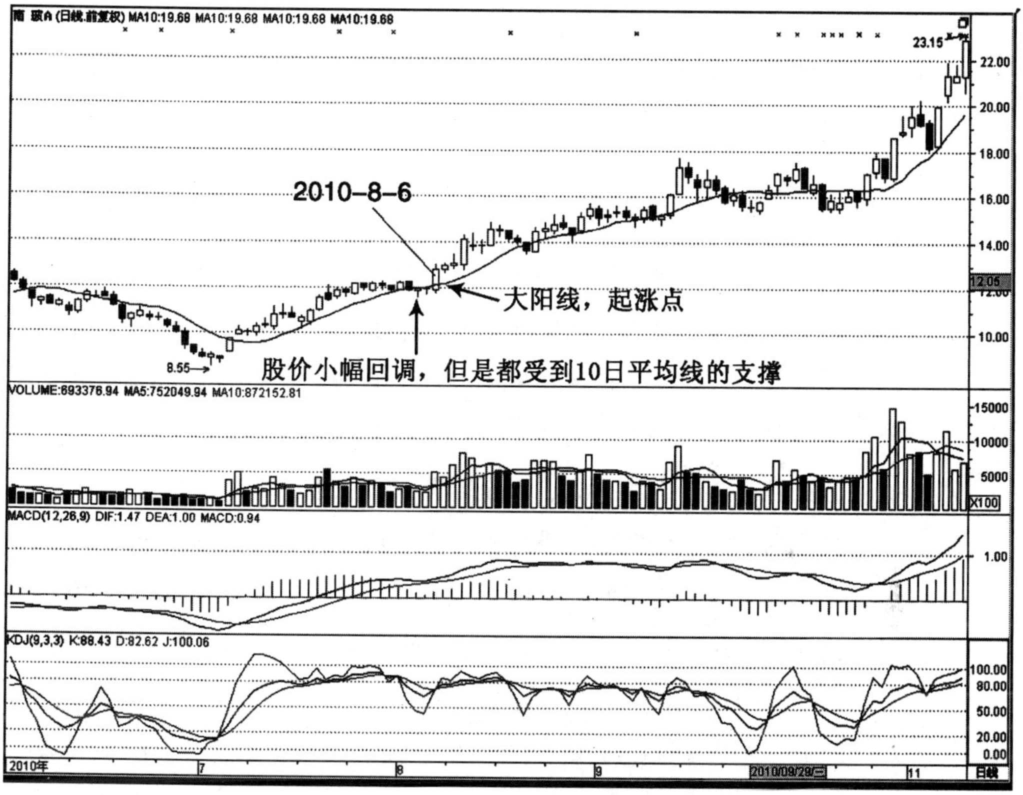

图2－10 南玻A 000012

第二节 平均线组合起涨点

一、平均线金叉

起涨信号

平均线金叉指周期短的平均线由下而上穿过周期长的平均线，这表明较短周期的平均买入价格逐渐上升，最后超过较长周期的平均买入价格，也就是说近期的买盘越来越多，购买愿望越来越强，愿意以更高的价格买入股票，即股票短期的走势越来越强，股价呈上升趋势。平均线产生金叉是一个明确的起涨点，投资者可积极跟进。

真正的平均线金叉要求周期长的平均线至少走平，最好是上扬，然后周期短的平均线由下而上穿越周期长的平均线，产生金叉。在产生金叉前后最好有成交量放大的配合，说明增量资金进场，做多更为可靠。

如图 2 - 11 所示，广州控股 2010 年 11 月 3 日小幅上涨，一根小阳线貌不起眼，且没有突破前高，一般不构成买入信号。但是此时的平均线却发出了买入信号。我们看到 5 日平均线上穿 10 日平均线形成金叉，这是一个明确的买点，我们可以积极参与做多。这个金叉发生在股价整体上行的背景下，下面有中长期平均线支撑，股价小幅回调说明向下整理的动力不足，然后再度产生金叉，意味着整理结束，新的上涨阶段开始。

如图 2 - 12 所示，中兴通讯 2010 年 7 月 9 日收出中阳线，同步 5 日平均线上穿 10 日平均线，形成黄金交叉。这一般来说是一个起涨点。但是我们这里强调这个金叉其实并不是真正的黄金交叉，因为它并没有显示多头整体走好。首先 10 日平均线还在下行，这对股价有一定的向下牵引作用；其次这个金叉上面盖着中长期的平均线，这些平均线都呈明显的下行

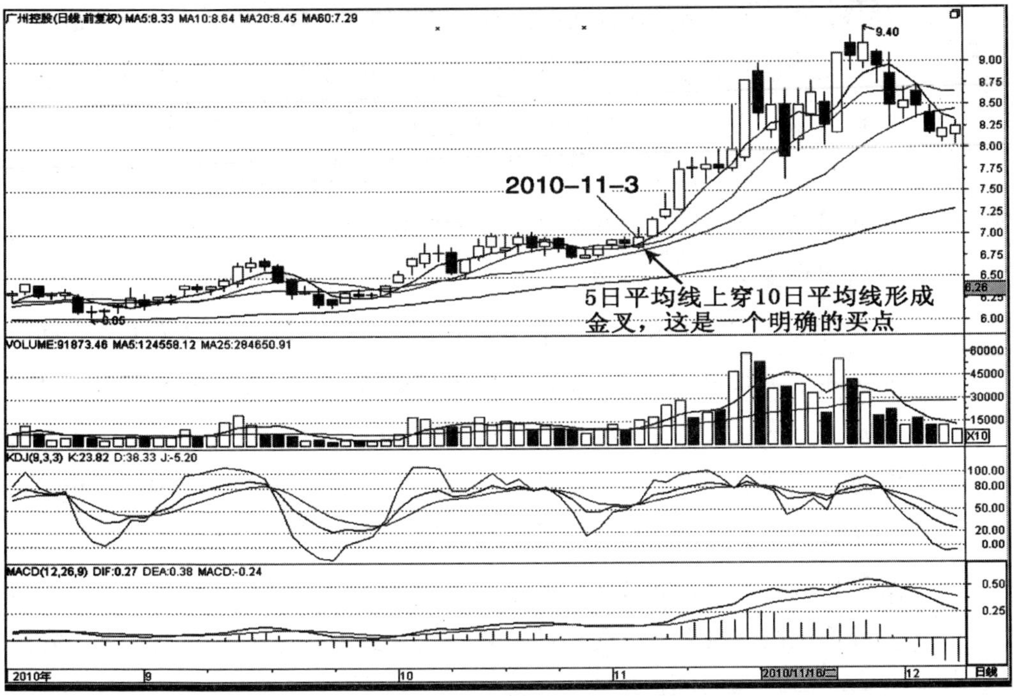

图2－11 广州控股 600098

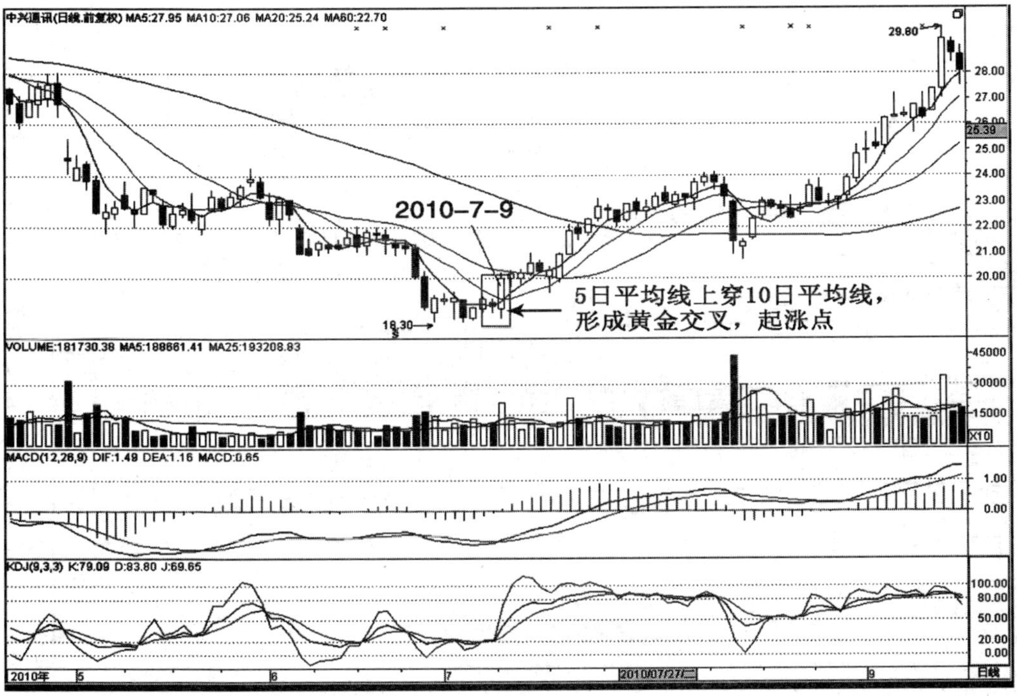

图2－12 中兴通讯 000063

趋势，对股价走势形成强大的压力。如此种种，这个金叉我们只能适当参与，不能全力以赴。当然这个金叉也有好的因素配合，比如股价处于严重超跌区域，金叉产生的时候量能大幅放大，说明多头积极进场。

后市该股逐浪上升，涨幅较大，但这并不能说明在第一个金叉的时候进场是多么英明，最多只能说是冒险侥幸成功。我们可以在第一次金叉的时候少量参与，此后股价逐级走强的时候再逐步加仓。

如图 2－13 所示，中集集团 2010 年 9 月 30 日大涨近 7 个点，同时成交量成倍放大，这是一个较好的进攻态势。从平均线的角度看，这时候的 5 日平均线上穿 10 日平均线，形成黄金交叉。这个金叉是一个非常标准的起涨点，投资者可以放心介入。为什么说这个金叉非常好呢？这个金叉的位置刚好在 60 日平均线之上，这说明该股中长期走势向好，此前的回调只是短暂的洗牌，如今 5 日平均线与 10 日线再度金叉，预示着短线回调已经结束，下面将进入新一轮上升中。这个金叉是一个很好的

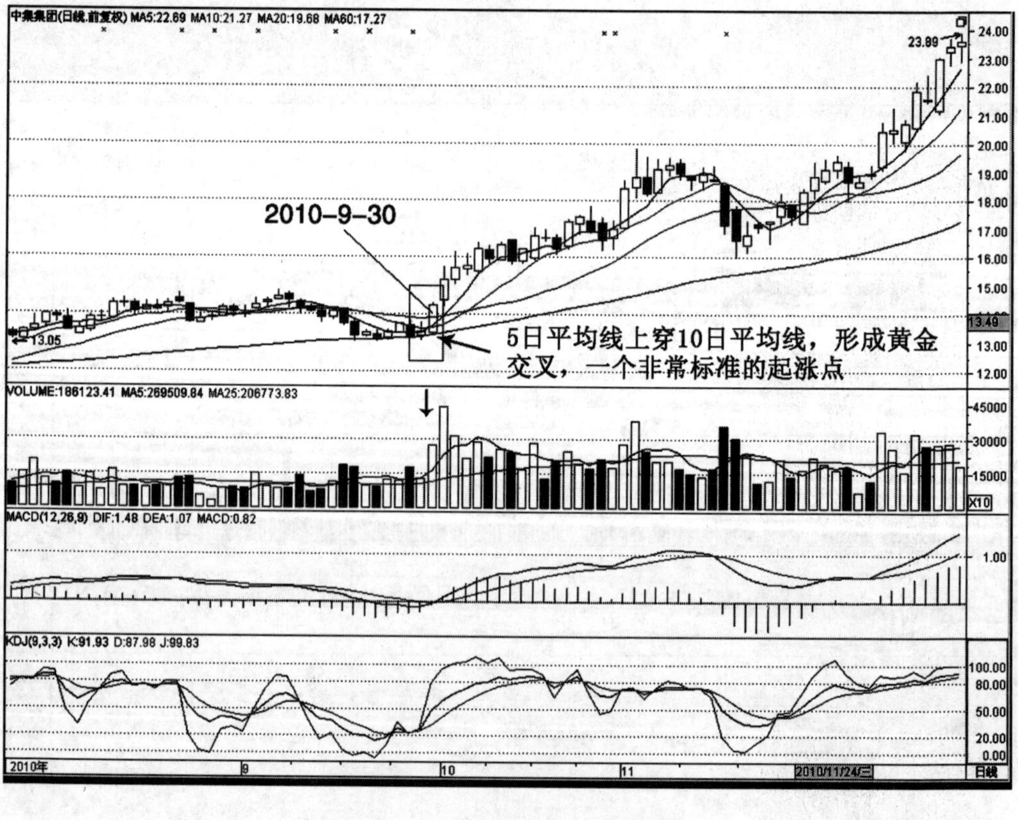

图 2－13　中集集团　000039

起涨点，对这样的起涨点我们是不可错过的，可以放心进场。

二、平均线三角

起涨信号

平均线要构成三角需要有三根平均线，通常以5日平均线、10日平均线和20日平均线作为标准。股价大幅下跌后开始反弹，5日平均线先后上穿10日平均线和20日平均线，然后10日平均线上穿20日平均线，三次交叉构成一个尖角向上的三角形。这个三角形是一个比较可靠的起涨信号，表示股价整体走强，有望形成反转，我们可以适当参与。此后股价只要不跌回三角形内部就可以坚定持股，回调到三角形上方站稳时可以继续加仓。

如图2－14所示，闽东电力2010年7月19日小幅上涨，收出小阳

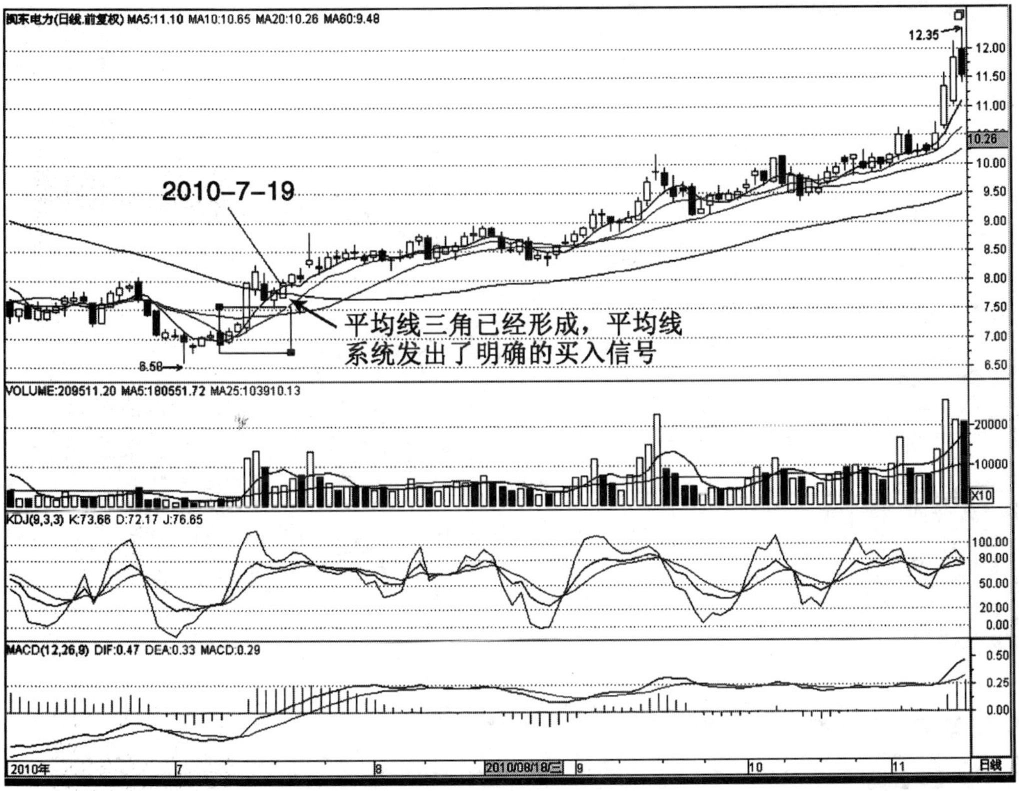

图2－14　闽东电力　000993

线，走势比较迷离，没有突破前高，还难以说是强势，但是此时的平均线系统却发出了明确的买入信号。这个信号就是平均线三角已经形成。在此之前，该股的5日平均线先后上穿10日平均线和20日平均线，然后10日平均线上穿20日平均线，形成一个标准的三角形。这说明股价整体走强，后市有望继续拉升。本例该股在三角形形成过程中，成交量也明显放大，增量资金进场做多态势非常明确，因此这个平均线三角相对可靠，我们可以放心买进。

如图2－15所示，贵糖股份2010年7月16日大涨收出大阳线，同时成交量大幅放大，这是多头积极进攻的态势。从平均线系统的角度，也是非常看好后市。当时的10日平均线上穿20日平均线，形成金叉，说明中期趋势已经走好。还不仅仅如此。我们发现此前5日平均线和10日平均线产生金叉，然后5日平均线和20日平均线产生金叉，这三条平

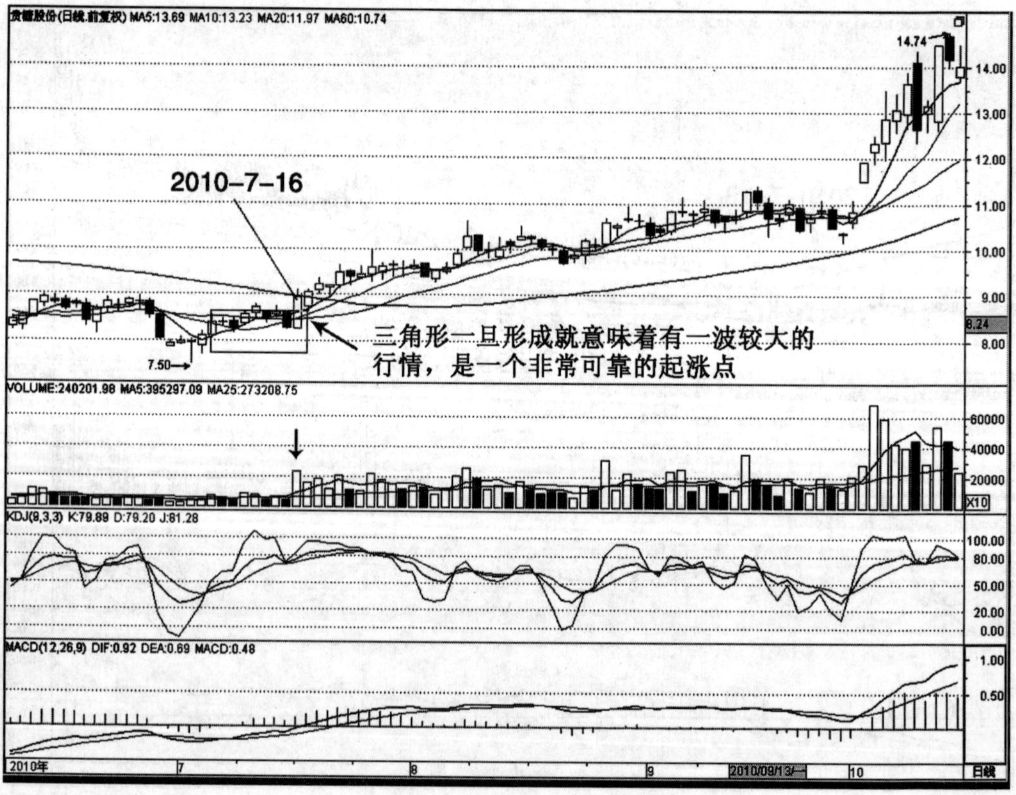

图2－15　贵糖股份　000833

均线的三个金叉组合成一个三角形，表示短期和中期的走势都开始呈现多头强势。这个三角形区域也是密集成交区域，大部分的持股成本就在这个区间，因此也将成为后市坚强的区间。这样三角形一旦形成就意味着有一波较大的行情，是一个非常可靠的起涨点。后市只要股价不跌回到三角形区域内，我们就可以继续看多。

如图2－16所示，四川双马前期大幅下跌，然后逐渐回升。在回升的过程中，5日平均线先后上穿10日平均线和20日平均线，然后10日平均线上穿20日平均线，形成一个三角形，表明股价明确走强，后市可能就此反转上行，我们可以适当参与。本例该股的平均线三角形成过程中量能有所欠缺，因此我们应适当保留，不要马上全仓跟进，等股价真正走强的时候再加仓也不迟。

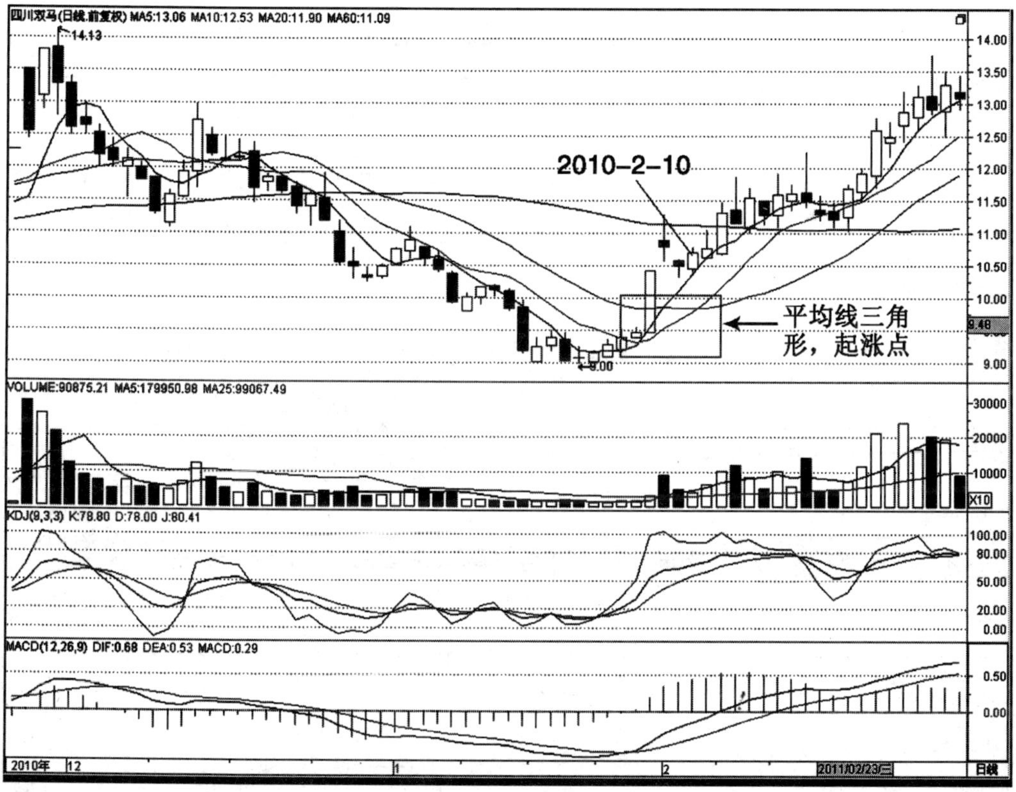

图2－16 四川双马 000935

三、平均线黏合后发散

起涨信号

平均线为什么会黏合在一起？自然是股价窄幅横盘震荡造成的。时间越长，黏合的平均线越多，说明持股的成本越来越接近。这是变盘前的征兆。当然横盘整理没有多空之分，一切要看最后股价向哪个方向突破。当股价向上突破的时候，平均线系统会向上发散，这显然是一个再好不过的起涨信号，我们不能错过这种股票。一般来说，横盘蓄势越充分，也就是说平均线黏合的时间越长，后市的上涨幅度越大。通常平均线向上发散的过程中会伴随成交量的放大，放量的平均线发散更为可靠。

如图2－17所示，紫金矿业2010年9月30日大涨，股价接近涨停板，同步成交量明显放大，这是一个非常好的进攻形态。从平均线的角度看，更值得看好。此前该股长时间窄幅横盘震荡，导致平均线都黏合在一起。

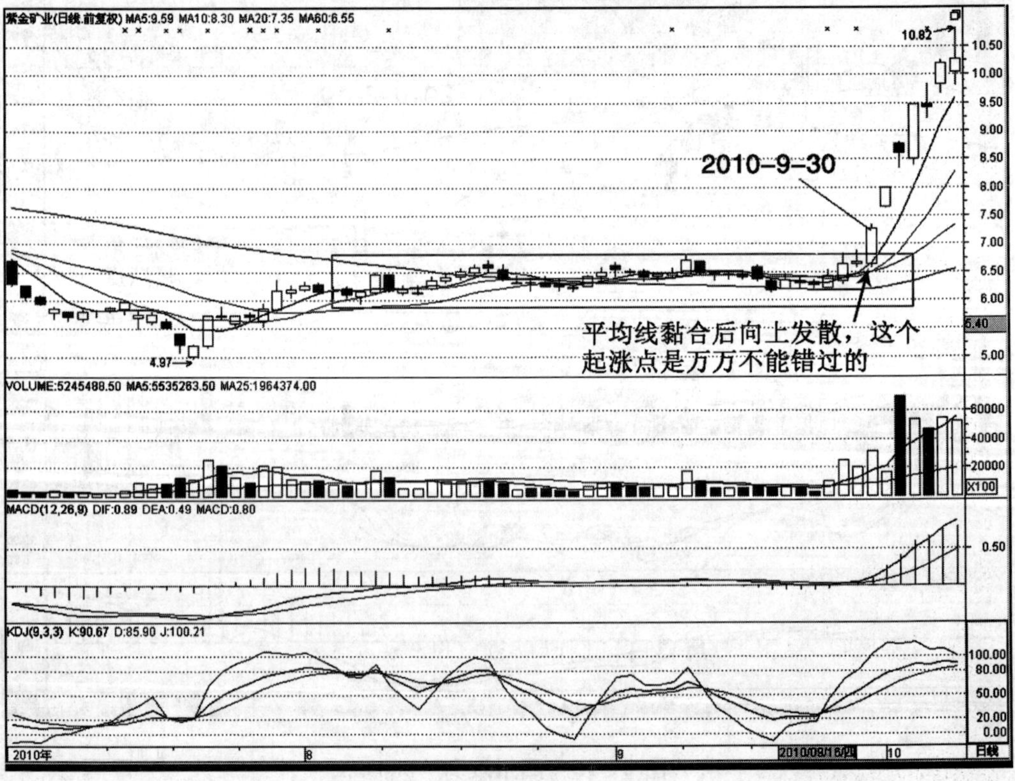

图2－17　紫金矿业　601899

市场有句俗语“横有多长，竖有多高”，这是有道理的。横盘的时间越长，散户就被清理得越干净，主力高度控盘，这为后市的大幅拉升打下了坚实的基础。体现在平均线上就是在长时间的整理过程中，平均线黏合在一起，大家的持股成本逐渐接近，后市拉升就轻而易举了。

本例该股的平均线黏合后发散发生在股价自低位小幅上涨之后，是典型的建仓后震荡洗盘，完成这个动作后进入快速拉升也是顺其自然的事。我们要做的就是密切关注长期横盘的股票，一旦平均线开始向上发散就可以全力以赴，这个起涨点是万万不能错过的。

如图2－18所示，中国国旅2010年11月5日大涨近7个点，收出一根光头光脚的中阳线。光头光脚的中阳线意味着多头持续保持了强势的上攻态势，并且使股价收于最高点。这种强势上攻通常都是实打实的，多头的实力非常强劲，后市也相当看好。不过我们这里主要讨论的是平均线系统。11月5日之前，该股有一个3周左右的窄幅横盘整理过程，导致默认的平均线系统呈黏合状态，这说明中短期的买入均价都很

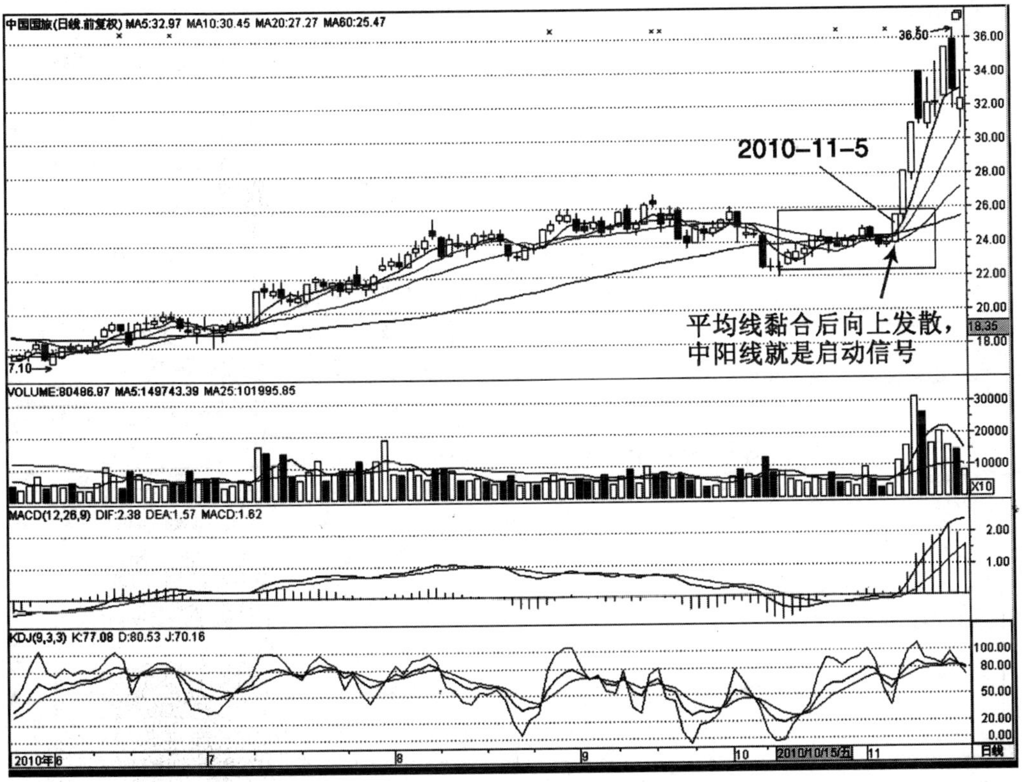

图2－18　中国国旅　601888

接近了，通常预示着变盘在即，不管涨跌都将有大的动作。鉴于该股股价前期上涨幅度不大，我们认为向上的可能性更大。但是我们也不能在前期潜伏，因为很难确定盘整的时间，如果是长期盘整，我们资金的时间成本会比较高，应该等待股票自己发出起涨信号。11月5日的中阳线就是启动的信号，价量配合也很好，我们可以积极跟进做多。

如图2－19所示，徐工机械2010年9月28日收出一根涨幅近3个点的小阳线，涨势不是很强劲，但是我们认为这是一个较明确的起涨点，因为这时候5日、10日和20日平均线由此前的黏合状态变为向上发散，这是一个启动信号，我们可以积极参与。平均线黏合都是股价窄幅震荡结果，震荡横盘后向上向下的可能性都有，但一般在股价涨幅不大的情况下向上的可能性更大，本例就是如此。9月28日虽然只是小幅上涨，但是我们看到3根平均线开始向上发散，这说明多头开始发力，买入的均价越来越高，这是一个积极的信号，我们基本可以判断新一波上升由此开始，此时介入正是时候。

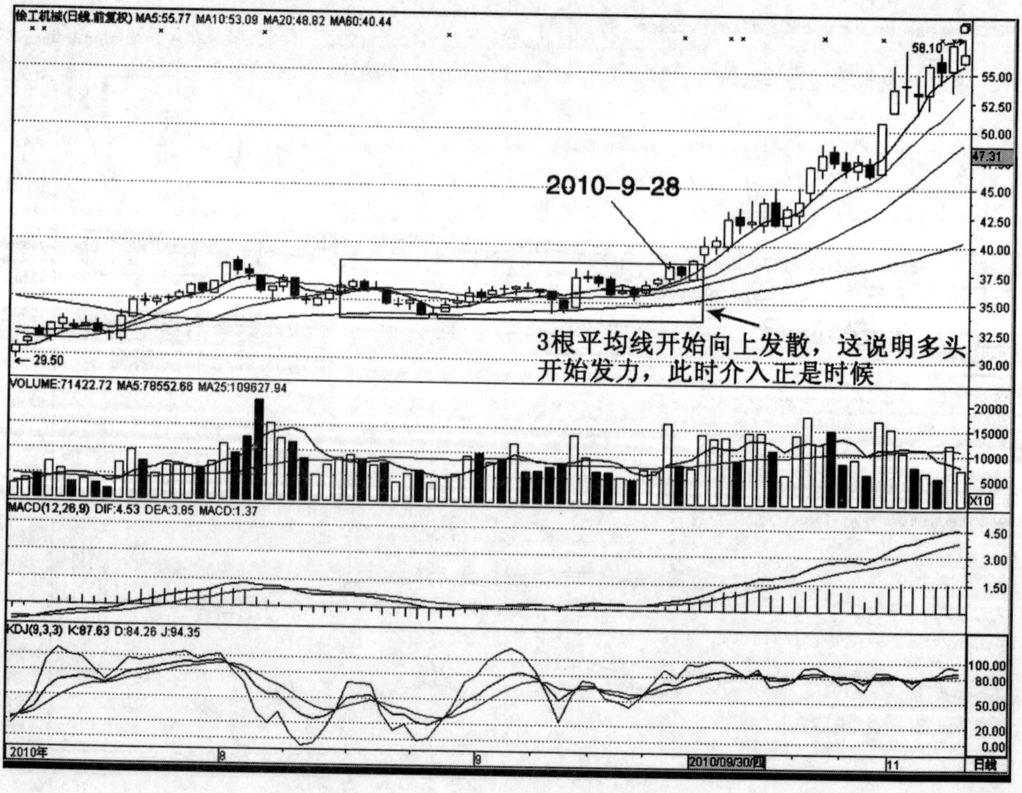

图2－19 徐工机械 000425

第3章

趋势线起涨点

买在
起涨点

趋势线是平均线的变形，同样源于股价的变化，不过趋势线更为直观，为投资者提供了一个操盘的捷径。但是趋势线的确认可不容易，我想这个市场未必有多少人能画出准确的趋势线，即便画出来了，其不确定性也远高于平均线，毕竟平均线是每天都取值，而趋势线只需要两点取线，孰优孰劣一目了然。不过股市里总有很多神奇的东西，神奇的趋势线也不少见，且因为更直观简单而被投资者青睐。

趋势线的确立比较难，因此我们要尽量找出那些穿越更多高点或者低点的线，这样可靠性更高。当趋势发生变化时，我们要善于调整趋势线。趋势线是分水岭，趋势一旦改变，影响无疑深远，因此不能抱有太多的侥幸心理。既然深信趋势线，那么即便是判断错误也要严格执行止损止盈，做好波段操作。

一、突破下降趋势线

起涨信号

股价前期持续下跌，如果把反弹的高点连接起来就形成一条下降趋势线。通常下降趋势线有明显的压制股价上行的作用，但是一旦被突破，就意味着此前的下降趋势已经明确逆转，后市将进入上升趋势中。这是一个很好的起涨点，我们可以积极买进。

下降趋势线也有多种，突破长期下降趋势线是中长期走势逆转的标志。在长期上升趋势中也会形成中短期的下降趋势线，一旦突破这种中短期下降趋势线也是很好的买点。

如图3－1所示，深圳惠程2010年11月19日大涨，股价接近涨停，

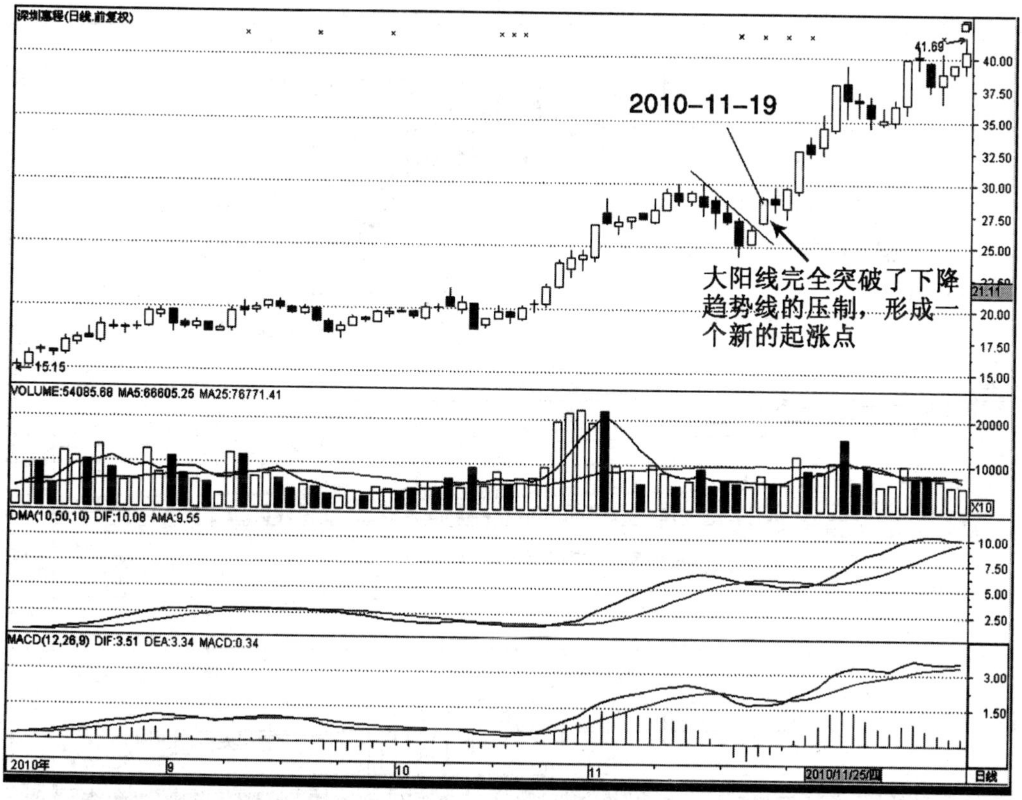

图3－1 深圳惠程 002168

多头上攻态势非常明显。从股价的走势来看，该股中长期处于上升趋势中，但短期有一个明显的下降趋势，形成一道下降趋势线，股价沿着下降趋势线下行。11 月 19 日这根大阳线完全突破了下降趋势线的压制，这说明短期的下降趋势已经结束，后市将重回上升趋势。这也是一个新的起涨点，我们可以积极参与。

在长期上升趋势中，短期的下降走势很常见。没有永远涨的股票，短期回调也是为下一波上涨蓄势。股价突破短期下降趋势线，新的上升趋势再度确立时，也是一个很好的买点，我们不能错过。

如图 3－2 所示，美邦服饰 2010 年 12 月 31 日大涨，股价突破此前的下降趋势线，通常是一个很好的买点。可是该股此后不久就反转下跌，跌幅甚大。这说明本例这个突破下降趋势线是一个比较典型的诱多陷阱。

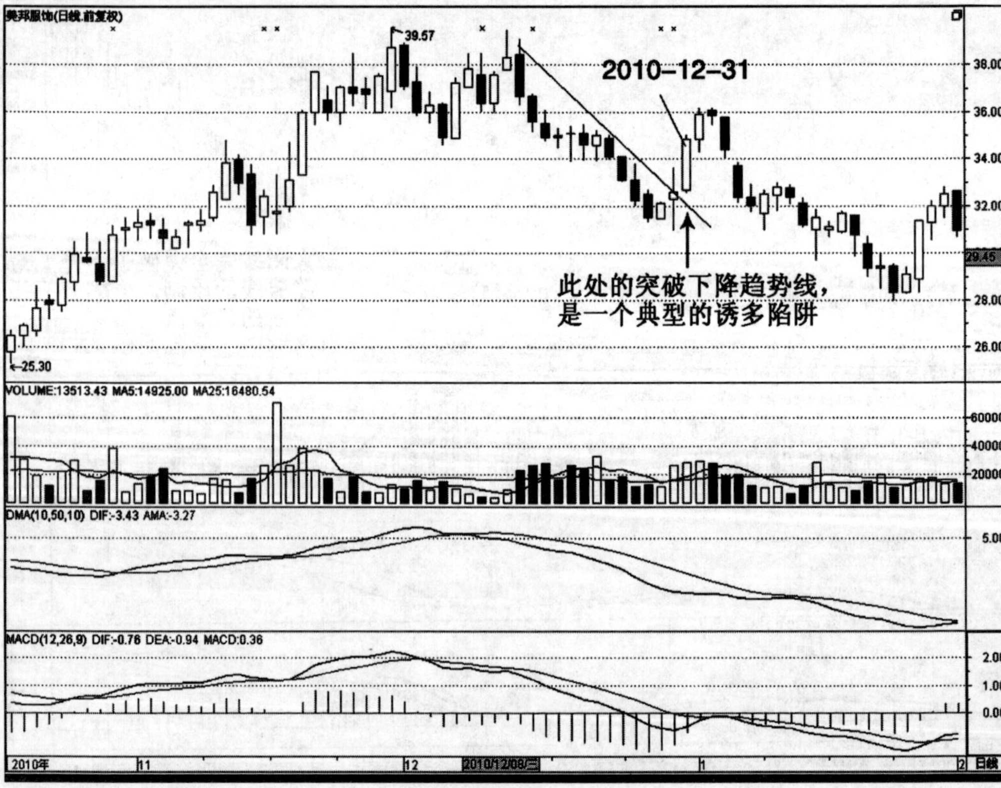

图 3－2　美邦服饰　002269

为什么这里的突破下降趋势线成为一个陷阱呢？这需要对股价走势有一个整体认识。该股此前已经大幅上涨，在形成一个双头后见顶回落。此后该股持续下跌，形成下降趋势，但整体跌幅并不大，12 月 31 日该股突破下降趋势线就值得怀疑，因为此前的下跌动能并没有得到有效释放，如今仓促拉高很可能是主力拉高出货。当然这有点事后诸葛亮的味道。我们能做的是什么呢？突破下降趋势线进场没大错，但如果股价反弹无力而再度下跌你还不走就是大错了。在复杂的股市交易中，判断错误是难免的，我们要记住，一旦发现方向错误马上止损，那是唯一的应对办法。

如图 3－3 所示，双象股份于 2011 年 2 月 10 日突破下降趋势线，是一个明显的起涨点。这根下降趋势线属于较长周期，一旦股价反转向上突破该线，预示着较大的上升行情。该股此后的走势也证明了这一点。

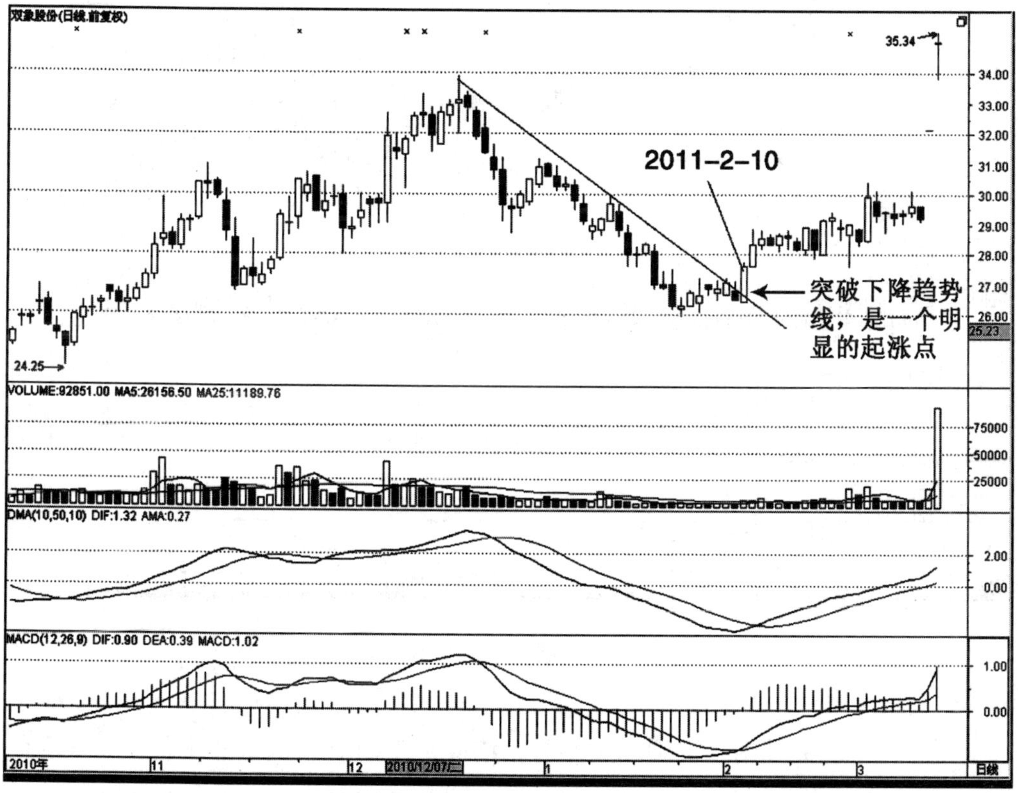

图 3－3 双象股份 002395

当然我们同时也需要关注一下突破的力度和成交量。该股突破的力度非常强劲，但是量能欠佳，这也为后来长时间的横盘留下了诱因。没有成交量的配合，说明主力的参与程度不够，也就是说主力收集的筹码不够。主力需要通过横盘震荡来收集筹码，一旦收集完毕，后市可能进入加速上升阶段。当然我们这里关注的是突破下降趋势线这一现象，大阳线突破给了我们希望，但也需要注意成交量的配合。

如图 3－4 所示，联环药业 2010 年 2 月 10 日大涨，股价轻松突破下降趋势线。这根下降趋势线周期非常长，也意味着后市的涨幅不小，是一个很有价值的起涨点，我们不能错过。

图 3－4　联环药业　600513

从突破的力度和成交量看，该股走出的形态也是非常优美——涨停大阳线突破，成交量成倍放大，又不是极度夸张的放大，没有比这更优美的形态了。即使是涨停，我们也该毫不犹豫地在涨停板上排队买进。

二、回调到上升趋势线

起涨信号

股价在逐浪上升过程中会形成明显的上升趋势，把各个回调的低点连接起来可以得到一条上升趋势线。对于短线投资者来说，股价回调到上升趋势线且能站稳时，就是一个较好的买点。回调结束后又是一个新的起涨点。在回调的过程中一般成交量会明显萎缩，此后股价回升的时候会伴随着成交量的放大，我们可以伺机介入。当然股价越来越高的时候我们要小心股价跌穿上升趋势线，这时就不能再逢低买入了。

如图 3－5 所示，扬农化工前期沿着一条较为平缓的上升趋势线上

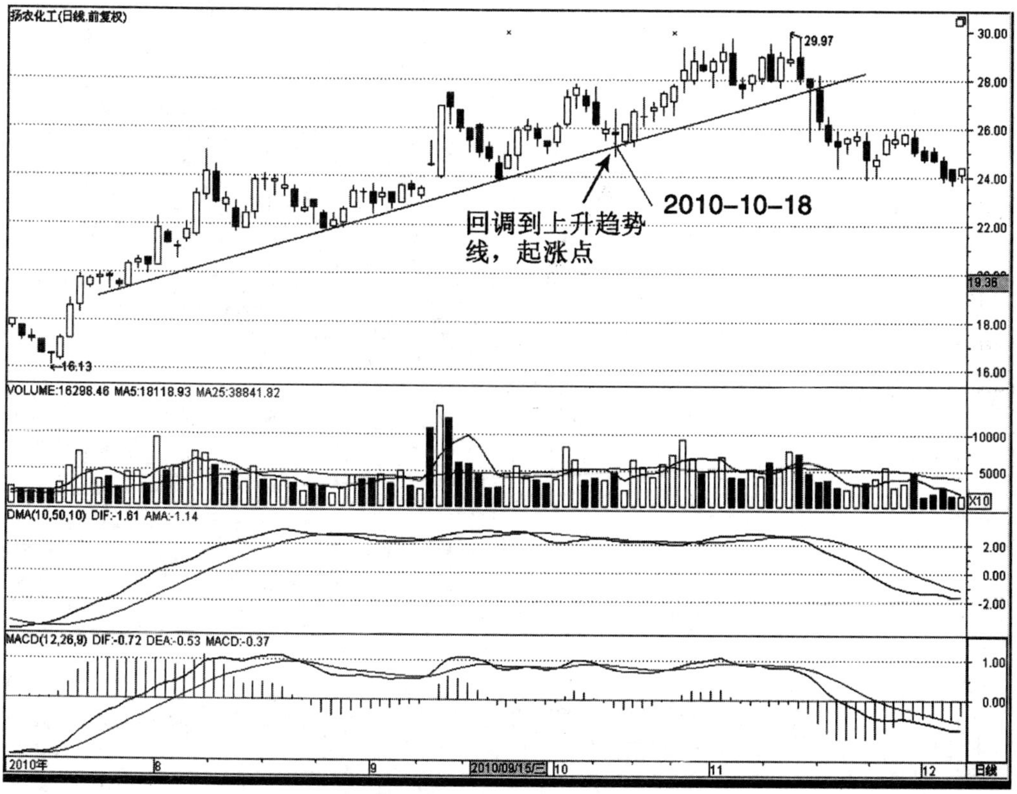

图 3－5　扬农化工　600486

行。因为上涨角度较为平缓，所以我们暂时不用担心股价反转下跌。2010年10月18日该股剧烈震荡，最后收出一根十字线，此时的股价正好触碰到原来的上升趋势线，我们可以适当逢低买进，此后股价明确回升的时候可以继续加仓。这个时点为何成为买入时机？关键就在于股价在此有上升趋势线的支撑。买入后万一股价跌破该上升趋势线则需要止损，但止损的损失也不大，值得一搏。

如图3－6所示，人福医药2010年10月15日收出一根十字线，大概没几个人会关注这样的没有多少特点的走势。但是从趋势线角度看，我们就发现这根十字线是一个很好的买点，也即是一个起涨点。为什么呢？因为该股此前沿着一条明显的上升趋势线逐浪上升，每次股价回调到上升趋势线都成为一个很好的买点。10月15日这根十字线的股价也是触碰到上升趋势线止跌，通常股价会就此反转上行。如果你对此没有

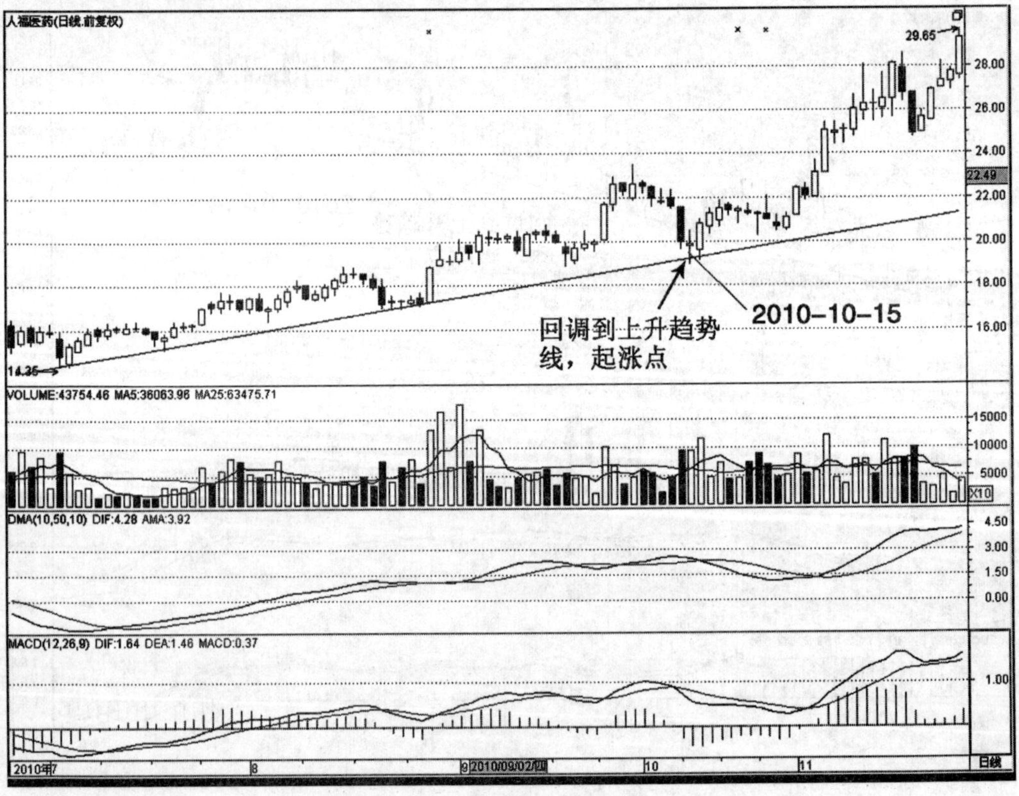

图3－6　人福医药　600079

信心，可以等待股价明确反转向上的时候再进场。

如图3－7所示，紫光股份沿着一条上升趋势线逐浪上行。2010年10月18日该股收出中阴线，并且留下较长的下影线。这根中阴线对投资者的杀伤力比较大，可能不少持股者会忍不住止损出局。但是该股次日涨停，让人大跌眼镜。涨停我们估算不到，但是这根中阴线很可能止跌倒是能预计到的。为什么呢？因为这根中阴线正好落到上升趋势线上，当日空头虽然发力打压股价，但最终大幅拉回，说明多头在此有很强的阻击力量，因此这根中阴线很可能是止跌信号，反过来看也就是起涨点。在股价大幅下挫的时候，我们可以少量抄底，次日股价走强的时候可以伺机加仓。

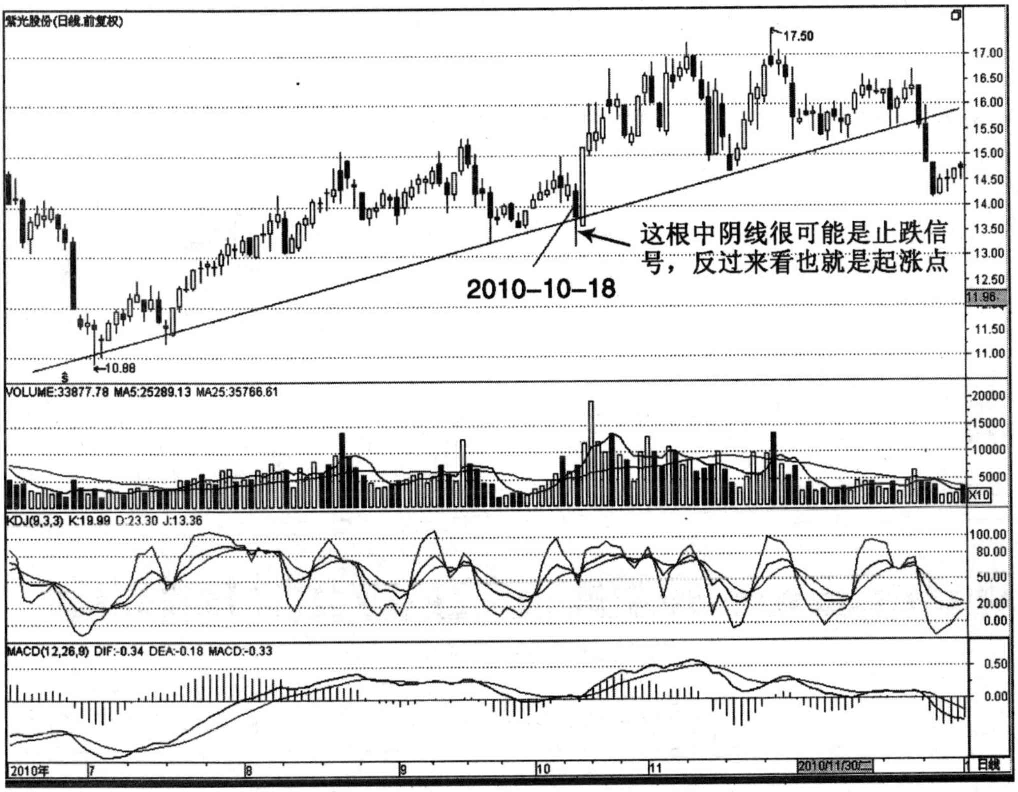

图3－7 紫光股份 000938

三、突破平行趋势线

起涨信号

有时候股价会在一个区间震荡，上边的高点比较一致，整体呈现横向的平行趋势，我们把各个高点连接起来可以得到一条平行的趋势线。这条平行的趋势线就是上升的压力位，通常股价反弹到这里需要暂时出局观望，但是一旦股价向上突破该平行趋势线，则意味着上档的压力解除，可能有较大的升幅。因此股价突破平行趋势线是一个较好的买入信号，我们可以积极参与。另外，我们要注意，在突破平行趋势线的时候最好有成交量放大的配合，表示增量资金进场做多，起涨信号就相对更为可靠。

如图 3－8 所示，海康威视一段时间在 75 元下方上下震荡，股价反

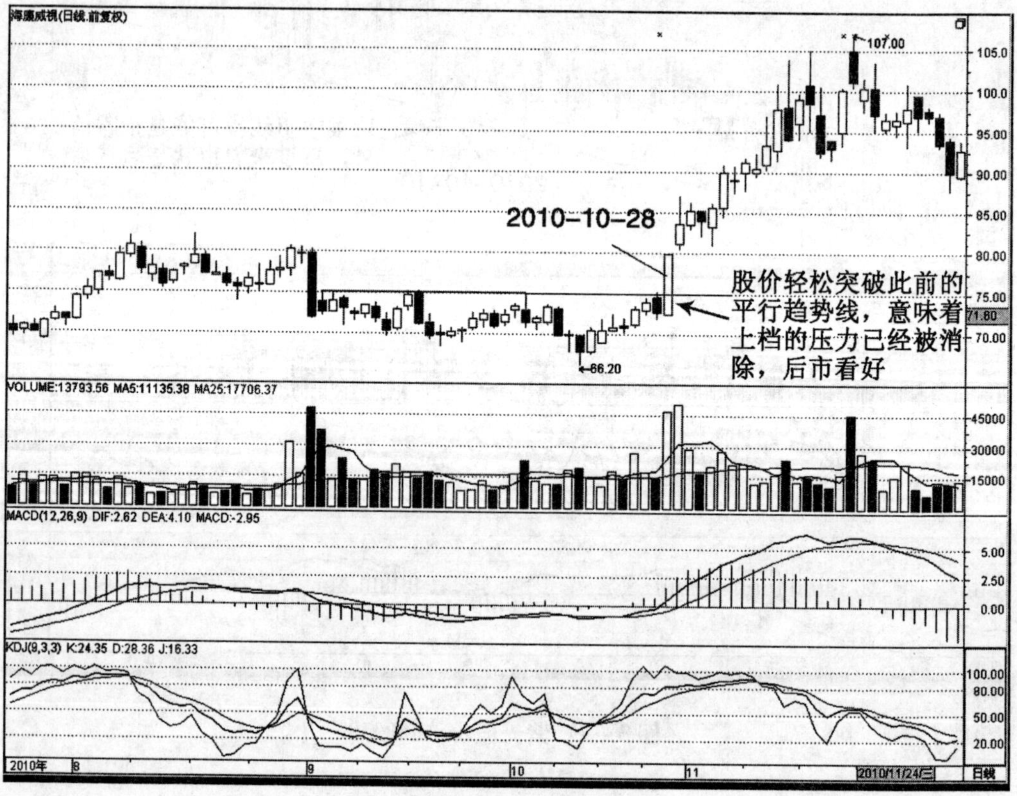

图 3－8　海康威视　002415

弹到该价位就下行，压力比较明显。把各个高点连接起来，可以得到一条平行的趋势线。2010年10月28日该股放量大涨，股价轻松突破此前的平行趋势线，意味着上档的压力已经被消除，后市看好。这是一个明确的起涨点，我们可以积极进场。该股突破平行趋势线后又面临前高的压制，因此稍有压力。突破前高后所有上升的压力都已经扫除，上升空间彻底打开，此时我们可以加仓。

如图3－9所示，凤竹纺织2011年2月16日强势涨停，同时成交量成倍放大。这时候我们要对全局有个整体了解，因为并不是所有的涨停大阳线都是买点。不但如此，这种巨量的涨停大阳线往往风险极大。有了全局观念后，我们就能判断这根涨停大阳线是一个起涨点。你也许注意到本例该股此前的高点几乎相同，这也是一个趋势，只是非我们惯常看到的上升或者下降趋势，而是一种平行趋势，高点横向发展，类似于

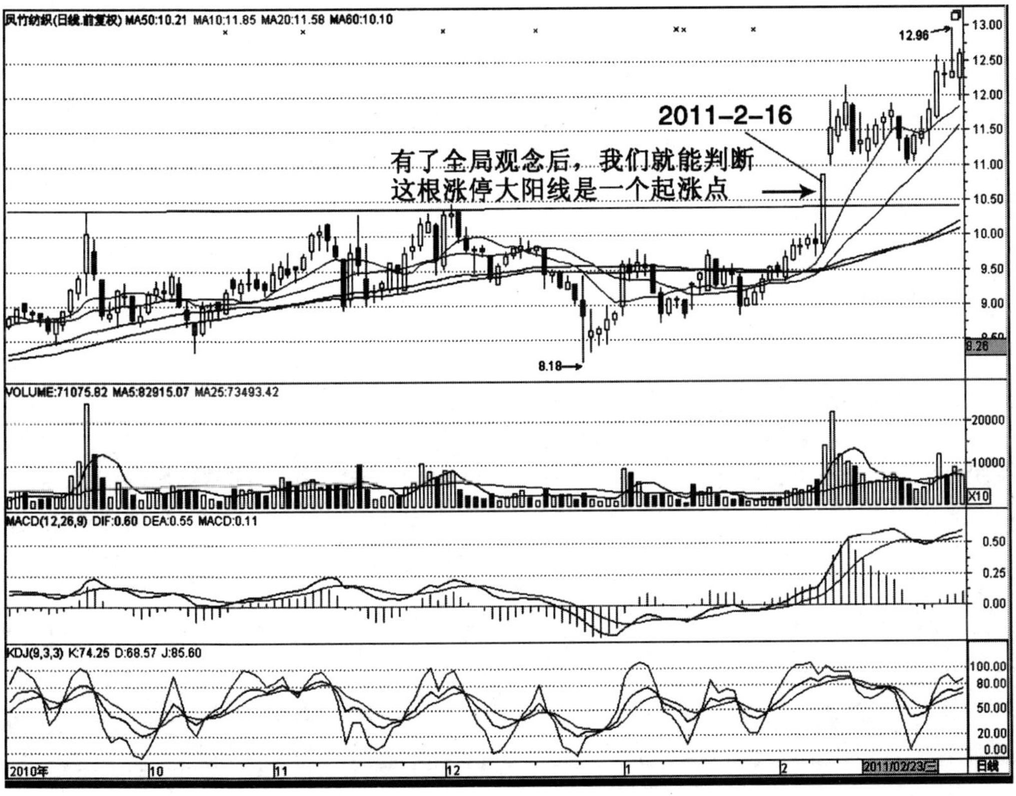

图3－9 凤竹纺织 600493

一个巨大的箱体，整体是平行发展的。股价强势突破这个平行的发展趋势，预示着原有的平行趋势就此改变，后市将进入上升趋势，这个关键点当然是一个起涨点，我们可以趁机进场。

如图 3－10 所示，双钱股份在一波快速拉升后横盘震荡，高点比较一致，低点也比较一致，可以画出两条平行线。这是比较典型的平行趋势。2010 年 11 月 4 日该股放量突破原有的平行趋势，按常规这是一个明确的起涨点，我们可以积极参与。但是该股第三天就反转下跌，证明 11 月 4 日的放量突破是一个突破陷阱。为什么这个突破平行趋势变成了一个诱多陷阱呢？最大的原因在于该股前期的涨幅已经非常巨大，越到高处，每一个突破都积聚了更多的风险，因为获利盘随时反向操作，导致股价见顶。当然这有点马后炮的意思。在操作中，突破平行趋势买入没错，但是一旦股价滞涨甚至已经跌回到突破点位之下了，你还不止损，那就是大错特错了。

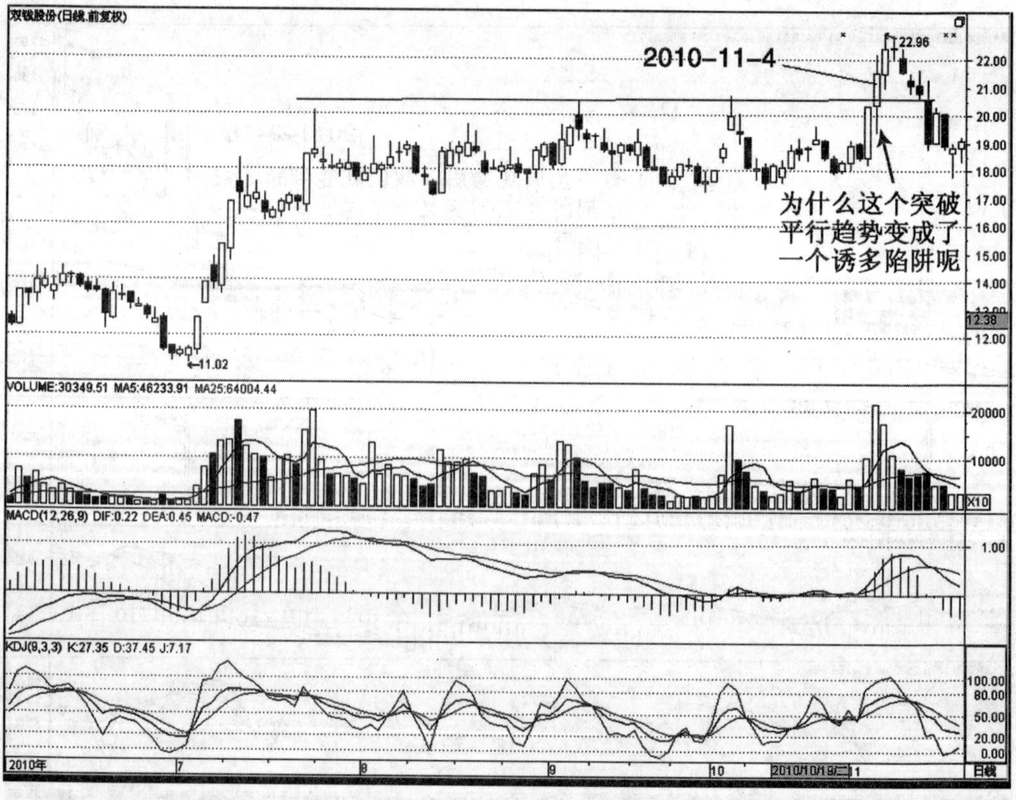

图 3－10　双钱股份　600623

第 4 章

技术指标起涨点

买在

起涨点

技术指标是一个最为庞大的分析体系，也是最能把人诱入分析陷阱的东西，不要说初学者云里雾里，就是资深人士也往往聪明反被聪明误。可以说没有哪种技术指标有很高的胜率，你能找到多少正例，同样就能找到多少反例。这说明技术指标有先天性的缺陷，我们不能寄予它太多的希望。说到底，技术指标只是一个辅助性工具，不能喧宾夺主，分析时还是要从K线入手，再辅以技术指标，方能令胜算大增。

技术指标不能单独使用还因为它受制于很多其他因素，比如股价的整体位置。如果股价高高在上了，即便技术指标发出买入信号，也难保不是诱多信号。还有就是成交量的配合，其重要性也是不言而喻。相对而言，如果有多个技术指标同时发出信号，则可靠性较高，这就是信号共振，我们不要寄希望于某个所谓神奇的指标信号，别搬起石头砸了自己的脚。

第一节 MACD 指标起涨点

一、MACD 指标黏合后向上发散

起涨信号

MACD 指标黏合是股价横盘震荡整理造成的，代表多空胶着。MACD 指标黏合后向上发散说明多头压倒了空头，后市进入多头走势中。尤其 MACD 指标黏合后向上发散如果发生在股价上升初期或者中期，且有成交量的配合，信号则非常可靠，我们可以积极参与。

如图 4－1 所示，中核科技 2010 年 10 月 13 日涨停。很多投资者喜欢追涨停，但什么样的涨停能追，什么样的涨停不能追，这是很有讲究的，不分青红皂白的追涨风险太大。本例该股的这个涨停就值得追。原因在于该股此前经过较长时间的横盘蓄势，表现在 MACD 指标上就是指标的两根线长时间黏合在一起，而且 MACD 指标的黏合是在 0 轴之上，说明中长期走势向多，在此基础上的横盘往往是主力震荡洗盘的表现，后市进入加速上升阶段的可能性很大。我们要做的就是捕捉到起涨点，这个起点就是 MACD 指标由黏合变为向上发散。该股 10 月 13 日大涨后 MACD 指标明显开始发散，此时追进正是时候。

如图 4－2 所示，上海凯宝 2010 年 9 月 10 日大涨，股价突破前高，此时 MACD 指标由黏合向上发散，说明拉升开始，是一个明显的起涨点。有一些细节我们还是需要注意一下。该股此前运行在上升趋势中，MACD 指标线在 0 轴之上就是证明。MACD 指标此前的黏合时间比较短，对应的股价也只是短暂回调，而且回调的幅度不大，空头的力度很有

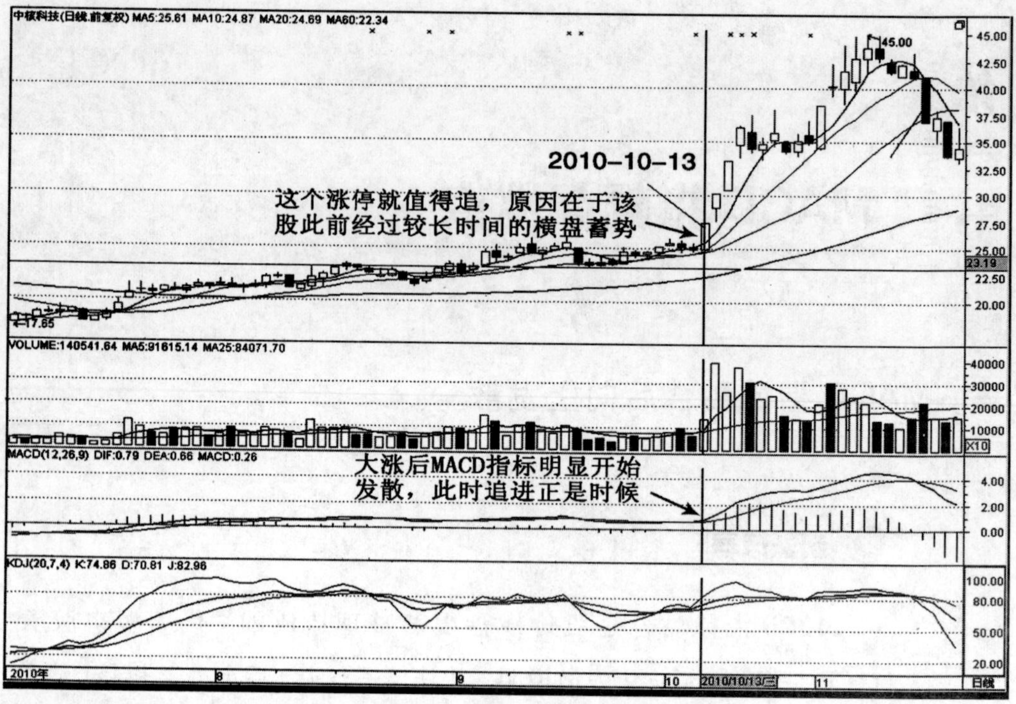

图4－1　中核科技　000777

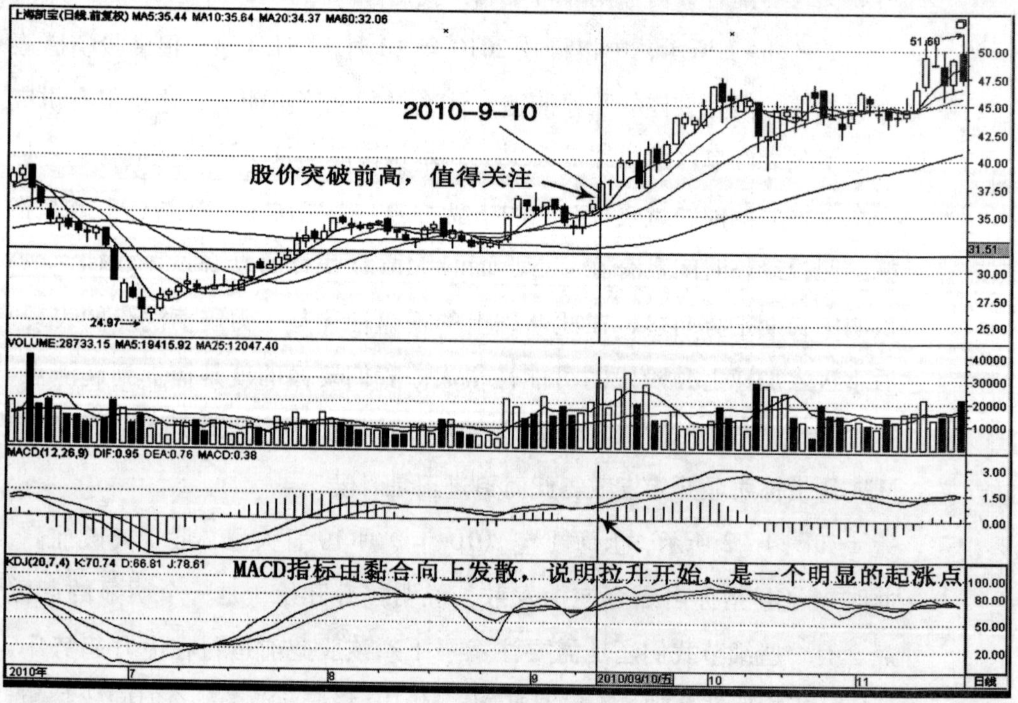

图4－2　上海凯宝　300039

限，这也为该股后市的拉升奠定了基础。如果回调幅度过大，则 MACD 指标就不是黏合而是产生死叉，那就需要等待再度金叉了。

如图 4－3 所示，包钢稀土是 2010 年的大牛股，我们来看看该股在该年度的部分走势。3 月 19 日该股收出中阳线，股价跃至所有平均线之上，从平均线的角度看，这是一个起涨点。我们这里重点关注一下 MACD 指标。当时因为股价的上下震荡幅度不大，MACD 指标两根线黏合在一起。该股于 3 月 19 日收出中阳线后，MACD 指标也开始向上发散，新的起涨点诞生，我们可以积极追进。

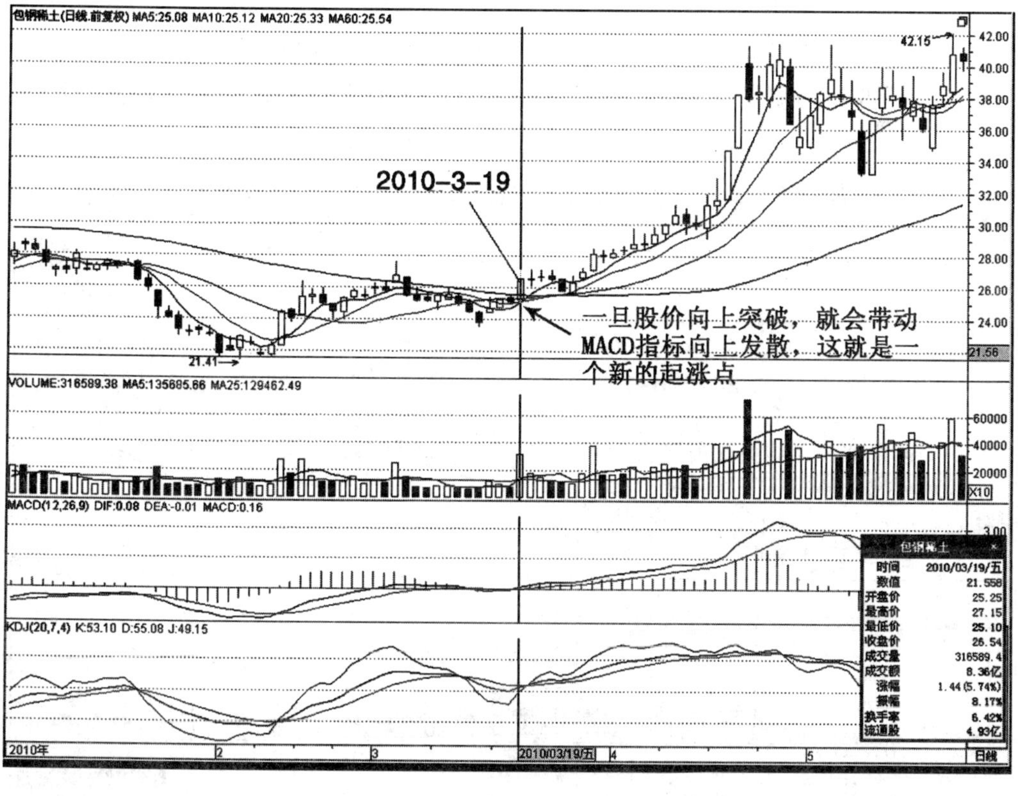

图 4－3　包钢稀土　600111

另外，这次指标黏合的位置刚好在 0 轴上，说明股价整体走势还不是很弱，黏合后向上发散的可能性比较大，我们可以重点关注这种黏合状态。

二、MACD 指标 0 轴以上拒绝死叉

起涨信号

股价上升，MACD 指标上穿 0 轴后进入多头走势中，整体向好，但是也不可避免地产生回调，没有直线运动的股价走势。在股价回调的过程中，MACD 指标也自然会跟随下跌，甚至产生死叉。但是如果 MACD 指标在回调时将要死叉而没死叉，然后掉头向上，这意味着空头实力虚弱，无力打压股价，股价短暂回调后很可能进入加速上升时期。因此 MACD 指标拒绝死叉是短线的绝佳买点，我们可以积极参与。这里要强调的是必须是 0 轴之上的拒绝死叉，以保证是在中长期上升趋势的背景之下，这样可靠性就很高。

如图 4－4 所示，得润电子 2010 年 8 月 19 日巨量涨停，结束了此前

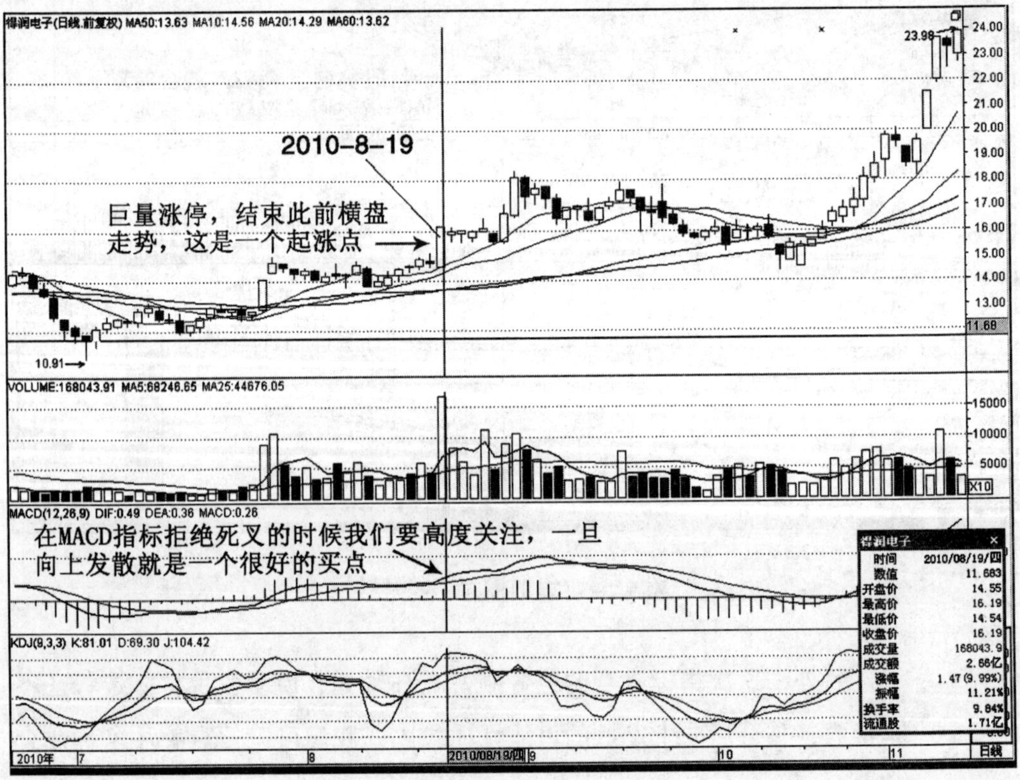

图 4－4　得润电子　002055

的横盘震荡走势，直观上看都觉得这是一个起涨点。当然我们做股票不是靠直觉，而是要做分析。如果一个位置有多个信号共振，那这个信号的可靠性就更高。我们这里从MACD指标上做一点分析。

在8月19日涨停之前，该股的MACD指标呈现黏合状态。这是怎么造成的呢？毫无疑问是股价窄幅震荡造成的。为什么MACD指标只是黏合而不死叉呢？因为股价下跌的幅度很有限，所以导致MACD指标只是黏合在一起，而没有死叉。这是强势调整的标志，股价跌不下去，后市自然看好。那么在MACD指标拒绝死叉的时候我们要高度关注，一旦向上发散就是一个很好的买点。

如图4－5所示，中润投资2010年11月8日涨停，股价脱离前期的横盘区域，直观上都可以认定这是一个起涨点，可以适当追涨。从MACD指标看，该股前期小幅下跌，MACD指标两线逐渐靠拢，有死叉

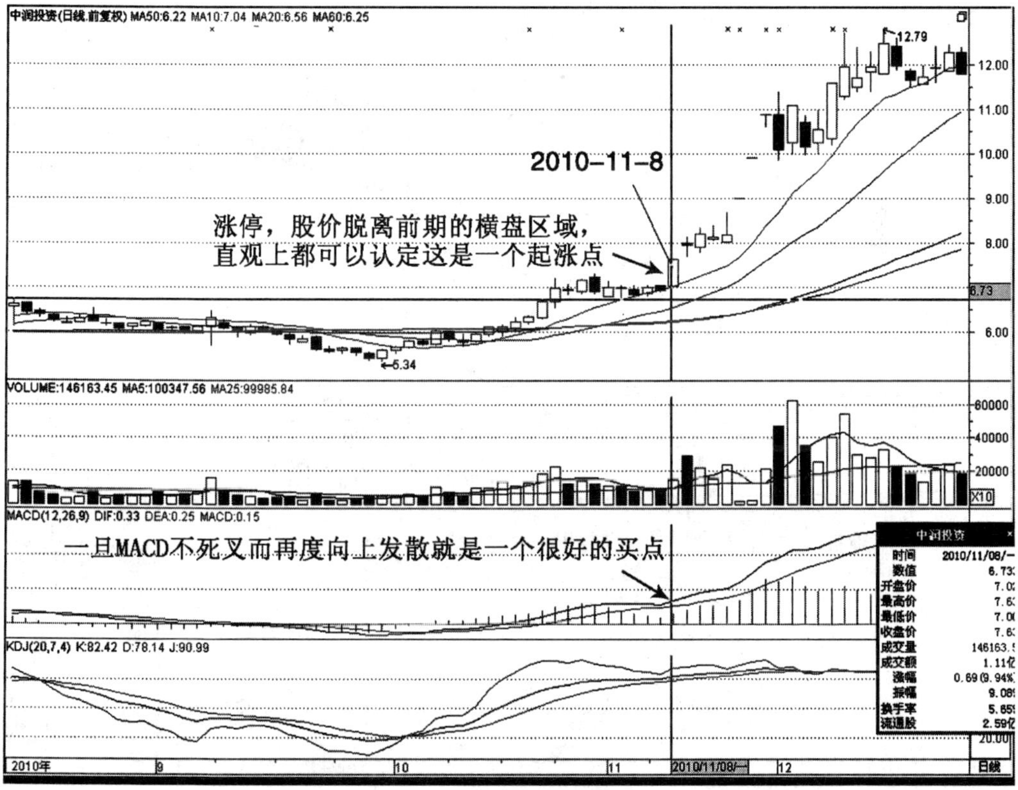

图4－5 中润投资 000506

的趋势，但最终没有死叉，很快掉头向上，这说明短暂的回调已经结束，后市将进入新一轮上升走势中。这种 MACD 指标拒绝死叉的现象具有什么市场含义呢？那就是说明股价回调的幅度非常有限，空头无力打压股价，自然也能显示出多头的强劲。因此一旦 MACD 不死叉而再度向上发散就是一个很好的买点，我们当全力以赴。通常 MACD 将死未死都是牛股的表现，我们不能错过。

如图 4－6 所示，方大炭素 2010 年 11 月 1 日收出大阳线，同时股价创出阶段性新高。从 MACD 指标看，这又是一个起涨点。理由是什么呢？就在于此前 MACD 指标两线随着股价的回调有产生死叉的趋势，但是最终没有交叉，而是掉头向上，说明短暂的回调已经结束，新一轮上升开始了。MACD 指标不产生死叉说明回调的幅度比较小，空头的打压力度太弱，从反面证明多头的实力很强大。当指标再度向上发散的时

图 4－6　方大炭素　600516

候，多头的再度进攻就开始了，这种机会我们不能错过。

另外有一点这里要强调一下，拒绝死叉必须是发生在0轴之上，这就是说要求股价走势在中长期处于上升趋势中。如果拒绝死叉是发生在0轴之下则是反弹走势，另当别论。

三、MACD指标0轴上金叉

起涨信号

MACD指标的DIF线向上突破DEA线时，形成金叉，表明股价处于多头强势之中，通常后市会继续上涨，投资者可以进场买进。MACD指标金叉本身有强弱之分，在0轴之下是股价的反弹走势，但多头暂时占据优势，我们可以参与做反弹，在0轴之上则是股价调整之后的再度走强，是一个非常可靠的起涨点，我们可以积极参与。当然采用这个信号时也不能忽略股价的整体位置和成交量等因素，我们这里就不展开。

如图4-7所示，中环股份2010年10月22日收出小阳线，股价没有明确突破前高，成交量也明显萎缩。这种情况对于持股者来说比较头疼，买还是卖难以抉择。其实我们看一下MACD指标就能轻松判断。此前MACD指标跟随股价下跌而产生死叉，指标逐渐向0轴靠拢，不过就在即将跌破0轴时股价反转上行。10月22日收出小阳线的时候，指标正好产生金叉，说明多头重新占据主动地位，股价明显走强，后市应该继续向好。这根小阳线对应的MACD指标金叉是个不错的起涨点。

我们这里要强调一下的是这个金叉是0轴以上的金叉。MACD指标的0轴是多空的分水岭，当指标在0轴以上运行的时候，股价下跌很可能是主力的洗盘动作。只要指标没破0轴，我们就认为中长期走势没坏。当然中长期走势没坏并不代表就是好，好的表现就是指标再度金叉。

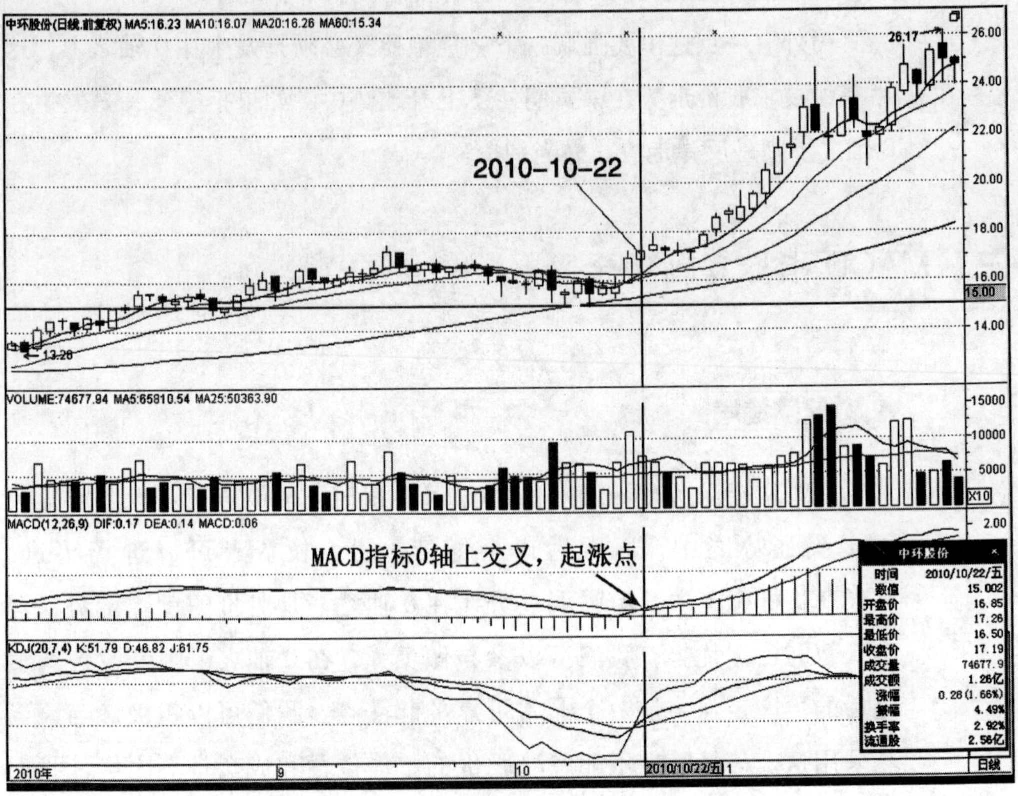

图4-7 中环股份 002129

如图4-8所示，鼎立股份2011年2月11日收出大阳线，成交量明显放大，股价突破前高，众多信号显示这是一个起涨点，并且是一个中期以上级别的起涨点。我们这里重点关注的是MACD指标。此前该股有一波较大的涨幅，然后股价回调，MACD指标产生死叉，回调完毕后股价回升，这时候MACD指标再度产生金叉，预示着股价重新回到了上升轨道上，是一个明确的起涨点。

股价上升途中产生回调是很正常的。本书前面一小节提到的MACD指标拒绝死叉是强势调整的表现，如果产生了死叉则股价走势稍弱，但不一定就很差，只要MACD指标仍然在0轴之上运行，就说明中长期走势仍然向好。回调后MACD指标再度产生金叉就意味着下一波行情开始了，我们可以积极进场参与。

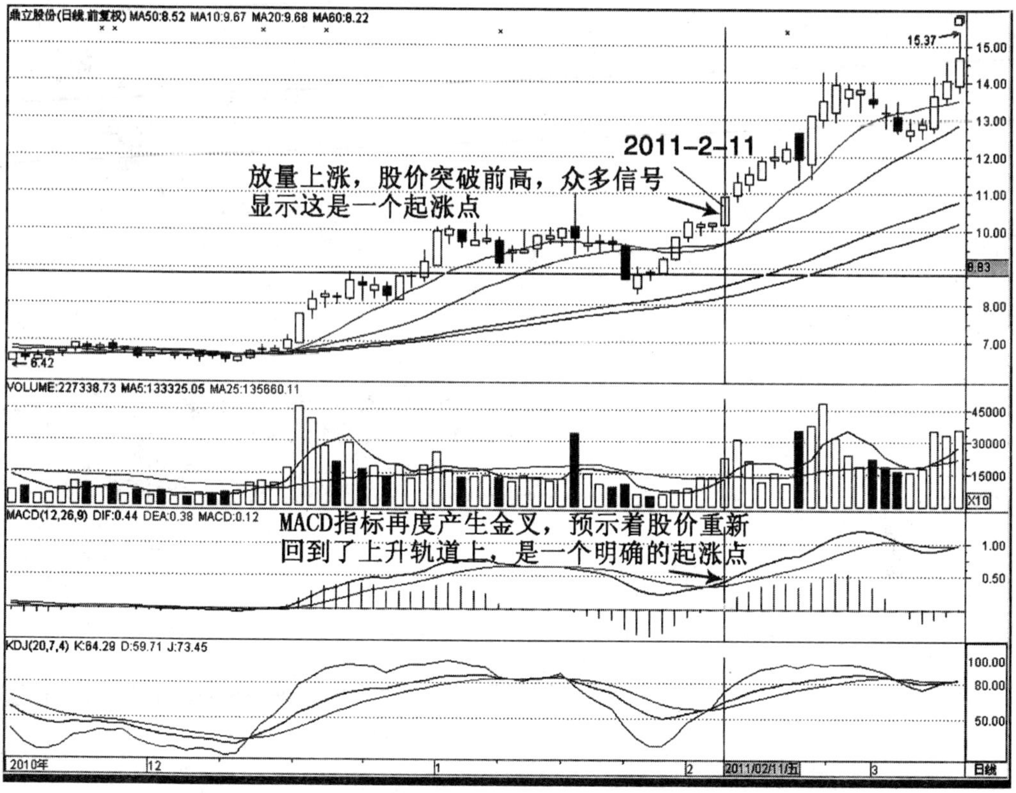

图4－8　鼎立股份　600614

下面我们来看一个比较特殊的例子。如图4－9所示，康恩贝2010年8月2日涨停突破60日平均线，我们知道这通常也就是MACD指标突破0轴的时候。接着我们看到MACD指标走出一个怪异的走势，那就是不停地金叉、死叉。这说明此时MACD指标已经完全失效，我们需要选择其他指标了。为什么指标会失灵呢？这需要我们对MACD指标的来源有一定的了解。我们都知道MACD指标是根据快慢平均线之差来计算，如果股价反复窄幅震荡，这个指标自然失灵，这时候就不适合用这种类型的指标了。

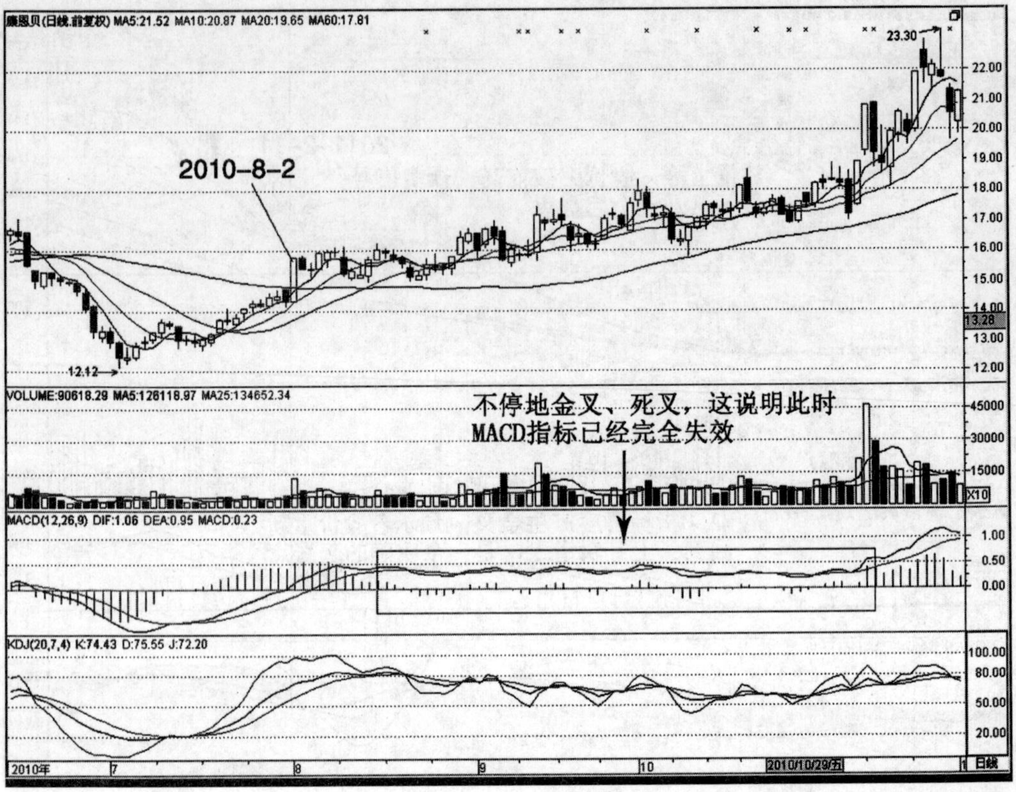

图 4-9　康恩贝　600572

四、MACD 指标上穿 0 轴

起涨信号

股价前期呈下跌走势，筑底后逐步走高，MACD 指标的 DIF 线随之由下而上穿越 0 轴。我们知道 0 轴是多空分界线，一旦 MACD 指标上穿 0 轴就说明股价明显走强，进入多头走势时期，趋势就此由跌转升，进入上升通道。这显然是一个中长期的起涨点，投资者一般可以积极介入，不过也需要关注股价的整体位置、成交量和平均线的走势等，最好有多个信号共振才更安全可靠。

如图 4-10 所示，中金黄金 2010 年 7 月 28 日大涨，成交量大幅放大，多头攻势凶猛。从 MACD 指标看也出现走强的信号。当时的 MACD 指标的 DIF 线已经明确突破 0 轴，显示股价走势开始进入多头强势的阶段。0 轴是多空的分水岭，指标在 0 轴之上是多头强势，在 0 轴之下则是空头强势，因此 DIF 线上穿 0 轴可以作为一个起涨点，投资者应该重点关注这种转势的个股。

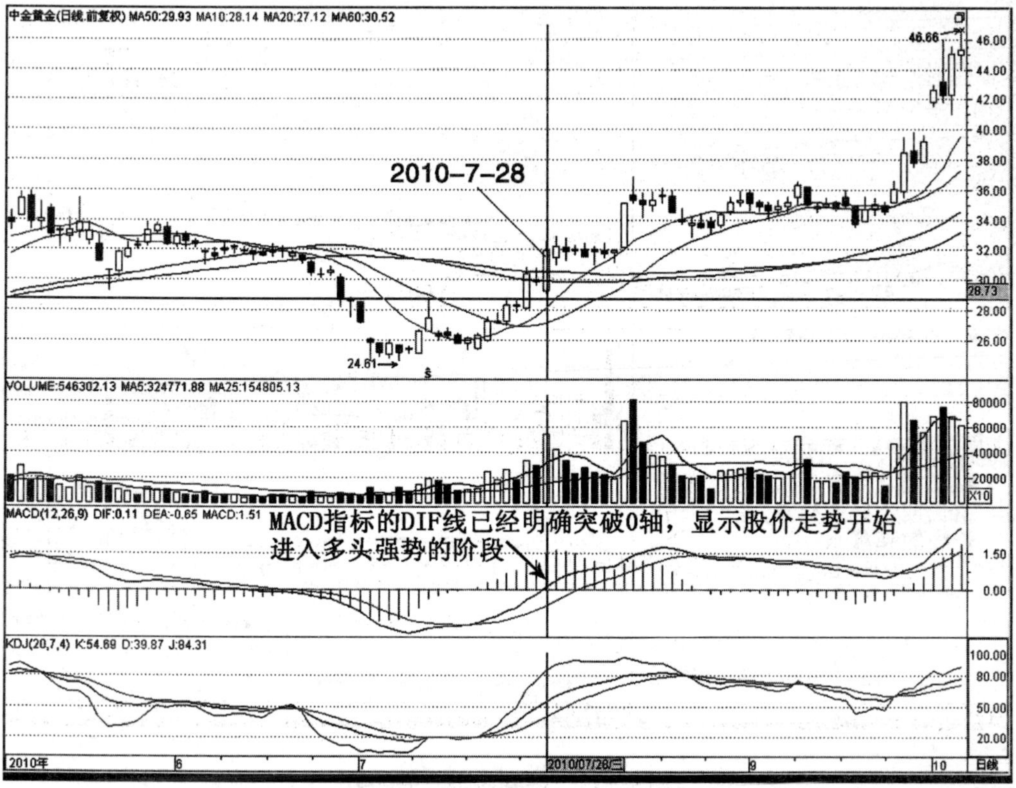

图4-10　中金黄金　600489

本例中金黄金在 MACD 指标突破 0 轴的时候，成交量明显放大，说明量价配合很好，这更增加了起涨信号的可靠性，投资者可以积极参与。

如图4-11 所示，德赛电池 2010 年 3 月 2 日涨停，股价突破 60 日平均线，我们都知道这时候 MACD 指标也会相应地突破 0 轴。这是股价中长期走好的标志，是一个中长线的起涨点，我们可以积极跟进。0

轴是多空双方的分水岭，0 轴之上是操作的机会，0 轴之下尽量避免操作。本例该股以涨停的方式突破 0 轴，这是非常强势的启动信号，对于这样长时间蛰伏后爆发的股票，我们可以积极追涨，等待后市更大涨幅。

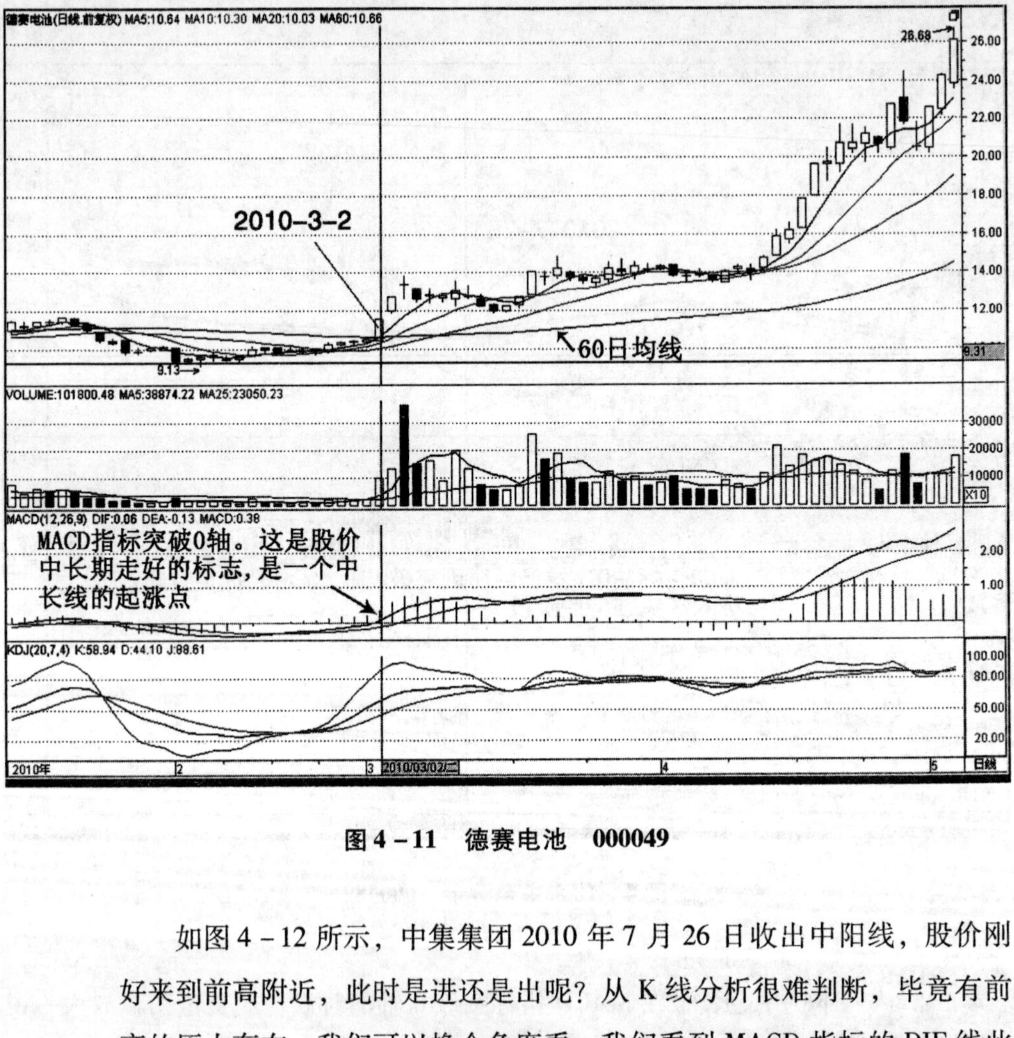

图 4－11　德赛电池　000049

如图 4－12 所示，中集集团 2010 年 7 月 26 日收出中阳线，股价刚好来到前高附近，此时是进还是出呢？从 K 线分析很难判断，毕竟有前高的压力存在。我们可以换个角度看。我们看到 MACD 指标的 DIF 线此时已经明确上穿 0 轴，这说明股价已经进入多头强势区间了，此时当然是以持股为主。另外当日成交量明显放大，说明多头参与较为积极，增加了信号的可靠性，我们可以持股观望。

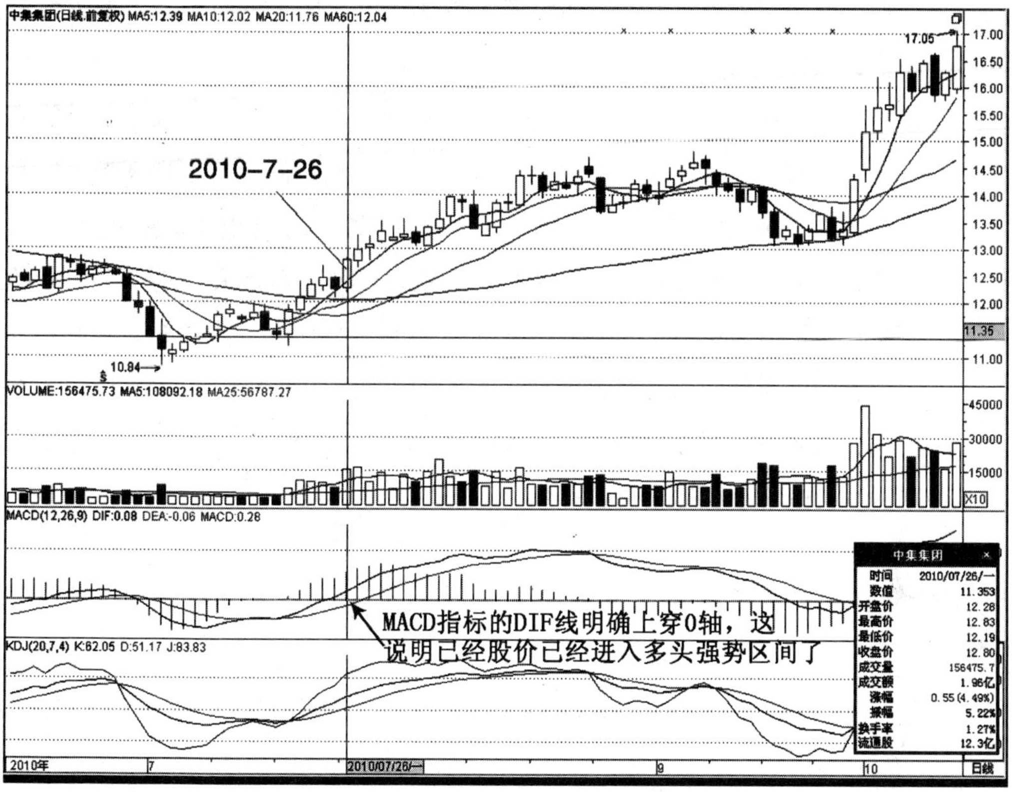

图4－12　中集集团　000039

五、MACD 指标底背离

起涨信号

底背离一般出现在股价的低位区。股价还在继续下跌，而 MACD 指标两线的走势是一底比一底高，即股价的低点比前一次低点低，而指标的低点却比前一次的低点高的现象叫底背离现象。底背离现象一般是预示股价在低位可能反转向上的信号，表明股价短期内可能反弹向上，是短期买入股票的信号。股价在低位时，一般要反复出现几次底背离后才能确认趋势反转。这说明 MACD 指标底背离作为起涨信号还需要谨慎对待，即便产生了也要看后市该股是否形成反转向上的行情，不能先期潜伏，以免掉入陷阱。

如图 4－13 所示，京投银泰前期逐浪下跌，直到创出 5.20 元的新低，此时我们发现 MACD 指标已经产生了背离，即股价创出新低，但是指标并没有创出新低，距离前面的低点明显高出很多。这种低位的 MACD 指标背离说明股价已经严重下跌，反弹一触即发，是一个短线的买点。但是 MACD 指标底背离的买点还真不是那么好确定，通常最好等到有明确逆转的信号时方能介入。本例该股在 2010 年 7 月 12 日放量大涨，做多态势明显，加上此前的 MACD 指标底背离，此时买进比较合适，投资者可以适当追进。

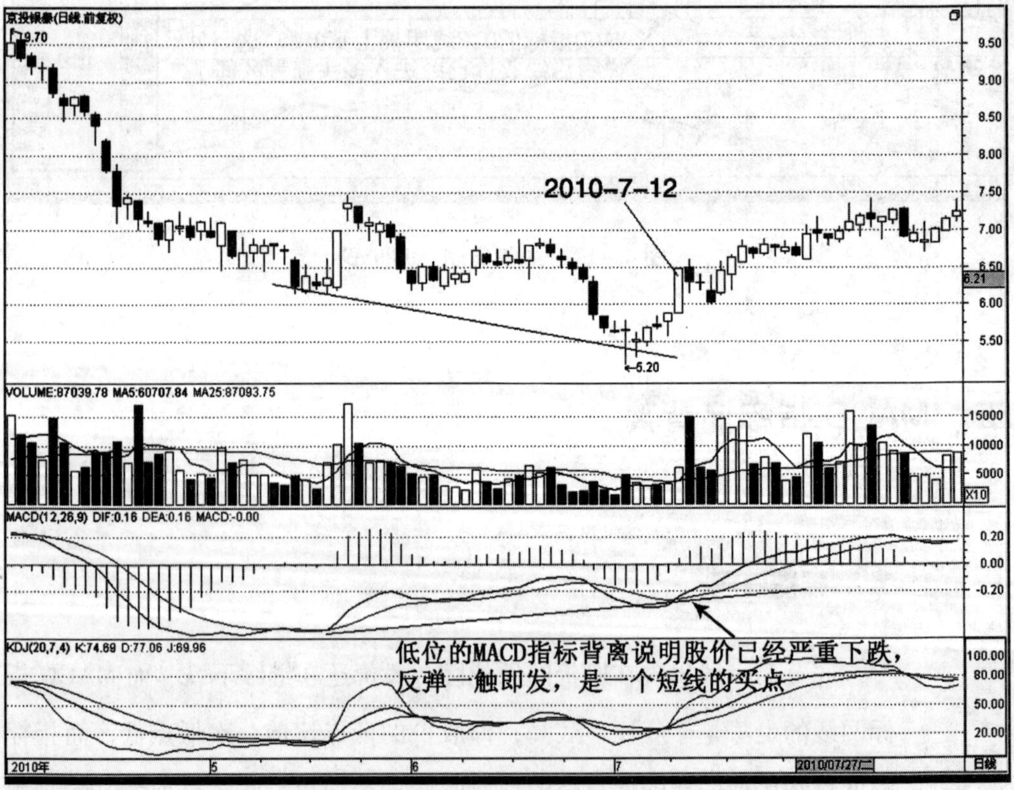

图 4－13　京投银泰　600683

如图 4－14 所示，兔宝宝 2010 年 7 月 2 日延续下跌走势，股价创出新低，这时候我们却发现MACD指标并没有跟随创出新低，位置明显比前低高。这是股价与指标的底背离现象，说明股价已经严重超跌，也就是虚跌，底部应该就在眼前，后市反弹在即。此后只要股价反弹，就很可能是一个较大级别的起涨点。

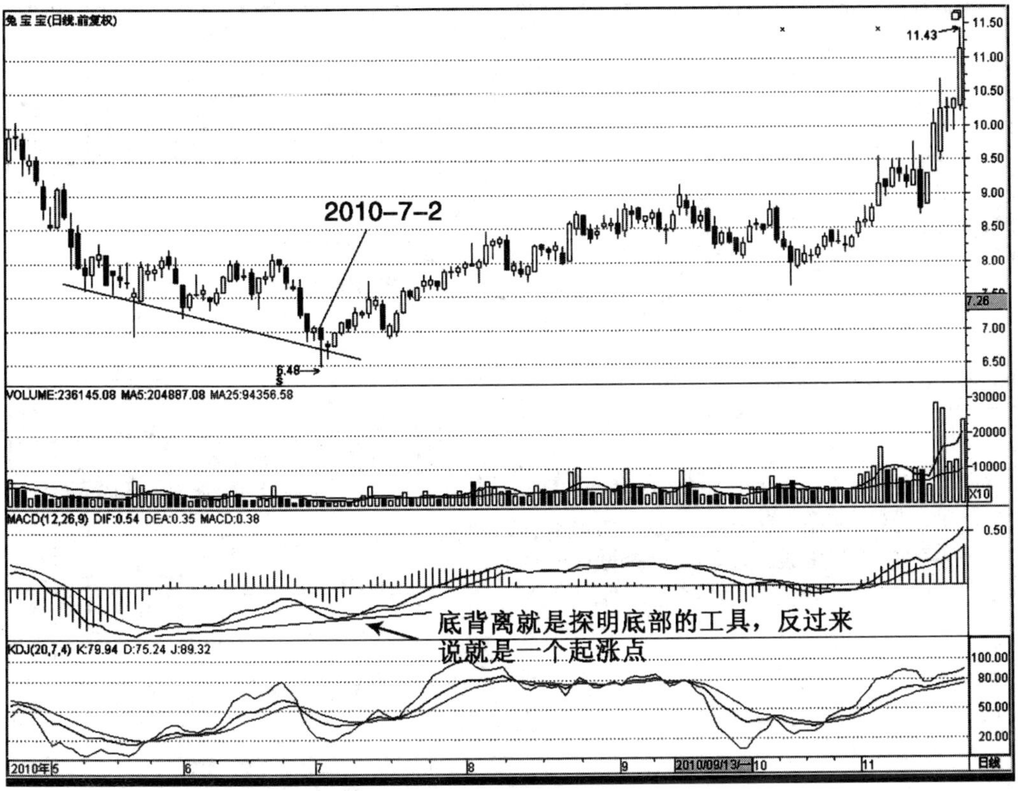

图4-14　兔宝宝　002043

本例兔宝宝股价与指标产生底背离的位置处于明显的低位，股价事实上已经严重超跌，那么底背离就是探明底部的工具，反过来说就是一个起涨点，我们需要做的就是等待股价发出向上的信号。

如图4-15所示，红日药业2010年10月19日涨停，走势非常突兀，一般的人是难以抓住机会的。事实上我们可以从MACD指标上看出一些端倪。在涨停之前，股价二次探底，甚至创出了37.00元的新低。可是股价创出新低，MACD指标却没有创出新低，底部明显抬高，这是一种明显的背离。背离说明股价的下跌有一定的虚假成分，不排除是主力刻意打压股价，后市反弹近在眼前。背离是不可能维持很久的，10 月 19 日的上涨是顺理成章的事，只是没有想到会上涨得这么强势，那是指标不能预测的事。

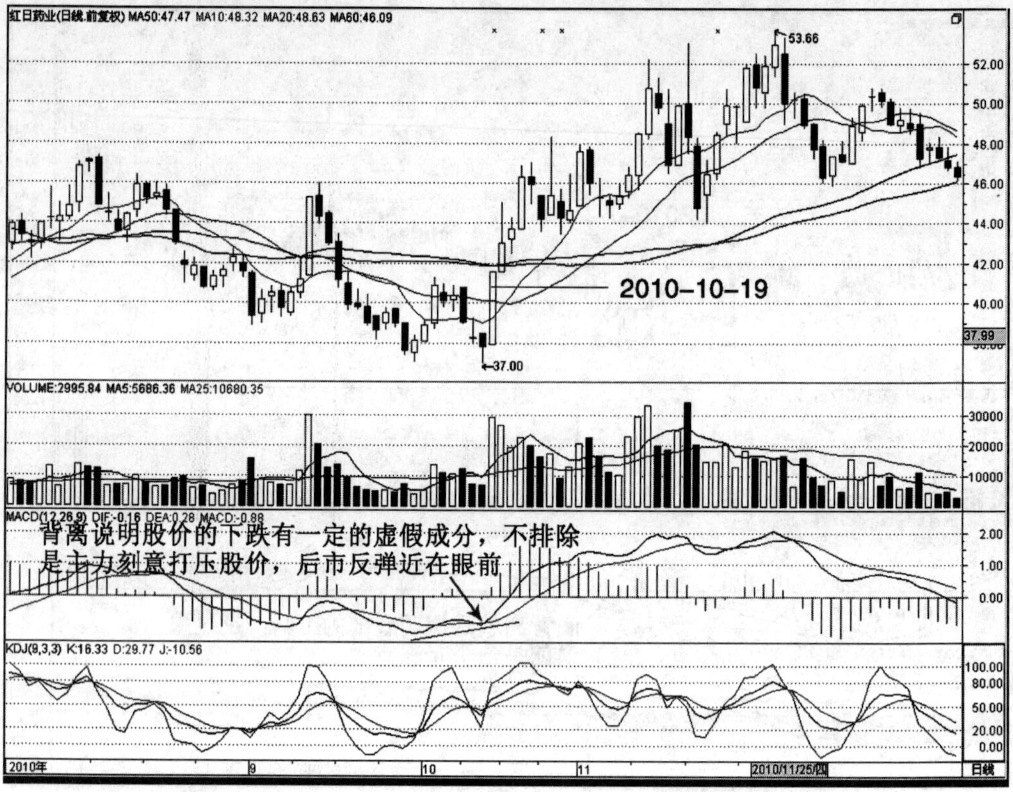

图 4－15　红日药业　300026

第二节 RSI 指标起涨点

一、RSI 指标突破压力线

起涨信号

股价在震荡走势中忽高忽低，很难确定是否已经开始转势，等 K 线明确突破的时候可能已经错过了最佳买入时机。有时我们可以借助 RSI 指标来提前判断。RSI 指标前期在波动过程中形成多个高点，且高点的位置相差无几，如果把这些高点连接起来，就得到一条明显的压力线。此后股价回升，RSI 指标突破这条压力线，表示盘整走势结束，是一个起涨点，我们可以积极跟进做多。

如图 4－16 所示，银鸽投资 2011 年 1 月 5 日收出中阳线，这时候你是买还是卖呢？当时股价来到 60 日平均线附近，看似受到该平均线的压制，此时卖出锁定利润也无可厚非。如果你真在此时出局了，那后面的连续涨停将让你后悔不已。如何才能避免这种错误操作呢？这需要我们对股票进行综合研判。

从 RSI 指标看，我们就会做出另一种判断。当时 RSI 指标突破了一个重要的关口。我们看 RSI 指标的左边，在 56 附近，该指标形成了多个头部，也就是说 56 附近形成了一个压力带。1 月 5 日收出中阳线后，RSI 指标已经明确突破了这个压力带，可以说就此打开了上升空间，也成为一个很明确的起涨点。如果你还不能确定是一个起涨信号，那么还可以用 MACD 指标辅助研判——这时候 MACD 指标也产生了金叉。多个信号在此共振，起涨信号明确，我们应该积极参与买入，而不是卖出。

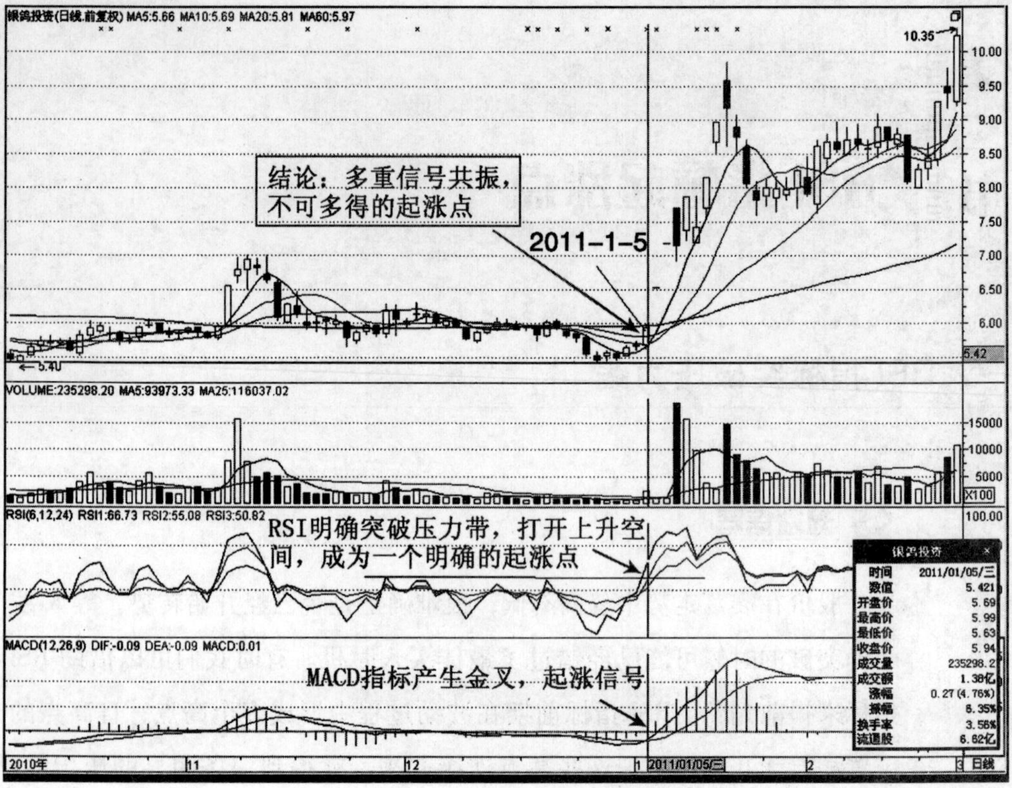

图 4-16　银鸽投资　600069

如图 4-17 所示，祁连山 2011 年 2 月 11 日小幅上涨，收出一根小阳线。上方正好是 60 日平均线，从表面看这里是一个重要的压力区，不适合进场操作。可是该股第二天即急速上行，后市更是暴涨，涨幅不小。为什么我们没及时发现这只股票的潜力呢？我们看一下 RSI 指标。2 月11 日该指标正好突破了此前形成的一个非常重要的压力带：在 70 附近，该指标有至少 6 次触顶回落，压力明显，而此时已经明确突破。可以说压制得越久，后市的爆发力就越强，这也是后市该股暴涨的原因吧。因此我们从 2 月 11 日这根貌不起眼的小阳线上发现了一个重大的起涨信号，此时介入正是时候。

如图 4-18 所示，滨海能源在 2010 年 11 月 1 日前基本是在一个箱体内横盘，每天涨跌幅度都非常有限，体现在 RSI 指标上便是形成了一个数值为 60 左右的高压带，RSI 每次冲到此就回落。直到 11 月 1 日该

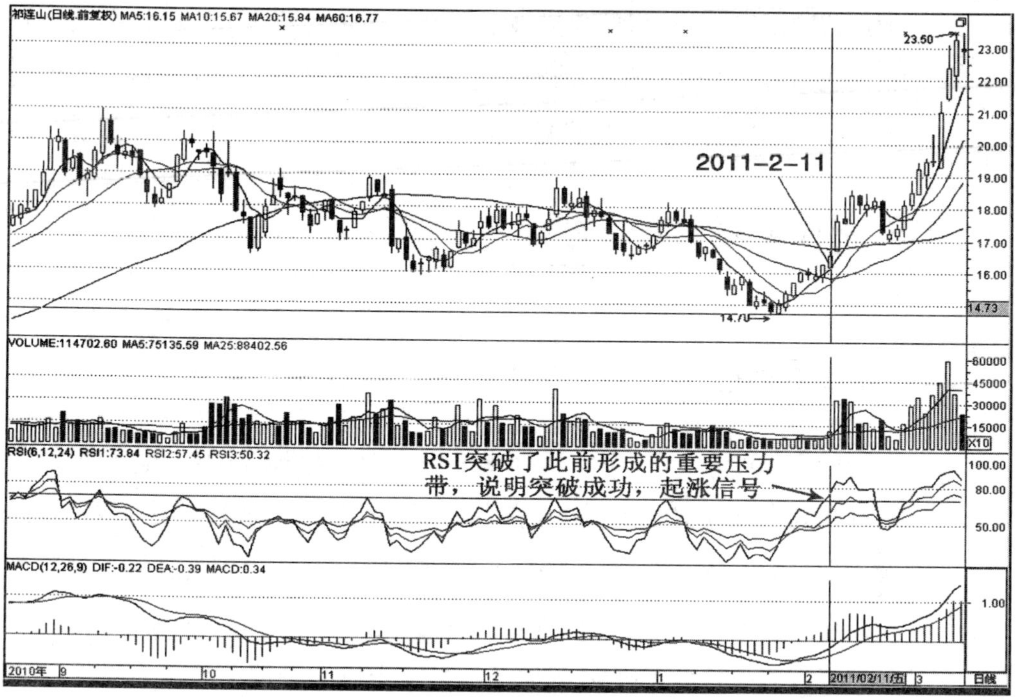

图4－17　祁连山　600720

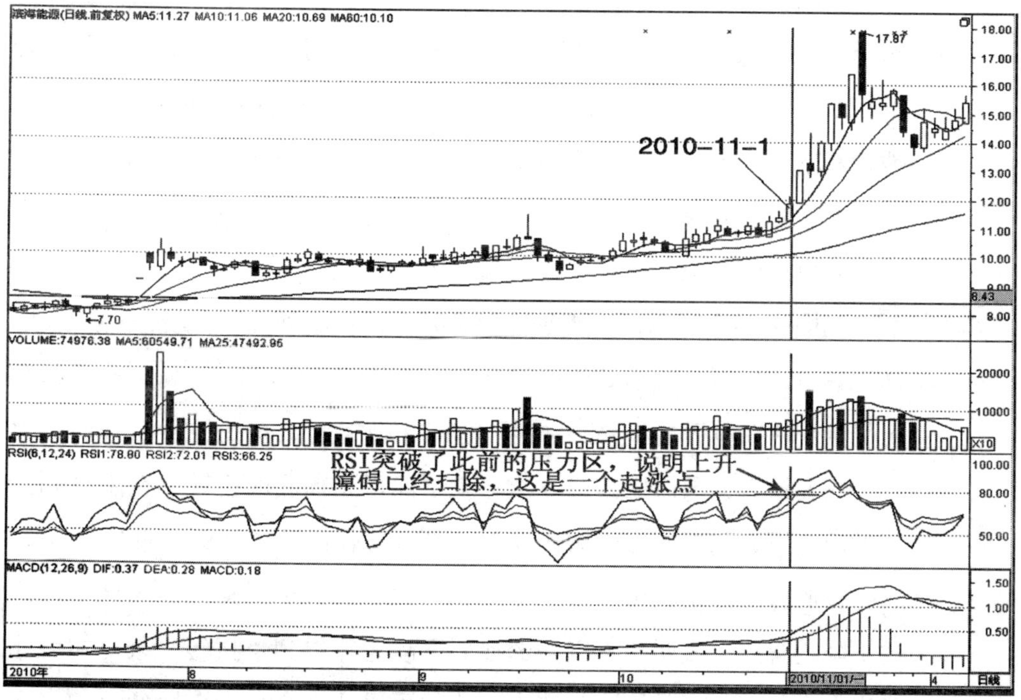

图4－18　滨海能源　000695

股收出中阳线，RSI 指标才突破了这个高压带。既然 RSI 已经突破了此前的压力区，说明上升的障碍已经扫除，那么这就是一个起涨点。该股此后果然加速上行，短线涨幅巨大。

二、RSI 指标突破下降趋势线

起涨信号

随着股价的下跌，RSI 指标也逐浪回落，如果把 RSI 指标的反弹高点连接起来就可以得到一条下降趋势线。此后股价反转上行，RSI 指标突破此前的下降趋势线，说明下跌走势得到逆转，后市将进入上升走势中。这是一个起涨信号，投资者可以适当参与。在突破下降趋势线的时候如果有成交量的配合则更加理想，因为成交量放大是主力做多的表现，可以确认信号的真实性。

如图 4－19 所示，国中水务 2011 年 1 月 28 日涨停，但股价仍处于 60 日平均线的压制下，不容乐观。不过从 RSI 指标看，已经出现了逆转的信号。此前的 RSI 指标一浪比一浪低，形成一条明显的下降趋势线，股价基本受制于这条下降趋势线。1 月 28 日的大涨使 RSI 指标明确突破原来的下降趋势线，这是一个起涨点，投资者可以适当参与。该股后市的走势也证明这个起涨点比较可靠。

如图 4－20 所示，龙溪股份在 2011 年 1 月 27 日前股价逐浪下跌，体现在 RSI 指标上就是 RSI 逐浪下滑，如果把 RSI 指标的高点连接起来可以看到一条鲜明的下降趋势线。这条下降趋势线也是股价反弹的压力线，只要没有突破该压力线，走势就不能得到彻底的扭转。在下降趋势线的压制下，我们不主张去搏反弹，风险与收益不成比例。直到 1 月 27 日，该股虽然只是收出一根小阳线，但此时的 RSI 指标已经突破了此前的下降趋势线，表明一直以来的疲弱下跌走势得到了扭转，很可能就此走出上升行情。这是一个起涨点，我们可以适当介入。该股此后的表现也不负众望，短线涨幅巨大。

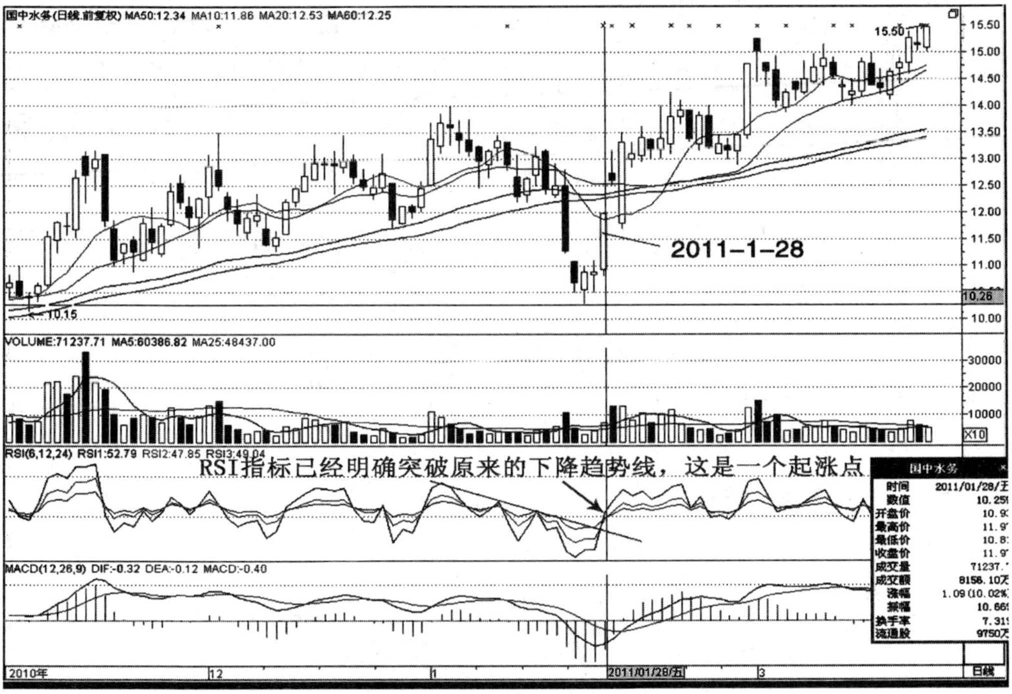

图4-19 国中水务 600187

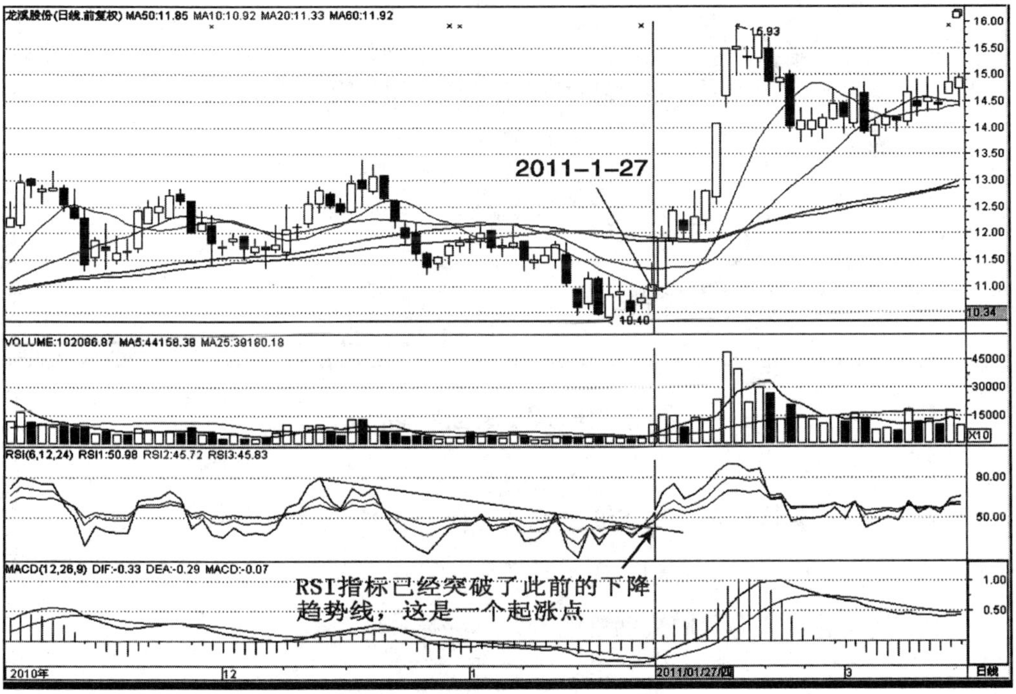

图4-20 龙溪股份 600592

如图4－21所示，通化金马前期逐浪下跌，走势疲软，RSI指标呈现明显的下降趋势。2011年1月28日该股收出中阳线，此时我们发现RSI指标已经悄悄突破了此前的下降趋势线。这是一个积极的信号，说明股价走势已经发生了逆转，后市将进入上市趋势中。这根中阳线就是一个很好的起涨点，我们可以积极跟进。该股此后逐浪上升，果然发生了彻底的逆转。

图4－21 通化金马 000766

本例通化金马的RSI指标的下降趋势线很长，说明股价长期处于下降趋势中，股价后期跌幅已经非常大，一旦逆转，其反弹力度也是非常强大的，值得我们特别关注。

三、RSI 指标 W 底

起涨信号

股价下跌后形成横盘震荡走势，RSI 曲线在低位（50 以下）形成 W 底，意味着股价的下跌动能已经减弱，股价有可能构筑中长期底部，投资者可逢低分批买进。如果股价走势曲线也先后出现同样形态则更可确认。当 W 底颈线被突破的时候投资者可果断进场，这是一个很好的买入信号。

如图 4－22 所示，长春燃气前期大幅下跌，最后在 7 元上方出现企稳迹象，此时 RSI 指标在低位逐渐形成一个 W 形，有止跌的表现。当然 W 形只是 W 形，还不能称为 W 底，除非指标线突破 W 形的颈线，这时候才能算是 W 底正式成立。2010 年 7 月 6 日该股收出中阳线，此时 RSI

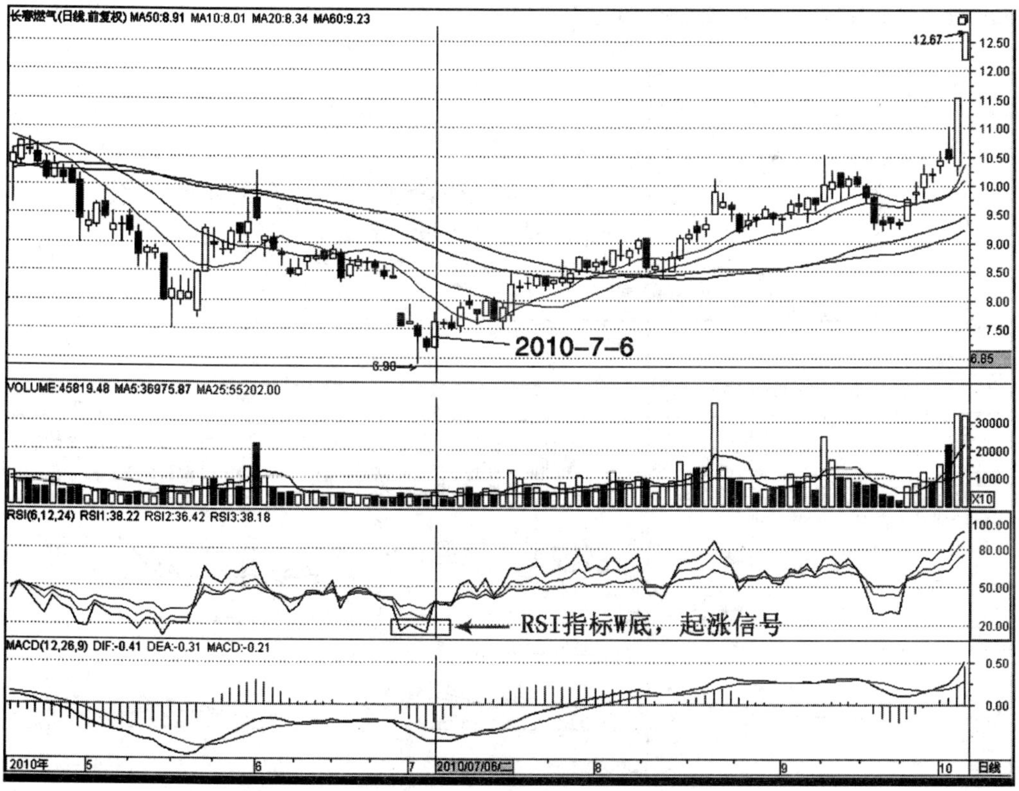

图 4－22 长春燃气 600333

指标继续上升，突破 W 形的颈线，W 底正式成立，这应该是一个反弹的起涨点，我们可以适当参与。

本例长春燃气 RSI 指标的 W 底形成于股价大幅下跌后，有强烈的反弹需求，此时 W 底的突破就是反弹启动的标志，我们可以少量参与，毕竟整体下跌趋势没有改变，只能按反弹来操作。

如图 4－23 所示，宁波热电 2010 年 11 月 19 日小幅上涨，股价仍处于前高之下，按常规不能轻举妄动。但是我们看股票应该有整体意识：当时该股在 60 日平均线上方获得支撑，然后再度上升，有望延续升势。从 RSI 指标看，此前的回调震荡造成了一个 W 形，11 月 19 日虽然只是小幅上涨，但此时的 RSI 指标已经形成 W 底，即指标线已经穿越 W 形的颈线。这说明回调已经结束，阶段性底部正式形成。这自然是一个起涨点，不需要过分关注前高的压力。

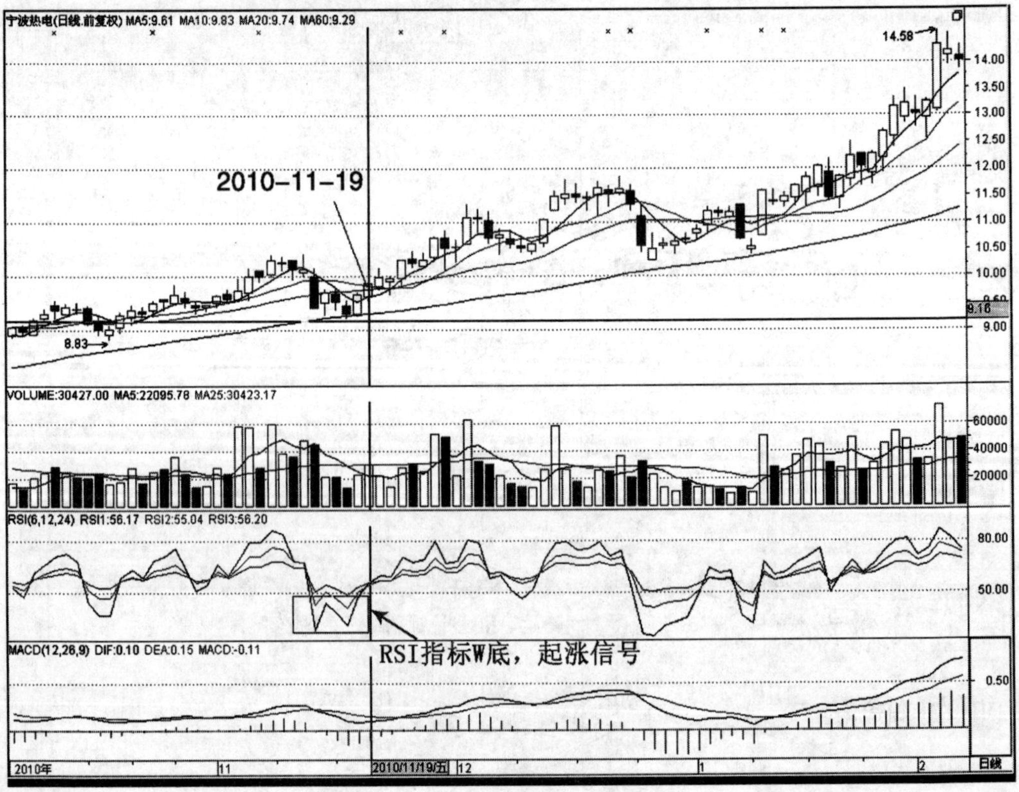

图 4－23　宁波热电　600982

本例宁波热电的W底形成于上升途中，股价回调获得60日平均线支撑，中长线上升趋势并没有改变，此时如果形成阶段性底部，我们可以积极参与。

如图4－24所示，华新水泥2010年11月5日上涨3个多点，收出中阳线，但股价还是处于前高之下。按常规此时不适合操作。但是我们看RSI指标就会发现明显的起涨信号。在此前的窄幅震荡过程中RSI指标走出一个W形，11月5日这根中阳线带动了RSI指标突破了W形的颈线，W底正式成立，自然是一个起涨点，我们可以放心买进。该股后市的涨幅足以证明这个W底的威力。

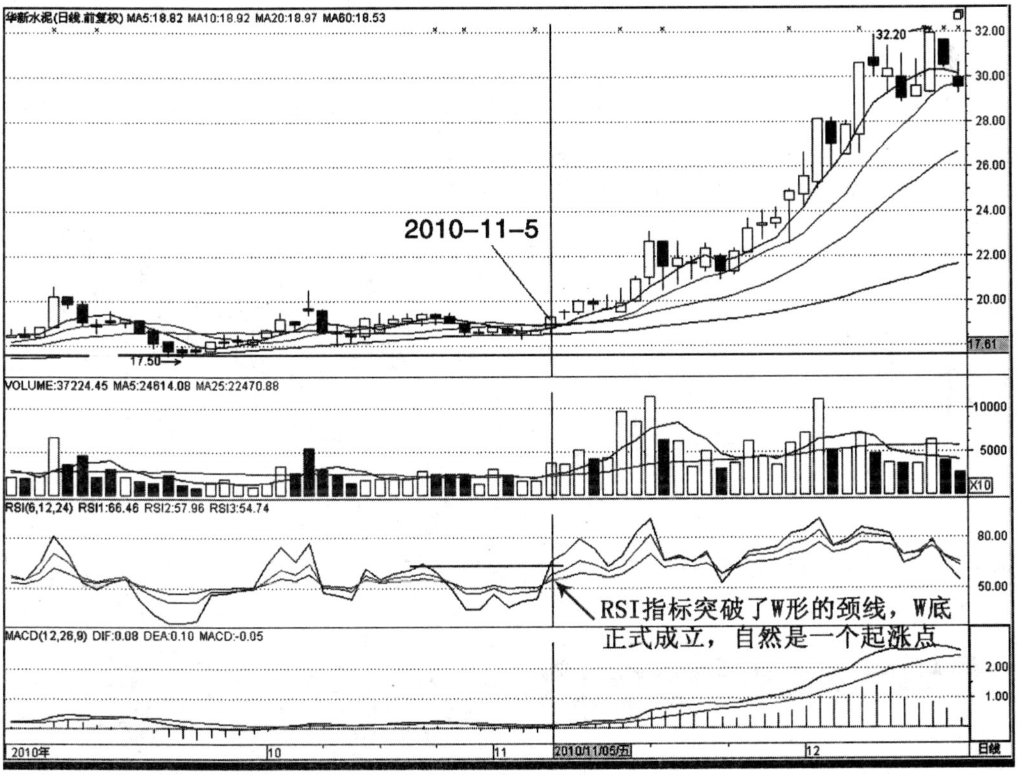

图4－24　华新水泥　600801

本例的RSI指标W底发生在股价上升途中，平均线呈多头排列，对股价有助涨作用。RSI指标形成W底的回调过程是主力在洗盘，一旦洗盘结束就是一个很好的买点。

四、RSI 指标金叉

起涨信号

股价经过一段下跌后筑底，然后股价回升。此时的 RSI 指标 6 日线上穿 12 日线，形成金叉，说明多头开始占据优势，空头节节败退。我们可以把 RSI 指标金叉作为一个起涨点，适当参与。RSI 指标金叉也需要结合股价的整体位置、平均线和成交量等来综合研判。如果出现金叉的时候平均线系统向好，成交量有序放大，说明做多扎实，是一个较好的买入时机。

如图 4－25 所示，欧亚集团 2011 年 3 月 14 日小幅上涨收出小阳线，

图 4－25　欧亚集团　600697

但是股价已经站上所有平均线，成交量也明显放大，多头渐呈强势。此时的RSI指标也同步产生了金叉，验证了多头走强的态势，我们可以适当参与。该股此后快速拉升，短线涨幅可观。当然涨幅不是RSI指标金叉能判断的，RSI指标金叉只是提供了一个短线买点。本例该股当时还面临前高的压力，实际上我们只能少量参与，后市的暴涨则是意外的收获。

如图4－26所示，江西水泥前期快速拉升后大幅回落，直到回调到60日平均线附近才站稳脚跟。2011年1月24日该股小幅上涨，此时RSI指标产生金叉，这个信号预示着股价回调已经结束，多头重新占据优势，后市将继续上涨，我们可适当参与。这个上涨信号相对比较准确，因为该股的中长期走势还保持上升趋势，60日平均线的支撑比较明显，股价回升的时候量能也有所放大，上涨值得期待。

图4－26 江西水泥 000789

如图 4－27 所示，海通证券 2010 年 9 月 30 日低开高走收出一根小阳线，但整体仍处于几乎所有平均线的压制下，走势并不乐观。如果我们此时换个角度看就会有新发现：RSI 指标此前走出一个 W 底，此时 RSI 指标6 日线上穿12 日线，形成金叉，同时突破W 底的颈线，这是一个双重信号，比较可靠，是一个较好的起涨点，我们可以积极跟进。当然后市该股走出飙升行情是没法预料的，RSI 指标金叉发出买入信号倒是可以确认的。

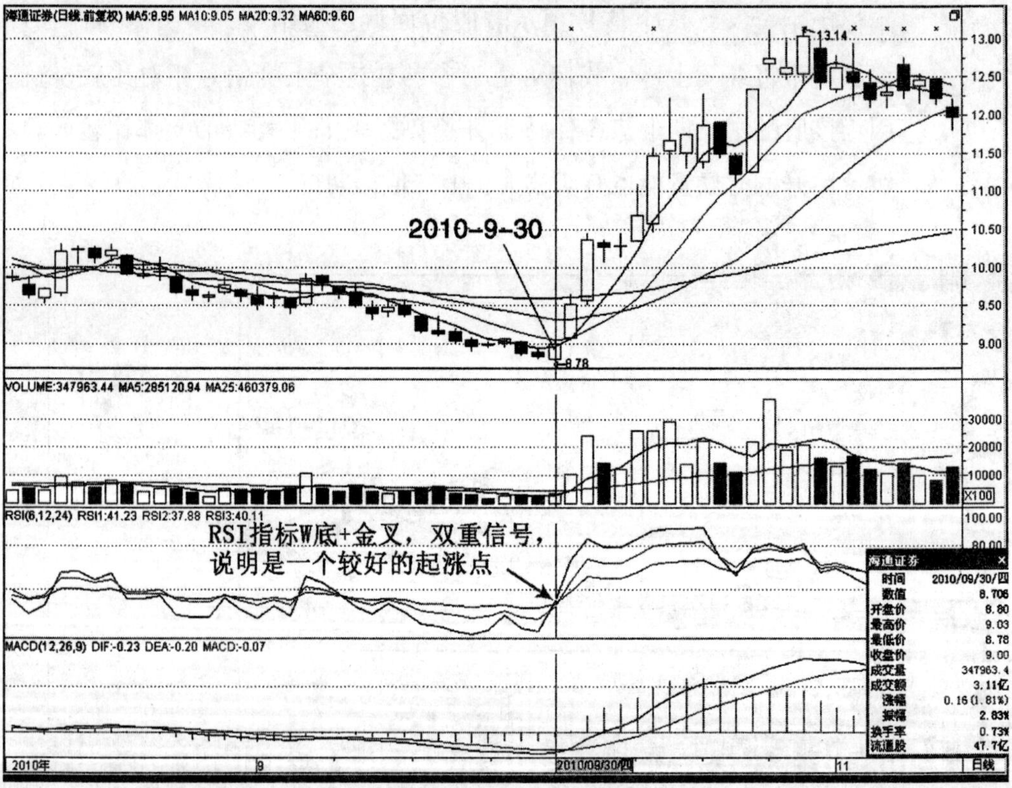

图 4－27　海通证券　600837

单纯的 RSI 指标金叉信号其实并不怎么可靠，虚假信号比较多，需要结合其他因素综合研判。本例海通证券此前跌幅较大，然后有一个筑底过程，后市产生金叉，股价由此逆转上行就合情合理了。

五、RSI 指标拒绝死叉

起涨信号

股价在整体上升运行的过程中，也难免有回调的时候。随着股价的下跌，RSI 指标也回落，看似即将产生死叉。此后股价回升，RSI 指标也在即将死叉的瞬间掉头回升。这种拒绝死叉的现象说明股价回调的幅度有限，也反映出空头的虚弱，后市将重新进入多头强势的走势中。因此我们可以在 RSI 指标拒绝死叉的时候积极买入，这是一个不错的起涨点。

如图 4－28 所示，江苏吴中 2011 年 3 月 11 日强势涨停，除了有题

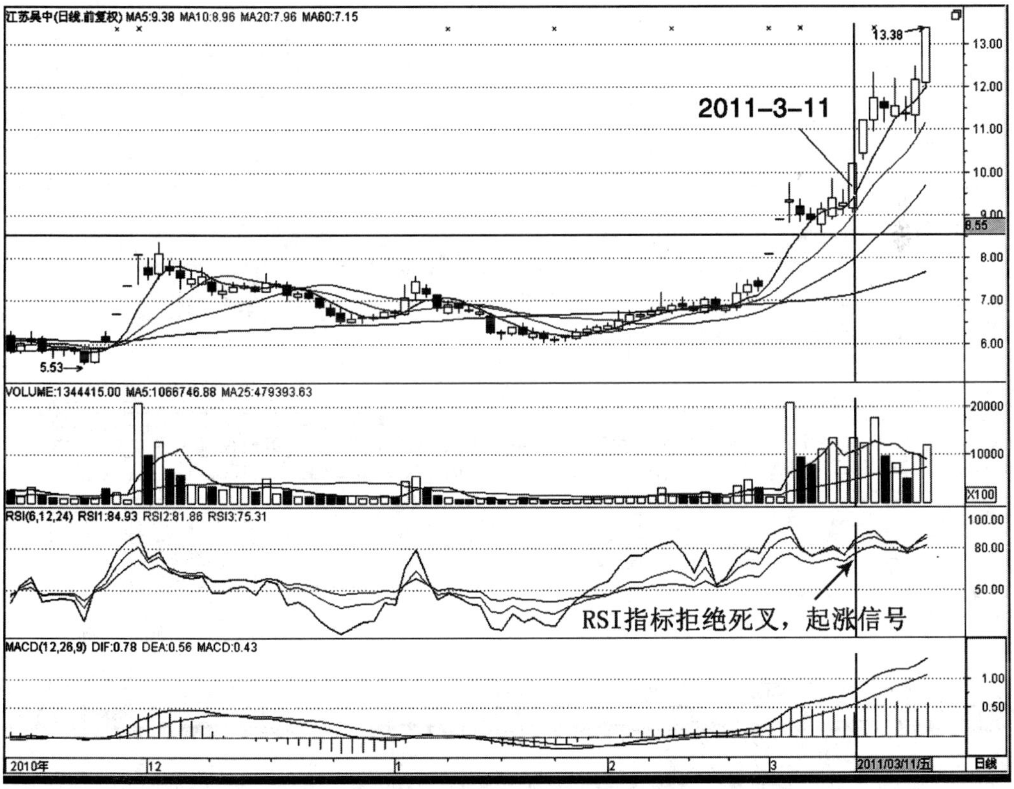

图 4－28　江苏吴中　600200

材火爆的因素外，该股此前的走势也支持再度拉升。3 月 11 日之前，该股有 6 天的震荡走势，期间股价有所回落，RSI 指标也跟随下滑，但是没有产生死叉。这是股价强势回调的特征，空头力量非常有限，后市看好。我们要做的就是等待整理结束的信号。3 月 11 日该股盘中走势非常强劲，我们可及时跟进，不必等待股价已经大幅拉高才确定进场。

如图 4－29 所示，同力水泥 2011 年 2 月 10 日收出中阳线，股价站上所有平均线，多头明显占据强势。我们再看看 RSI 指标的变化。此前两天股价小幅回调，RSI 指标看似要产生死叉，但是随后股价的大幅回升让将要死叉的 RSI 指标再度上行。这种拒绝死叉的现象说明回调的幅度较小，也预示着空头力量有限，后市自然是多头的天下。因此我们可以把 RSI 指标拒绝死叉作为一个起涨点，积极参与。

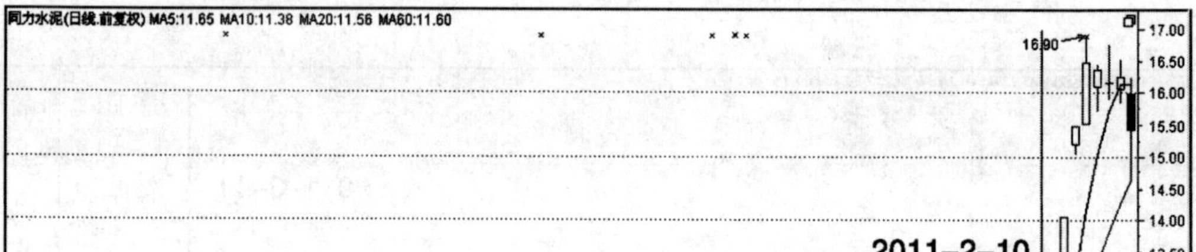

图 4－29　同力水泥　000885

本例同力水泥此前在11.00元附近进行过长时间的震荡筑底，因此这个RSI指标拒绝死叉是一个值得信赖的买入信号。此后该股快速拉升，涨幅超预期。

如图4-30所示，博闻科技2011年2月10日低开高走，当日收出中阳线，股价走势比较强。但是整体看股价仍处于60日平均线之下，不是很乐观。我们换到RSI指标看看。RSI指标此前跟随股价下跌而下行，眼看着要产生死叉了，但因为2月10日的中阳线拉起而回升。这种将要死叉而没有死叉的现象说明什么呢？说明空头打压实力不够，也可以理解为主力强势洗盘，短暂回调后很快会再度回升。既然RSI指标拒绝死叉，那后市自然看好，我们可以积极跟进做多。后市该股的表现也不错，一直冲到了前高的地方。

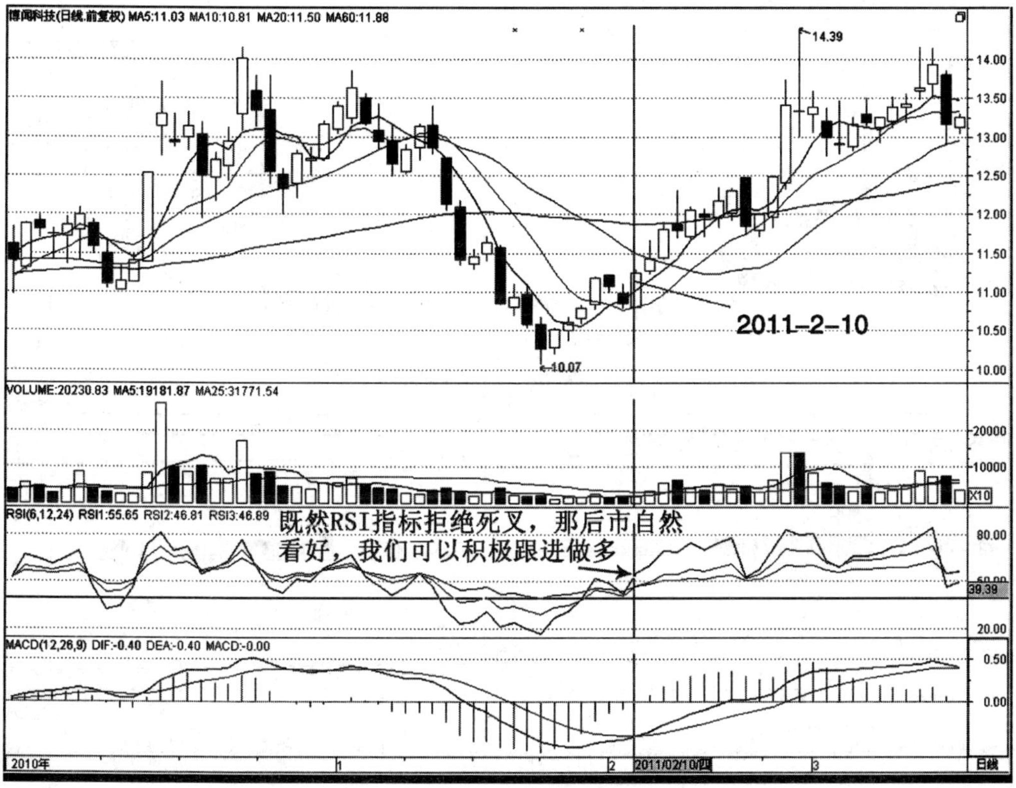

图4-30 博闻科技 600883

六、RSI 指标底背离

起涨信号

RSI 指标的底背离一般是出现在 20 以下的低位区。K 线图上的股价一路下跌，形成一波比一波低的走势，而 RSI 线在低位却率先止跌企稳，并形成一底比一底高的走势，这就是底背离。底背离现象一般预示着股价短期内可能反弹，是短期买入的信号。

如图 4－31 所示，九鼎新材前期大幅下跌。2011 年 1 月 26 日该股小幅回升，这时候我们发现股价与 RSI 指标产生了明显的背离。前一个交易日股价还创出新低，但 RSI 指标远高于前低，这说明股价大幅超跌，

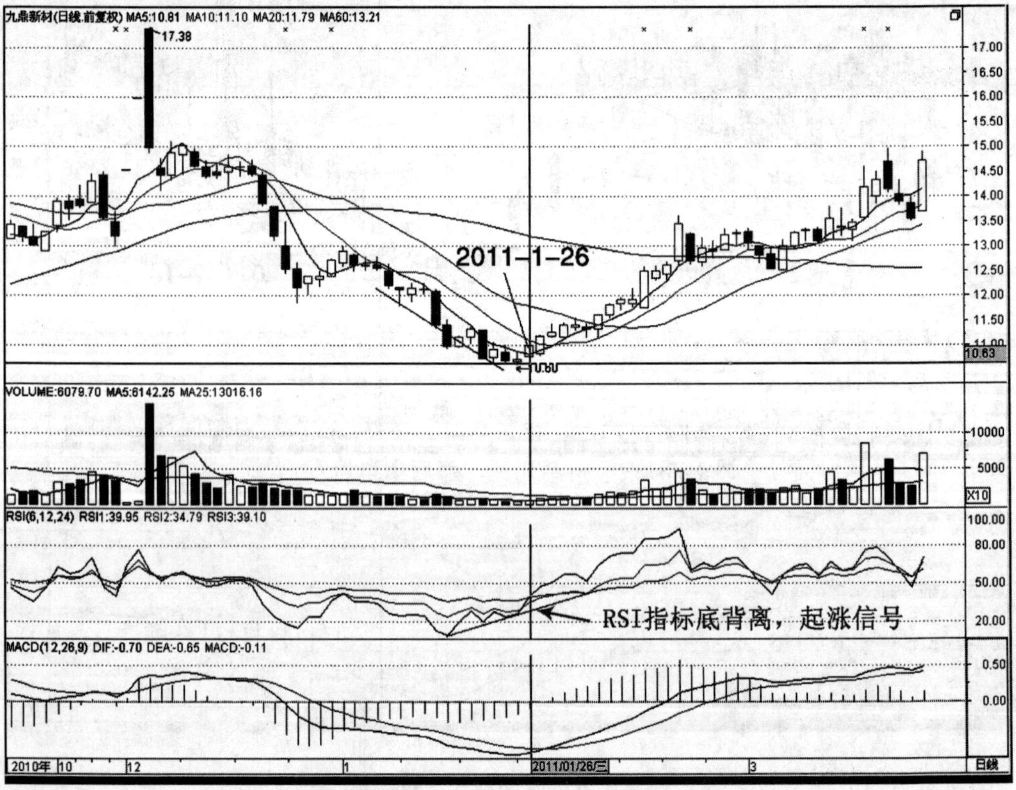

图 4－31　九鼎新材　002201

下跌动能接近衰竭，反弹在即。此时我们就要注意股价反转的信号。1月26日已经有些许反弹势头，我们可以少量试探介入，等股价走强的时候再加仓，这样可以避免错过大反弹行情。

如图4－32所示，青龙管业2010年10月18日创出下跌的新低，但当日股价强劲回升，最后走出小阳线。在股价创出新低的时候，我们看到RSI指标的位置远高于前低，这是明显的背离信号，说明股价下跌已经很勉强，反弹就在眼前。10月18日股价大幅下探后强劲回升说明多头强势介入，我们基本可以把它看做反弹的开始，后市看好。该股此后果然如期逐浪上升，涨幅超出预期。

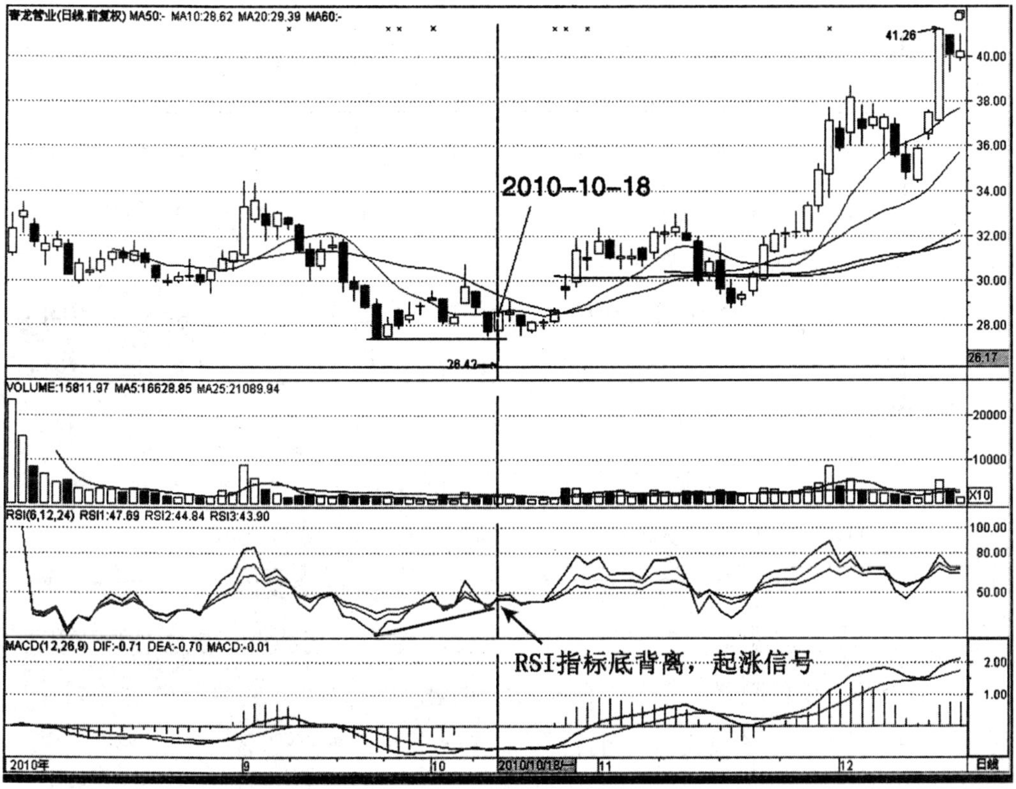

图4－32 青龙管业 002457

第三节 TRIX 指标起涨点

一、TRIX 指标金叉

起涨信号

TRIX 指标属于中长线指标，其最大的优点就是可以过滤短期波动的干扰，以避免频繁操作而带来的失误和损失。因此 TRIX 指标最适合于对行情的中长期走势的研判。当 TRIX 线从下向上突破 TRMA 线，形成金叉时，预示着股价开始进入强势拉升阶段，这是一个中长线的起涨点，投资者应及时跟进做多。

如图 4－33 所示，华锐铸钢 2010 年 7 月 12 日小幅上涨，量能明显萎缩，从量价关系上看不是一个很好的走势。但是这根小阳线对很多长线投资者来说是个福音，因为这时候的 TRIX 指标在低位产生了金叉。TRIX 指标是一个不容易产生交叉的指标，属于长线指标，反过来说，一旦 TRIX 产生金叉或者死叉，其对后市的影响也是深远的。

本例华锐铸钢在低位产生金叉，说明中长线股价走势有很大改观，后市很可能就此反转向上，是一个比较稳妥的起涨点，投资者可以积极参与。低位只是一个相对的概念，要比照大盘和个股的历史走势。7 月 12 日该股这个金叉发生的位置应该属于非常低的位置，股价严重超跌，此时 TRIX 指标产生金叉，股价就此反转向上的可能性极大。此处最大的不足是成交量不足，后市行情恐有波折。

如图 4－34 所示，智光电气 2010 年 5 月 26 日收出小阳线，走势显得较为疲软，而且当时股价仍处于下行的 20 日平均线的压制之下，走势不太乐观。从短线来说，此时进场确实不合时宜，但是从中长线的角度来看

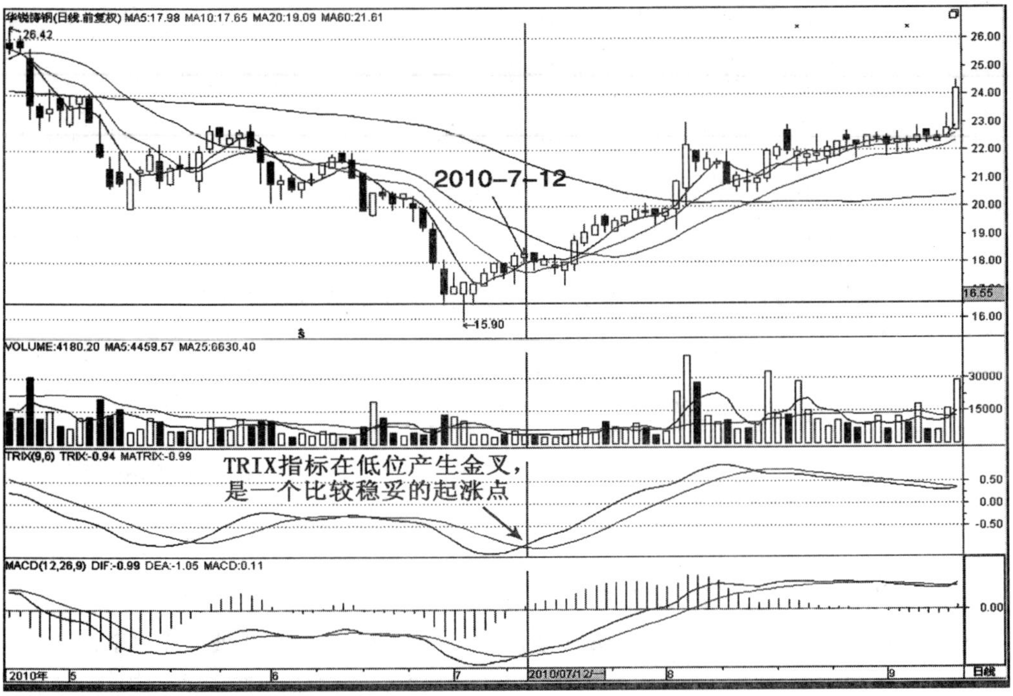

图4-33 华锐铸钢 002204

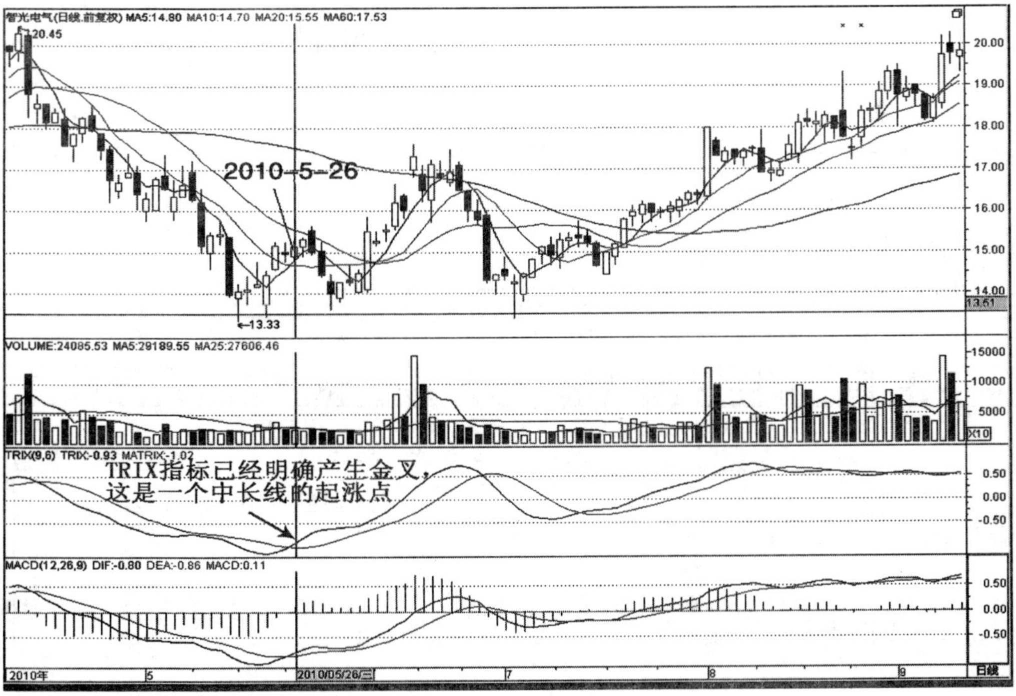

图4-34 智光电气 002169

未必。我们从 TRIX 指标可以看出此时是一个起涨点，长线投资者可以适当参与。当时的 TRIX 指标已经明确产生金叉，说明多头已经开始占据一定的优势，这是一个中长线的起涨点。长线投资者不必太关注短线的得失，只要整体的走势没坏就可以持股。从股价的整体位置看，当时的股价处于低价区域，进场的安全性比较高。后市该股一波三折，但不改向上的趋势，说明 TRIX 指标金叉作为长线起涨点还是值得信任的。

如图 4－35 所示，中环股份 2010 年 10 月 22 日收出小阳线，股价没有延续前日大阳线的走势，甚至量能也明显萎缩，同时这也是前高位置，让人不得不怀疑这又是一个顶部。我们换到 TRIX 指标看看如何。当时 TRIX 指标已经明确产生金叉，说明中长线股价已经明显走强，是一个较稳妥的起涨点，我们可以积极介入。从压力支撑的角度来分析走势具有一定的局限性，用其他指标从另外的角度再审视一下才能更好地

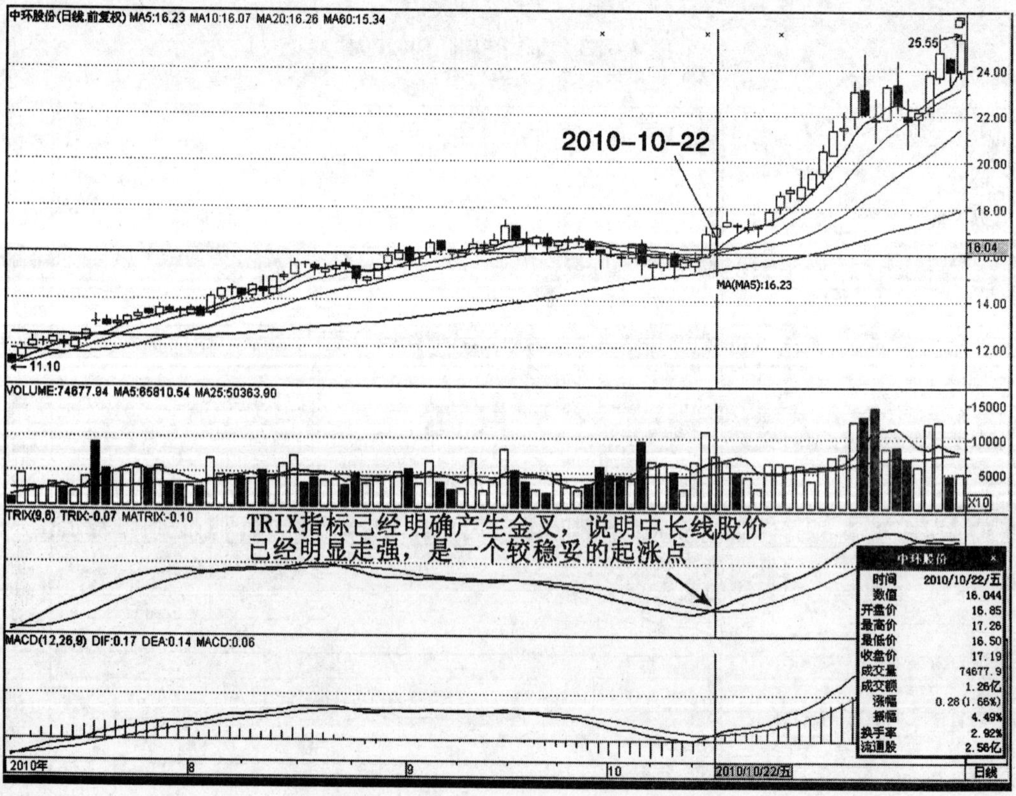

图 4－35　中环股份　002129

做出判断。后市该股稳健上行，涨幅不小，可见 TRIX 指标还是非常稳妥的指标，对长线操作有很好的辅助作用。

二、TRIX 指标黏合后向上发散

起涨信号

即便股票中长期处于上升趋势，期间也难免有回调。当股价窄幅震荡横盘的时候，TRIX 指标可能会黏合在一起，但是并不产生死叉。当股价再度向上突破的时候，TRIX 指标也会跟随向上发散，这说明股价回调整理已经结束，后市将重新回到上升趋势中。TRIX 指标黏合后向上发散也是一个很明确的起涨点，投资者可以放心跟进做多。

如图 4-36 所示，中核科技 2010 年 10 月 13 日涨停，股价突破前

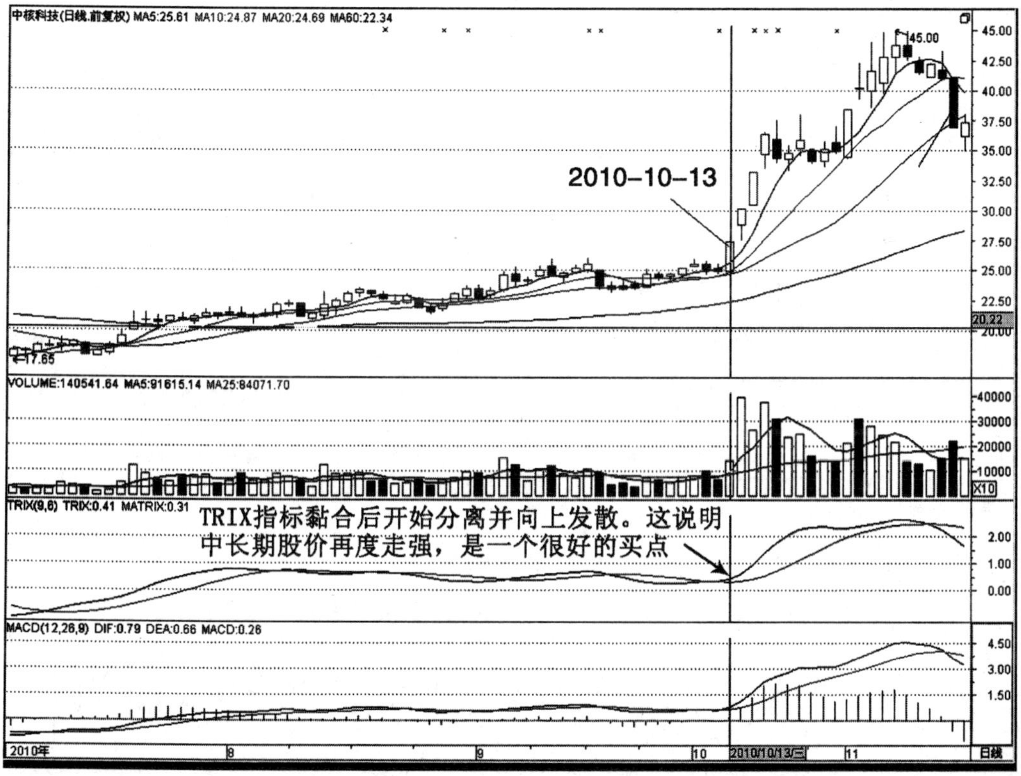

图 4-36 中核科技 000777

高，同时成交量有所放大，量能适中，后市潜力无穷。我们这里关注的是 TRIX 指标，从中长线角度来考量一下股价的走势。在涨停之前，股价窄幅震荡，导致 TRIX 指标两线黏合在一起。经过这一涨停加速，TRIX 指标黏合后开始分离并向上发散。这说明中长期股价再度走强，是一个很好的买点。TRIX 指标黏合后向上发散是一个中长线的起涨点，我们可以进场，不必担心。

本例的 TRIX 指标黏合后向上发散发生在股价上升途中，此前 TRIX 指标黏合，一般是主力震荡洗盘的动作，此后 TRIX 指标向上发散，很可能是进入主升浪的信号，我们不能错过这种绝好的机会。

如图 4－37 所示，湘电股份 2010 年 8 月 31 日跳空大涨，当日收出大阳线，股价逼近前高。这是一个比较尴尬的位置，是去是留都有道理。我们看一下 TRIX 指标，也许它能给我们答案。此前该股窄幅横盘

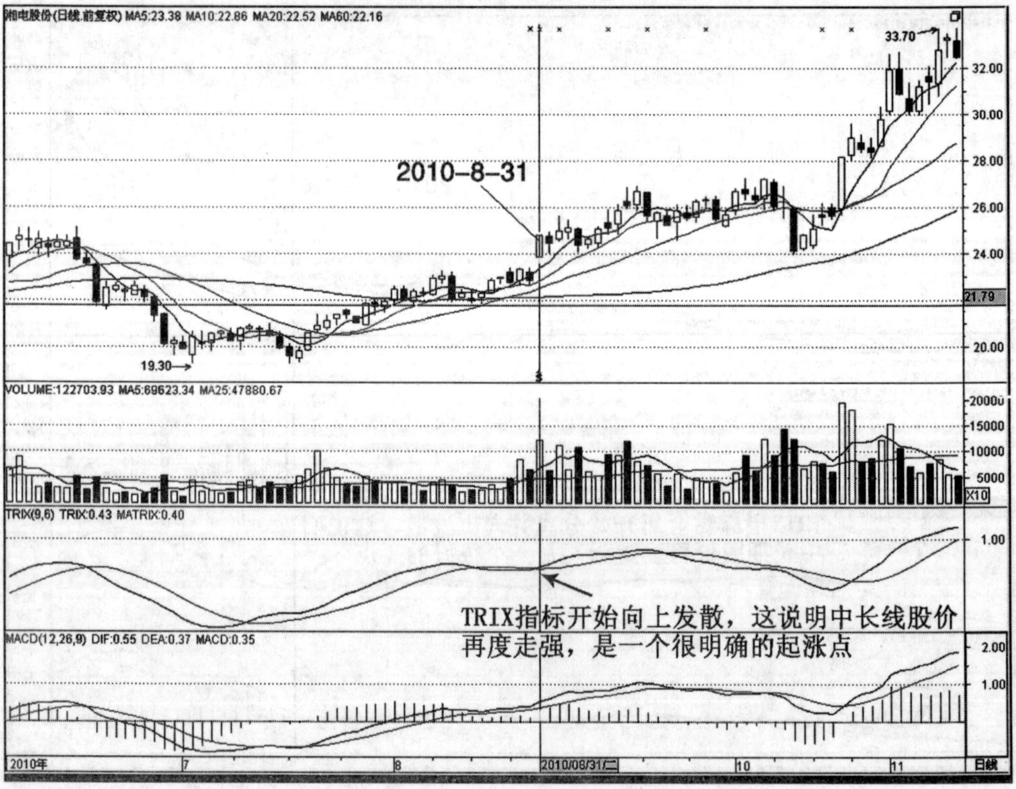

图 4－37　湘电股份　600416

震荡，TRIX 指标两线基本黏合在一起。这种黏合说不上好坏，后市向上、向下的可能性都有，因此不能先期潜伏。8 月 31 日股价大涨，把 TRIX 指标也拉开了距离，开始向上发散，这说明中长线股价再度走强，是一个很明确的起涨点，我们可以积极参与，一起分享胜利果实。

如图 4－38 所示，宁波韵升 2010 年 8 月 30 日涨停，股价突破前高，这毫无疑问是一个起涨点。我们再用 TRIX 指标佐证一下。在涨停之前，股价平行运动，导致 TRIX 指标两线黏合在一起，这种横盘走势说不上好坏，但最后会选择方向，我们要做的就是等待市场自己做出选择。8 月 30 日该股涨停，拉开了上行的序幕，同时 TRIX 指标也开始向上发散，从中长线角度验证了这个涨停不仅仅是短线的起涨点，同时也是中长线的起涨点。多个信号共振，发出买入信号，我们即便追高也不能错过这样的机会。

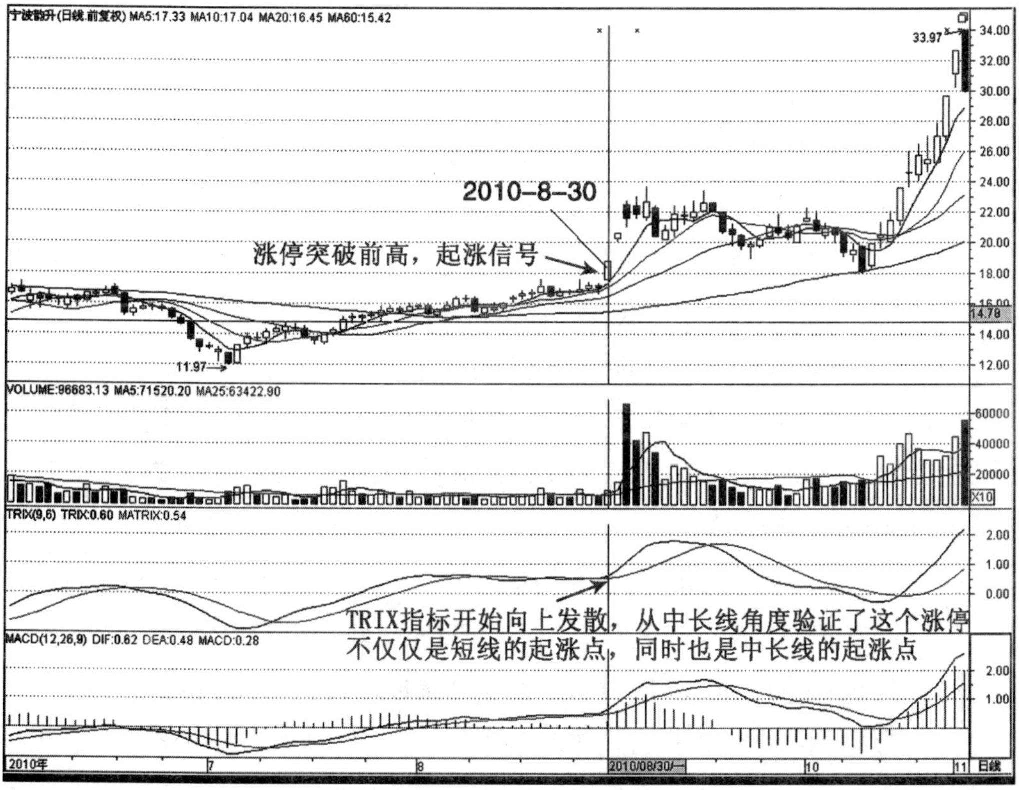

图 4－38　宁波韵升　600366

第四节 DMA 指标起涨点

一、DMA 指标低位金叉

起涨信号

股价经过一段时间的下跌，在低位筑底后反转上行，DMA 线开始向上突破 AMA 线，表明股价走势已经转强，下跌趋势得到扭转，后市将进入多头走势中。这是一个比较明确的起涨信号，非常安全，投资者可以跟进做多，进行中长线建仓。

如图 4－39 所示，宝钛股份 2010 年 7 月 20 日收出中阳线，成交量明显放大，量价配合较好。此前该股有一个两周左右的横盘筑底过程，如今股价拉起，后市相对看好。我们这里关注的是 DMA 指标。经过 7 月 20 日的中阳线，DMA 指标已经产生金叉，说明下跌已经结束，后市将进入上升趋势中。这是一个起涨点，投资者可以积极介入。

DMA 指标属于周期较长的指标，很少产生金叉和死叉，一旦发生交叉，其影响也较为深远。当时该股已经大幅下跌，股价处于明显的低位，此时 DMA 指标产生金叉，预示着至少有一波较大的反弹，此时进场安全度比较高。

如图 4－40 所示，沧州明珠 2011 年 1 月 31 日收出中阳线，因为当时股价仍处于60 日平均线之下，所以充其量也就是一个反弹走势，并不是非常看好。但是对于中长线投资者来说这是一个非常不错的买点，因为这时候 DMA 指标已经产生金叉，表示下跌结束，后市将进入上升行情中。由于 DMA 指标反应比较迟钝，因此金叉很可能产生中级以上的行情，此时介入安全度比较高，是一个比较稳妥的起涨点。

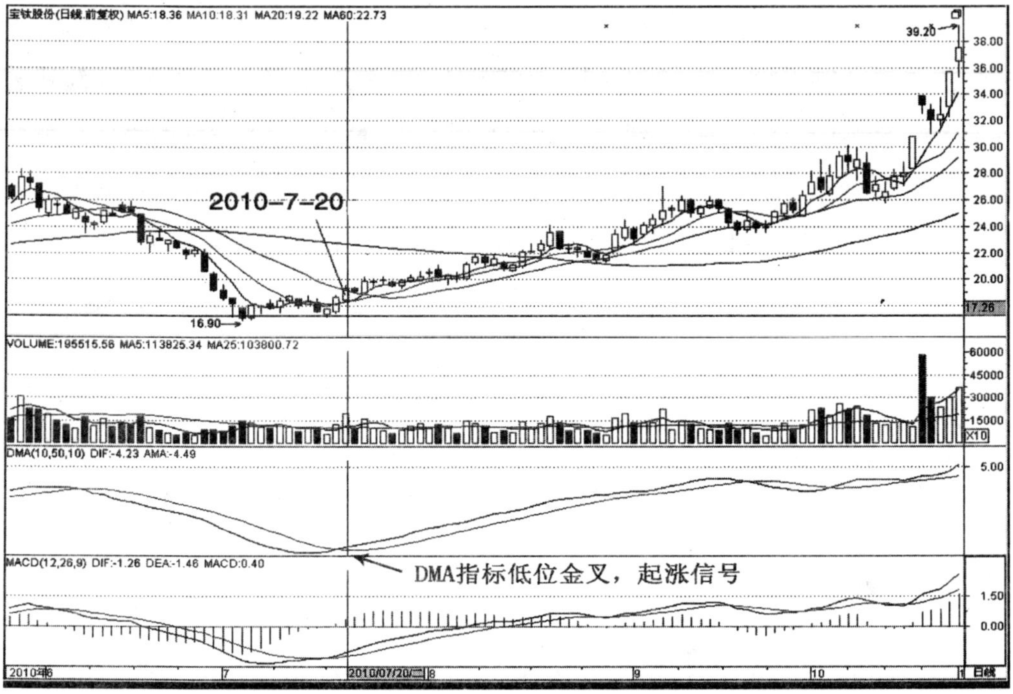

图4-39 宝钛股份 600456

图4-40 沧州明珠 002108

如图4－41所示，金山股份2011年2月10日收出一根小阳线，除了延续了此前的连续小幅反弹外没什么特别的地方，中长期平均线还呈明显的下行趋势，压制着股价的走势。但是从DMA指标的角度看却是另外一个天地。这时候DMA指标已经产生金叉，说明阶段性底部已经确立，后市将进入上升走势中。也就是说这根小阳线成为一个不折不扣的起涨点，我们可以积极参与。

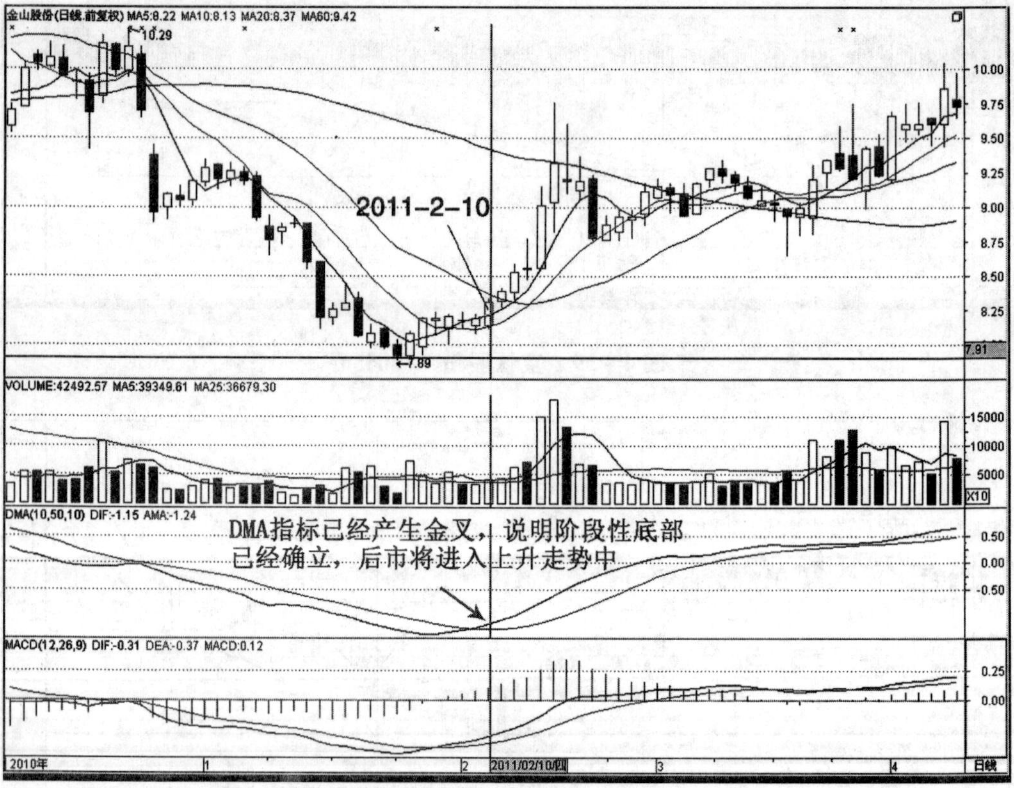

图4－41　金山股份　600396

二、DMA指标二次金叉

起涨信号

股价自低位反转上行，DMA指标产生金叉，开始进入多头走势中，投资者可以适当买入。此后股价可能大幅回调，DMA 指标产生死叉。短暂的回调过后股价重新回升，DMA 指标产生第二次金叉。这表明股价走势保持非常强势，回调结束后将继续加速上行，这是一个进场或者加仓的好机会，投资者不能错过。如果在二次金叉的时候有量能放大的配合，则信号更为可靠。

如图 4－42 所示，常铝股份 2011 年 1 月 13 日收出小阳线，走势比较疲软，且股价处于前高的压制之下，通常我们只能观望。但是我们把目光转到 DMA 指标就会有不一样的结论。从整体看，该股自低位反转向上，DMA 指标产生金叉。在一段上涨后股价开始回调，此时 DMA 指标产生死叉。又经过一段时间，股价回升，在 1 月 13 日的小阳线后 DMA 指标再度产生金叉。这种 DMA 指标二次金叉说明回调已经结束，后市将重回上升趋势中。可以说二次金叉就是一个新的起涨点，我们可

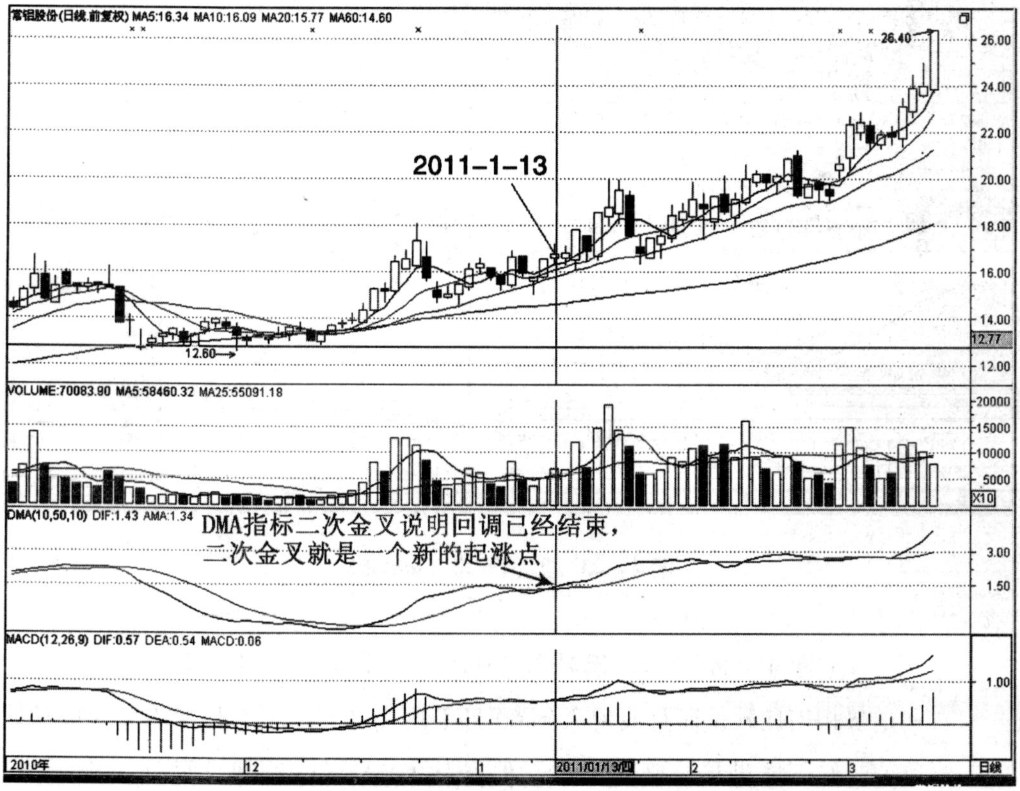

图 4－42　常铝股份　002160

以积极进场，安全度比较高。

如图 4－43 所示，联创光电 2010 年 7 月 13 日收出一根小阳线，股价刚好在前高位置，属于骑墙状态，上下都有可能，表面看不是买入点。不过我们从 DMA 指标看就发现完全不是这么回事。当时 DMA 指标已经产生金叉，说明股价再度走强，是一个起涨点。7 月 13 日的 DMA 指标金叉是第二次金叉，虽然股价在前高位置，但不影响我们判断的准确性，此时不买进更待何时？

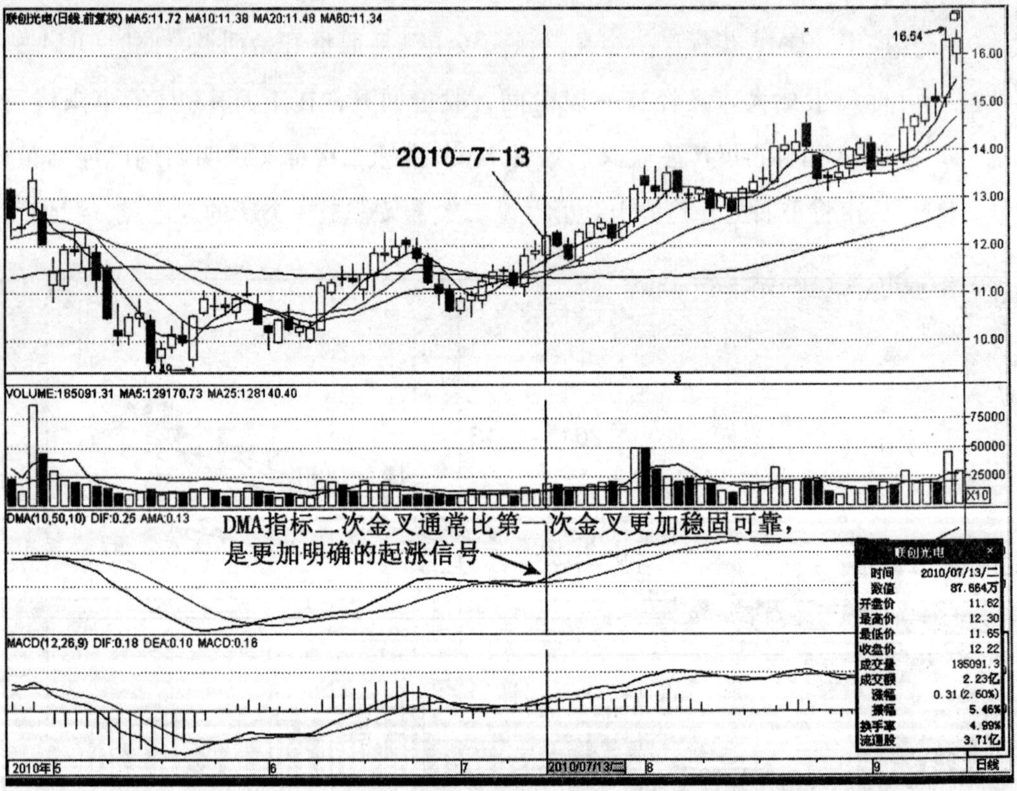

图 4－43　联创光电　600363

如图 4－44 所示，黑牡丹 2011 年 2 月 16 日收出一根极小的阳线，走势相当疲软，而且股价来到 60 日平均线之下，压力非常明显，按常规这时候不能进场，观望为妙。但是从 DMA 指标看却是另外一个天地。当时 DMA 指标产生金叉，而且是二次金叉。该股此前筑底过程中已经有一次金叉，但之后股价继续震荡探底，DMA 指标产生死叉。如今股价回升，DMA 指标顺势产生了第二次金叉。这个二次金叉基本可以确认底部成立，后市将进入上升趋势中，对于中长线投资者来说这是一个安全的买点。该股后市的表现也证明了二次金叉的可靠程度较高，我们可以放心买入。

图 4-44 黑牡丹 600510

三、DMA 指标黏合后向上发散

起涨信号

股价运行在上升趋势中，期间也有回调，但是因为回调的幅度有限，或者是窄幅的横盘震荡，导致 DMA 指标只是黏合在一起。这是变盘的前奏，我们可以密切关注股价的动向。如果股价向上突破，DMA 指标两线跟随向上发散，就表明整理已经结束，股价走势将重新回到上升趋势中，这是一个很好的介入机会，这样的起涨点我们不能错过。

如图 4－45 所示，丽江旅游 2010 年 8 月 6 日涨停，股价突破此前的窄幅横盘区间，这毫无疑问是一个起涨点。我们从 DMA 指标上验证一下。在涨停之前，股价窄幅横盘整理，DMA 指标两线逐渐靠拢，有产生死叉的趋势，但是最后只是黏合在一起，说明回调的幅度非常有限，这通常是强势调整的表现，股价打压不下去，足见多头的强势。那么后面我们只等再度发起进攻的信号了。从 DMA 指标上看，这个信号就是指标两线由黏合再度发散。

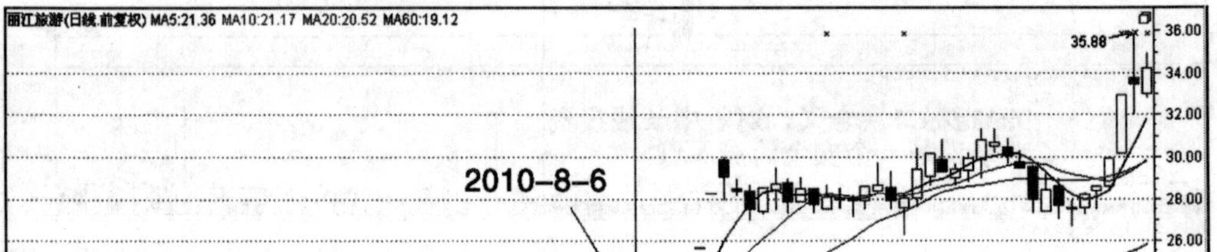

图 4－45　丽江旅游　002033

如图4－46所示，金龙机电2011年3月8日涨停，成交量大幅放大，股价突破前高和60日平均线，这毫无疑问是一个起涨点。我们这里用DMA指标再验证一下。此前该股小幅回落，DMA指标两线逐渐靠拢，欲产生死叉，但最后只是黏合，没有产生死叉。这说明什么呢？说明空头打压股价的力度不够，也印证了多头的承接力非常强，上升通道保持完好。既然空头已经如此虚弱，那我们只需等多头再度发起进攻了。3月8日的涨停就是进攻宣言，我们在盘中可以伺机进场，不必等到涨停再去排队。

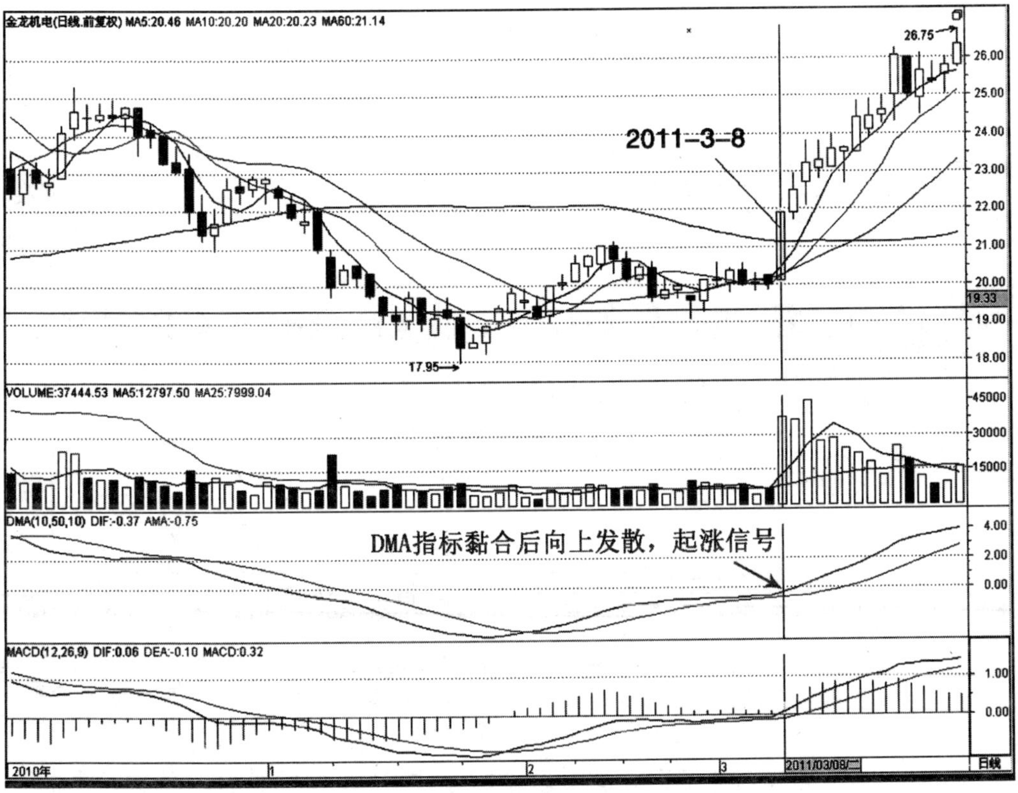

图4－46 金龙机电 300032

如图4－47所示，广汇股份2010年10月8日大涨收出大阳线，股价突破此前的横盘区间，从K线看就知道这是一个起涨点。我们再看一下DMA指标。此前该指标的两线因为股价小幅回调而逐渐靠拢，但始终没有产生死叉，这说明股价回调的幅度有限，也就是说空头打压的力度非常小，这是多头强势的特征。那么一旦结束回调，股价可能加速上涨，相对应的是DMA指标也会由黏合状态再度向上发散。具备这些特征后就是一个完美的起涨点，我们可以积极跟进，全力以赴。

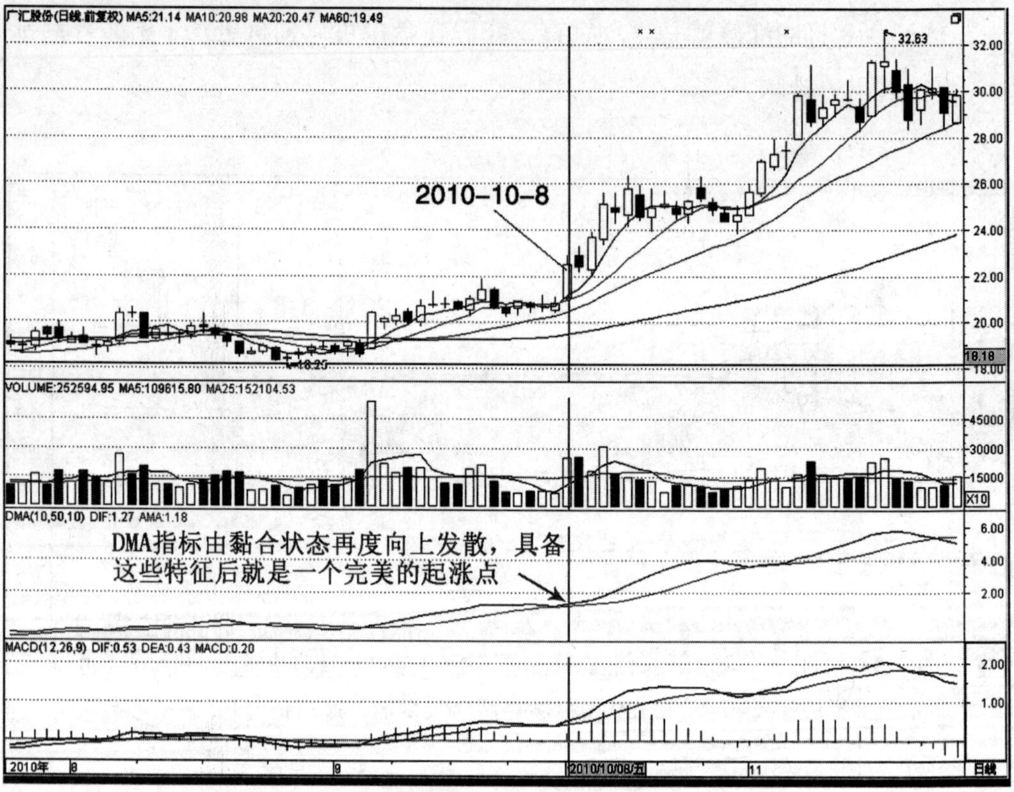

图4-47 广汇股份 600256

前面我们都是讲股价中途盘整导致DMA指标黏合的现象，下面我们看看DMA指标底部黏合的现象。如图4-48所示，华电国际2011年2月10日收出小阳线，股价走势依然疲软，但是对于一些中长线投资者来说这个时候却是一个不错的买点。此前DMA指标较长时间黏合在一起，经过几天来的小幅上涨，DMA指标已经明显开始向上发散，这说明股价走势已经开始变强，多头表现越来越强，虽然不是很耀眼，但走势已经发生逆转是显然的，对于中长线投资者来说这就是一个起涨点。后面的走势也证明这确实是一个不错的买点。

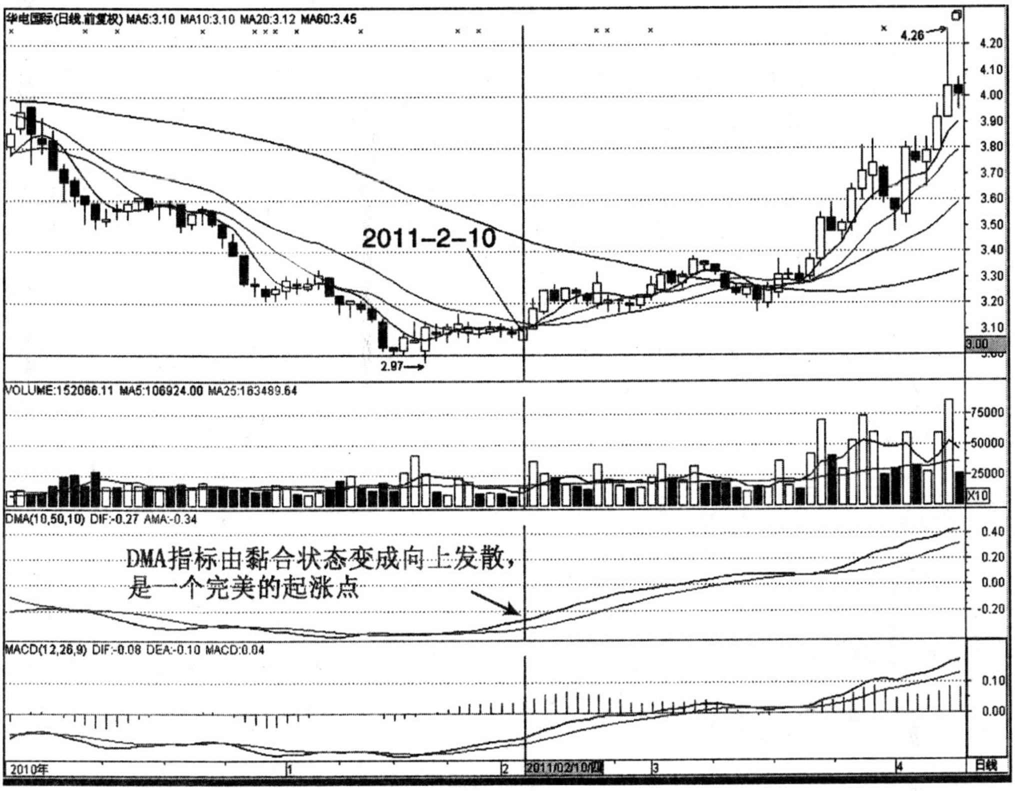

图4－48　华电国际　600027

四、DMA 指标底背离

起涨信号

DMA 指标与股价产生背离是一个判断底部的信号。股价已经大幅下跌，没有止跌迹象，但是此时的 DMA 指标却没有跟随创出新低，这说明下跌的动能已经接近衰竭，反弹在即，我们可以择机进场。进场的具体时机比较难把握，最好是成交量放大的时候再进场，这样比较可靠。

如图 4－49 所示，我们来看看北大荒 2011 年 1 月 31 日前的走势。此前股价逐浪下跌，频频挑战新低，但是我们也发现 DMA 指标并没有跟随下跌，位置明显高出前低，股价与指标产生明显的背离。这说明股价已经进入严重超跌区间，也有主力刻意打压股价的嫌疑。当股价与指标产生背离的时候，我们就需要特别关注，因为背离不可能持续太久，往往反转就在眼前，只是起涨点还是较难判断。为了稳妥起见，我们在背离的时候还是需要从 K 线等指标或形态上找反转的信号。2011 年 1 月 31 日的一根中阳线可以坚定我们的信心，这无疑是一个起涨点了。当时的 DMA 指标拒绝死叉也说明股价跌无可跌，上升是势在必行了。

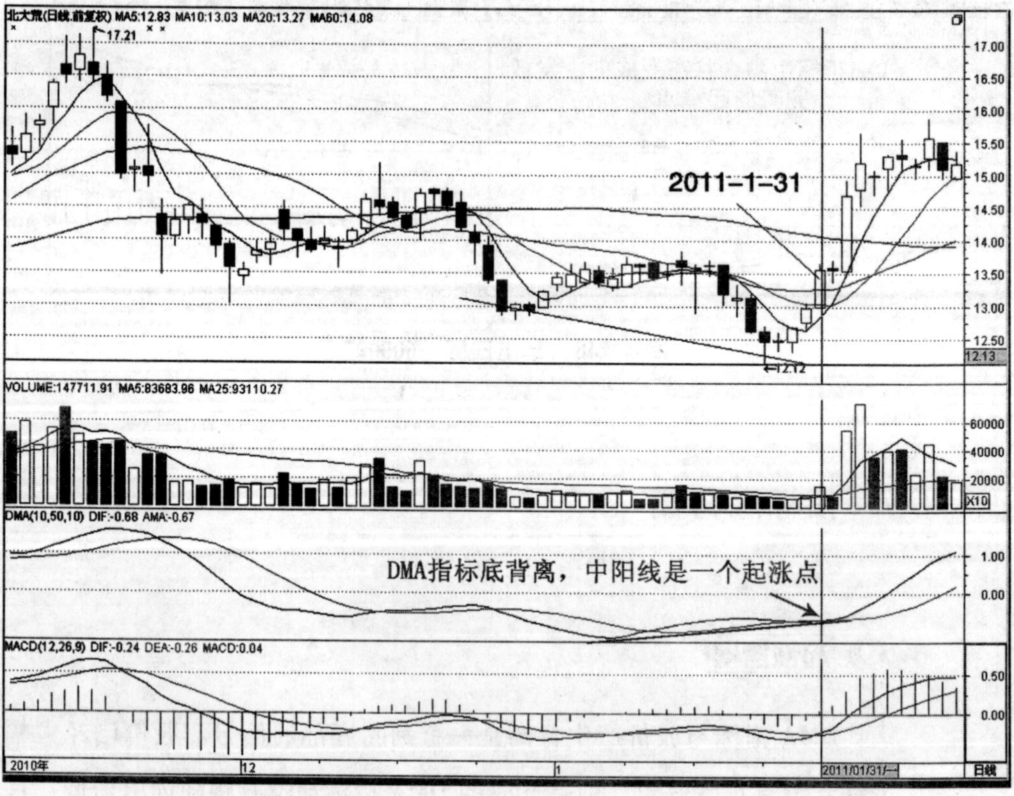

图 4－49　北大荒　600598

如图4－50所示，陕天然气2010年7月2日收出一根带有长下影线的小阳线，股价甚至创出新低，但基本还是处于前面的低点位置，因此有很浓厚的二次探底味道。不过这种K线上的二次探底不一定可靠。我们再从DMA指标验证一下是不是二次探底。当时DMA指标跟随股价回调而回落，但是股价创出新低的时候该指标却没有创出新低，位置远高于前面的低点。这是明显的股价与指标的背离，说明底部就在眼前，从而证明二次探底的成功可能性极大。既然二次探底基本成功，那自然是一个起涨点，我们可以分批适当介入。

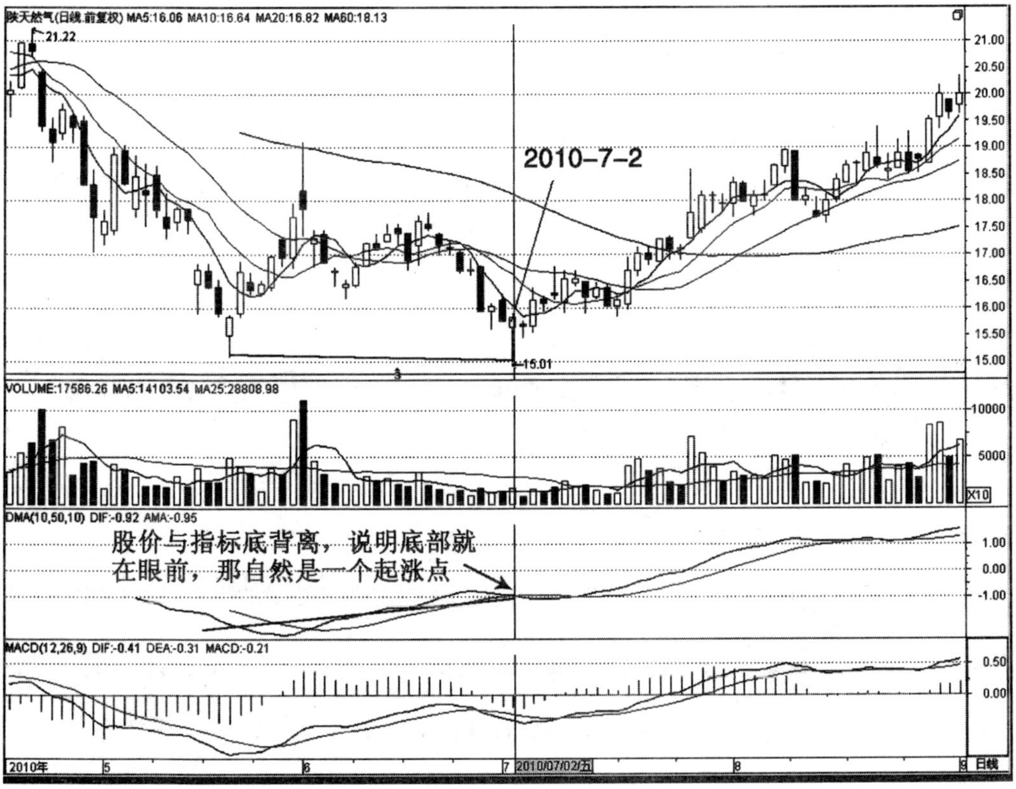

图4－50　陕天然气　002267

如图4－51所示，豫园商城2010年7月5日延续前面的绵绵跌势，当日收出中阴线，走势依然低迷。此时很多投资者可能已经熬不住了，纷纷割肉。但是我们从DMA指标上看出离底部已经不远了。DMA指标有什么表现呢？那就是该指标与股价走势形成了背离。股价屡创新低，但是我们看到 DMA 指标却没有创出新低，位置比前面的低点明显高出很多，这说明股价已经严重超跌而指标拒绝下跌。这种背离现象说明股价离底部不远了，反弹在即。我们判断不出还会超跌多久，这是指标难以解决的，不过这不影响我们判断起涨点就在眼前，我们需要做的就是等待股价反转向上的瞬间即时介入。

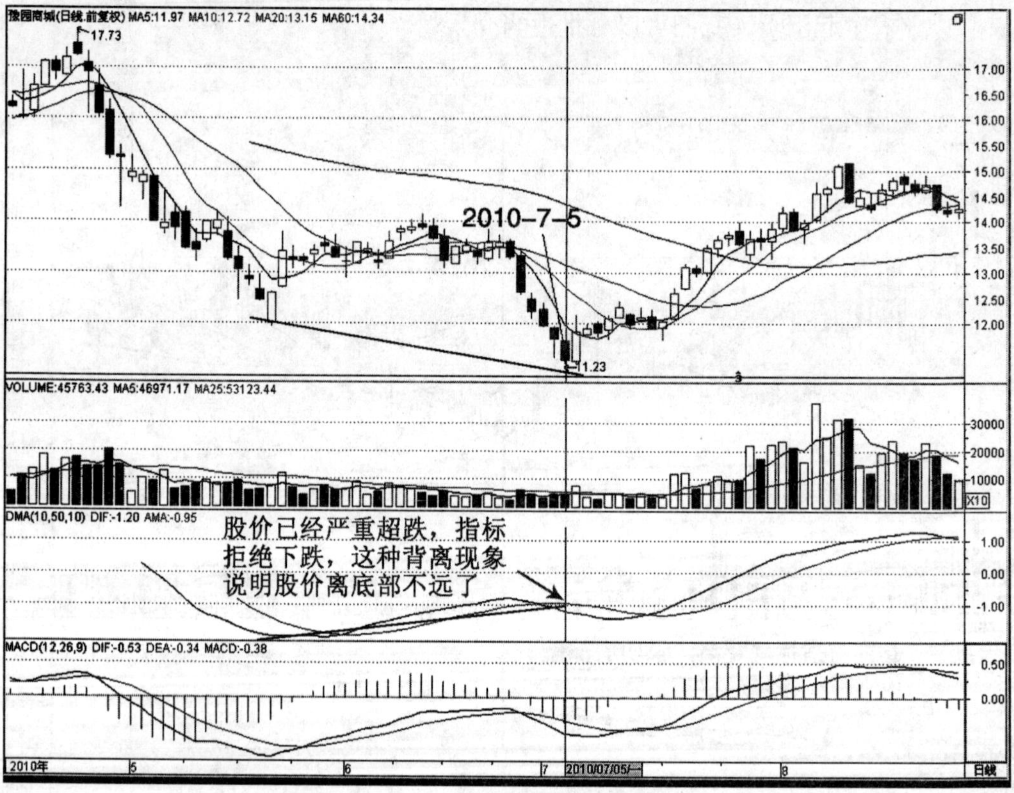

图 4-51 豫园商城 600655

第五节 EXPMA 指标起涨点

一、EXPMA 指标低位金叉

起涨信号

EXPMA 指标是一个比较稳健有效的技术分析工具，信号一旦发出就不容易改变。股价大幅下跌后开始反弹，EXPMA 指标也掉头上行，然后产生金叉，说明股价进入多头走势中，是一个明确的起涨点，安全度非常高，我们可以积极进场。如果在股价上涨的过程中能有成交量的配合则更佳。

如图 4－52 所示，深天马 A 2010 年 7 月 1 日收出中阳线，此时的 EXPMA 指标正好产生金叉，是一个中长线的起涨点。EXPMA 指标很少金叉或者死叉，一旦产生金叉，则意味着中长线的上升趋势开始了，投资者可以大胆进场。

从整体看，该股前期大幅下跌，然后在低位横盘震荡，成交量间歇性放大，这是主力吸筹的表现，但是股价没有脱离底部区域就不太可能产生金叉。那么 EXPMA 指标金叉就明确告诉你股价已经明显走强，筑底过程已经完成，后市将进入上升趋势中，这是一个非常安全的起涨点，我们可以放心介入。

如图 4－53 所示，澄星股份前期大幅下跌，走势疲软。2011 年 2 月 24 日该股收出中阳线，成交量成倍放大，股价走势渐露强势，这是一个积极的变化。从 EXPMA 指标看，经过这根中阳线后，EXPMA 指标产生金叉，这是该股低位产生的第一个金叉。说明多头已经开始占据优势，

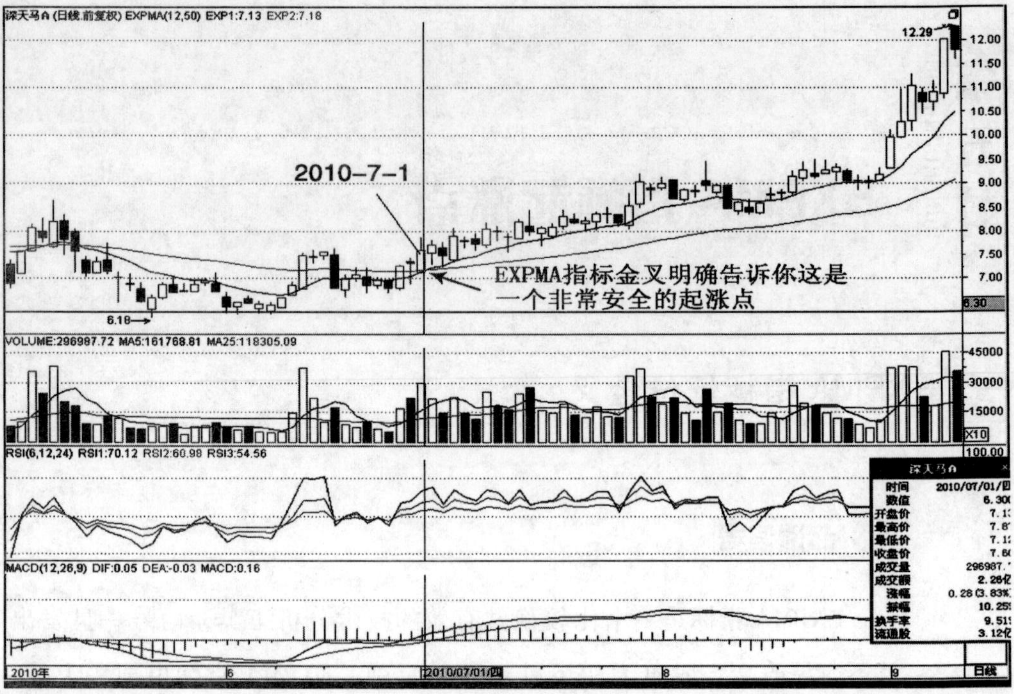

图 4-52 深天马 A 000050

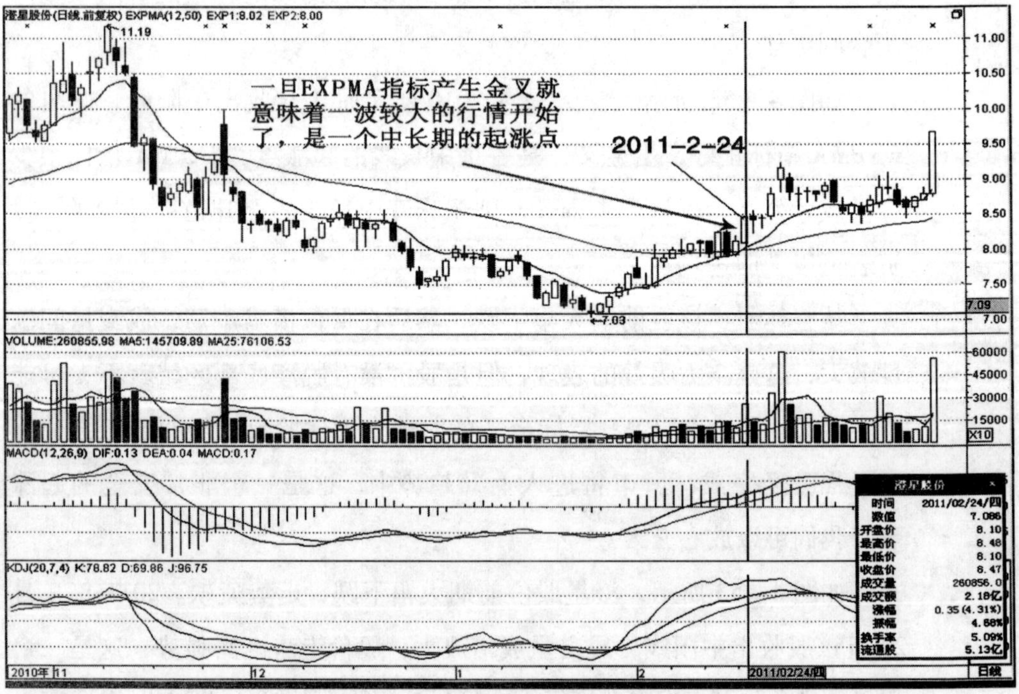

图 4-53 澄星股份 600078

股价走势进入多头掌控的局势中。由于 EXPMA 指标反映的是长周期的股价变化，因此一旦 EXPMA 指标产生金叉就意味着一波较大的行情开始了，是一个中长期的起涨点，我们可以放心介入。

如图 4－54 所示，凌钢股份 2010 年 8 月 5 日收出一根小阳线。此前该股连续 2 周都是这种半死不活的走势，颇为熬人。对于长线投资者来说，这根小阳线给了他们明显的进场信号。我们看到这时候的 EXPMA 指标已经产生金叉，这说明该股中长线已经明显走强。因为 EXPMA 指标难得交叉，一旦金叉就意味着较大的上升行情开始，此时进场正是时候，安全程度非常高。

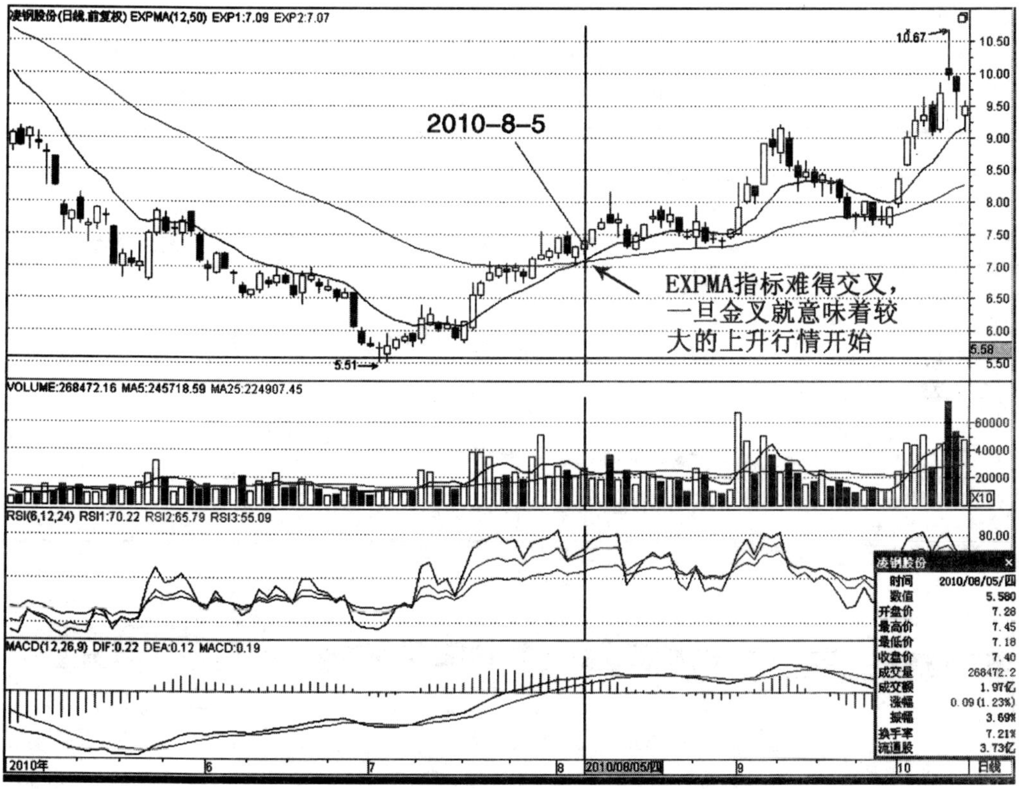

图 4－54 凌钢股份 600231

EXPMA 指标关注的是长期的走势，金叉后不一定进入快速上升阶段，长线投资者不能在意一时的得失，耐心持股，直到行情反转。

二、EXPMA指标第一次金叉后回调获得支撑

起涨信号

EXPMA指标产生金叉后股价继续上涨，此后可能会回调洗盘，股价回落到EXPMA指标50线附近的时候往往有较强支撑，一旦能确认支撑，我们可以继续加仓。这是第二个买点，后市股价可能进入主升浪，我们可抓住这个进场机会。也有的股票回调到12线附近即企稳，表现更强势，更适合我们参与。

如图4－55所示，山煤国际2010年9月27日收出一根中阳线，但是处于前高之下，走势并没有完全明朗。其实我们完全不必这么谨慎。

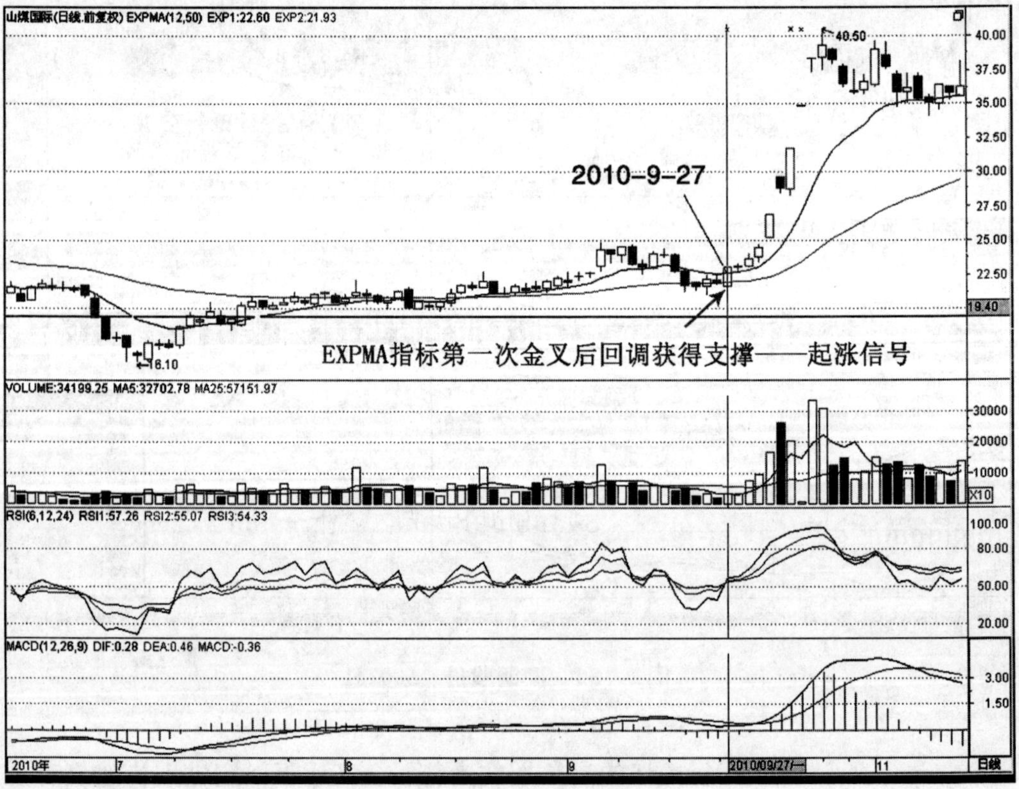

图4－55　山煤国际　600546

从 EXPMA 指标看，在 9 月 27 日前该股小幅回调，但是股价在 EXPMA 指标的 50 线上获得明显支撑，连续横盘 3 天，然后有了 9 月 27 日的中阳线上涨。毫无疑问，这根中阳线宣告了短暂的回调结束，行情将进入第二波拉升中，这是一个非常明确的起涨点，我们可以积极介入。

从整体看，这是 EXPMA 指标金叉后的第一次回调，通常是主力的洗盘动作，我们要关注 EXPMA 指标是否能有效支撑，一旦支撑可靠就是进场的机会。

如图 4－56 所示，天奇股份 2010 年 9 月 20 日前连续收出三根阴线，跌幅较大，有破位嫌疑，但是我们换到 EXPMA 指标看看就不会那么担心了。当日该股虽然继续收出阴线，但当时股价正好触碰到 EXPMA 指标的 50 线，留下下影线说明这里的支撑还是明显的，我们不必着急止损，持股观望比较好。

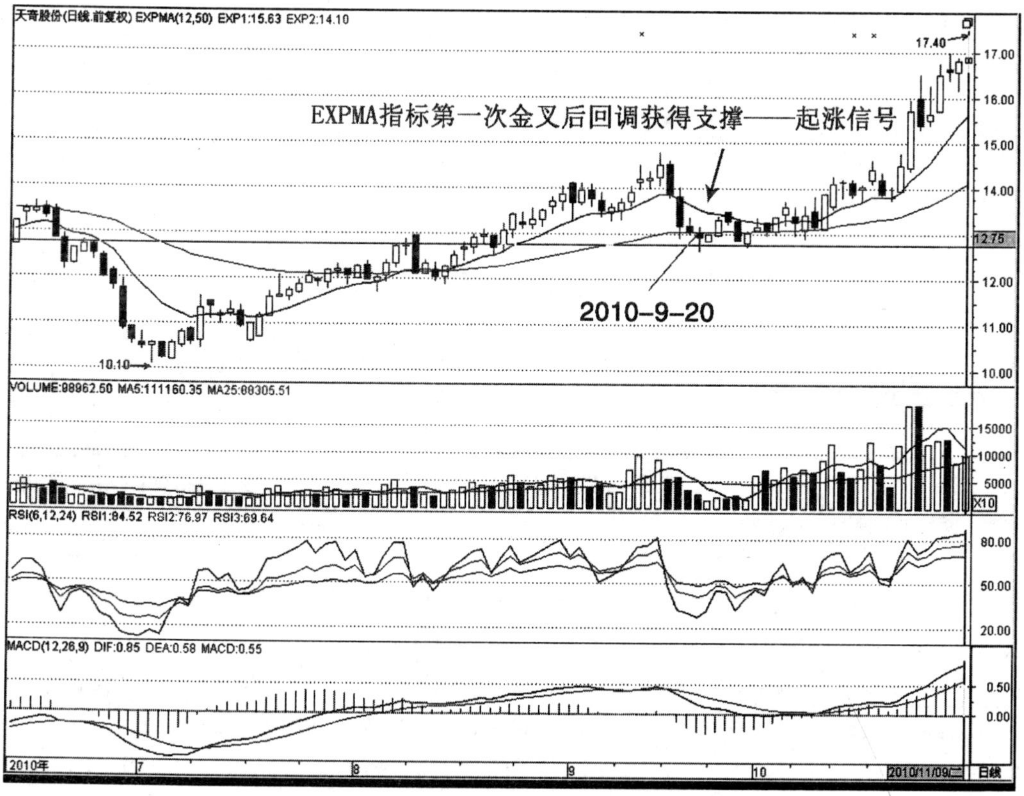

图 4－56　天奇股份　002009

从整体看，天奇股份自低位反转向上，EXPMA 指标产生金叉，如今股价第一次回调，通常是主力的洗盘行为。当然我们这里重点关注 EXPMA 指标是否能获得支撑。在这个关键位置，持股的继续持股，持币的也同样观望，都在等待走势明朗。该股此后横盘震荡，EXPMA 指标始终有效支撑着股价，最后进入新一轮上升也是顺理成章的事了。

如图 4－57 所示，中航重机 2010 年 8 月 11 日收出一根小阳线。相对于前日硕大的中阴线，这根小阳线显得微不足道。但是这根小阳线却是一个积极的信号，我们可以切换到 EXPMA 指标看看。该股前日以中阴线大幅回调，股价逼近 EXPMA 指标的 50 线。EXPMA 指标的 50 线是一个重要的支撑位，这个支撑位不能破。8 月 11 日的小阳线来得正是时候，股价止跌企稳，说明 EXPMA 指标的支撑基本有效。从整体看，该股自低位缓慢攀升，EXPMA 指标产生金叉，说明股价走势已经进入多头局势。回调不破 EXPMA 指标的 50 线说明走势保持完好，回调反而成为加仓的极佳时

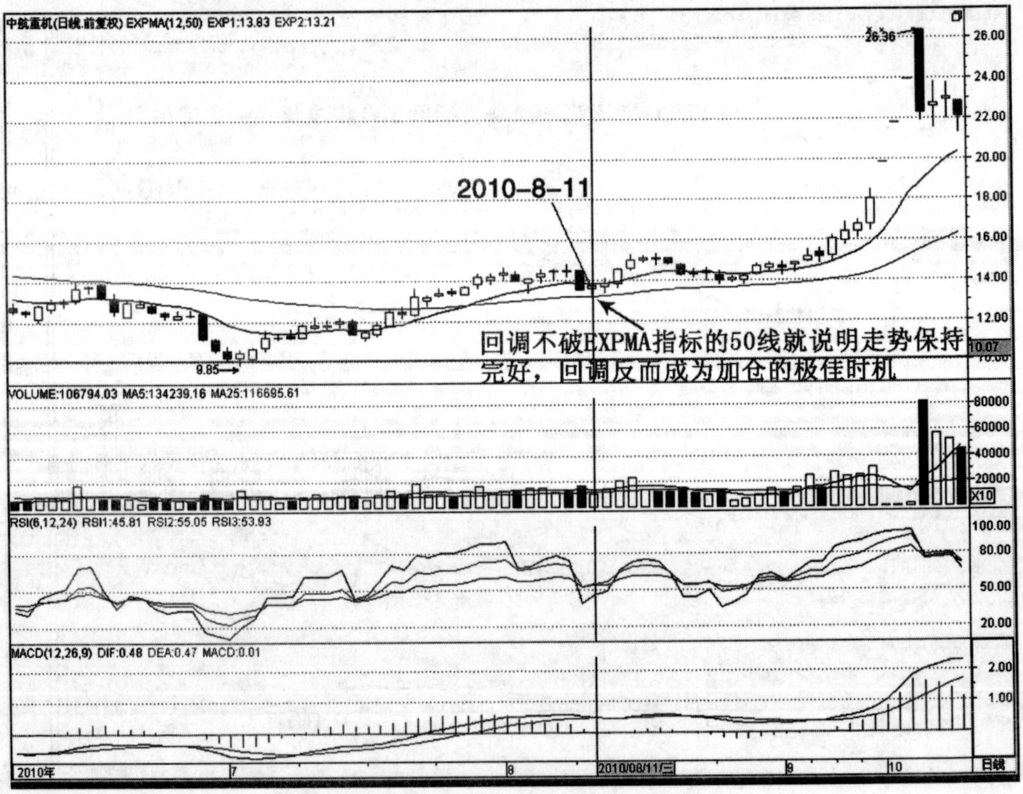

图 4－57 中航重机 600765

机。这种 EXPMA 指标低位金叉后的第一次回调通常是主力的洗盘动作，只要在指标附近获得支撑就是加仓的机会，我们可以趁机加大介入力度。

三、EXPMA 指标黏合后向上发散

起涨信号

股价中长期处于上升趋势中，期间也有回调或者横盘震荡。在整理过程中，EXPMA 指标两线会逐渐靠拢，最后黏合在一起，这是变盘的前兆，我们可以关注股价选择的方向。此后如果股价向上突破，EXPMA 指标也开始向上发散，则表明整理结束，后市进入新一轮上升走势中。这显然是一个很明确的起涨点，我们可以积极参与。

如图 4－58 所示，国际实业 2010 年 3 月 25 日收出中阳线，量能明

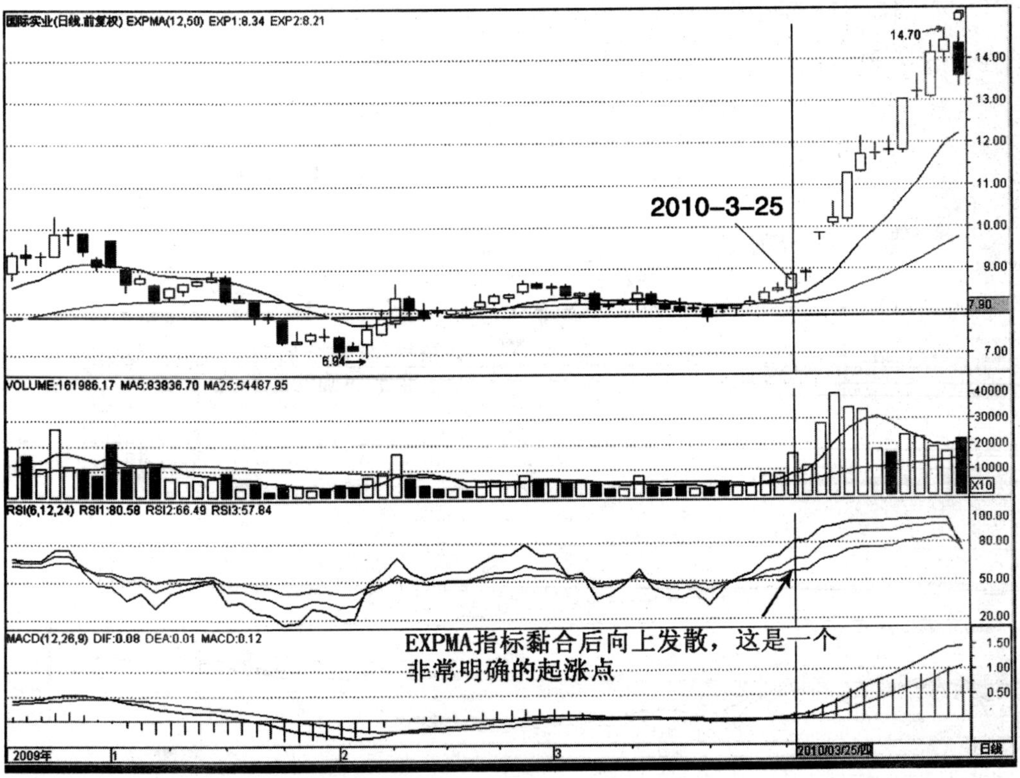

图 4－58 国际实业 000159

显放大。从 EXPMA 指标看，此前指标两线黏合在一起，此时已经明确向上发散，这是一个非常清楚的起涨点，我们可以积极参与。EXPMA 指标很少出现黏合，一旦黏合后向上发散，其爆发力也是非常强大的，因此无论从短线还是长线看都是一个很好的买点。该股此后的表现也证明了这一点。

EXPMA 指标黏合说明股价较长时间窄幅横盘整理，主力趁机洗盘蓄势，而最后发散向上，则说明整理已经结束，股价将进入加速上行阶段，此时不进场更待何时？

我们再来看一个例子。如图 4－59 所示，濮耐股份 2011 年 3 月 11 日上涨 3 个多点，不要小看这 3 个多点，经过这一涨，EXPMA 指标两线开始拉开距离向上发散。这是一个明确的起涨点。此前指标两线黏合是因为股价窄幅震荡横盘，一般是主力在清洗浮筹。股价重新开始上行，

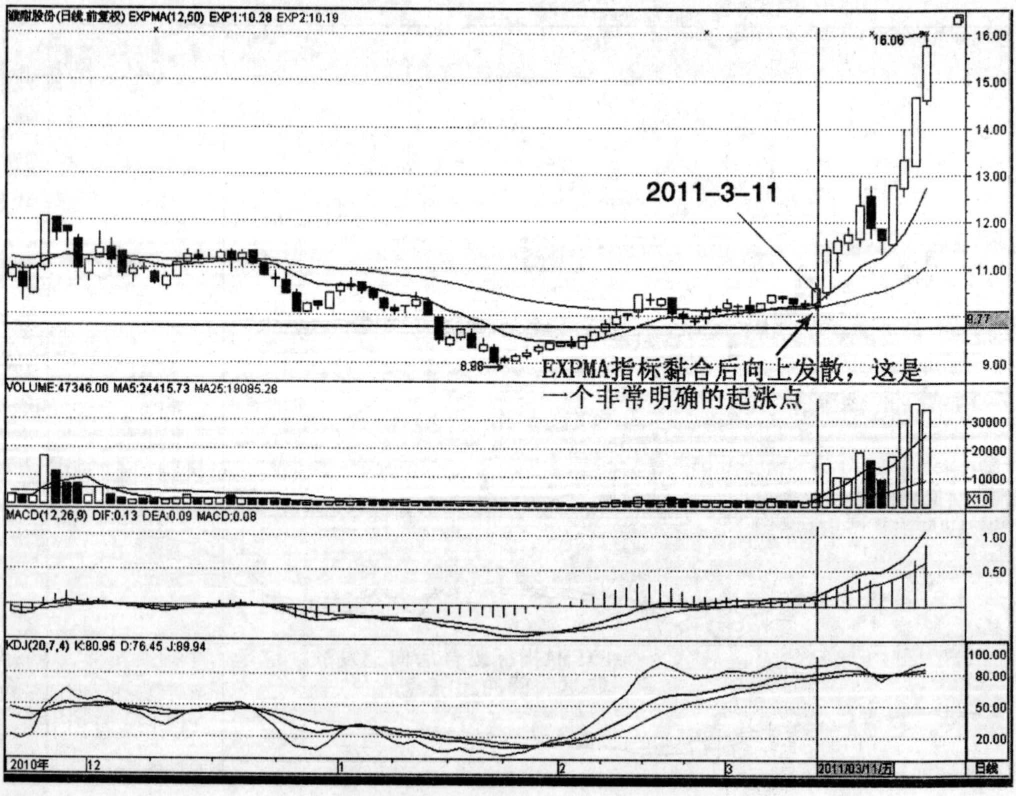

图 4－59　濮耐股份　002225

EXPMA 指标的两线也开始发散是主力洗盘完毕的标志，下面就很可能是加速上升阶段了，此时是一个非常好的买入时机，我们千万不能错过。

如图 4－60 所示，包钢稀土是 2010 年的超级大牛股，我们来看它的部分走势。2010 年 7 月 22 日该股收出中阳线，但是股价刚好在前高位置，此时是进还是出就值得考量。这时候 EXPMA 指标给了我们明确的答案。此前该股窄幅横盘震荡，EXPMA 指标也逐渐靠拢，但没有产生死叉，说明下跌的幅度有限，也证明空头的打压力度不够。如今股价再度拉高，EXPMA 指标两线也就从此向上发散，这说明此前的横盘整理已经结束，后市将进入上升趋势中。一般来说这种经过横盘整理的股票肯定是有所图谋的，突破前高应该不在话下。因此我们基本可以认定 7 月 22 日的中阳线是一个起涨点，可以积极跟进。

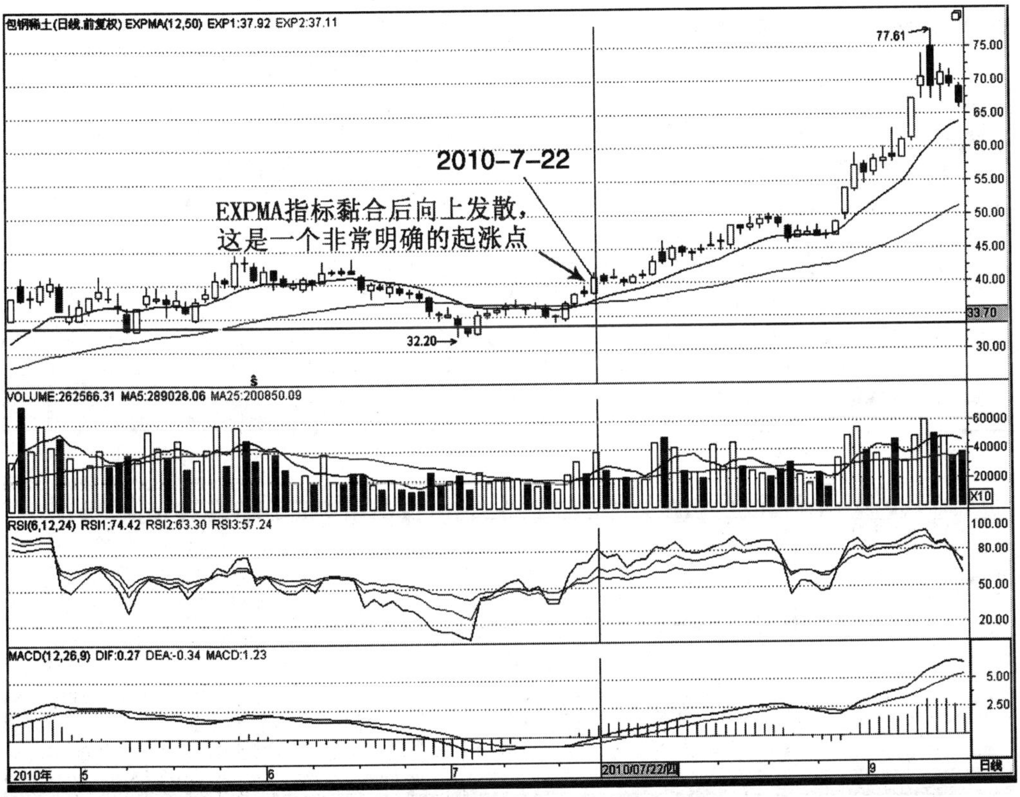

图 4－60 包钢稀土 600111

四、EXPMA 指标掉头上行

起涨信号

EXPMA 指标虽然很稳健，但也比较迟钝，等 EXPMA 指标产生金叉的时候经常已经错过很大一段行情了，因此我们可以提前对指标做出判断。EXPMA 指标的 12 线由下跌转为走平，说明多头逐渐增强，如果此后抬头上行，则说明多头开始占据优势，可以作为一个起涨信号，我们可以适当参与，后市如果产生金叉则可以加仓。

如图 4－61 所示，东源电器 2010 年 7 月 9 日突然涨停，同时成交量明显放大。从整体看，该股前期大幅下跌，此时涨停应该是主力突击拉

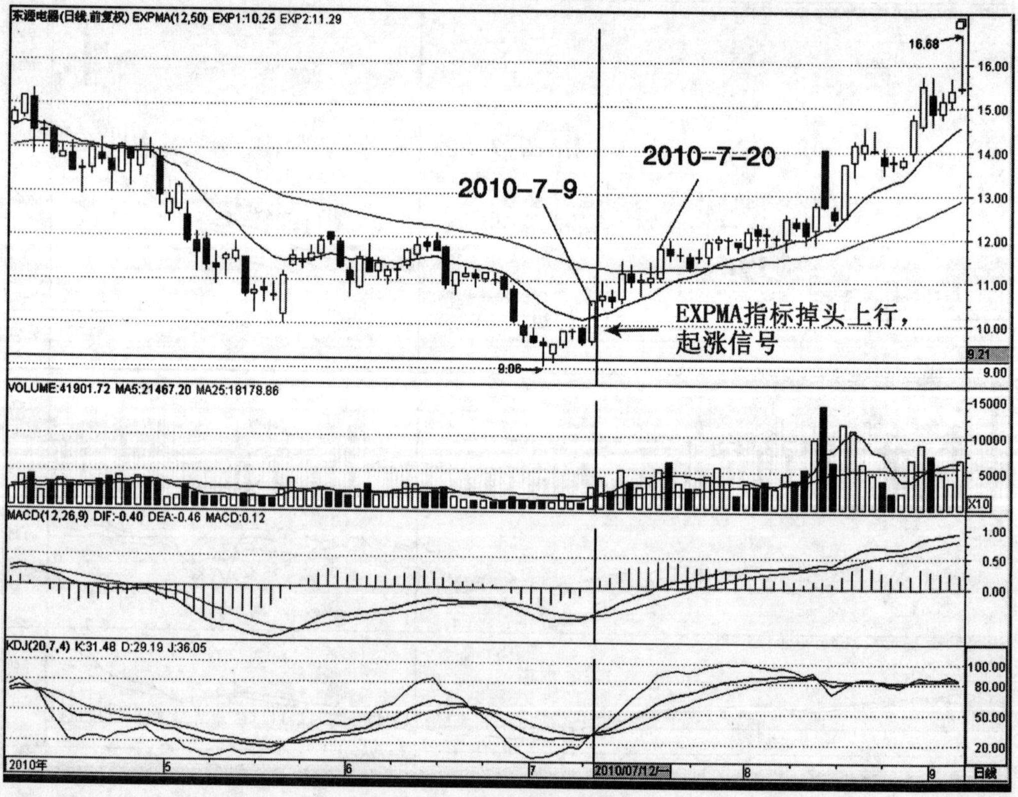

图 4－61　东源电器　002074

高建仓，打了散户一个措手不及。从直观看这是个起涨点，我们这里再结合 EXPMA 指标研判一下其可靠性。经过这一涨停，EXPMA 指标的 12 线开始掉头上行，这说明股价已经开始走强，趋势发生了逆转。

一般 EXPMA 指标的运行趋势很难改变，一旦逆转就会维持较长时间，因此 EXPMA 指标开始掉头上行是一个比较安全的起涨点，投资者可以适当介入，等指标金叉的时候再加仓。

如图 4－62 所示，刚泰控股 2010 年 7 月 20 日延续前日上涨走势，当日收出中阳线，同时成交量也有所放大。这通常是多头积极进场的表现，但鉴于股价的整体走势仍处于下跌趋势中，我们不能过于乐观。这时候我们可以看看 EXPMA 指标。此时 EXPMA 指标的 12 线已经由走平变为向上抬头，这是一个积极的信号，说明多头开始占据优势，股价走势进入多头掌控的局势中。我们可以把 EXPMA 指标 12 线抬头看做一个

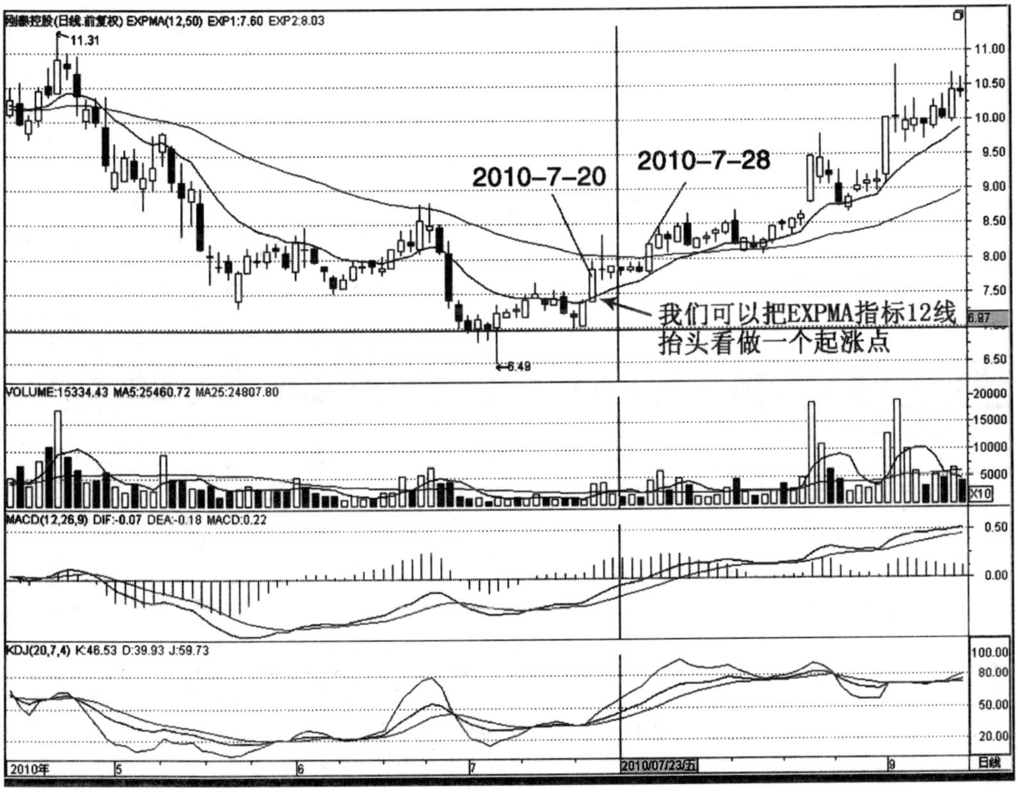

图 4－62　刚泰控股　600687

起涨点，投资者可以适当参与。

2010 年 7 月 28 日该股再度收出中阳线，此时的 EXPMA 指标的 50 线也开始上行，这更加夯实了上升走势，我们可以积极加仓，等待股价进入主升浪。

如图 4－63 所示，中福实业 2010 年 7 月 21 日收出小阳线，同时留下较长的上影线，走势不是很强势，通常我们只能观望。但是这时的 EXPMA 指标却在发生着积极的变化。当时 EXPMA 指标的 12 线已经由走平开始向上抬头，表明多头开始占据优势，股价明显走强，可以视为一个起涨点，投资者可以适当介入，等 EXPMA 指标产生金叉的时候再加仓。

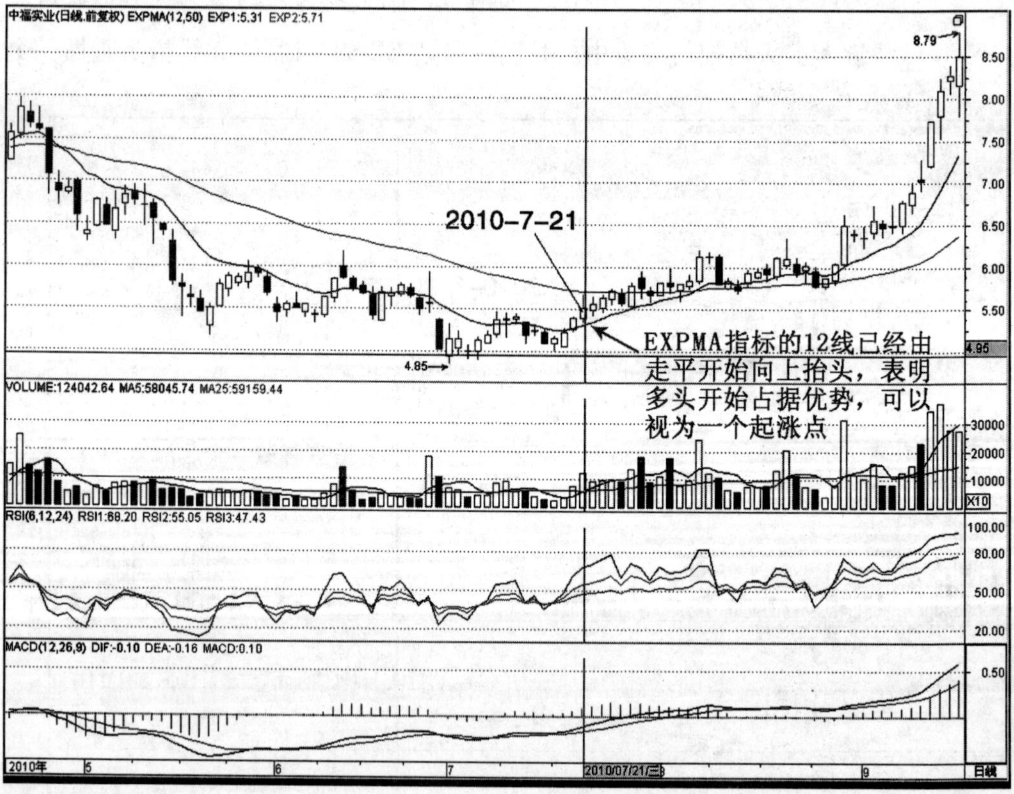

图 4－63　中福实业　000592

第六节 BBI指标起涨点

一、股价向上突破BBI指标线

起涨信号

BBI指标是一种混合平均线指标，非常简单直观。当股价向上突破BBI指标的时候，表明走势已经进入多头走势中，是一个明确的起涨点，投资者可以积极跟进。为了确保起涨信号的准确性，最好是股价以中大阳线的方式突破BBI指标，同时需要成交量的配合，因为放量说明增量资金进场，做多的真实性更高。

如图4-64所示，精达股份2010年7月20日收出中阳线，股价明确站上BBI指标线。BBI指标是多空分水岭，一旦股价站上指标线，则说明开始进入多头走势中，这是一个较为可靠的起涨点，我们可以积极参与。当然这也需要其他因素的配合。本例该股前期大幅下跌，然后有一个横盘筑底过程，BBI指标线走平，然后股价向上突破指标线，这一切都好像是教科书式的，因此股价反转应该值得信赖，此时买进正是时候。

通常我们认为突破BBI指标线需要有力度，最好是中大阳线突破，而且要有成交量的配合。本例精达股份以放量中阳线突破，是比较强势的突破，虚假成分比较少，我们可以放心介入。

如图4-65所示，江铃汽车2011年1月27日收出中阳线。该股此前一直处于下跌趋势中，这样一根中阳线实在有点微不足道，但是从BBI指标看走势却发生了质的变化。我们都知道BBI指标是多空分水岭，股价在线上则说明进入多头强势中，1月27日股价已经攀上了该指标线，这说明

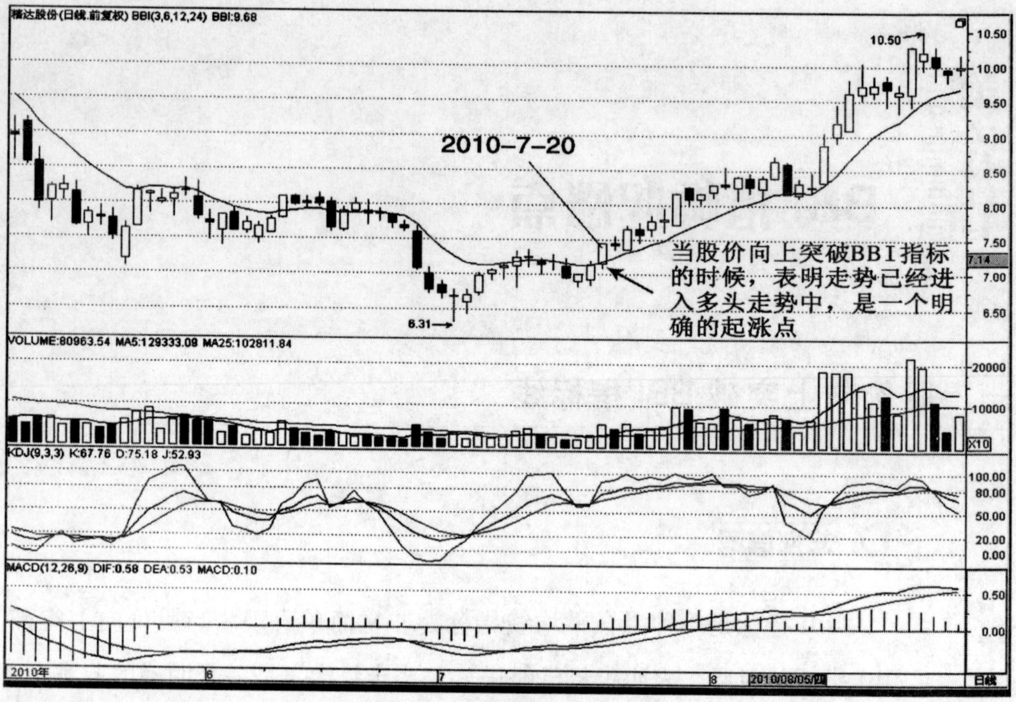

图 4-64 精达股份 600577

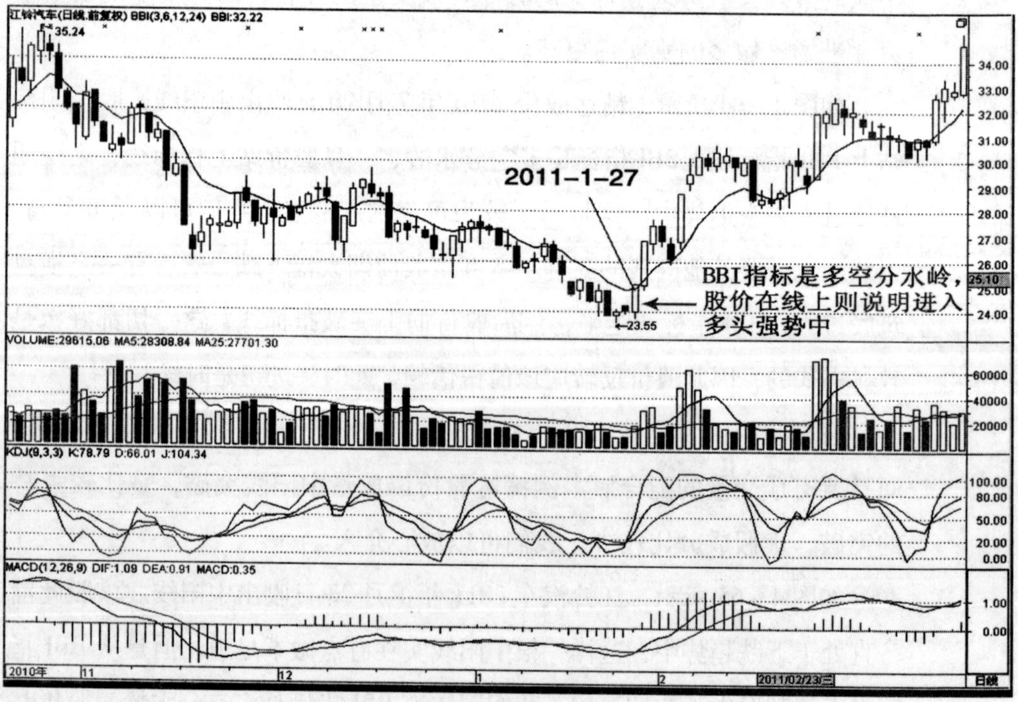

图 4-65 江铃汽车 000550

多头已经扭转了局势，此前的下跌走势开始转变为上升趋势了。

突破BBI指标也会有虚假信号，有时候股价偶尔站上指标，但很快掉回去了，这不算有效突破。本例江铃汽车1月27日以中阳线的方式突破该指标，且量能明显放大，多头进场态势非常明显，因此这个多空的转换是值得信赖的，此时可以适当参与。

如图4－66所示，四川美丰2011年1月27日收出中阳线，鉴于该股此前持续下跌，走势非常低迷，这根中阳线好像并不会带来什么改变，但是从BBI指标看却发现走势产生了积极的变化。此时的股价已经明确站上BBI指标线，而BBI指标显示多空的实力对比，既然股价已经站上该指标，就说明多头开始占据优势，后市相对乐观，我们也可以适当介入。前面我们提到BBI突破的时候要有力度，本例该股以中阳线突破，但量能稍微欠缺，可以继续观察。此后几天该股始终站于BBI指标

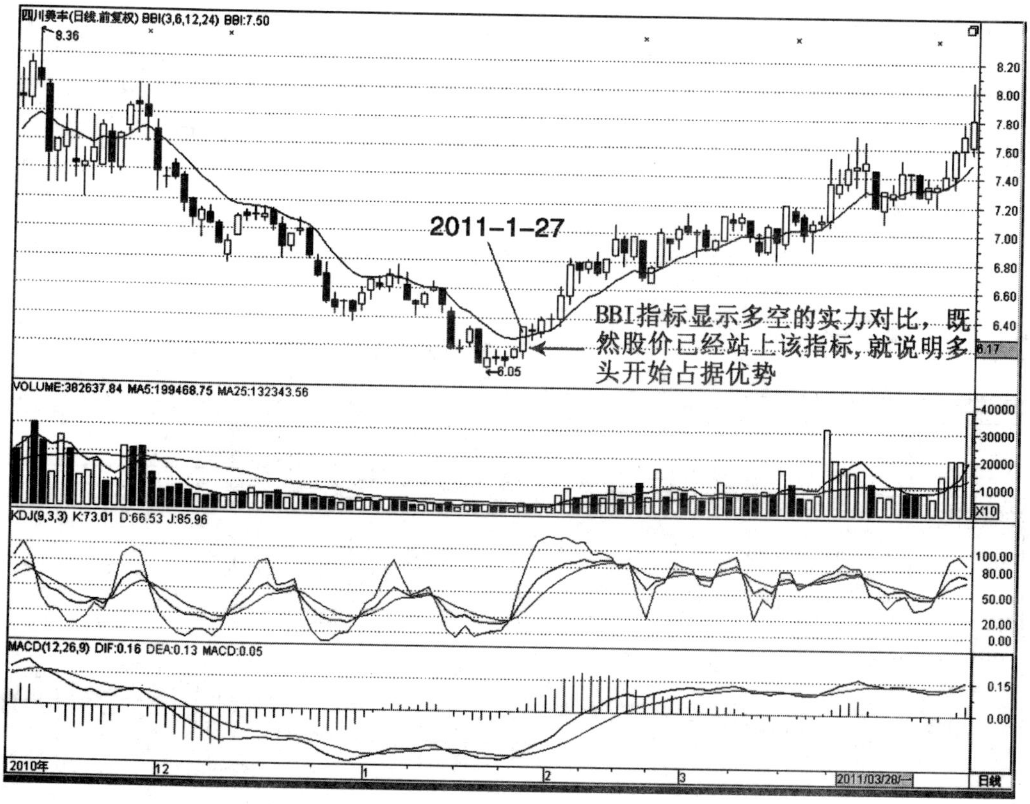

图4－66 四川美丰 000731

线之上，此时基本可以确认突破有效，股价进入上升趋势已经没有多少疑问，投资者可以积极参与。

二、BBI 指标走平后向上抬头

起涨信号

股价整体运行在上升趋势中，然后横盘震荡整理，BBI 指标跟随走平。整理结束后，股价再度上行，同时 BBI 指标也开始向上抬头，这也是一个非常明确的起涨信号，我们可以积极参与。当然采用这个信号时也不能完全忽略股价的整体位置，如果已经大幅上涨了，难保不是诱多陷阱，投资者应该小心。

如图 4－67 所示，中恒集团 2010 年 11 月 4 日强势涨停，成交量大

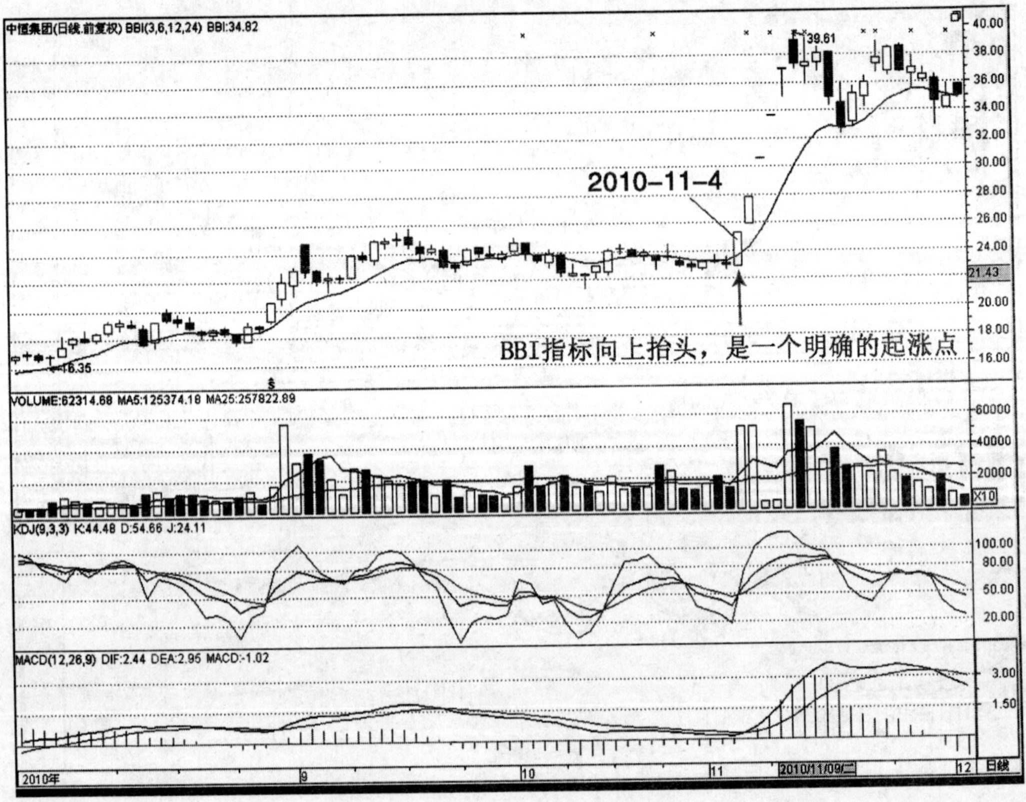

图 4－67　中恒集团　600252

幅放大，但是股价仍没有突破横盘区间，这让投资者有点犹豫，毕竟能不能过前高还是一个未知数，而且量能的异常放大也显示并非多头就一定占据绝对优势，因为成交量越大说明多空分歧越大。如果不能决断，我们可以换一种角度看问题。下面我们看一下 BBI 指标的状况。在涨停之前，股价窄幅震荡横盘，BBI 指标也跟随走平。11 月 4 日该股涨停，同时也带动 BBI 指标向上延伸，这是一个积极的信号，说明多头重新占据了优势，市场将顺着多头发展，此时正是一个追进的时机，我们可以适当参与。

本例中恒集团此前在上升途中长时间横盘震荡，难以分辨方向，此时 BBI 指标向上抬头，给了我们方向提示，这也是一个明确的起涨点。

如图 4－68 所示，锌业股份前期大幅下跌，然后股价反转上行，上穿 BBI 指标后又进行了较长时间的横盘整理。2011 年 3 月 28 日该股终

图 4－68　锌业股份　000751

于启动，当日收出中阳线，股价脱离原来的横盘区域，一眼看去就知道拉升开始了。从 BBI 指标看，该指标原来基本也是跟随股价横向发展，此时已经明显上扬，表明多头开始占据优势，后市继续看好。

中长线投资者可以把 BBI 指标抬头看做一个起涨点，这个信号比较扎实，介入的安全度很高，我们可以放心买进。

如图 4－69 所示，新兴铸管 2011 年 3 月 25 日收出中阳线，股价已经创出阶段新高，也脱离了此前的窄幅横盘区域，从 K 线看就知道是一个起涨点。我们这里再看看 BBI 指标。此前该指标跟随股价平行运动，经过 3 月 25 的中阳线后指标线已经开始抬头上行。这说明经过横盘整理后股价进入了新一轮上升走势中，这自然是一个很好的起涨点。经过横盘蓄势后的上涨通常更有潜力，我们不能错过这样的起涨点。

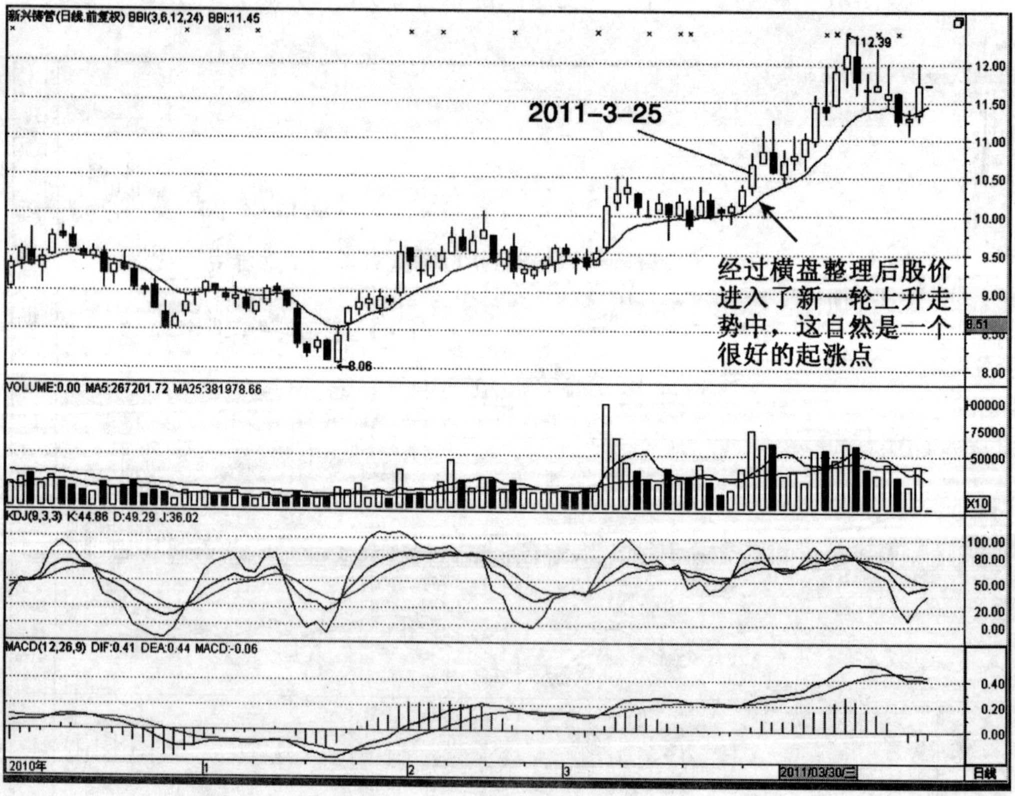

图 4－69　新兴铸管　000778

第七节 KDJ 指标起涨点

一、KDJ 指标金叉

起涨信号

KDJ 指标金叉是最常见的买入信号，但虚假信号也比较多。有人说在超卖区域的金叉更安全，其实 KDJ 指标金叉并没有位置之分，都可以作为短线买入信号，只是人们从心理上都会认为 20 附近属于超卖区域，相对比较安全，而如果进入超买区域则风险比较大。KDJ 在超卖区产生金叉，只能作为反弹操作；在超买区的金叉要小心采用；在 50 附近的金叉相对最可靠。除了注意股价的整体位置，KDJ 指标还需要配合成交量和平均线的走势来研判，提高信号的准确性。

如图 4－70 所示，深国商 2011 年 1 月 31 日收出一根小阳线，貌不起眼，但是 KDJ 指标却发出了明显的买入信号。这个信号就是 KDJ 指标金叉。这是一个明显的起涨点，我们可以适当做多。

KDJ 指标的金叉其实很频繁，因此无效信号比较多，如果不分青红皂白地进场，损失可能多过收益。这里的金叉为什么是一个起涨点呢？我们还得综合分析。从指标本身看，此前 KDJ 指标较长时间处于超卖区，J 值在 0 附近横盘，KD 值则在 10 以下，这些都说明股价已经严重超跌，反弹一触即发。那么起涨点在哪呢？就是 KDJ 指标产生金叉的时候。从日线看，该股此前大幅下跌，然后收出三根平行的小阳线，说明股价有企稳的迹象，我们只需要等待一个反攻的信号，而 KDJ 金叉正是反攻发起的信号，这个起涨点我们不能错过。

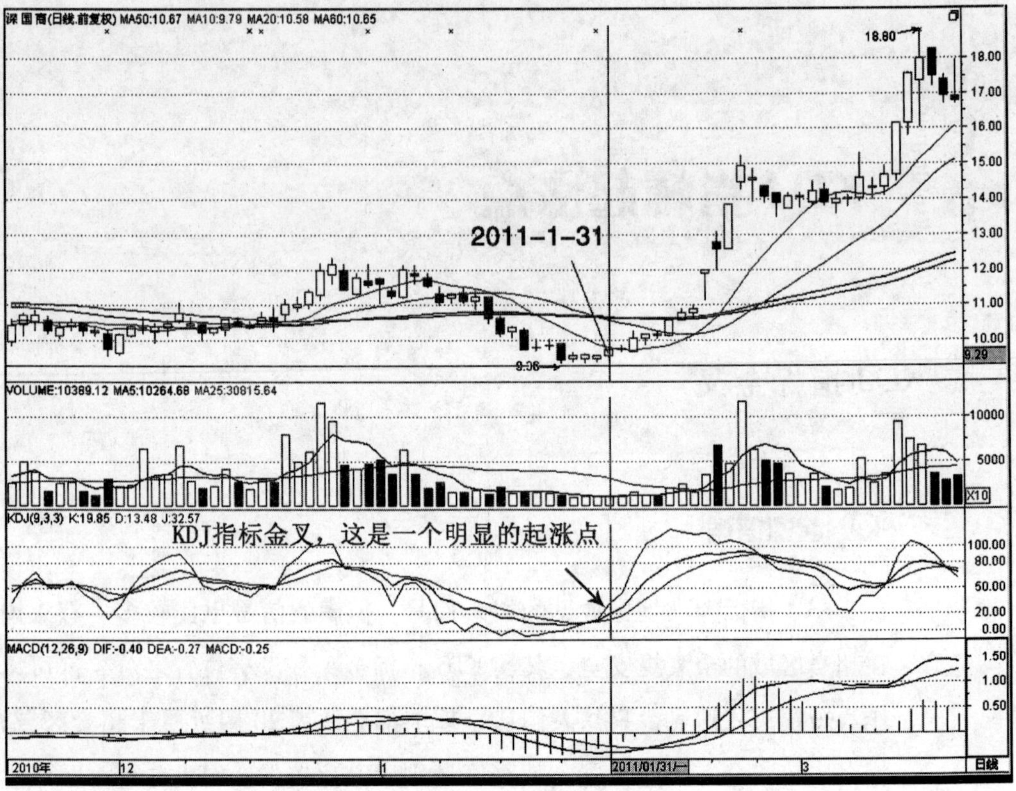

图 4-70　深国商　000056

下面我们再看一个例子，来验证这种低位的 KDJ 指标金叉作为起涨点是否有效。如图 4-71 所示，深圳华强 2011 年 1 月 26 日收出小阳线，这时候 KDJ 指标产生金叉，是一个明显的起涨点，此时进场正好。这个 KDJ 指标金叉安全度比较高，因为该股此前下跌的幅度比较大，股价已经严重超跌，体现在指标上就是 KDJ 指标的值都处于超卖区，反弹只是时间问题。KDJ 指标金叉就是反弹开始的信号，也是一个起涨点。该股后市的走势也证明这个 KDJ 指标金叉是一个非常不错的买点。

KDJ 指标金叉作为买入信号，其实没有位置问题，它只是一个短线的起涨信号，指标位置的高低对买入信号影响程度不大。当然如果能处于超卖区，至少心理上的安全感比较高。

如图 4-72 所示，柳工在 2010 年 11 月 19 日小幅上涨，KDJ 指标产生金叉。因为此前该指标处于超卖区，所以我们可以放心做多。从日线

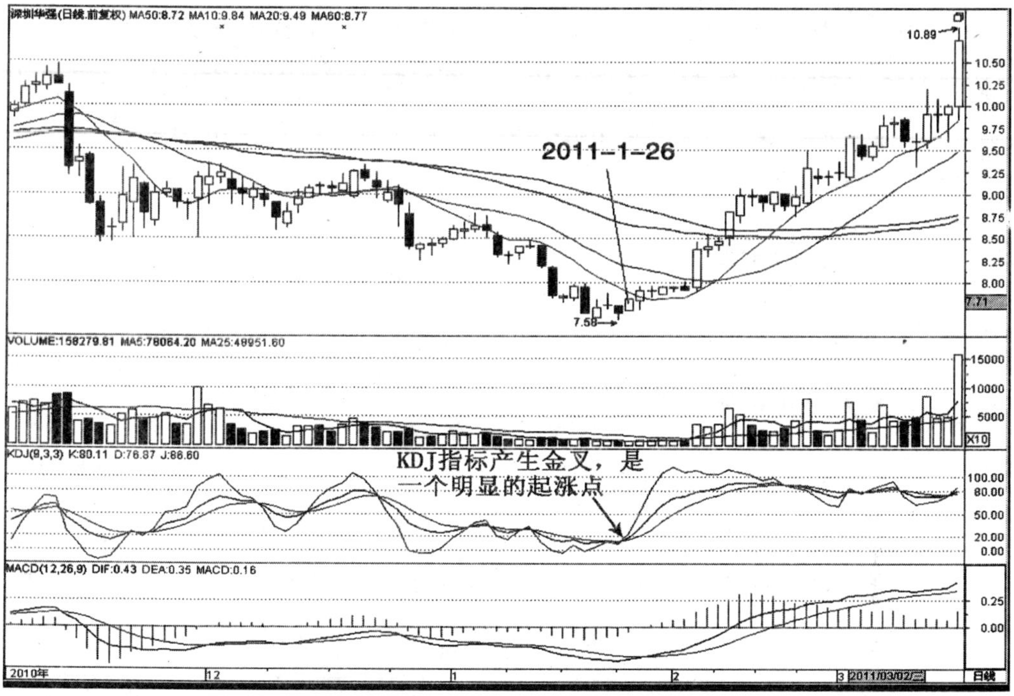

图4-71 深圳华强 000062

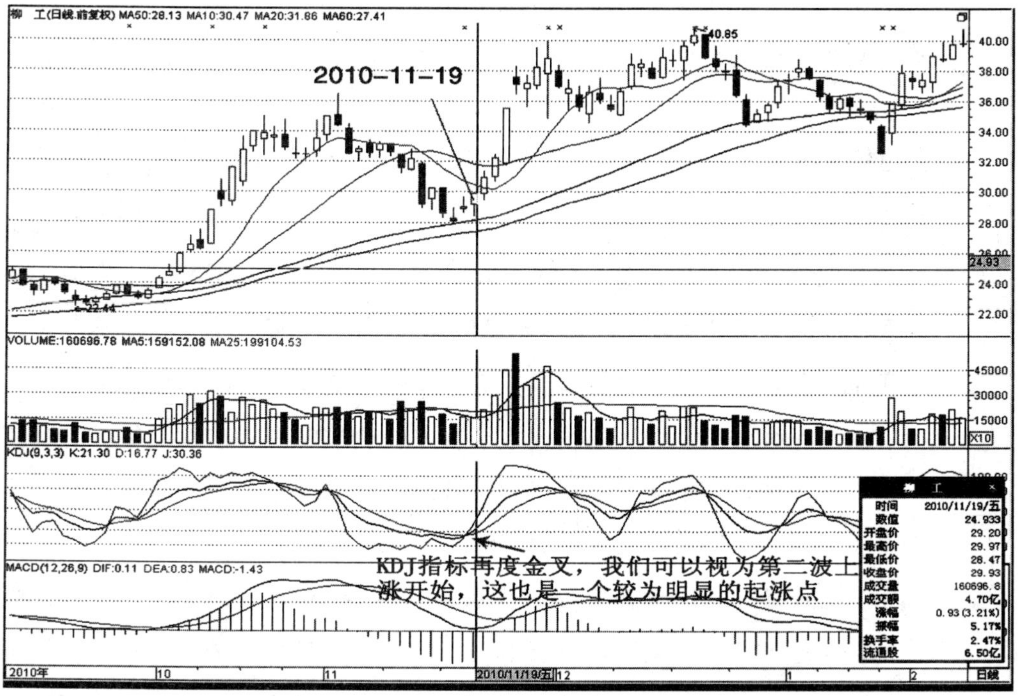

图4-72 柳工 000528

看，该股在一波快速上涨后回调幅度较大，获利盘释放较充分，如今KDJ指标再度金叉，我们可以视为第二波上涨开始，这也是一个较为明显的起涨点，我们可以积极参与。

二、KDJ 指标拒绝死叉

起涨信号

KDJ 指标在上行过程中也经常会跟随股价回调而回落，在 K 线将要与 D 线产生死叉的时候，股价回升，KDJ 指标也开始回升，没有死叉。我们称这种现象为拒绝死叉，说明短暂的回调结束，股价将重新拉升，是一个较好的买点，投资者可以积极买入。KDJ 指标拒绝死叉是多头强势的表现，表明空头无力打压股价，后市走势可能更强。当然 KDJ 指标拒绝死叉也需要结合股价的整体位置等来研判，避免掉入诱多陷阱。

如图 4 - 73 所示，中集集团 2010 年 9 月 30 日大涨近 7 个点，一根中阳线上穿多根平均线。从 K 线和平均线的关系看就知道这是一个起涨点，不过我们这里要关注的是 KDJ 指标的情况。该股此前有一个明显的回调动作，KDJ 指标也跟随下移，但在 60 日平均线上方企稳。比较神奇的是本来 KDJ 指标的 K、D 两线接触要产生死叉了，但因为股价很快企稳而没有产生死叉，随后股价快速拉起，KDJ 指标也再度向上发散。我们称这种现象为 KDJ 指标拒绝死叉。它有什么市场含义呢？拒绝死叉说明回调的幅度有限，也就是说空头打压的力度非常有限，反过来说就是多头非常强势，下档的承接盘很踊跃。既然如此，后市该股很可能维持多头的强势。拒绝死叉是一个相对低点，同时也是一个起涨点，我们要做的就是等待股价拉起的瞬间积极介入。

如图 4 - 74 所示，辽通化工 2010 年 7 月 19 日收出中阳线，但是当时的中长期平均线都还在明显下行，进场是需要勇气的。这时候我们可以用 KDJ 指标辅助研判。当时 KDJ 指标经历了一个什么样的过程呢？我们看得很清楚——KDJ 指标随着股价的下跌本来要产生死叉，此时神奇

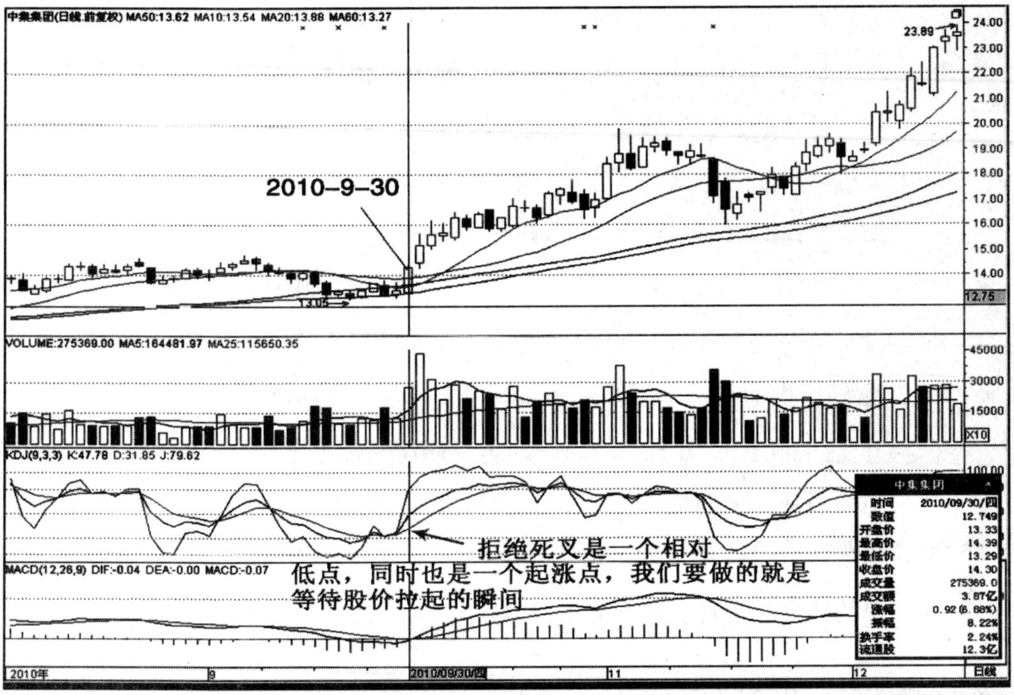

图4－73　中集集团　000039

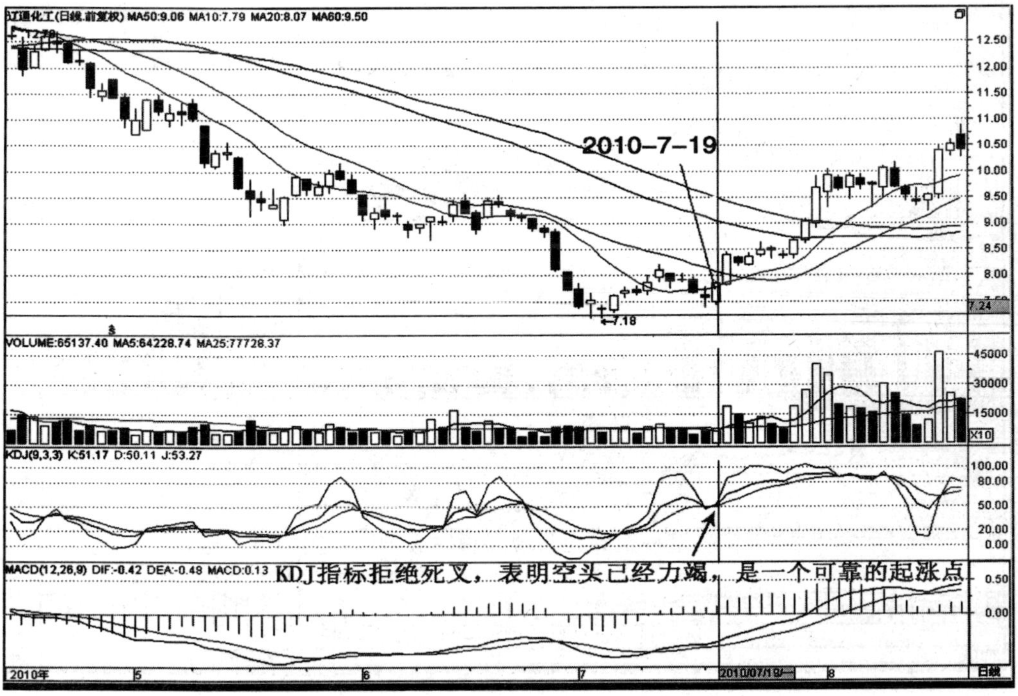

图4－74　辽通化工　000059

地反转向上了。这就是我们所说的 KDJ 指标拒绝死叉，是一个很好的买点。这样的起涨点我们不能错过，因为这种信号通常比金叉更可靠。

从日线看，辽通化工此前大幅下跌，然后小幅反弹，随后再度下跌，不过在前面的低点上方止跌，底部在抬高，说明进场力量在增强，表现在 KDJ 指标上则是拒绝死叉，表明空头已经力竭，是一个可靠的起涨点。

如图 4－75 所示，中天城投 2010 年 9 月 30 日收出一根中阳线，并没有突破稍前的高点和 60 日平均线，因此不能算进入多头走势中。但是看 KDJ 指标有一个很强的表现，那就是该指标拒绝死叉。该股此前的上升受到 60 日平均线的压制而回落，KDJ 指标也跟随回落，但是指标两线在快要死叉的时候停住了，此后再度随着股价的上升而回升。这种拒绝死叉现象说明股价回调的力度有限，下档承接力比较强，通常是多头强势的表现，因此我们可以把 KDJ 拒绝死叉作为一个起涨点，积极参与。

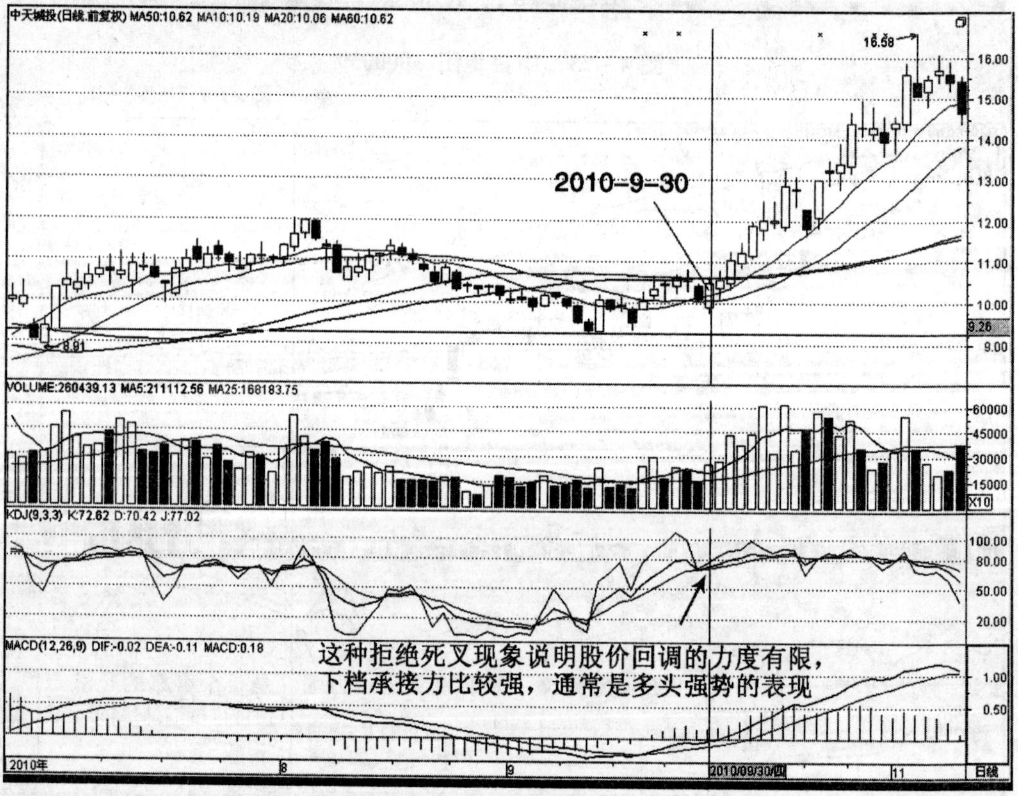

图 4－75　中天城投　000540

三、KDJ指标二次金叉

起涨信号

股价自低位反转上行，产生金叉，这是一个买入信号。在上涨一段后股价回调，KDJ指标产生死叉。不过不久后回调结束，随着股价的回升，KDJ指标产生第二次金叉。这是一个比较明确的起涨点，可靠性比第一次金叉要高得多。第一次金叉多属于反弹性质，第二次金叉则是对上升趋势的确认，是中线进场的信号，同时股价经过回调，底部更为扎实，后市更值得看好。

如图4－76所示，天茂集团2010年7月19日收出小阳线，做多力度看似不够，但KDJ指标却发出了明确的买入信号——产生金叉。这个

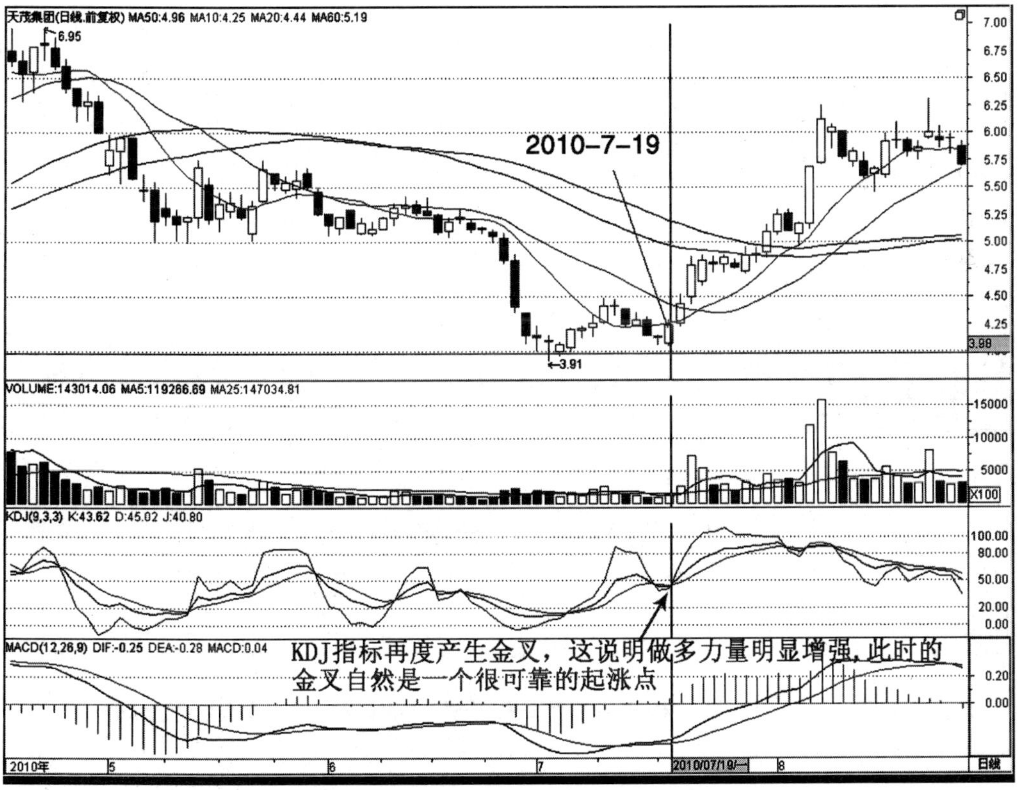

图4－76 天茂集团 000627

金叉不是一般的金叉，而是二次金叉，安全度非常高。往前看一下，该股在超卖区曾有一次金叉，那是一个起涨点，但因为股价整体还处于弱势中，因此安全度不高。此后股价再度探底，然后回升，KDJ 指标再度产生金叉。这一次金叉在 50 附近，比第一次金叉的位置抬高了。这说明做多力量明显增强，空头已经无力大幅打压股价了。此时的金叉自然是一个很可靠的起涨点，我们可以积极买入。

如图 4－77 所示，三毛派神 2011 年 1 月 28 日上涨近 3 个点，但股价还处于多条平均线的压制之下，整体显然偏弱。我们看 KDJ 指标则有新的发现。这时候的 KDJ 指标已经产生金叉，通常是一个起涨点，投资者可以根据位置适当参与。这个金叉不是一般的金叉，而是二次金叉，说明回调整理结束，此后股价很有可能进入加速上涨阶段。

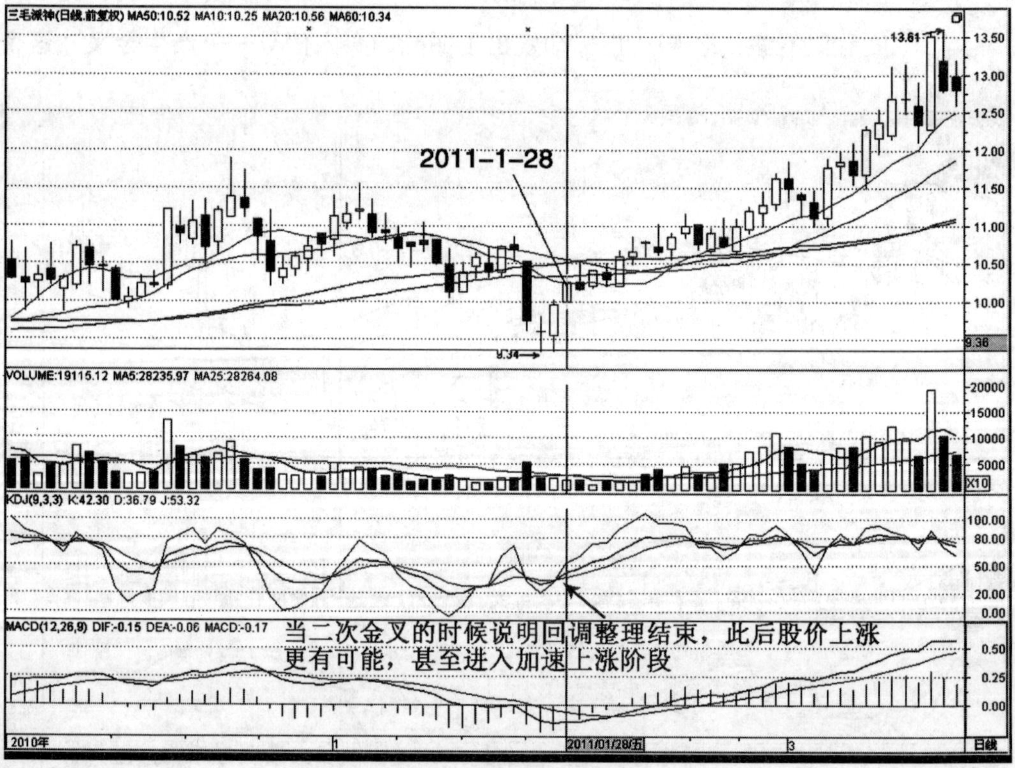

图 4－77　三毛派神　000779

本例三毛派神的二次金叉伴随着底背离，因此信号比较可靠，我们可以积极参与。该股后市也如期大幅上升，抓住这个起涨点收获不小。

四、KDJ 指标 W 底

起涨信号

KDJ 指标也可以用形态来分析，比如 W 底。在股价震荡回落过程中，KDJ 指标可能产生一个 W 形。之后股价回升，KDJ 指标突破 W 形的颈线，W 底正式形成，预示着股价整理结束，后市将进入上升阶段，是一个明确的起涨点，我们可以积极参与。W 底形成后的上涨高度也可以用类似于技术形态的分析方法来测量，涨幅至少为 W 底底部到颈线的垂直高度。

如图 4－78 所示，湘潭电化 2010 年 8 月 30 日收出中阳线，股价突破此前的横盘区间，说明整理结束，后市将进入上升阶段，这显然是一个起

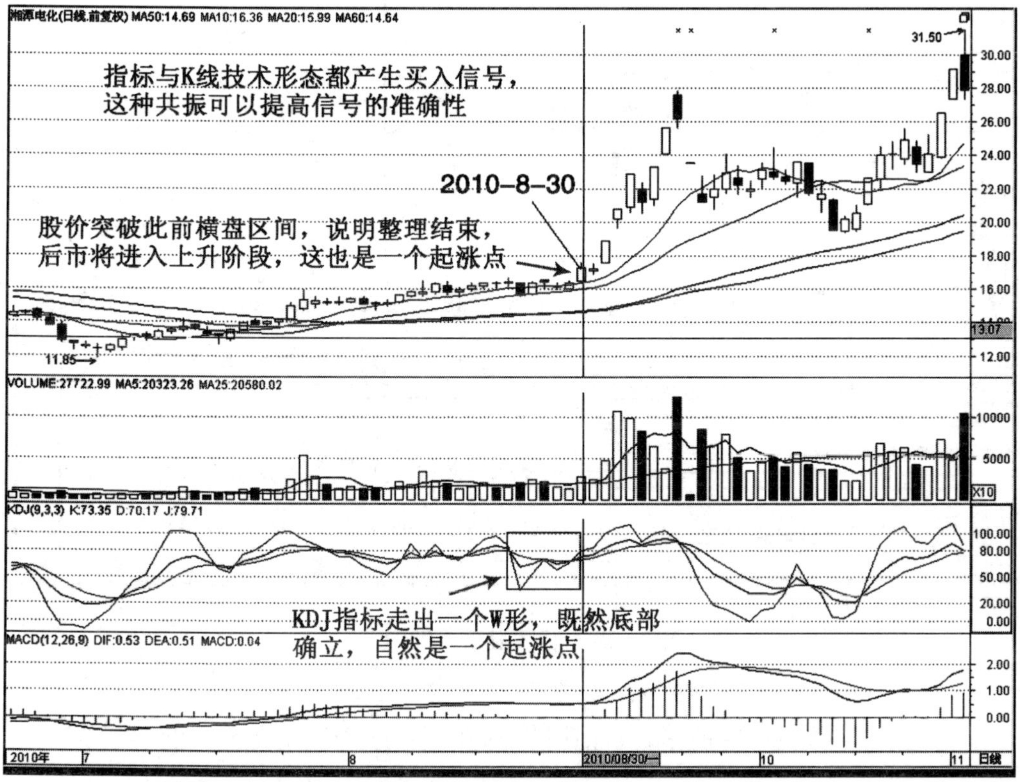

图 4－78 湘潭电化 002125

涨点，我们可以积极参与。这里我们再从 KDJ 指标来验证一下信号是否可靠。在此前的股价横盘震荡过程中，KDJ 指标走出一个 W 形，随着 8 月 30 日的中阳线拉起，KDJ 指标产生金叉，W 底也正式成立。既然底部确立，自然是一个起涨点。指标与 K 线技术形态都产生买入信号，这种共振可以提高信号的准确性。该股此后果然快速拉升，短线涨幅惊人。

如图 4－79 所示，春晖股份 2011 年 1 月 24 日收出小阳线，股价仍处于横盘区域，没有突破，看似还不到买入的时候，但是我们看 KDJ 指标就发现其实已经出现买入信号了。这个信号就是 KDJ 指标 W 底加上 KDJ 指标金叉，我们可以积极买进。

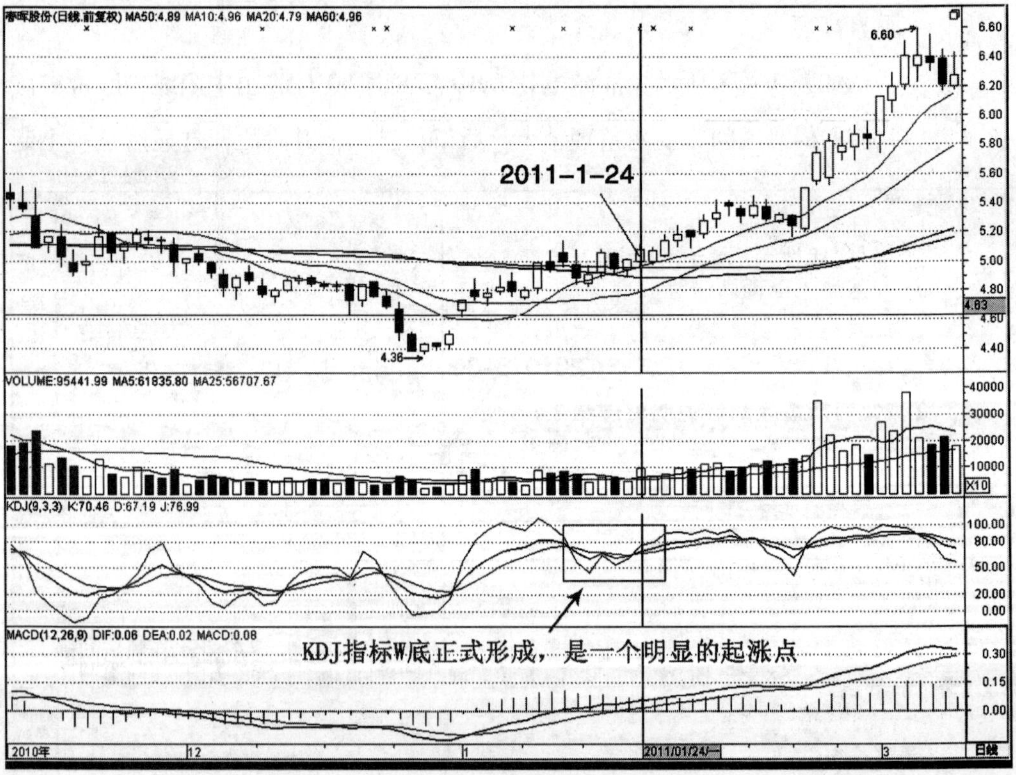

图 4－79　春晖股份　000976

如图 4－80 所示，常铝股份 2010 年 9 月 27 日收出一根小阳线，还没有脱离此前的窄幅横盘震荡区间，按说还不到买入的时机，但是 KDJ 指标此时已经发出了买入信号。该指标此前跟随股价的震荡而走出一个

W形，如今KDJ指标形成金叉，W底也正式形成，通常是一个起涨点，投资者可以积极参与。KDJ指标走出一个W形自然是股价的窄幅震荡造成的，这也可以理解为主力整理蓄势，一旦整理完成，股价可能进入加速上升阶段。我们要做的就是等待整理完成，也就是KDJ指标的W底形成。本例该股本来处于上升途中，股价的整体涨幅也不大，因此这个W底相对比较可靠，我们可以积极参与。

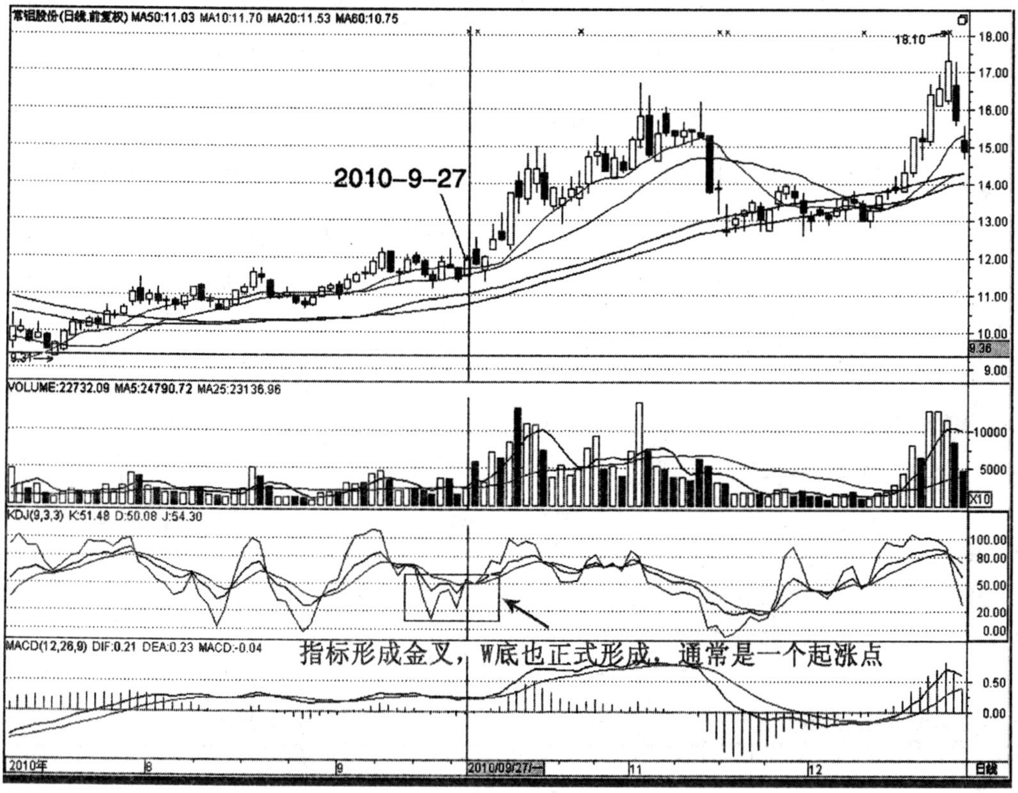

图4-80　常铝股份　002160

五、KDJ指标底背离

起涨信号

背离是常见的判断底部的技术分析方法。KDJ指标也经常会产生背离现象。当股价一浪比一浪低的时候，KDJ 指标却没有跟随下跌，比前低明显高。这种股价与指标产生背离的现象说明下跌动能接近衰竭，反弹一触即发，投资者可以择机进场。不过背离现象下买点还是比较难以确定，最好是在股价放量上涨的时候跟进，这样相对比较保险。

如图 4－81 所示，宏润建设 2010 年 5 月 21 日大幅低开，盘中股价强劲反弹，最后竟然收高 1 个多点，大有曙光初现的味道。鉴于该股此前一路下跌，股价已经严重超跌，这个强劲的反转走势很可能是一个多空分水岭。这从 KDJ 指标的表现也可以得到佐证。该股在 5 月 21 日创出新低的时候，KDJ 指标并没有跟随创出新低，位置明显高于前低，股价和指标产生了背离，说明下跌动能接近衰竭了，这种下跌不可能维持很久，底部就在眼前。而 5 月 21 日的盘中强劲反转走势很可能就是逆转的信号，我们可以试探性介入，等股价真正走强时再加仓。本例该股的

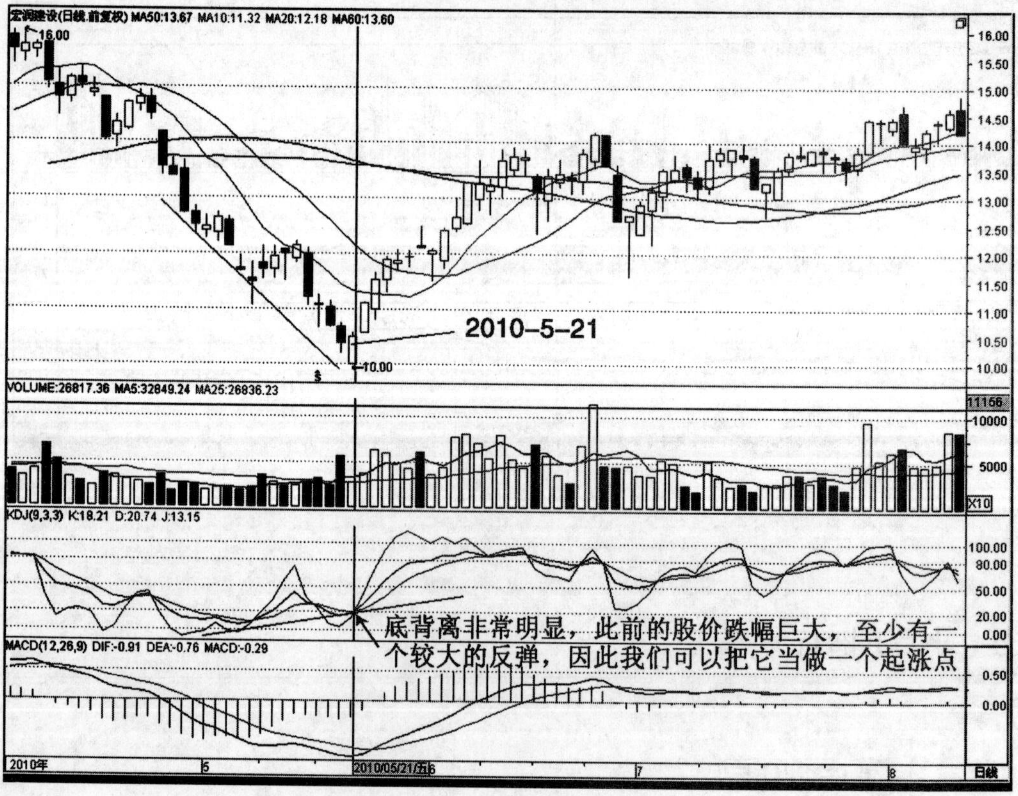

图 4－81　宏润建设　002062

底背离非常明显，此前的股价跌幅巨大，至少有一个较大的反弹，因此我们可以把它当做一个起涨点。

如图4－82所示，东港股份2010年5月18日盘中股价大幅下探，但最后只是收出一根十字线，有很浓重的探底味道。这在KDJ指标上也体现出来了。在5月18日股价创出新低的时候，KDJ指标并没有跟随创出新低，位置远高于前一个低点。这是股价与KDJ指标的底背离现象，说明下跌的动能已经接近衰竭，底部就在眼前，我们要做的就是寻找底部逆转的分水岭。底背离本身不能提供买入信号，不过作为一个中长期的起涨点还是可以考虑的，通常只要股价不再创出新低就可以试探性进场。

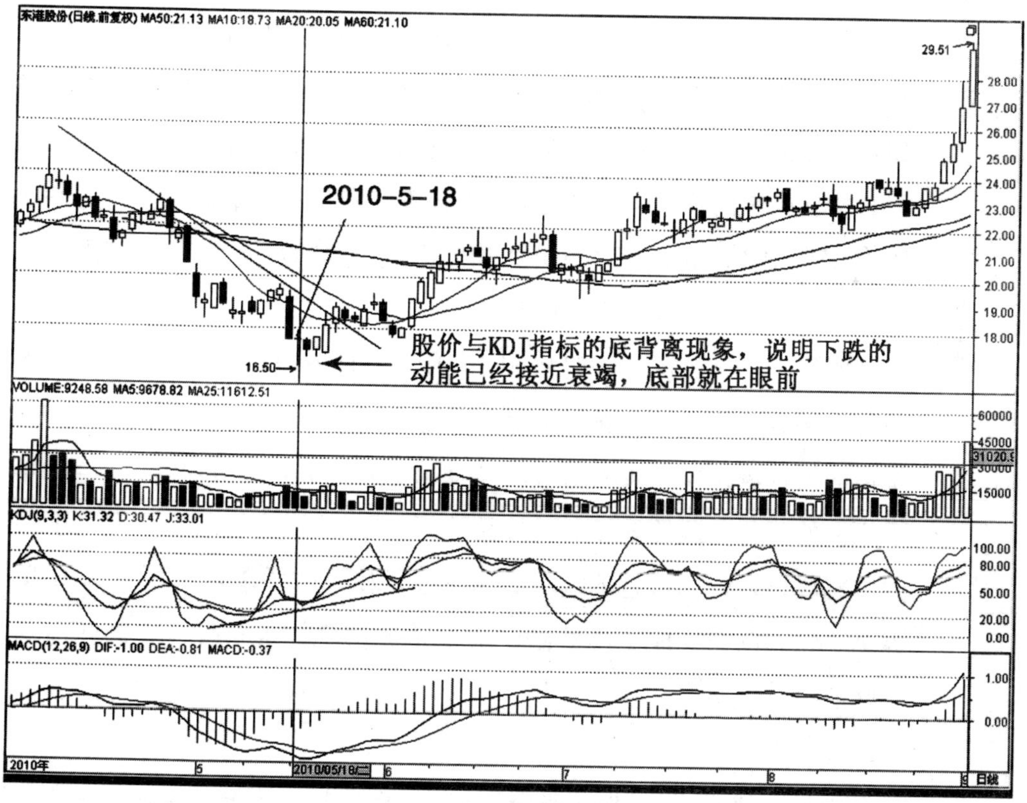

图4－82 东港股份 002117

第八节 SAR 指标起涨点

一、股价攀上 SAR 指标线

起涨信号

当股票股价从 SAR 曲线下方开始向上突破 SAR 曲线时，预示着一轮上升行情可能展开，投资者应迅速及时地买进股票。此后指标小红圈抛物线上扬，投资者可以坚定持股，直到股价跌破 SAR 曲线时才卖出。SAR 指标反应比较迟钝，据此信号买入不一定是买在最低点，但是一旦股价突破 SAR 曲线，小绿圈变成小红圈，就意味着一轮较大的波段行情开始，适合于中长线投资者买进。

如图 4－83 所示，世纪星源 2011 年 2 月 10 日收出小阳线，走势不怎么起眼，加上该股长期疲软，能关注到的人不多。对于使用 SAR 指标的投资者来说，买入信号已经发出。我们看到 SAR 指标已经发生了巨大的变化。此前该股的股价始终处于 SAR 指标之下，一直是小绿圈盖着股价运行，这是下跌趋势的表现。如今股价第一次站上 SAR 指标，小绿圈已经变成了小红圈，这是转势信号，明确告诉我们此前的下跌趋势已经结束，从此开始进入上升趋势，这是一个起涨点，我们可以适当介入。

如图 4－84 所示，世茂股份 2010 年 10 月 11 日收出中阳线，成交量也成倍放大，上涨动力十足。当然我们不能从表面现象去评估股票。这里我们结合 SAR 指标看看到底如何。从 SAR 指标上看，这是第二天站上 SAR 指标，也就是第二个小红圈形成了。前面我们提到第一个小红圈

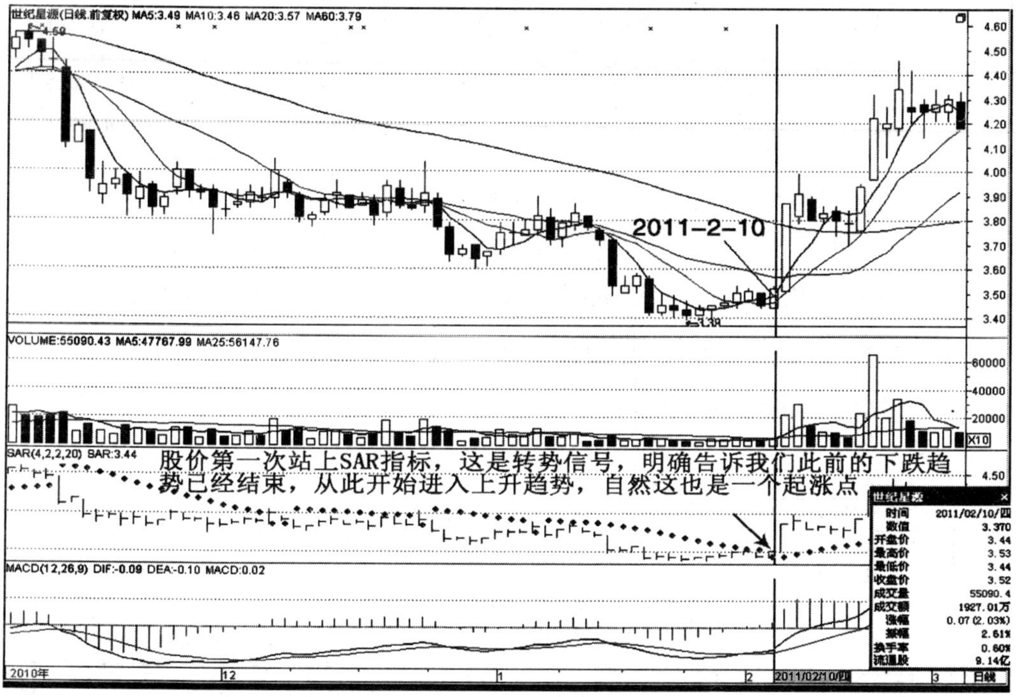

图4－83 世纪星源 000005

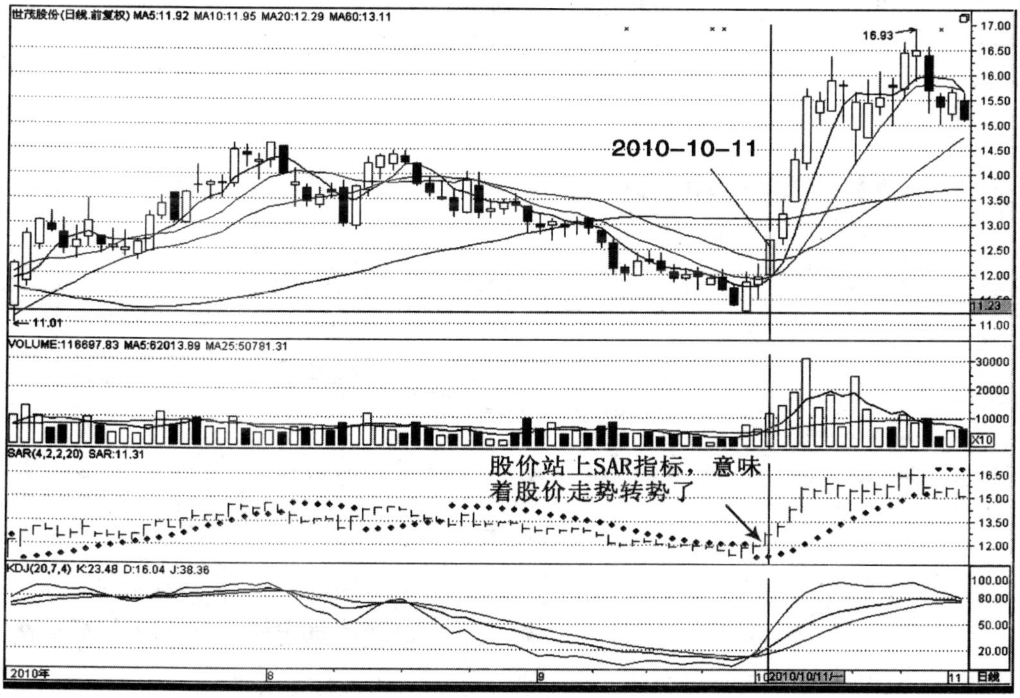

图4－84 世茂股份 600823

形成就意味着股价走势转势了，这里是因为前一天的小阳线劲道不够，所以忽略了，第二根带量的中阳线才具有可靠性，这时候我们可以适当介入。适当介入是因为股价还处于60日平均线之下，属于反弹性质，我们不能过于冒险，等股价真正走强的时候再加仓不迟。

如图4－85所示，金陵饭店2010年7月19日收出一根中阳线，根据SAR指标我们可判断股价进入上升趋势中，是一个不错的起涨点。我们看到股价第一次站上SAR指标，也就是一直以来的小绿圈变成了小红圈，这是趋势转换的标志，意味着股价自此进入了上升趋势中。

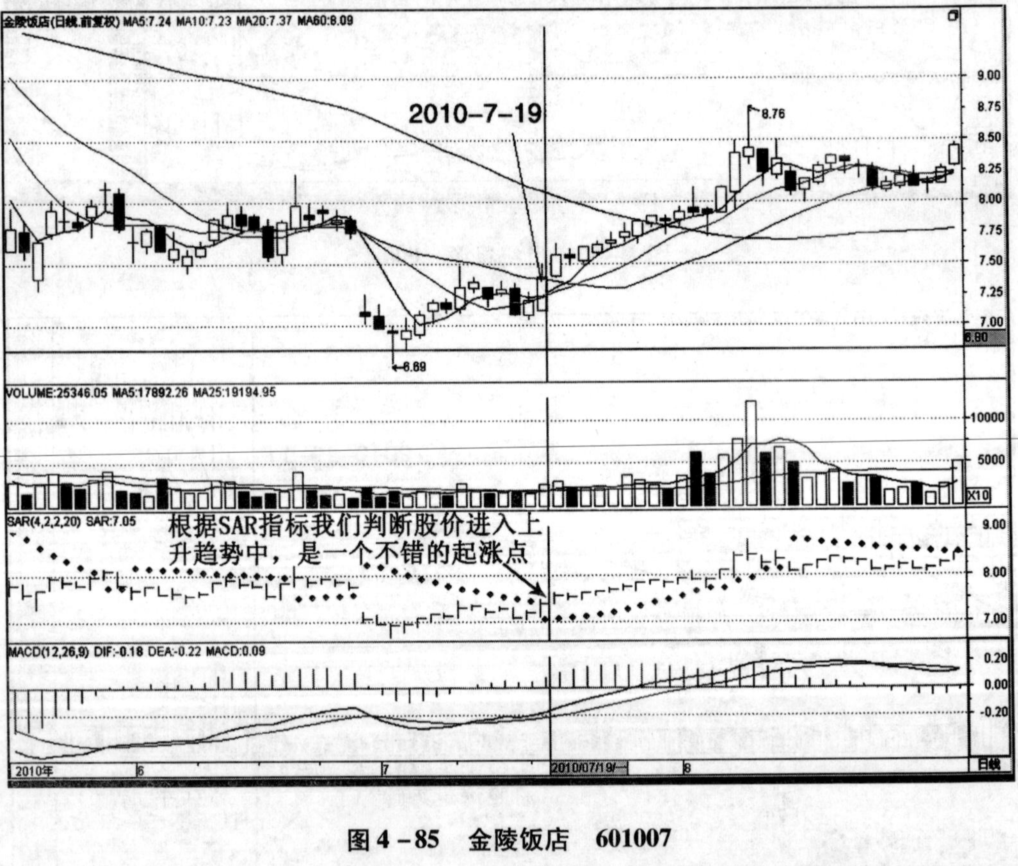

图4－85　金陵饭店　601007

本例金陵饭店此前长期下跌，股价已经严重超跌，7月19日第一次转势，即便只是反弹幅度也不会小，因此可以放心介入。

二、股价回调不破 SAR 指标线

起涨信号

股价逐浪上升，只要不出现转势，SAR 曲线应该会持续抛物线上扬，中长线投资者可以坚定持股。在这过程中股价也肯定有回调的时候，形成短线买点，在 SAR 指标上表现为股价回落，但没有击穿 SAR 曲线，即小红圈没有变成小绿圈，这时候我们可以逢低买进，是短线进场的较好机会。

如图 4－86 所示，三一重工 2010 年 10 月 13 日收出一根十字星，股价小幅下跌，没有延续前日大涨的强势。第二天几乎复制了这一走势，

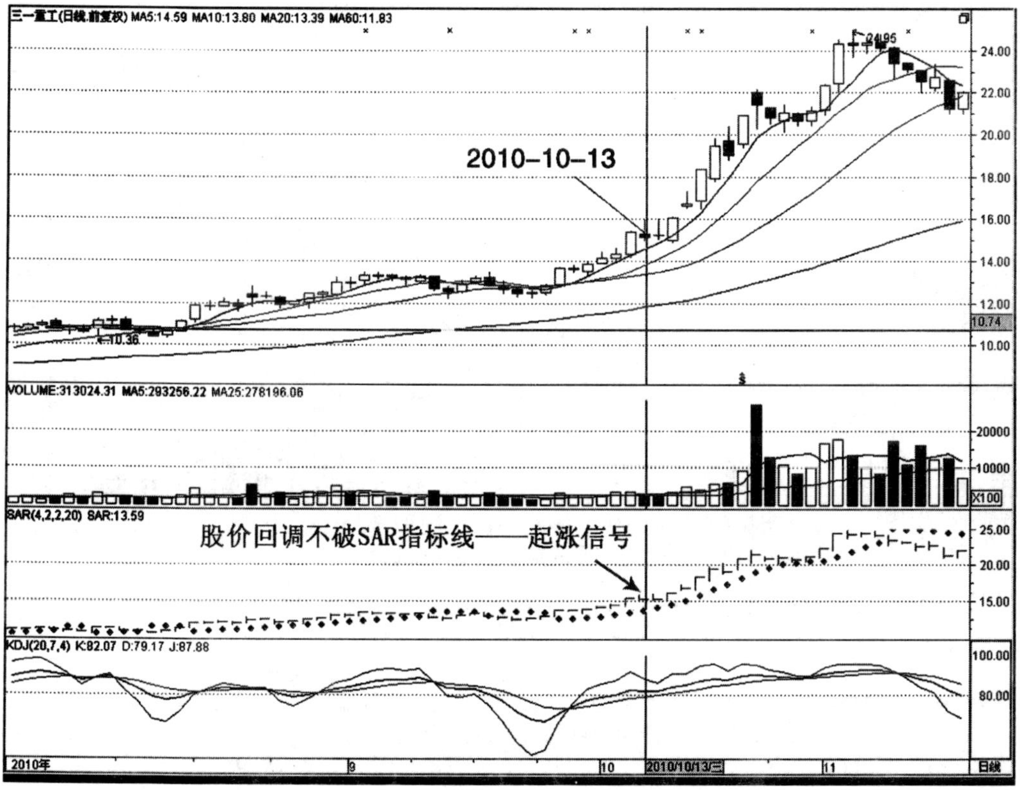

图 4－86　三一重工　600031

股价依然停留在5日平均线之上。从直观上看我们都知道这是强势调整，股价打压不下去。为了稳妥起见，我们结合SAR指标看看。当时的SAR指标仍然保持着抛物线上扬的趋势，股价站于指标之上，也就是说下面仍然是小红圈，说明上升趋势没有改变。只要没有变成小绿圈，我们都可以认定上升趋势未变，而这种短暂的股价回调正好给了我们买进机会。

如图4-87所示，中汇医药2011年2月17日小幅下跌，次日继续小幅回落。这个位置恰好是前高位置，看似股价难以逾越前高，将再度形成顶部。这种分析不能说没有一点道理，但是我们还需要更全面地研判。从平均线运行的角度来说，该股的平均线系统还保持完好的多头排列；从SAR指标看，股价虽然收阴，但是仍在指标线之上，也就是说小红圈依然保持着抛物线上扬走势。因此我们基本可以判断股价两天的下

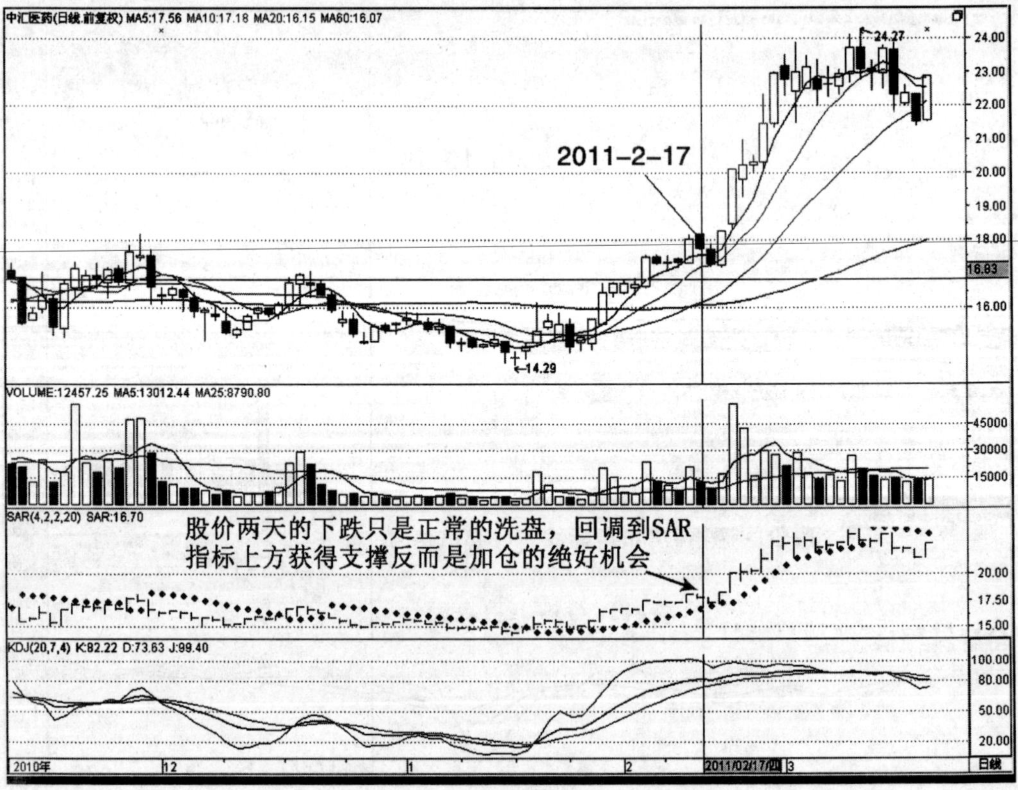

图4-87 中汇医药 000809

跌只是正常的洗盘，回调到SAR指标上方获得支撑反而是加仓的绝好机会。该股第三天即止跌回升，后市更是大幅飙升，如果按前高的压力操作就丧失了绝佳的机会。

如图4-88所示，东信和平2010年10月27日小幅下跌，看似受到前高的压力而再度掉头，次日继续小幅下挫，走势不太乐观。其实我们大可不必担心，因为此时的股价依然站在SAR指标之上，小红圈依然保持上扬趋势。这种股价回落受到SAR指标支撑的时候正是加仓的时候。当然为了稳妥起见，你也可以等股价翻红的时候再进场。该股连跌两天后第三天翻红，此时进场更安全。此后该股突破前高进入加速上行阶段。

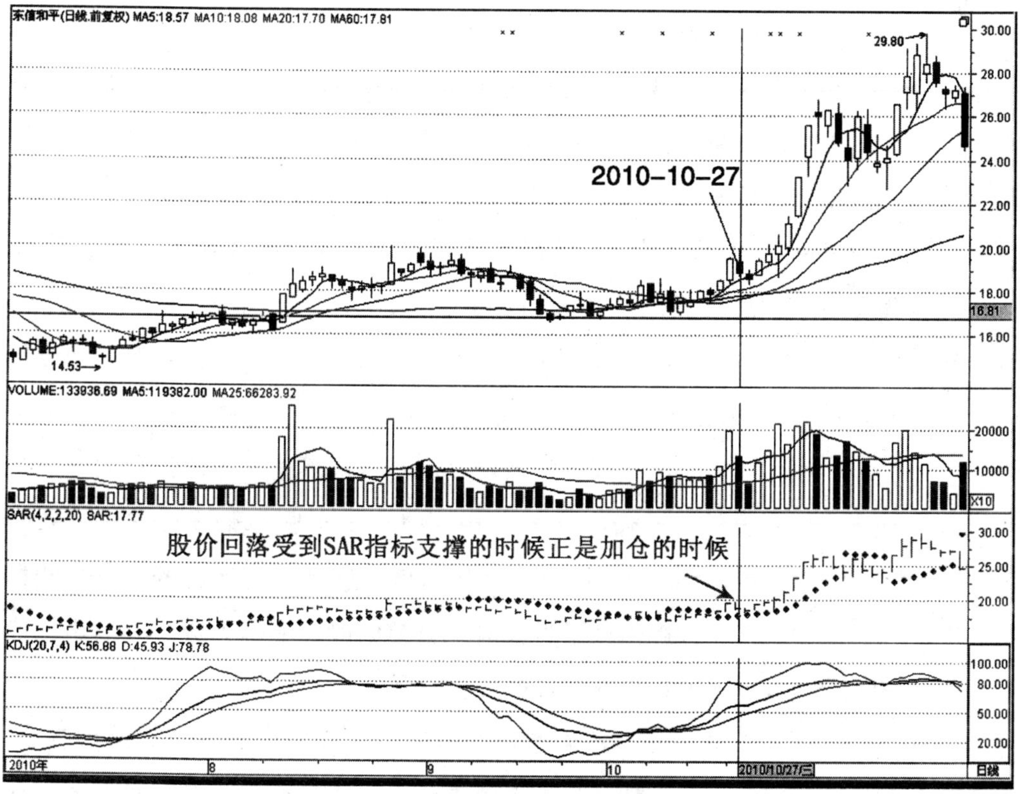

图4-88 东信和平 002017

第九节 BOLL指标起涨点

一、BOLL线喇叭口扩张

起涨信号

在股价横盘震荡过程中，BOLL线会逐渐收缩，上下两轨会逐渐向中轨靠拢，这是变盘的前兆，不过还不知道是向上还是向下变盘。当股价向上突破，原来收缩的BOLL线也开始跟随向外扩张，表明盘整行情已经结束，后市将进入上升走势中。因为经过了较长时间的横盘震荡，一旦突破，其爆发力也很可怕，往往就此进入快速拉升阶段。因此BOLL线喇叭口扩张是一个很好的起涨点，我们不能错过。

如图4－89所示，霞客环保在2010年10月15日之前长时间横盘窄幅震荡，BOLL线上下轨道两线的距离越来越小。这种窄幅的震荡不可能维持很久，随时都有可能剧烈爆发。当然这里还不能确认是向上还是向下，要等股票自己做出选择。10月15日该股大涨接近涨停，此时BOLL线开始向外扩张，形成一个喇叭口，这是行情加速的标志，我们可以追高买进，一般这种经过长时间盘整的股票涨幅不会小。后市该股的表现也证明BOLL线喇叭口扩张的威力。

如图4－90所示，恒源煤电2010年10月8日前长时间横盘震荡，BOLL线上下轨道两线的距离越来越小，这是变盘的前奏，我们要密切关注，等待股票做出方向选择。10月8日该股强势涨停，成交量也明显放大，方向选择已经十分明确。此时的BOLL线开始向外扩张，这是行情加速的标志，通常有一段波澜壮阔的快速拉升行情，我们可以积极跟

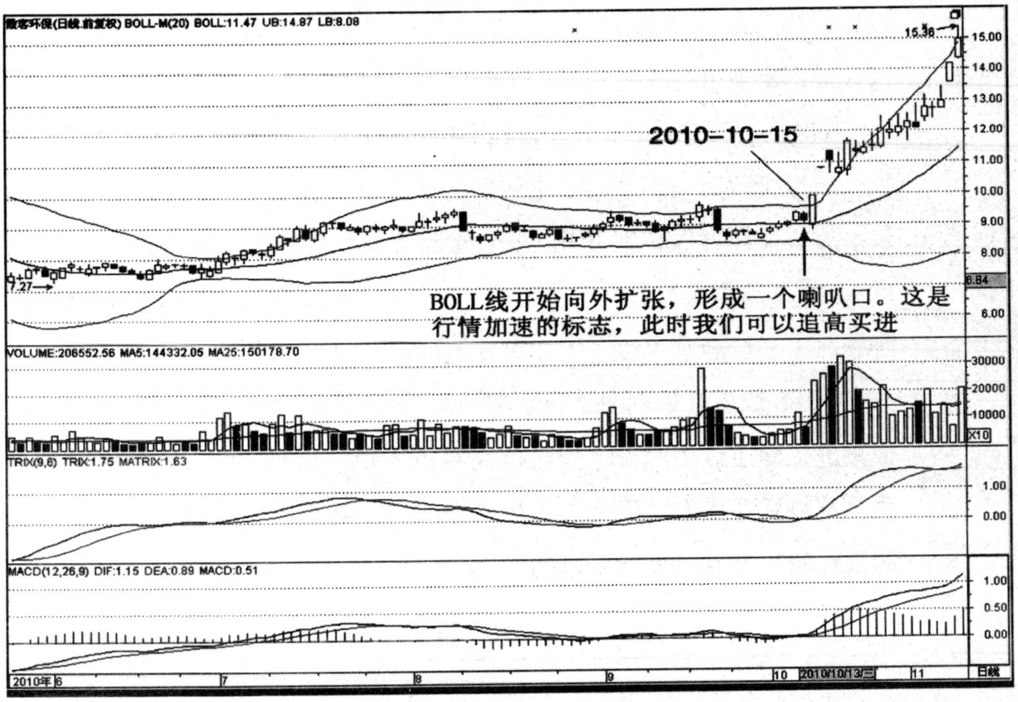

图4－89　霞客环保　002015

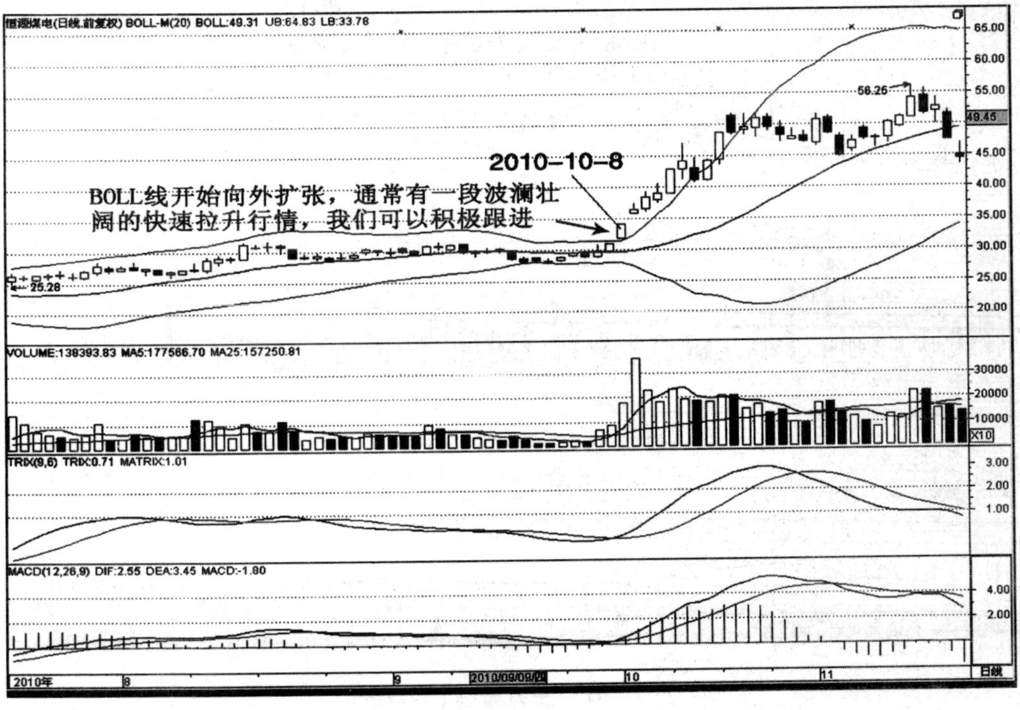

图4－90　恒源煤电　600971

进，即便是在涨停板上排队也是值得的。该股此后的短线涨幅十分惊人，显示出 BOLL 线喇叭口扩张的巨大威力。

如图 4－91 所示，东方金钰 2010 年 9 月 3 日涨停，成交量明显放大，股价突破前高，这是一个明确的起涨点，投资者可以积极追涨。如果不放心，你可以转到 BOLL 线看看趋势。在 9 月 3 日前该股横盘震荡，BOLL 线逐渐靠拢，预示着行情即将爆发，不过这里还不知道是暴涨还是暴跌，一切静观其变。9 月 3 日该股终于选择了爆发的方向，股价飞升，BOLL 线也开始向外扩张，股价走势进入加速突变期，我们可以积极跟进，即便盘中股价已经稍微高点也不惧。这种 BOLL 线收缩后的扩张是蓄势后的爆发，通常会产生短线牛股，我们可以大胆跟进。这样的起涨点我们是万万不能错过的。

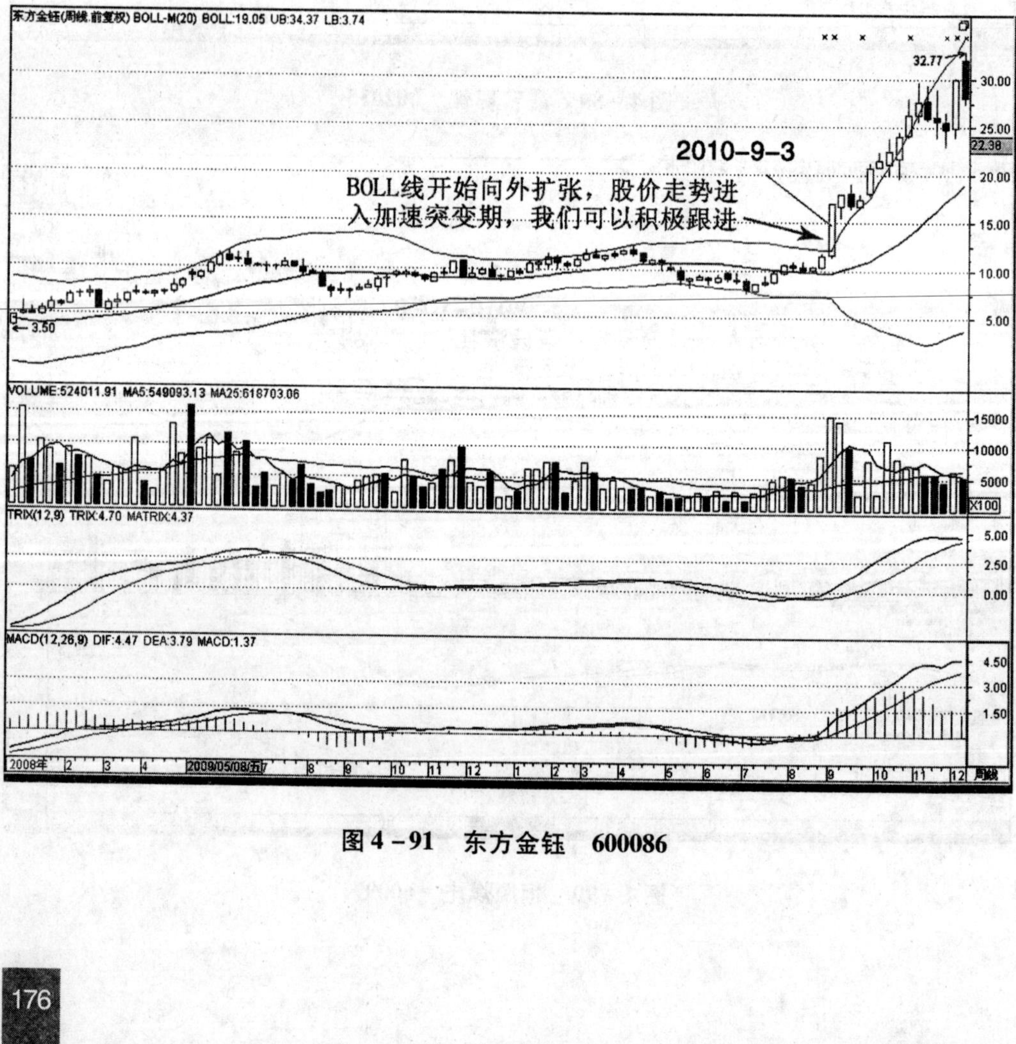

图 4－91　东方金钰　600086

二、股价回调至 BOLL 线中轨获得支撑

起涨信号

股价处于中长期上升趋势中，BOLL 线轨道上扬。产生回调时，股价会从 BOLL 线上轨回落。当股价在中轨站稳的时候，说明回调已经结束，可以作为一个短线的买点。在上升趋势中，BOLL 线中轨的支撑是常见的事，也是一个显而易见的起涨点，投资者一般可以轻松把握。万一买进后股价跌破 BOLL 线中轨，我们可以止损离开，损失也不大。

如图 4－92 所示，广安爱众运行在明显的上升趋势中。如果看平均线的话可以看到平均线系统呈现明显的多头排列。对于长线投资者来

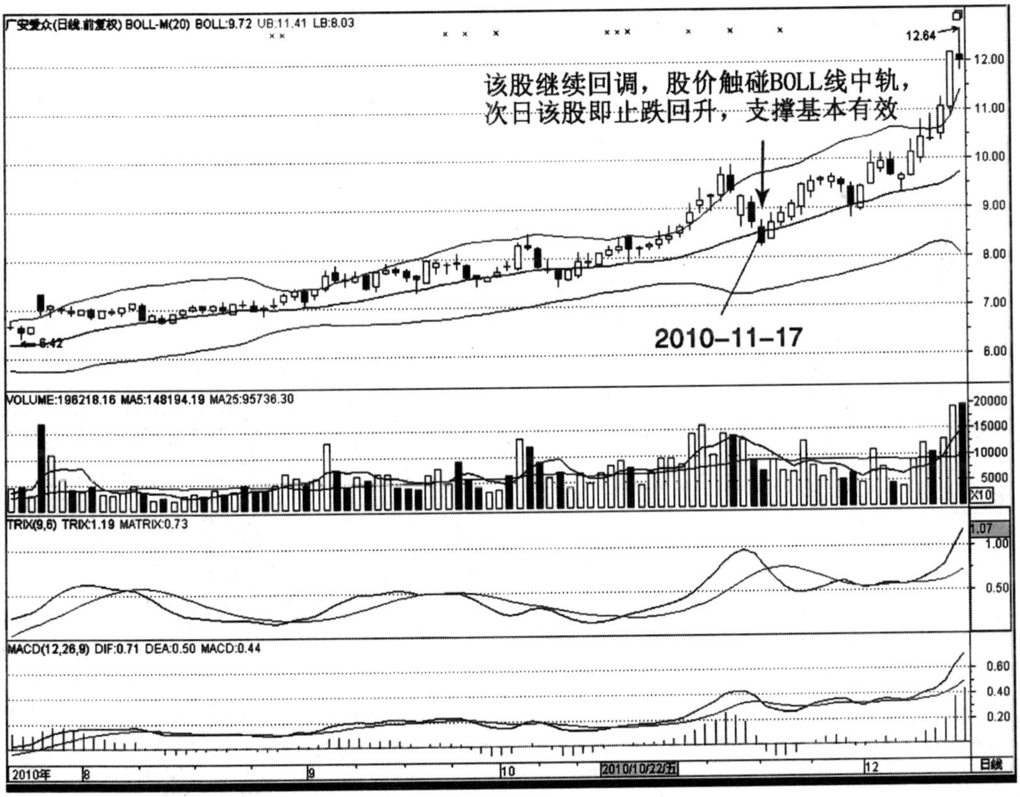

图 4－92　广安爱众　600979

说，平均线多头排列时可以持续持股，对于短线投资者来说则有短线波段操作的机会。那么如何来把握短线回调的低点呢？如果运用 BOLL 线来界定的话，就是股价回调到中轨获得支撑之时，那就是一个起涨点，投资者可以伺机介入。2010 年 11 月 17 日，该股继续回调，股价触碰 BOLL 线中轨，这时候我们要关注了，看股价能不能就此止跌企稳，也就是说看中轨能不能支撑住。次日该股即止跌回升，支撑基本有效，我们可以积极跟进。该股后市果然还有较大涨幅，在中轨处介入恰到好处。

如图 4－93 所示，机器人逐浪上升，走势非常明确，上升通道保持完好。2010 年 12 月 9 日该股小幅下跌，股价已经跌破 BOLL 线中轨，看似形态已经走坏。其实下结论还为时过早，BOLL 线的反应有时候比较迟钝，一天小幅跌破不算有效。次日该股即止跌回升，收出小阳线，不过还没明确回到 BOLL 线中轨之上，我们可以继续观察。第三天股价轻

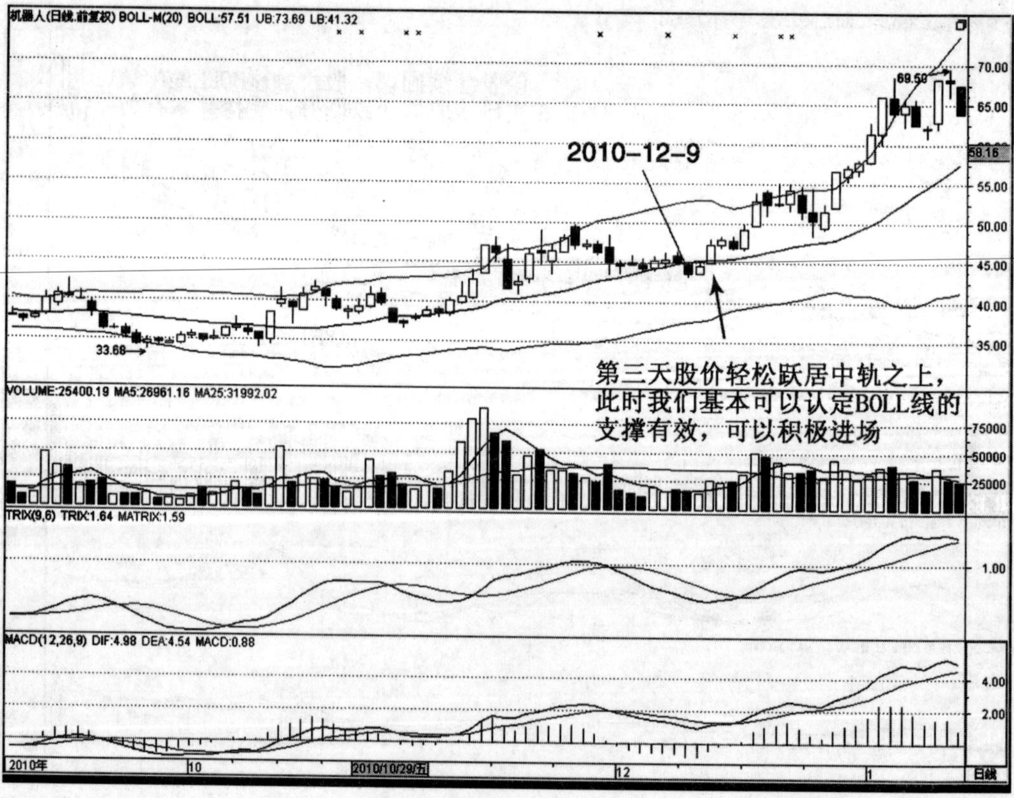

图 4－93　机器人　300024

松跃居中轨之上，此时我们基本可以认定BOLL线的支撑有效，可以积极进场。

本例机器人的走势非常有规律，基本运行在BOLL线的上轨和中轨之间，如果习惯波段操作的话，这两条线是很好的进出场参照系统。

如图4－94所示，武汉健民整体呈现上升趋势，这大概没有什么异议。2010年8月23日该股小幅回调，股价触碰BOLL线中轨，这时候我们要高度关注了，看中轨能不能支撑股价，一旦能支撑住，这就是一个买点。次日该股高开高走，中轨的支撑显得非常强劲，盘中我们可以积极追进。

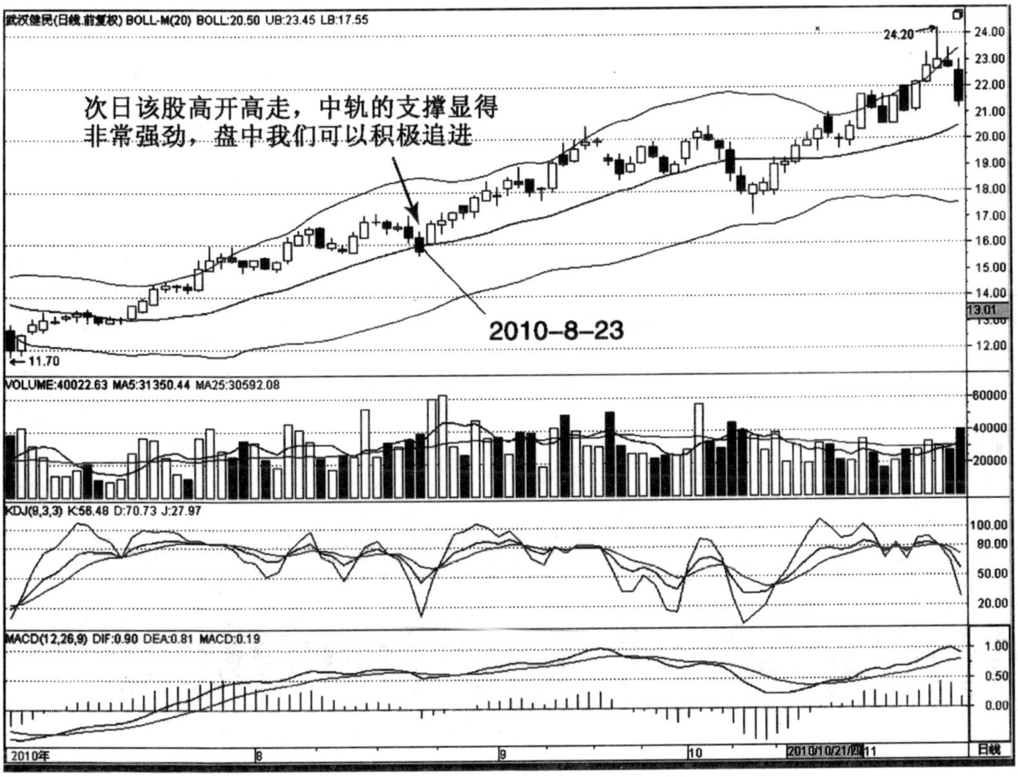

图4－94　武汉健民　600976

BOLL线中轨的支撑也要看股价的整体位置，如果股价前期涨幅太大，则支撑住的可能性较小。另外也要关注一下量能的变化，这里就不再展开。

三、股价突破 BOLL 线下轨三天

起涨信号

在行情非常低迷的时候，股价持续大幅下跌，甚至已经跌破 BOLL 线下轨。如果股价跌破 BOLL 线下轨已经三天了，第四天的时候我们可以逢低买进，等待后市反弹。这是一个看似比较冒险的买入点，但其实超跌反弹也是大概率事件，我们可以适当参与。当然反弹的高度也许非常有限，我们可以少赚即出，预期不要太高。

如图 4 - 95 所示，武汉健民 2010 年 7 月 1 日延续前日跌势，当日收出中阴线，股价创出新低，看似股价走势已经无药可救了。但是我们切

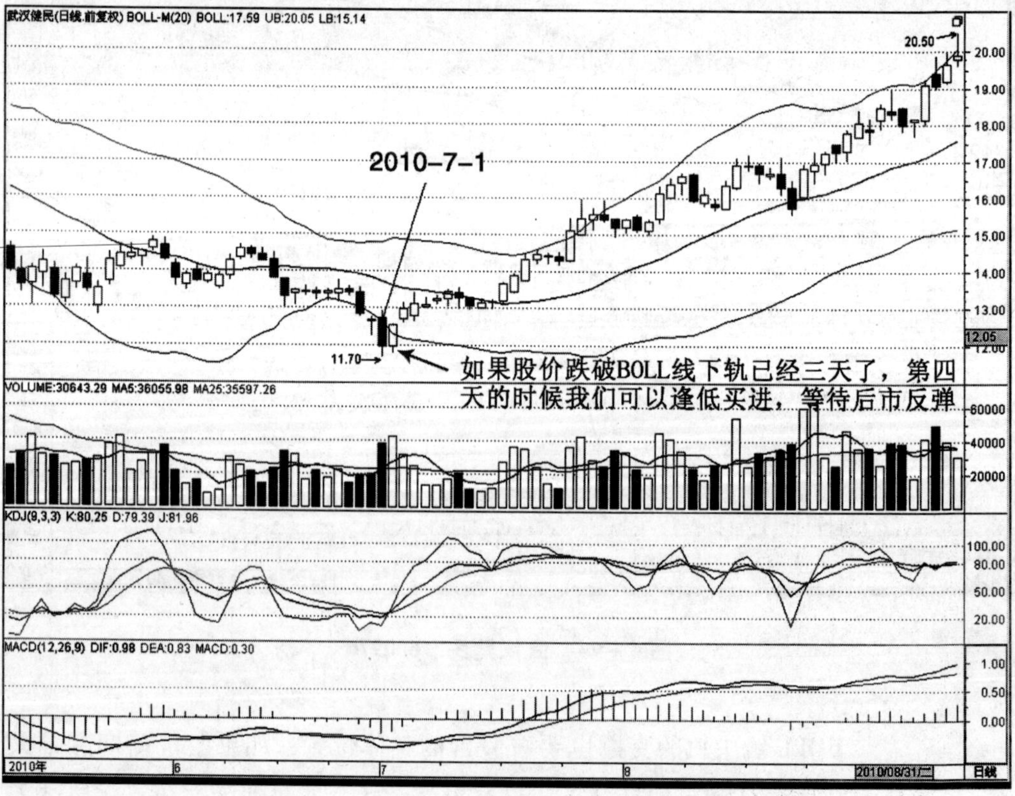

图 4 - 95 武汉健民 600976

换到BOLL线指标看看就有意外的发现——这根中阴线已经是股价第三天游离在BOLL线下轨外了。我们都知道股价连续跌破BOLL线下轨三天以上就有回归BOLL线通道的需求，因为此时股价已经严重超跌。第四天我们可以适当逢低介入。果然在第四天股价大幅回升，后市更是一路上涨，收获超过我们的预期。股价跌破BOLL线下轨三天以上通常有反弹，投资者切记，此时进场是为了抢反弹，后市如果走上反转之路，则不属于这个操作方法的范畴。

如图4-96所示，广汽长丰前期大幅下跌，此后横盘，BOLL线上下轨道靠拢收缩，股价有企稳迹象。可是2010年6月29日该股突然继续大跌，股价跌破BOLL线下轨，此后两天股价继续在BOLL线下轨之下徘徊。这说明股价短线已经处于超跌状态，有回归BOLL线通道内的需求，因此可以在第四天伺机进场抢反弹。第四天该股果然开始

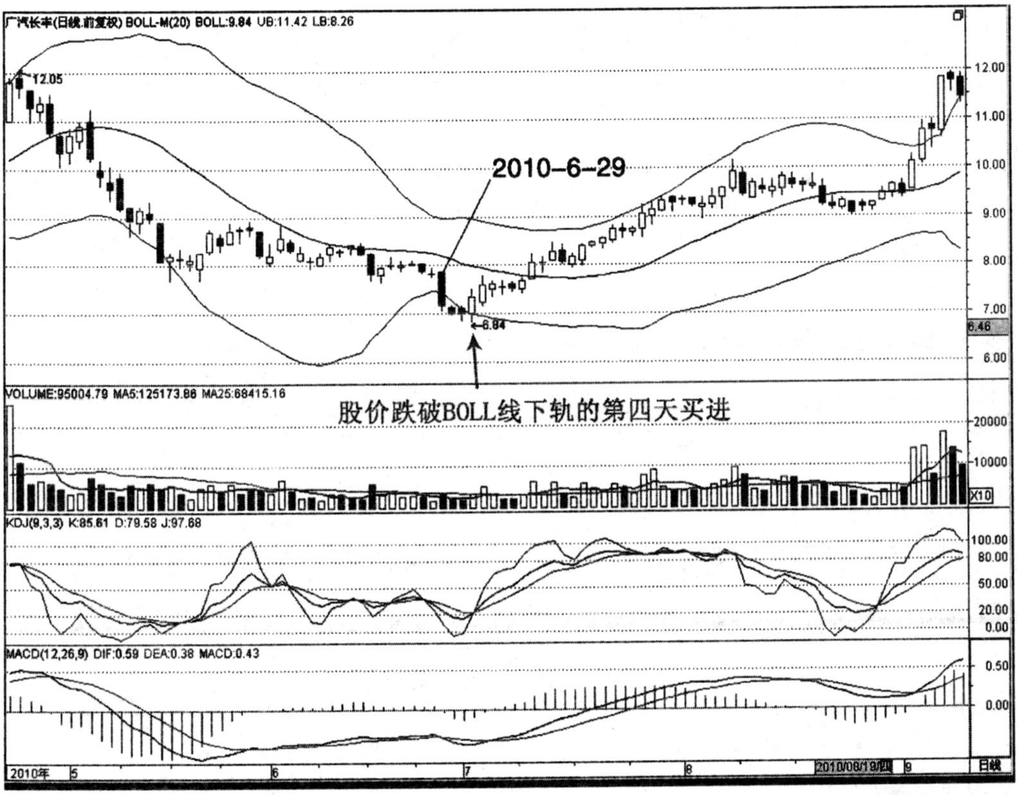

图4-96 广汽长丰 600991

上涨，后市更是一路上行，如果能在股价冲出 BOLL 线后择机进场，收获就不小。

如图 4－97 所示，旭飞投资前期逐浪下跌，跌幅不小。此后有一个横盘，BOLL 线上下轨道收缩，意味着变盘在即，不过令人意想不到的竟然是向下破位。2010 年 6 月 29 日该股跌破 BOLL 线下轨，此后继续下跌两天，股价进入超跌区域，有回归 BOLL 线通道的需求。第四天该股收出一根十字线，股价初步站稳。后市该股如期反弹，虽然反弹的幅度不是很理想，但对于短线玩家来说，在股价跌破 BOLL 线下轨第四天进场后的收获还是可以让人满意的。

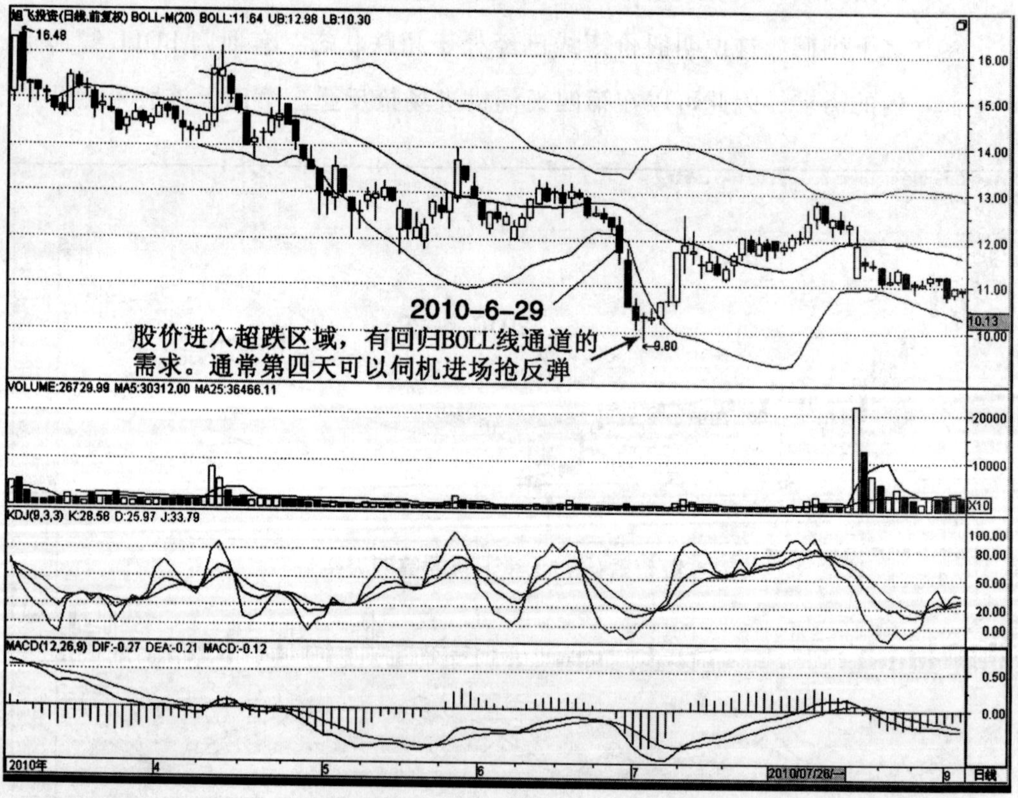

图 4－97 旭飞投资 000526

第十节 EMV 指标起涨点

一、EMV 指标上穿 0 轴

起涨信号

股价在下跌的过程中，由于买方力量不断地萎缩，成交量逐渐减少，EMV 数值也跟随下降，直到股价下跌至某一个合理支撑区，捡便宜货的买单出现促使成交量再度活跃，EMV 数值于是开始向上攀升。当 EMV 数值由负值向上突破 0 轴变成正值时，表示走势已经得到逆转，后市将进入多头走势中。EMV 指标突破 0 轴的瞬间就是一个很好的买入信号，我们可以积极跟进做多。

如图 4－98 所示，中储股份 2011 年 2 月 10 日小幅上涨，一根小阳线很难吸引人们的目光，再说股价刚好来到前高之下，按常规是不适合操作的。但是我们不能墨守成规。从平均线看，当时的股价已经站到所有的平均线之上，平均线呈明显的多头排列，此时参与也无可厚非。这里我们重点看一下 EMV 指标。经过 2 月 10 日的小幅上涨，EMV 指标已经站上 0 轴，数值由负转正，说明股价走势开始进入多头局势，市场做多人气压倒空头，后市应该还会继续上涨。EMV 指标的 0 轴是多空分水岭，一旦指标上穿 0 轴，就说明此前的空头气氛得到了扭转，毫无疑问这是一个起涨点。要是想稳妥一点，你还可以等待 MAEMV 线突破 0 轴，那时候上升趋势就基本很稳固了。

本例中储股份后市果然如期上涨，可见 EMV 指标上穿 0 轴作为一个起涨点还是比较可靠的。如果前期有明显的筑底过程，同时成交量

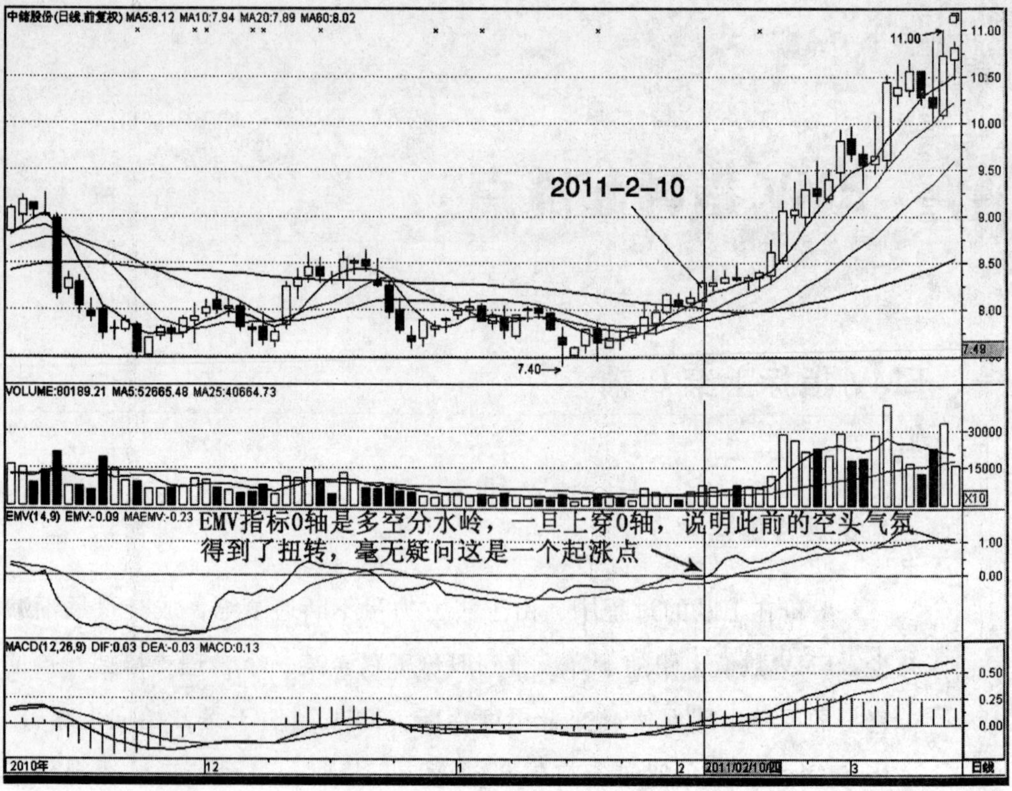

图 4－98　中储股份　600787

能配合，突破的可靠性就更高。

如图 4－99 所示，中汇医药 2011 年 2 月 10 日收出中阳线，成交量也大幅放大，股价结束此前的三天盘整，通常可视为一个短线的起涨点。我们这里主要关注的是 EMV 指标，看看市场人气如何。2 月 10 日该股的 EMV 指标正好上穿 0 轴，说明市场人气增加，已经扭转了此前空头占优的局势。此后该股的人气继续上扬，MAEMV 也跟随上穿 0 轴，更加证实了多头行情的确立，此时我们应该加仓。该股后市果然继续大涨，投资者收获颇丰。

如图 4－100 所示，江特电机 2010 年 7 月 9 日前走势比较疲软，股价受制于 60 日平均线，只能在低位横盘震荡。从 EMV 指标看，指标线始终在 0 轴下运行，说明市场人气还比较涣散，此时自然不适合进场。2010 年 7 月 9 日该股突然涨停，成交量成倍放大，股价突破此

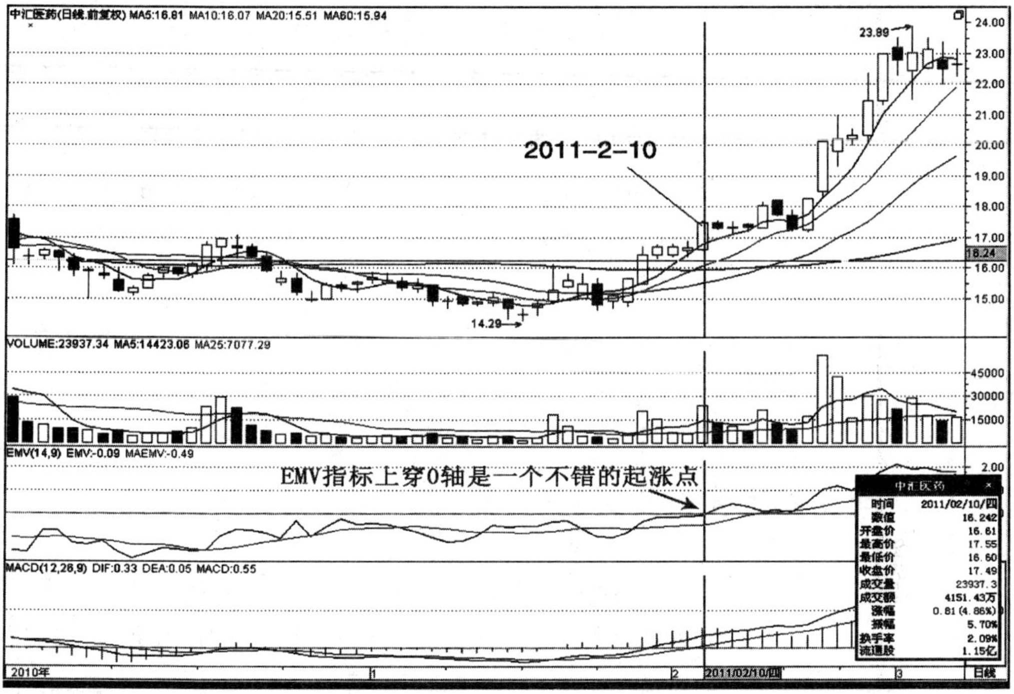

图4-99　中汇医药　000809

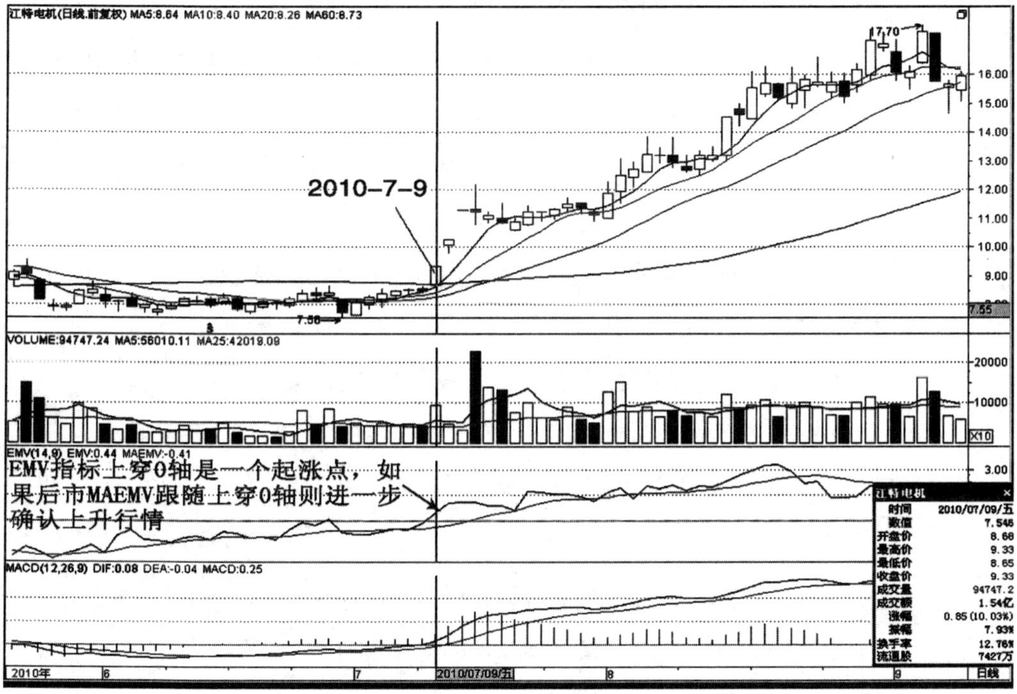

图4-100　江特电机　002176

前的横盘区域，一眼就能看出是一个起涨点。我们这里再从 EMV 指标验证一下。7 月 9 日的涨停也使得 EMV 指标突破 0 轴变成正值，说明积聚了做多的人气，扭转了此前的空头气氛，后市继续看好。EMV 指标上穿 0 轴是一个起涨点，如果后市 MAEMV 跟随上穿 0 轴则进一步确认上升行情，此时可以加仓。

二、EMV 指标金叉

起涨信号

一般来说，EMV 指标金叉是不能作为买入信号的，但是笔者认为，如果能结合其他指标信号，EMV 指标金叉也有可用之处。在 EMV 指标产生金叉的时候，MACD 指标同步产生金叉，互相验证多头的走强，投资者可以适当买入。这个起涨信号放在股价大幅下跌的背景下，则可靠性更高。我们可以结合实战去验证。

如图 4－101 所示，四川双马 2011 年 1 月 28 日收出一根小阳线，这已经是连续第四根小阳线，说强不强，说弱也不弱。相对于该股前面的快速大幅下跌来说，这四根小阳线也太微不足道了。不过正是因为有这四根小阳线，我们看到 EMV 指标产生了积极的变化。此时 EMV 指标已经产生了金叉，虽然不能说多头已经压倒了空头，但至少说明多头人气在明显增强。与此同时，MACD 指标产生金叉，验证了多头的走强，后市有望继续走好，我们可以适当介入。

EMV 指标金叉本来是不适合作为买点的，它只是显示做多人气明显增强，但是如果放在股价已经严重超跌的背景下，则可以作为我们适当参与的依据。这种情况下，EMV 指标金叉后出现反弹可能性极大，我们少量参与抢反弹是可以的。

如图 4－102 所示，重庆实业前期一路下跌。2011 年 2 月 11 日该股收出中阳线，此时 EMV 指标产生了金叉，这是一个积极的信号，说明市场人气已经有了显著增强，虽然还不能完全盖过空头，但显示了

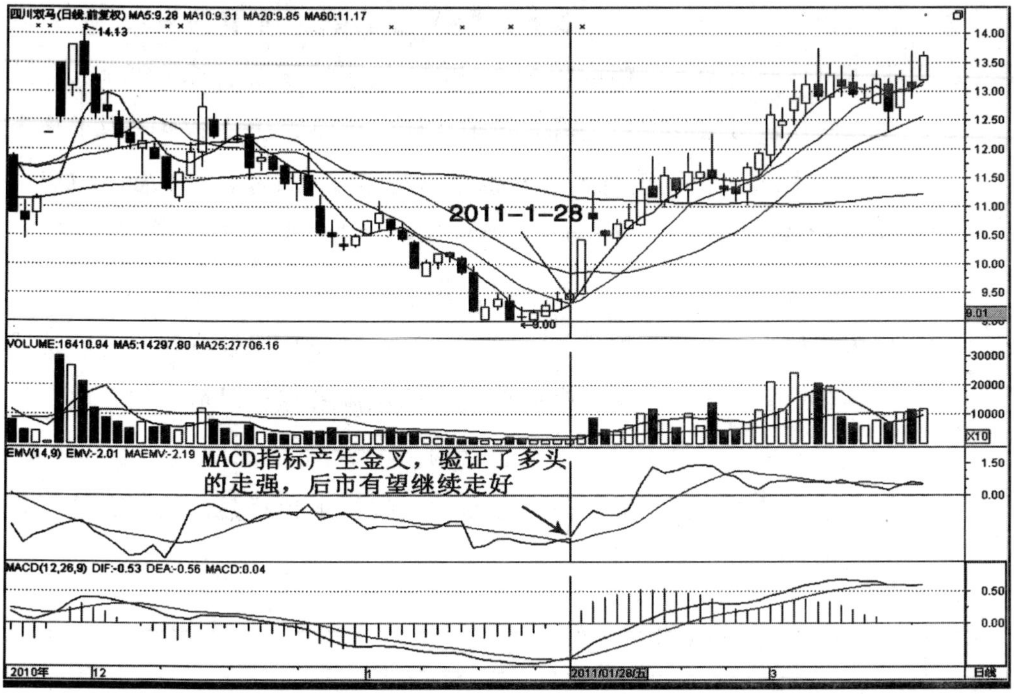

图4－101　四川双马　000935

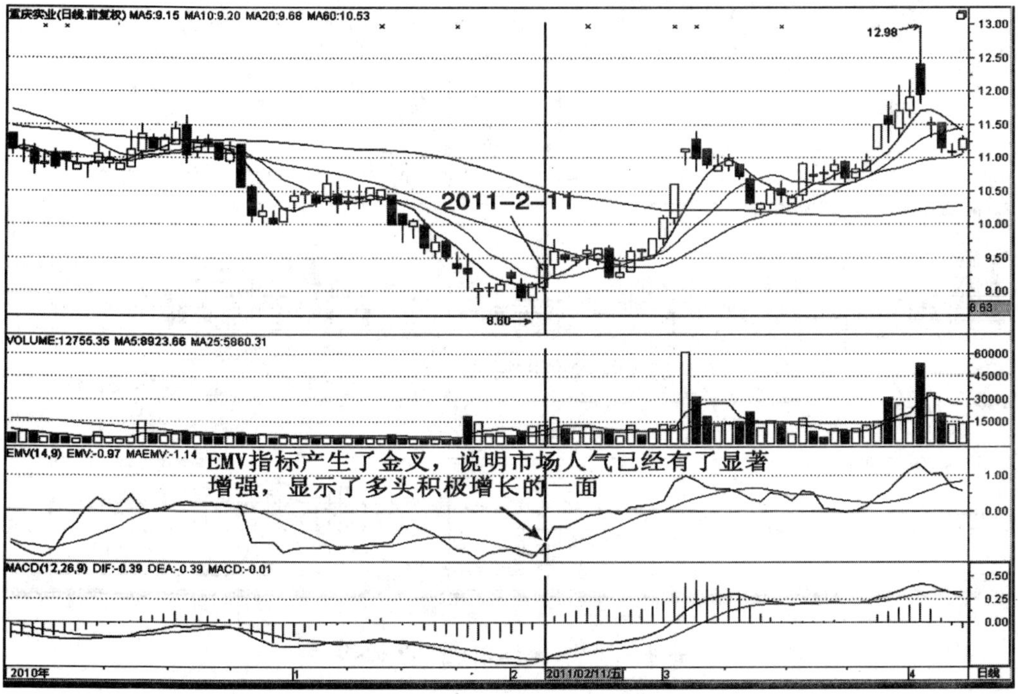

图4－102　重庆实业　000736

多头积极增长的一面。一般来说 EMV 指标金叉不能作为买入信号，但是本例该股前期下跌幅度较大，如今人气明显增长，试探性介入也是可以的。后市该股逐浪上升，行情逆转。后面的逆转不能归因于这个 EMV 指标金叉，真正行情逆转的信号应该是 EMV 上穿 0 轴。我们只能把 EMV 指标金叉当做一个超跌区域的一个试探性买点。

如图 4－103 所示，大洋电机 2011 年 1 月 28 日收出一根小阳线，但依然没有脱离此前的盘整区域，走势相对还是比较疲软，特别是留下较长的上影线，说明空头的压力仍旧难以逾越。但是我们看此时的 EMV 指标却发生了积极的变化。当时 EMV 指标已经明确产生了金叉，说明市场做多气氛明显增强，参与的人气越来越旺盛，我们有理由相信后市将继续看多。

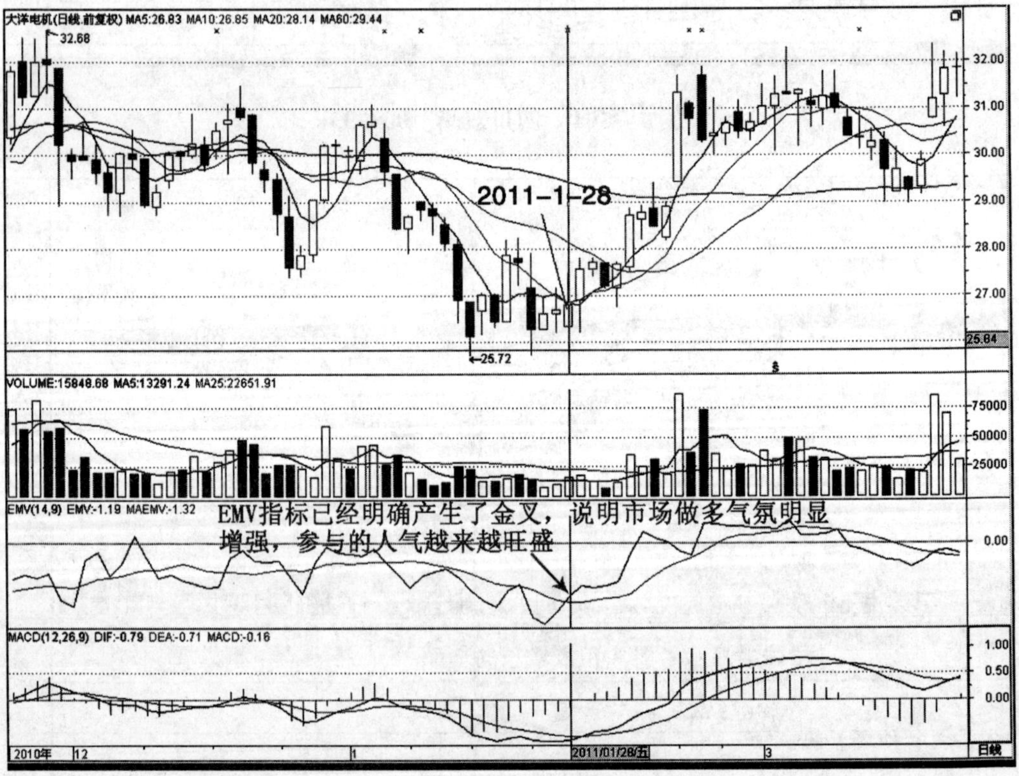

图 4－103 大洋电机 002249

EMV 指标金叉的虚假信号比较多，但是如果股价前期已经大幅下跌，然后有一个筑底过程，市场人气逐渐恢复，那么此时出现金叉是可以适当参与的。

三、EMV指标回调获得支撑

起涨信号

股价在上升趋势中也难免有回调，这给了短线投资者进场的机会。当股价回调的时候，EMV线跟随下滑，即将与MAEMV线产生死叉，但是最终没有产生死叉，而是掉头向上。这说明短暂的小幅回调已经结束，后市将重归升势。EMV线回落获得支撑就是一个短线逢低买进的时机，我们可以伺机进场做多。

如图4－104所示，潍柴重机2011年1月17日收出中阴线，当日

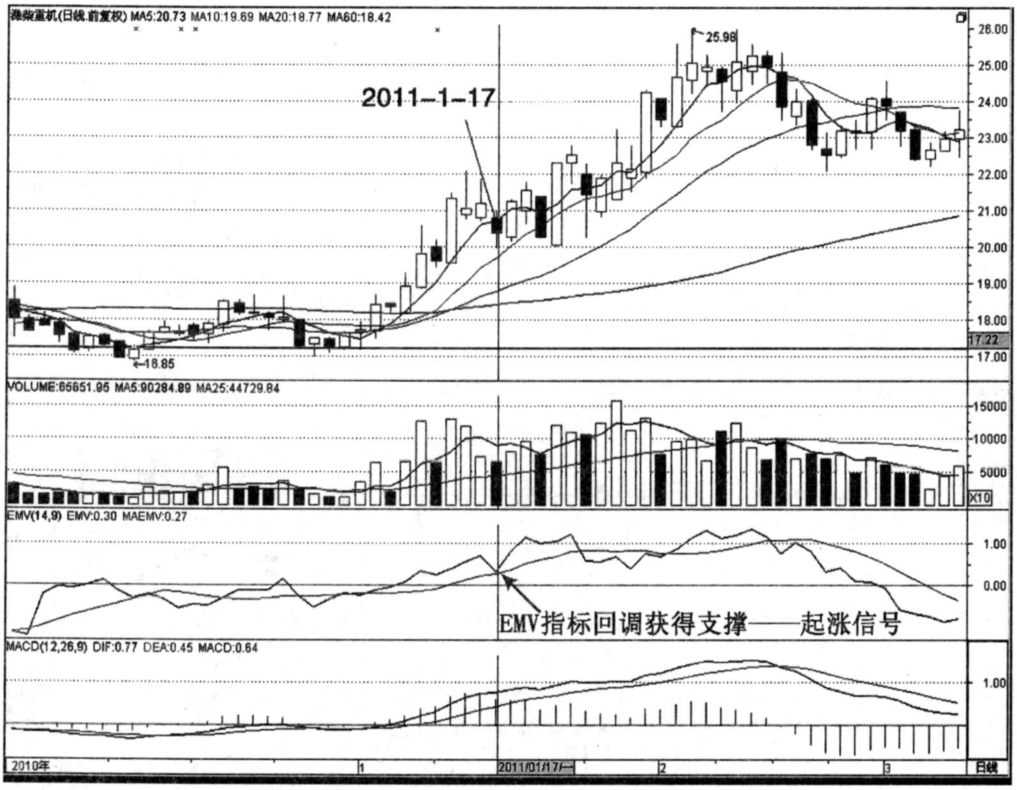

图4－104　潍柴重机　000880

走势比较疲软，但是整体的上升趋势还没有被破坏。该股才离开前面的横盘震荡区间不远，上升趋势刚刚展开，而且股价依然处于10日平均线之上，依然属于比较强势的走势，因此我们可以继续持股观望。如果你还需要一些佐证，可以看看EMV指标的情况。当时EMV线也是跟随股价回落，但还没有跟MAEMV线形成死叉。次日股价回升，EMV线也跟随上行，支撑非常明显，说明市场人气保持完好，即使回调也没有挫伤做多热情。后市该股的表现也不负众望，短线涨幅不小。

如图4－105所示，中储股份2011年3月3日收出一根带有很长上影线的小阳线，多空分歧显然很大，是进还是出让人难以决断。从支撑方面看，该股刚突破前高不久，此时正是在前高之上震荡，相对比较安全。从EMV指标上看我们可以有更多信心。前面两天股价回调，人气有点衰减，但是EMV还是没有下穿MAEMV，这说明此处的

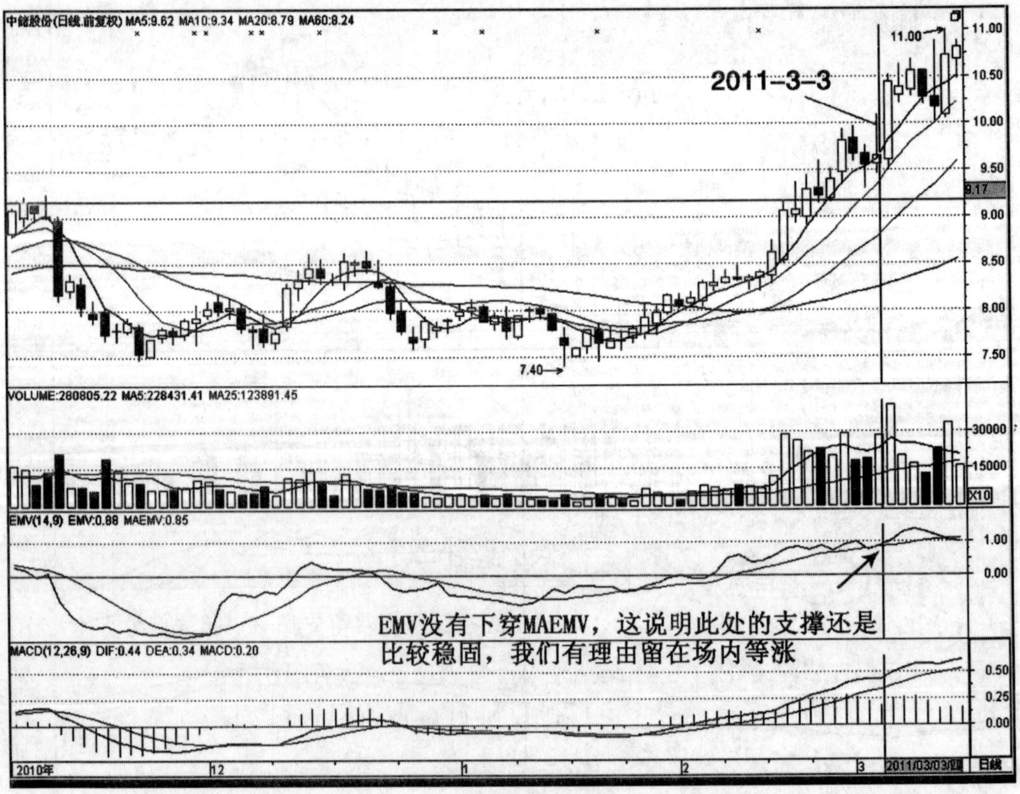

图4－105　中储股份　600787

支撑还是比较稳固的。该股后市的表现也证明前高的支撑有效。

如图4－106所示，中天城投2010年10月20日大跌近8个点，看似股价走势要形成反转。但是这种突然的下跌其实很值得怀疑，因为该股刚突破前高不久，整体涨幅也不大，没理由就此打住脚步，我们可以继续观望。次日该股跳空高开，一路上扬，最后涨停。这里我们看一下EMV指标。10月20日股价大跌，EMV线跟随回落，但仍然在MAEMV线之上，支撑没破；次日股价上行，EMV指标重归升势。主力突击洗盘的意图已经一览无遗，我们不要中了圈套。

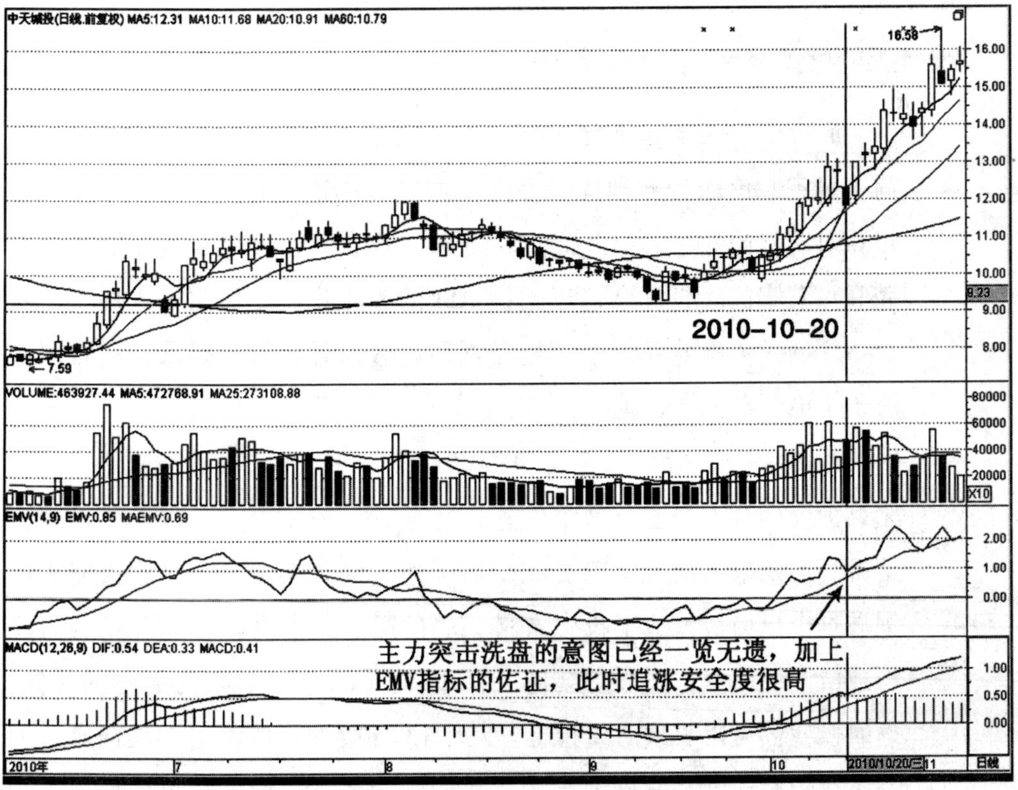

图4－106 中天城投 000540

第十一节 ASI指标买点

一、ASI领先突破前高

起涨信号

股价由下往上，欲穿越前一波的高点套牢区时，于接近高点处，尚未确定股价能否顺利穿越之际，如果ASI领先股价，提早一步，通过相对股价的前一波ASI高点，则次一日之后，股价必然能够顺利突破高点套牢区。投资者可以把握ASI的领先作用，提前买入股票。不过ASI领先突破前高这个信号经常是虚假信号，需要确认，一旦次日股价不能突破前高，则需止损出局。

如图4－107所示，多伦股份2011年7月13日收出小阳线，股价来到前面的高点位置。这个位置显然是重要的压力位，该股此前强势上升，但是来到此处明确受到阻碍，连续两天无法突破。股价能不能突破这个压力位就成了投资者最关心的问题，如果不能突破就会再度形成阶段性高点，反之则会进入主升浪。因此，这是最为关键的时候。这时候我们可以看看ASI指标。7月13日股价虽然没有突破前高，但是ASI指标却已经突破前高了。我们都知道ASI指标有领先作用，指标突破了前高，则次日股价就很可能突破前高，此时我们可以适当参与。当然ASI领先突破前高也可能是虚假信号，如果次日确认突破有效则加仓，否则就只能止损了。

如图4－108所示，黑猫股份2011年4月8日收出小阳线，这是连续第四根小阳线了。在前高面前，虽然连续收阳，但是股价始终无

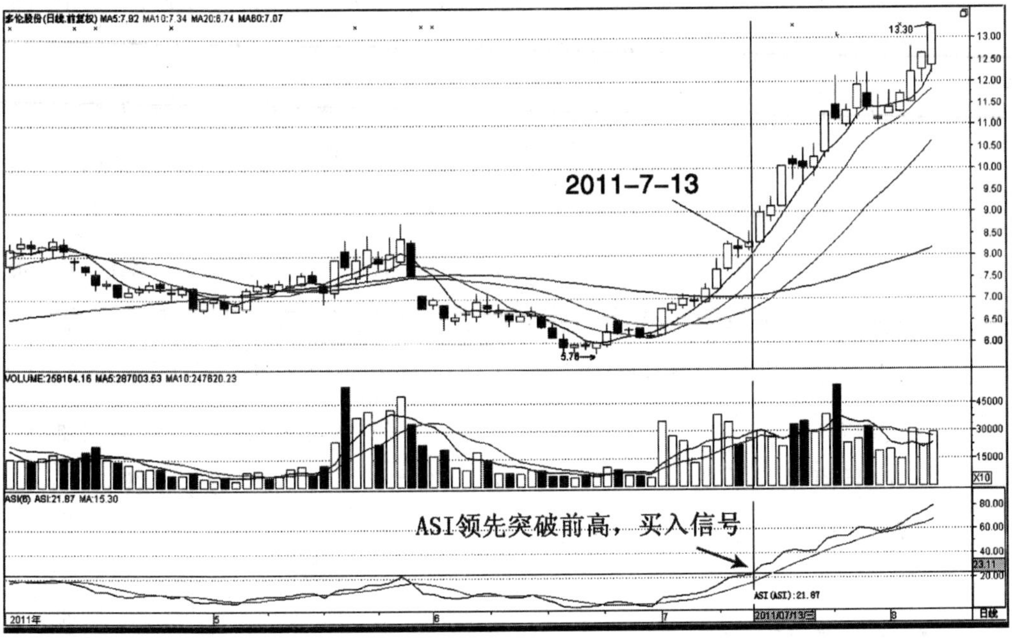

图4-107 多伦股份 600696

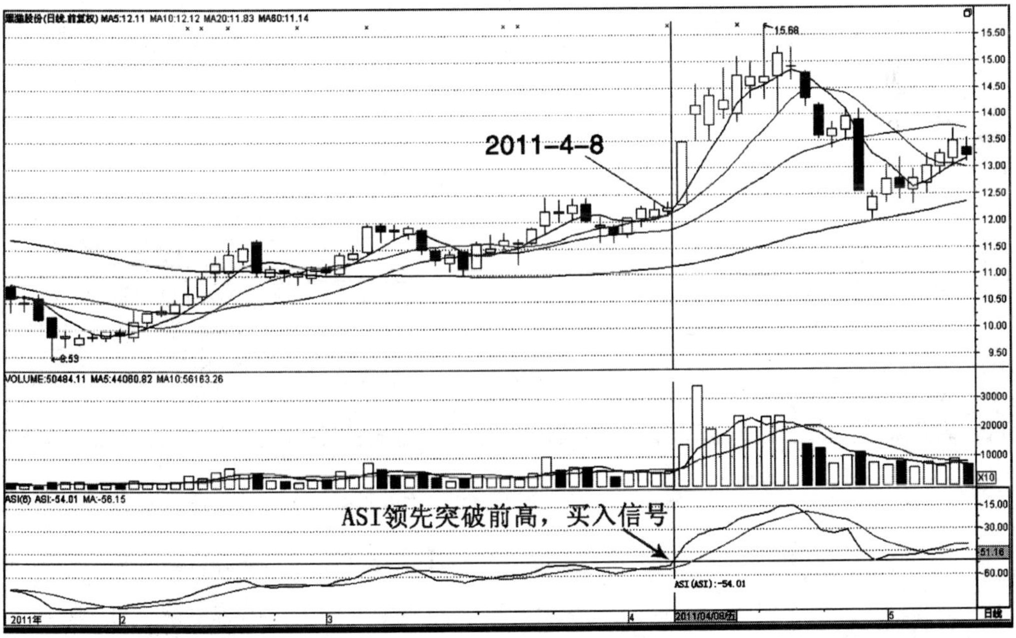

图4-108 黑猫股份 002068

法突破前高，可见前高的压力很大。到底后市能不能突破呢？我们来看看 ASI 指标。4 月 8 日股价虽然没有突破前高，但是 ASI 指标却突破前高了。因为 ASI 指标具有领先作用，次日股价很可能跟随突破前高，我们可以适当参与。该股次日高举高打，盘中基本确认能突破前高了，我们可以继续加仓。

如图 4－109 所示，大华股份 2011 年 6 月 27 日冲高回落，收出带有较长上影线的小阳线，股价没能有效突破前高，但是此时的 ASI 指标却已经突破前高了。由于 ASI 指标具有领先作用，次日股价很可能跟随突破前高，因此这时我们可以适当参与。不过这个信号需要确认。次日该股高开高走，毫无疑问突破成功了，投资者此时可以加仓。该股此后继续走高，涨幅非常可观。

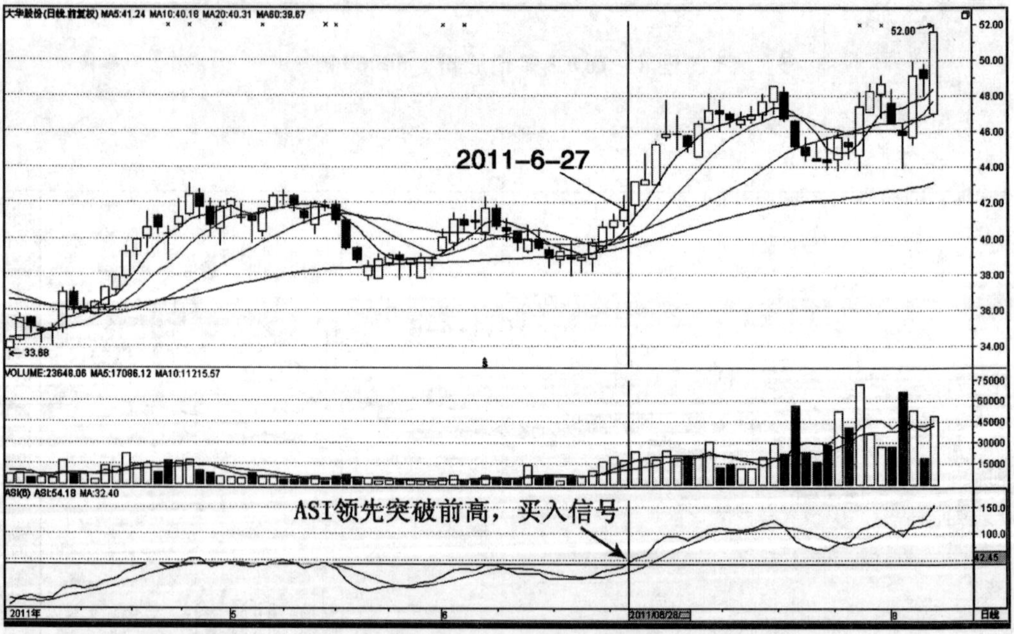

图 4－109 大华股份 002236

二、ASI 指标 W 底

起涨信号

股价前期大幅下跌，然后震荡筑底，ASI 指标也跟随在低位走出 W 形。此后股价回升，ASI 指标线也顺势突破 W 形的颈线，W 底正式成立。这意味着底部已经确立，投资者可以适当参与，这是一个较好的买点。

如图 4－110 所示，多伦股份 2011 年 7 月 1 日放量涨停，但是该股整体走势显然还处于弱势中，因为上方的 60 日平均线明显压制着股价的运行空间。不过此时并非没有机会，我们可以看看 ASI 指标的情况。经过前面的震荡筑底，ASI 指标走出一个 W 形，经过 7 月 1 日的大涨，ASI 指标线已经明确突破了 W 形的颈线，W 底正式成立。既然底部已经明确形成，我们自然可以适当参与，等股价突破 60 日平均线

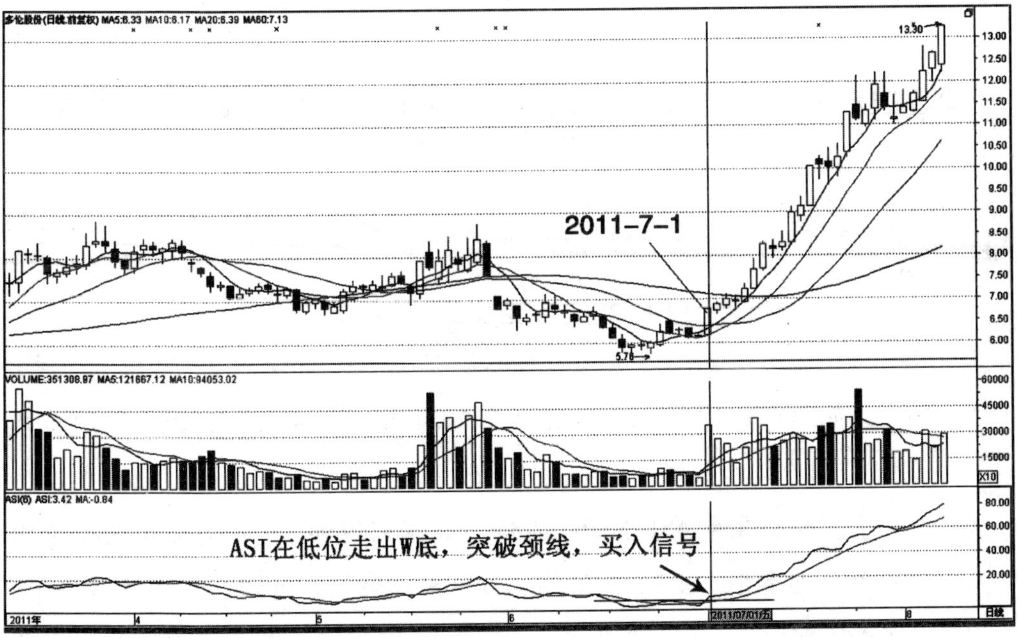

图 4－110 多伦股份 600696

后可以再加仓。该股此后如期突破60日平均线，后市更是大幅飙升，成为当时瞩目的大牛股。

如图4－111所示，中国宝安2011年1月28日收出小阳线，股价已经明确站上60日平均线，走势明显好转，但是面临前面多个高点的压力，投资者可能有所担忧。此时我们可以看看ASI指标的走势。经过前面的震荡，该股的ASI指标走出一个明显的W底，此时颈线已被突破，形态正式成立，投资者可以适当参与。该股此后一路走高，可见这个ASI指标的W底还是非常可靠的。

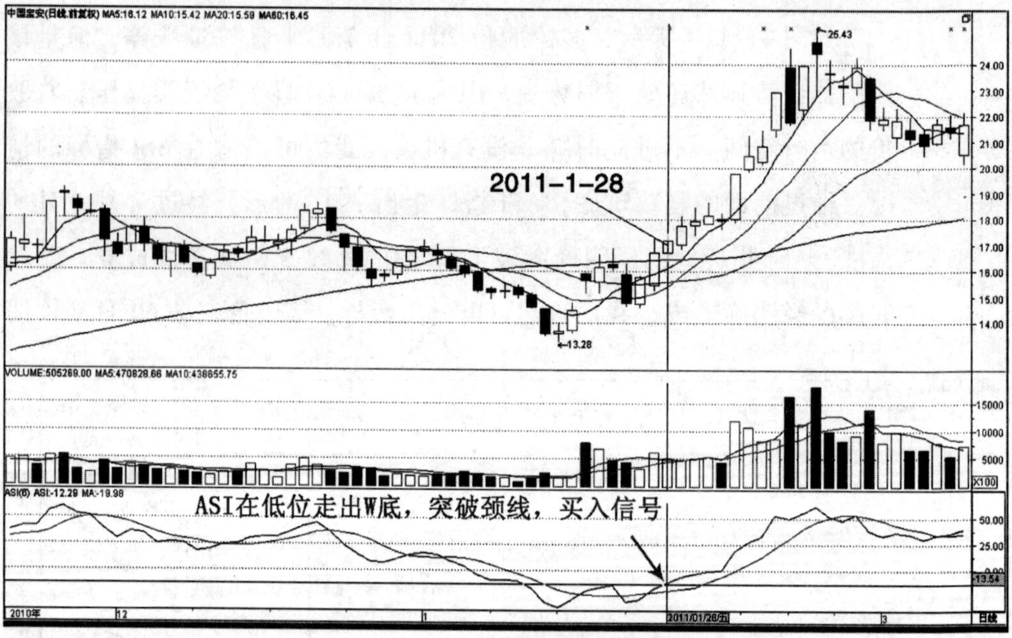

图4－111　中国宝安　000009

如图4－112所示，新都酒店2011年7月4日小幅收高，股价挑战60日平均线失败，可见此处有较大的压力，此时是进是出需要斟酌一下。我们看看ASI指标。股价前期震荡筑底，ASI指标在低位走出一个W底形状，此时W形的颈线已被突破，W底可以说正式成立了。既然底部形成，我们有理由看好后市，可以适当参与。该股此后震荡走高，可见这个W底还是有效的。

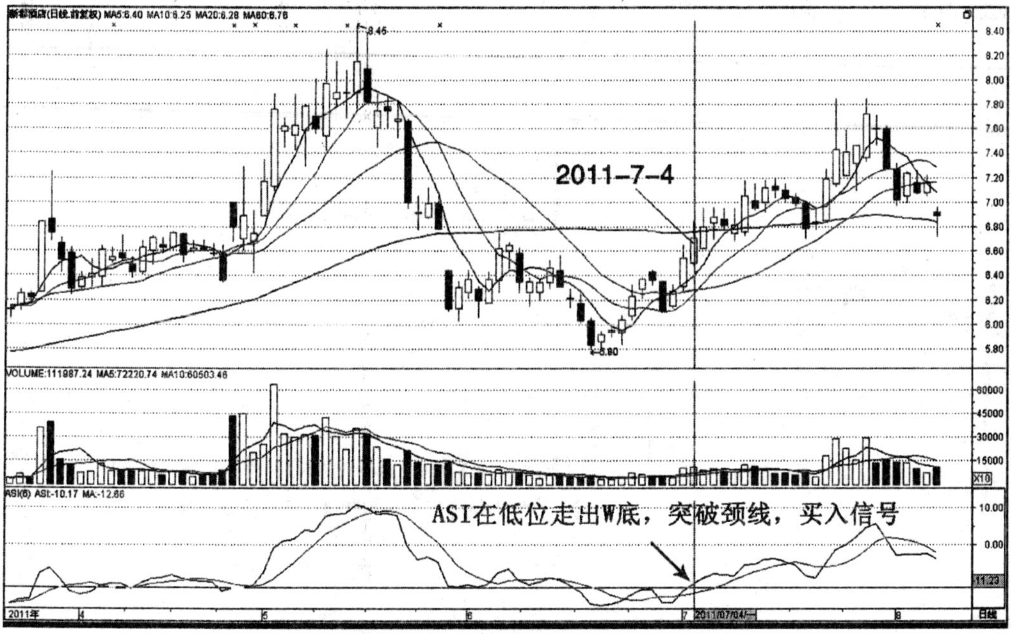

图 4－112 新都酒店 000033

三、突破下跌 N 波形转折点

起涨信号

ASI 指标维持 N 波形的波动，突破或跌破 N 波形高低点是观察 ASI 指标的主要方法。向下滑落的 ASI，一旦向上突破其前一次的 N 波形转折点，通常可视为果断买进的信号。

如图 4－113 所示，黑猫股份 2011 年 5 月 31 日低开高走，当日收出小阳线，股价攀上 60 日平均线，但走势依然非常不明确，没有脱离底部区间。这时候的 ASI 指标却发出了买入信号。此前 ASI 指标跟随股价呈 N 波形下滑，如今指标已经突破了最近一个 N 波形的转折点了。这说明下跌趋势已经结束，转为上升趋势了，投资者可以适当参与。该股后市震荡走高，短线涨幅非常可观。

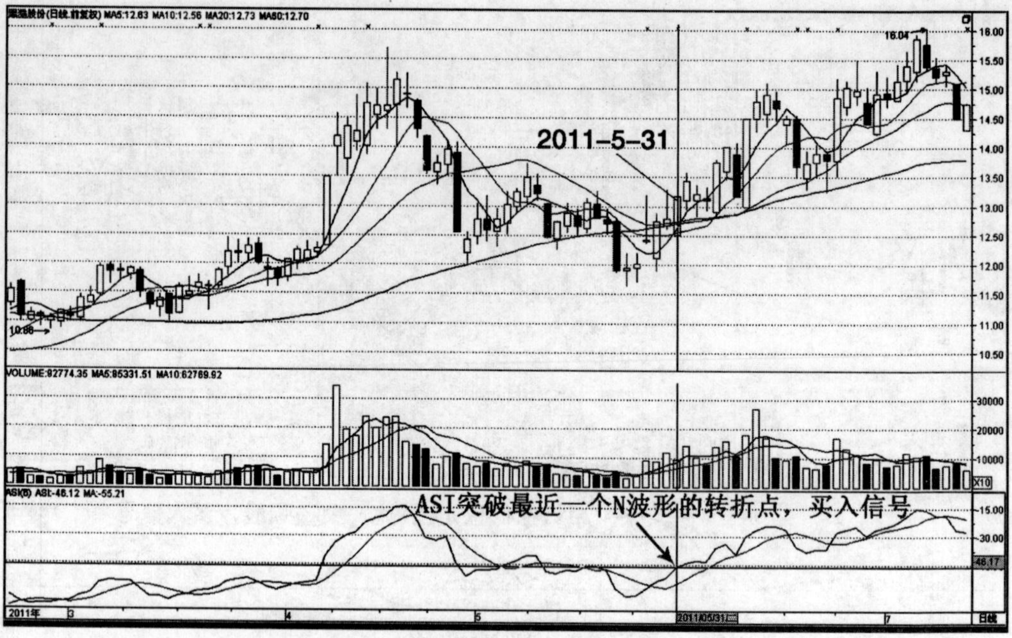

图4-113 黑猫股份 002068

如图4-114所示，亚太科技前期大幅下跌，在相对低位止跌后回升。2011年6月22日该股高开高走，当日收出长阳线，成交量也大幅放大，是一个强势反弹的信号，通常可以适当参与抢反弹。从ASI指标看，走势也发生了重大的改变。此前ASI指标呈N波形下滑，如今已经突破了前一个N波形的转折点，说明下跌趋势已经得到扭转，后市将进入上升趋势，投资者可以在此适当参与。

如图4-115所示，宜华地产2011年2月14日自低位继续反弹，当日收出小阳线，不过整体走势显然还是弱势，60日平均线还呈明显的下行趋势，压力比较大。不过ASI指标此时已经发出了买入信号。在此之前，ASI指标有一个大型的N波形下滑，如今ASI指标线已经向上突破了这个N波形的转折点。这说明此前的下跌趋势已经结束，后市将进入上升趋势。这是一个买点，投资者可以适当参与。该股此后震荡走高，中线涨幅不小，投资者如果能在ASI指标突破N波形的转折点的时候买入，获利无疑非常丰厚。

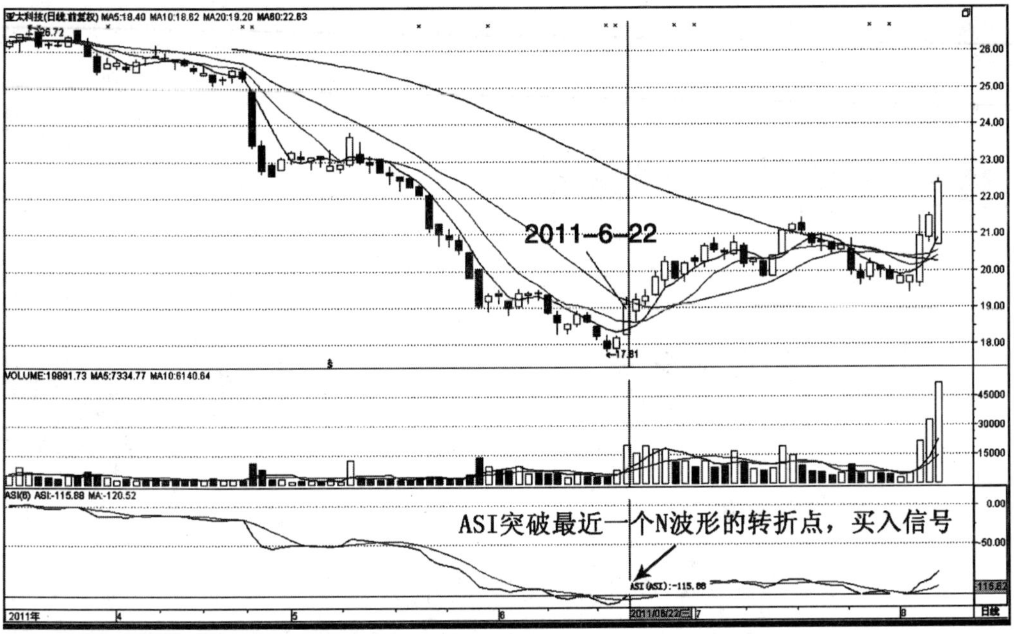

图4－114　亚太科技　002540

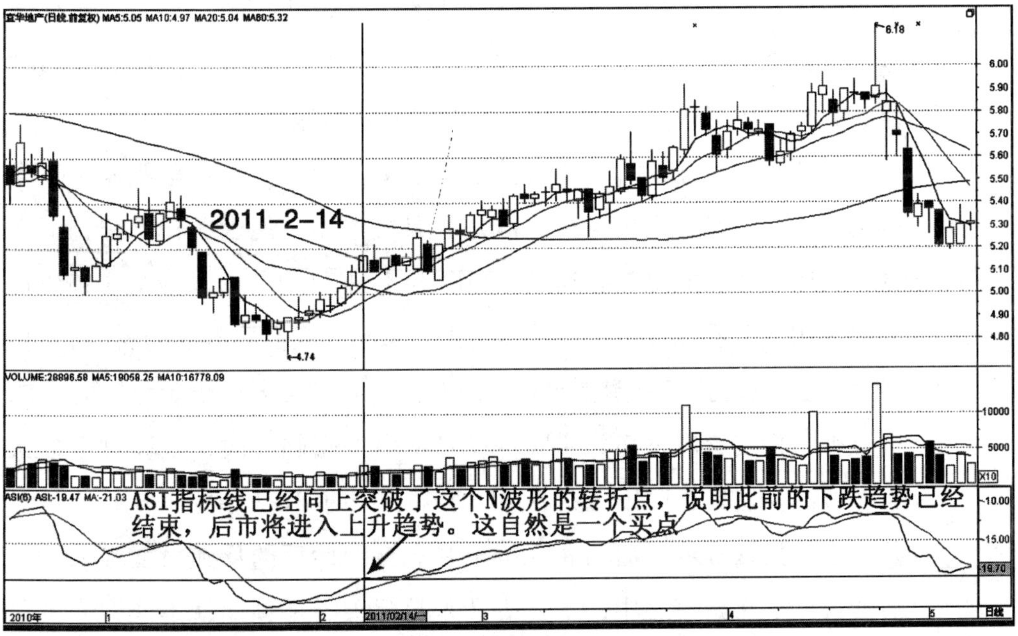

图4－115　宜华地产　000150

第十二节 BIAS 指标买点

一、BIAS 指标数值买点

起涨信号

乖离率（BIAS）可分为正乖离率与负乖离率，若股价大于平均线，则为正乖离；若股价小于平均线，则为负乖离；当股价与平均线相等时，则乖离率为零。正的乖离率越大，表示短期超买越大，越有可能见到阶段性顶部；负的乖离率越大，表示短期超卖越大，越有可能见到阶段性底部；当 BIAS 指标 6 日线达 -5 以下时，或者 12 日线达 -7 以下时，或者 24 日线达 -11 以下时，为超卖现象，后市可能随时反转，投资者可以在指标反转上行的时候及时跟进。

如图 4-116 所示，银座股份前期大幅下跌，平均线呈明显的空头排列，通常不是介入的时机。但是一只股票不可能永远在下跌，反弹甚至反转的时机随时都会到来。2011 年 1 月 24 日该股加速下跌，当日收出长阴线，看似凶险，但其实是机会来临。我们看 BIAS 指标的 6 日线此时已经接近 -7，显然已经严重超跌。这意味着股价走势随时可能会反弹，投资者应密切关注股价反弹机会的来临。次日该股收出带长下影线的探底针，阶段性见底意味很浓，同时 BIAS 指标也开始反转上行，短线投资者可以适当介入抢反弹。该股此后的反弹力度不大，随后便进入二次探底之中，不过既然是抢反弹，那预期就不能太高，稍有收获就应该满足。

如图 4-117 所示，中国国旅大幅拉高后反转下跌。2010 年 12 月

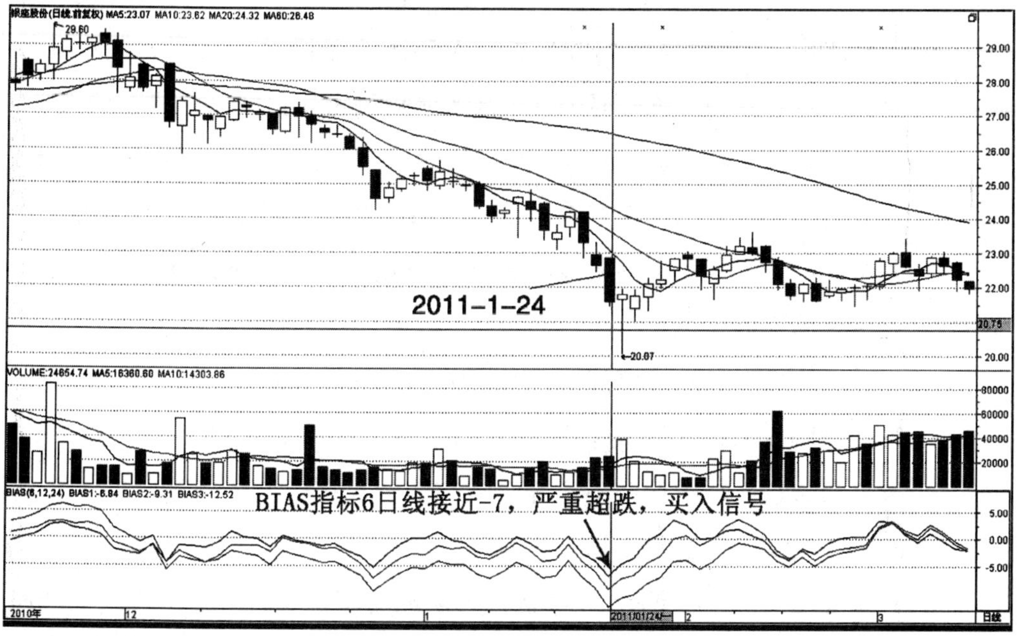

图4－116 银座股份 600858

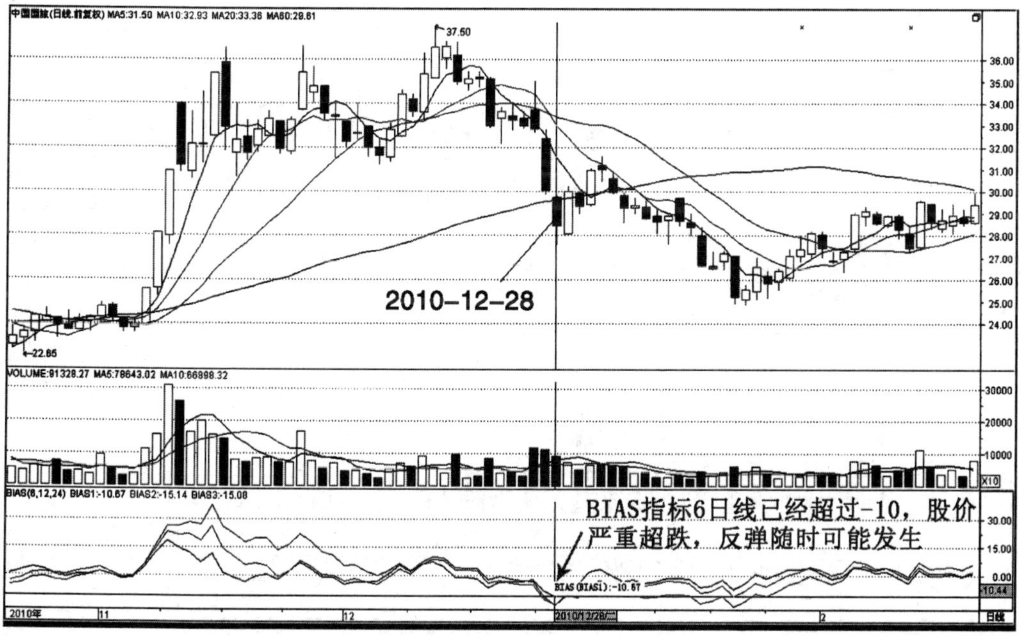

图4－117 中国国旅 601888

28日该股收出中阴线，股价跌势依然迅猛，投资者可能此时已经陷入恐慌之中。不过此时的BIAS指标6日线已经超过－10了，股价显然已经严重超跌，反弹随时来临，投资者可以密切关注反弹机会的出现。次日股价低开高走，盘中股价逐步走高，显然已经进入反弹走势中，短线投资者可以逢低适当参与。此后该股继续反弹，但反弹的力度不是很强，投资者需要伺机逢高出局，毕竟这仅仅是下跌途中的短线反弹，预期不能太高。

也许投资者此时要问："不是说BIAS指标的6日线达到－5就属于超跌吗，怎么这只股票到－10的时候才开始反弹?"其实这也很正常，股价进入超跌区并不意味着就一定要反弹，我们不能提前入场潜伏，一定要等到股价企稳上行才可以介入。

如图4－118所示，新华医疗自明显的高位反转下跌，进入下跌趋势中，呈波浪式下行。2010年12月28日该股大幅跳空下跌，当日跌幅较大，BIAS指标的12日线超过－8，显然股价短线已经严重超跌。暴跌通常也意味着短线反弹的机会来临，可以密切关注止跌信号。次

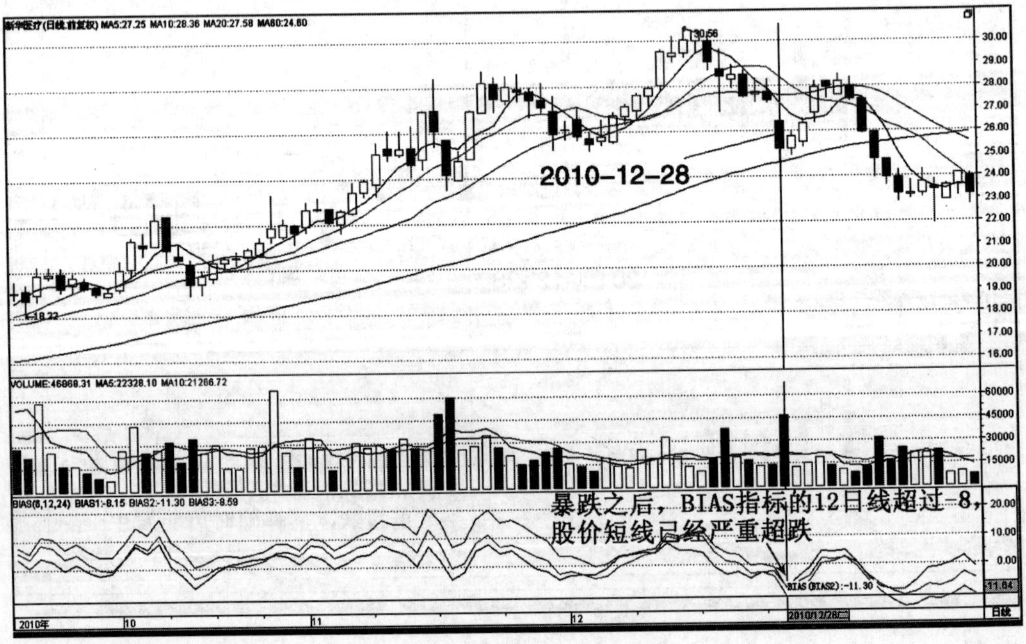

图4－118　新华医疗　600587

日该股止跌企稳，当日收出小阳线，投资者可以少量参与。此后该股连续反弹，短线反弹幅度不小，故短线抢反弹的投资者收获也不小。

如图4－119所示，海格通信前期大幅下跌，走势非常低迷。2011年1月25日，该股继续收阴，表现不佳。此时的BIAS指标的24日线已经跌至－13以下了，进入明显的超跌区域，我们就没必要再割肉了，场外观望的投资者则可以关注反弹时机的来临。次日该股高开高走的小阳线，虽然涨幅不大，但显然反弹已经开始，同时BIAS指标也开始掉头上行，这是明确的反弹信号，我们可以适当参与。BIAS指标的24日线显示超跌一般预示着中线级别的超跌，自然也会带来中线级别的反弹。该股此后连续回升，一直反弹到60日平均线附近，整个反弹的幅度应该不算小吧。

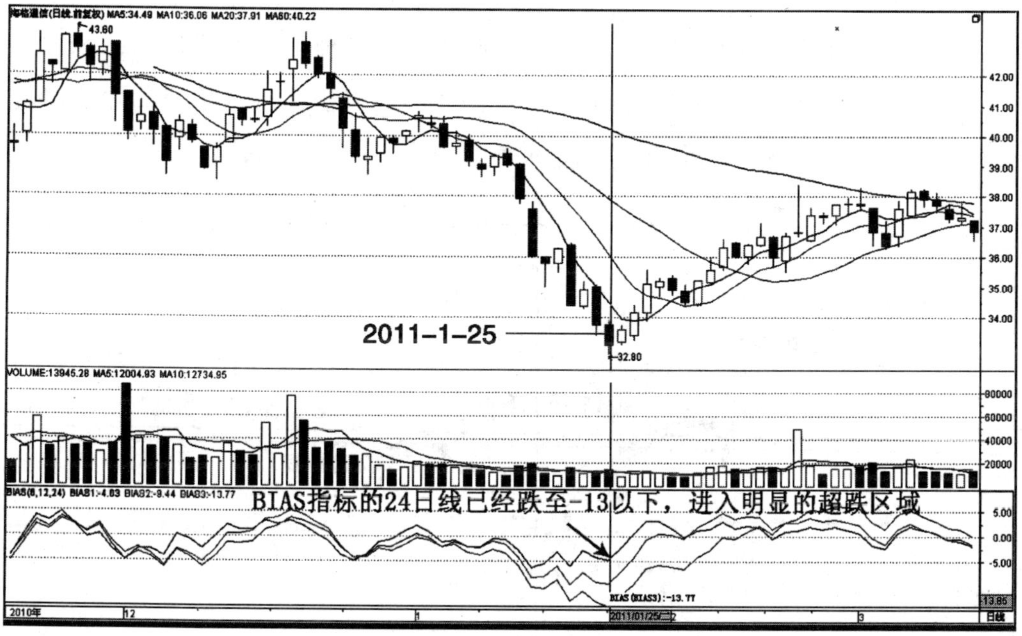

图4－119 海格通信 002465

二、BIAS 指标 W 底

起涨信号

股价经过长期下跌后筑底，然后反转上行，此时的 BIAS 指标 24 日线在低位形成 W 底，一旦 24 日线穿越颈线，就说明底部正式形成，投资者可以积极参与。另外在整体上升趋势的回调中也可能形成 W 底，在 24 日线穿越颈线的时候可以积极买入。

如图 4-120 所示，天立环保此前大幅下挫，然后止跌企稳。2011 年 5 月 26 日该股收出小阳线，走势并不强势。如果关注 BIAS 指标，我们就会发现买入信号已经出现。在之前的几天，BIAS 指标在低位走出一个 W 底的形态，5 月 26 日股价虽然只是小幅上涨，但已经使得 BIAS 指标的 24 日线突破了 W 底的颈线，发出了买入信号，投资者此时可以入场，至少可做一段反弹。

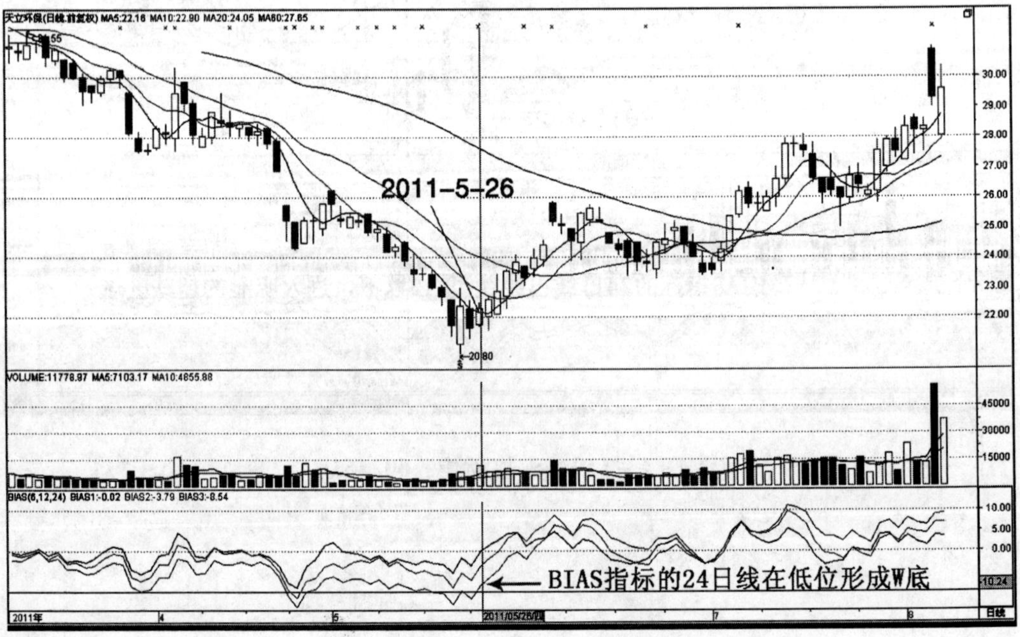

图 4-120　天立环保　300156

如图 4－121 所示，新国都前期大幅下跌，然后在低位走出一个双底，从 K 线上看底部明确成立。不过根据这个 K 线的双底介入有点晚，并不是一个短线的好招法。我们可以看看 BIAS 指标的情况。2011 年 6 月 23 日该股在前低处止跌回升，当日竟然收出长阳线，二次探底基本已经成功。此时的 BIAS 指标也形成了一个小双底，经过这根长阳线，BIAS 指标已经明确突破双底颈线，形态正式确立，投资者可以积极参与。这个 BIAS 指标的双底得到了 K 线走势的支持，介入安全度极高。

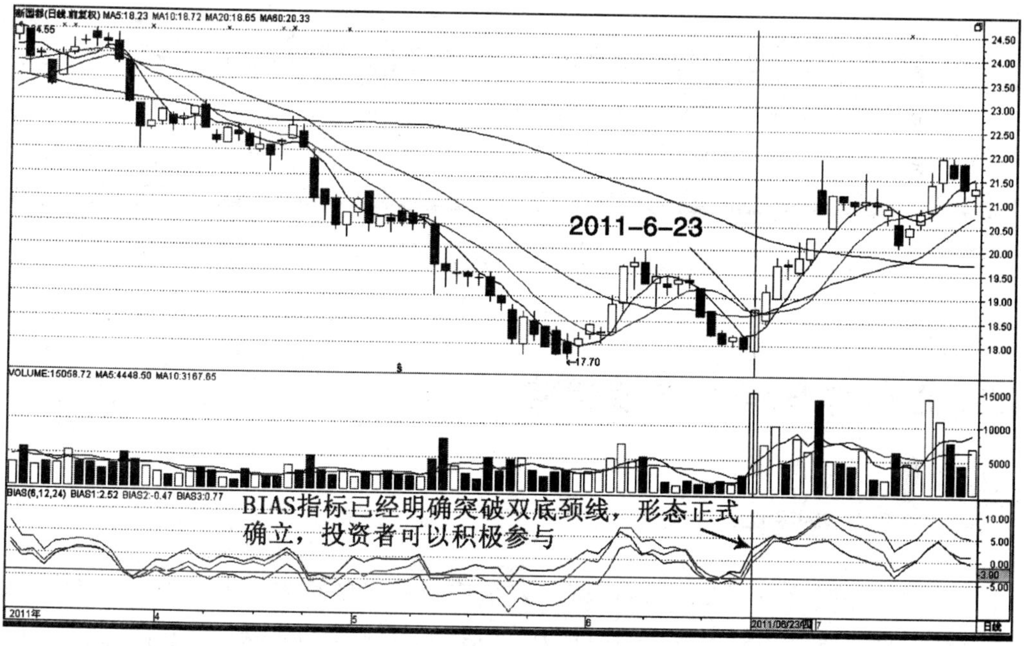

图 4－121　新国都　300130

如图 4－122 所示，美的电器前期走出一个大的箱体，这种形态一般是鸡肋，不值得参与。2011 年 1 月 28 日该股收出小阳线，股价仍处于箱体的底部附近，平均线还是空头排列状态，一般不是好的介入时机，可是此时的 BIAS 指标却发出了买入信号。经过前几天的窄幅震荡，BIAS 指标已经走出一个双底，1 月 28 日虽然只是小幅上涨，但 BIAS 指标已经明确突破双底的颈线，形态正式确立，投资者可以放心介入。此后该股果然如期上涨，甚至突破大箱体进入上升趋势，涨幅可观。

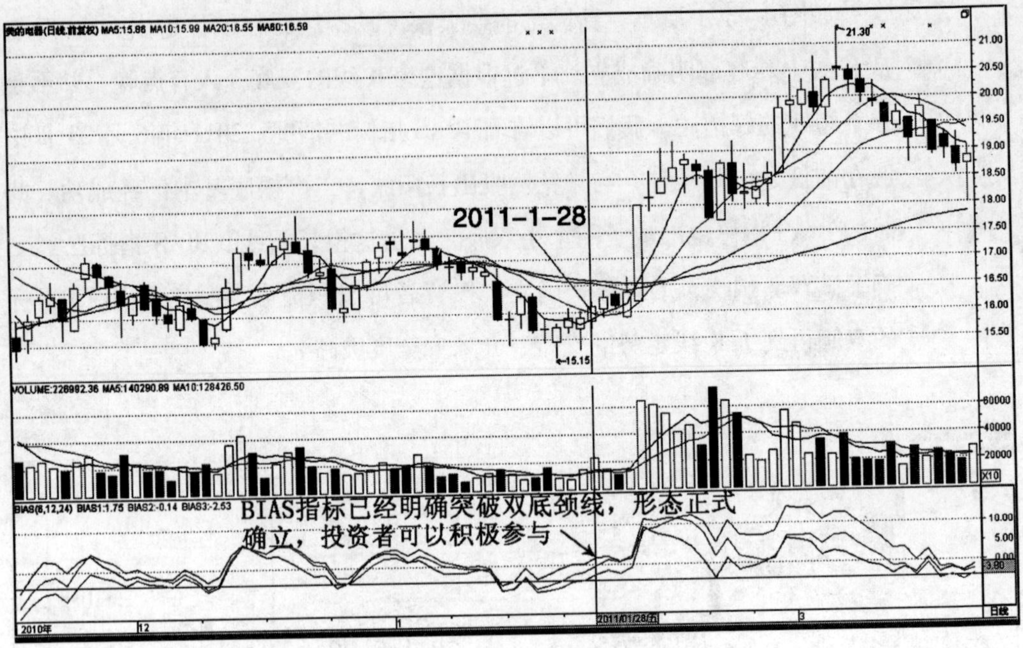

图 4-122 美的电器 000527

三、股价与 BIAS 指标底背离

起涨信号

股价与 BIAS 指标背离向来是比较准确的信号。股价经过一段下跌后，进入相对低位，此时股价还在不断创出新低，但是 BIAS 指标的低点却越来越高，形成底背离走势，说明股价的下跌已经有超跌的成分，后市可能很快反转上行，投资者可以分批介入。一般来说，股价前期下跌的幅度越大，下跌的时间越久，此后形成的底背离越准确，后市反转的力度也越大。

如图 4-123 所示，英威腾前期暴跌，经过大幅下挫后股价跌势趋缓。2011 年 5 月 30 日该股继续下探，股价创出新低，不过当日多头反攻，当日收出十字线，有探底针的意味。探底针的可靠性不高，不是一个好的买入信号，需要结合其他信号来研判。我们看 BIAS 指标，从图上看，BIAS 指标的走势与股价走势形成明显的背离，即股价持续走低，但是BIAS指标的低点却越来越高，呈上升趋势。这是典型的底背离，说明股价的下跌是惯性下挫，没有实质的支持，属于超跌性质，后市可能很快反转上行。既然已经进入底背离状态，我们就可以伺机抄底，而这根具有明显探底味道的十字线就变成了一个较好的买点。该股此后果然反转上行，扭转了长期的下跌趋势。

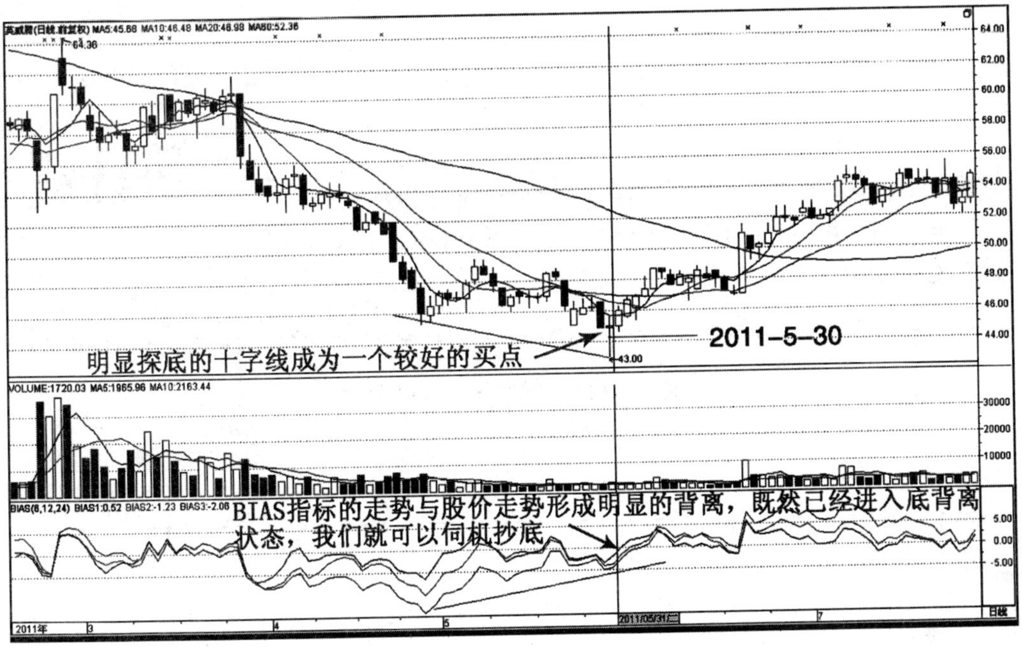

图4－123　英威腾　002334

如图4－124所示，壹桥苗业前期大幅下跌，走势极度低迷。2011年6月21日该股盘中创出新低，收盘时股价大幅拉回，收出一根阴的锤子线，虽然还是空头优势，但多头显然已经开始介入。但是这根带长下影线的锤子线是否为一个买点还需要推敲。BIAS指标此时也发出了底部信号，这个信号就是底背离，即股价创出新低，但BIAS指标却在逐步走高，说明下跌已经是强弩之末，后市可能很快反转上行。此后几天股价再没有创出新低，BIAS指标也开始上行，投资者可以逢低介入。后市该股加速上行，短线涨幅较大，算是一个意外的收获。

如图4－125所示，华峰超纤前期大幅下跌，然后在相对低位窄幅横

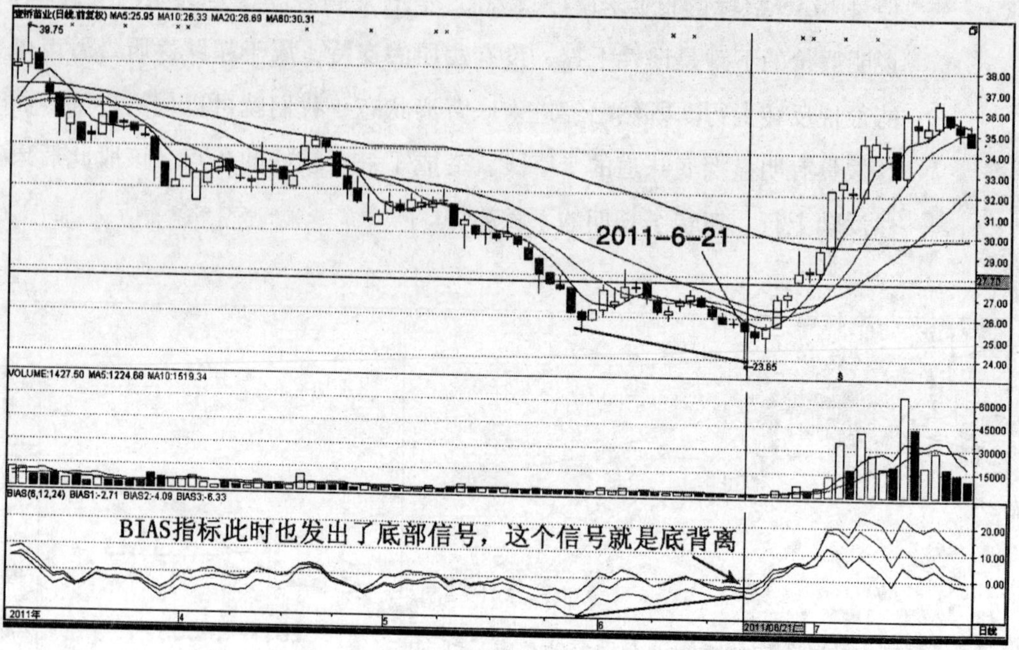

图 4-124　壹桥苗业　002447

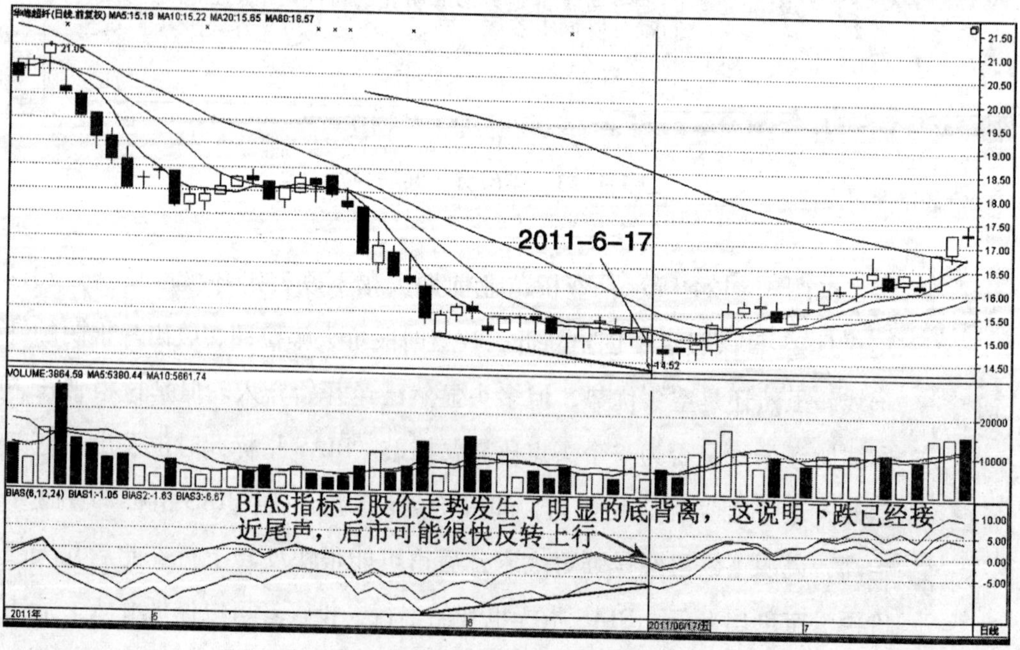

图 4-125　华峰超纤　300180

盘，有明显的筑底意味。2011 年 6 月 17 日该股盘中股价继续下挫，创出新低，但最后多头反击，收出一根十字星，整体仍处于横盘区间内。这时候我们可以看出 BIAS 指标与股价走势发生了明显的底背离，即股价创出新低，但 BIAS 指标的低点却越来越高。这说明下跌已经接近尾声，后市可能很快反转上行。此后该股持续震荡了 3 天，然后开始向上拉起，进入反转走势中。我们可以在底背离的时候伺机介入。

四、BIAS 指标数值归零

起涨信号

BIAS 指标三线由上升或者横盘走势突然转为陡直的下降走势，BIAS 指标的绝对数值跟随大幅放大，但是三线之间的差值却越来越小，几乎接近 0，这说明短线的下跌走势即将结束，很快就会见底，投资者可以密切关注，如果此后 BIAS 指标拐头向上，是短线买入的良机。

如图 4－126 所示，华东医药 2011 年 4 月 28 日延续前日大跌走势，

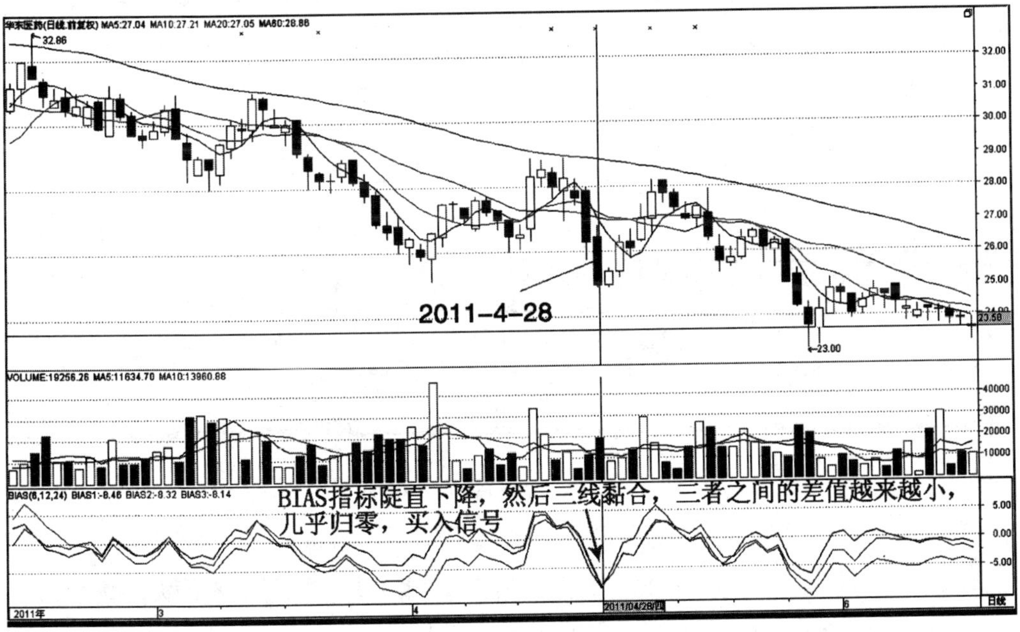

图 4－126　华东医药　000963

继续收出长阴线，跌势凶猛，且股价已经跌破前面的低点，走势进一步恶化。但是危机也往往是危险下的机会，我们看 BIAS 指标就发生了积极的变化。随着股价的下跌，BIAS 指标陡直下降，然后三线黏合，三者之间的差值越来越小，几乎归零。这预示着短线下跌的动能即将衰竭，后市很可能就此反弹。次日该股企稳收出小阳线，BIAS 指标也掉头上行，投资者可以适当买入抢反弹。该股此后也如期反弹，反弹幅度不小。

如图 4－127 所示，合肥百货 2011 年 6 月 20 日大幅下挫，当日收出长阴线，跌势凶猛，但是这个位置也是前低的位置，投资者可以暂时观望，不必着急止损出局。从 BIAS 指标看，该指标随着股价的快速下跌而迅速下挫，BIAS 指标三线的差值越来越小，最后归零。这说明短线的快速下跌即将结束，后市可能就此反弹。该股次日果然止跌回升，后市更是进入上升趋势，涨幅非常可观。

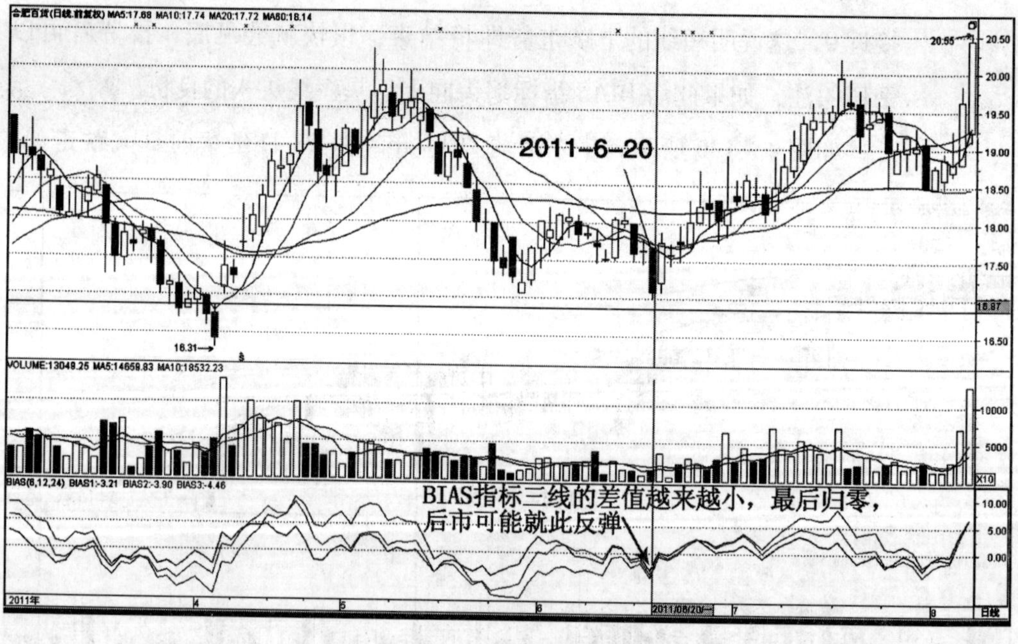

图 4－127　合肥百货　000417

如图 4－128 所示，钱江水利 2011 年 1 月 18 日跳空下跌，跌幅没有大幅放大，只是股价已经跌破 60 日平均线，通常都得离场休息了。但是从 BIAS 指标看我们不需要这么着急出局，至少等一个反弹再决定。因为此前的 BIAS 指标跟随股价快速下挫，同时 BIAS 指标三线逐渐靠拢，最后差值归零，这预示着下跌已经接近尾声，后市反弹在即。本例该股次日即大幅回升，股价回到 60 日线之上，重新确立了升势。后市该股飙升，则属于意外之喜，不属于我们这里讨论的范畴。

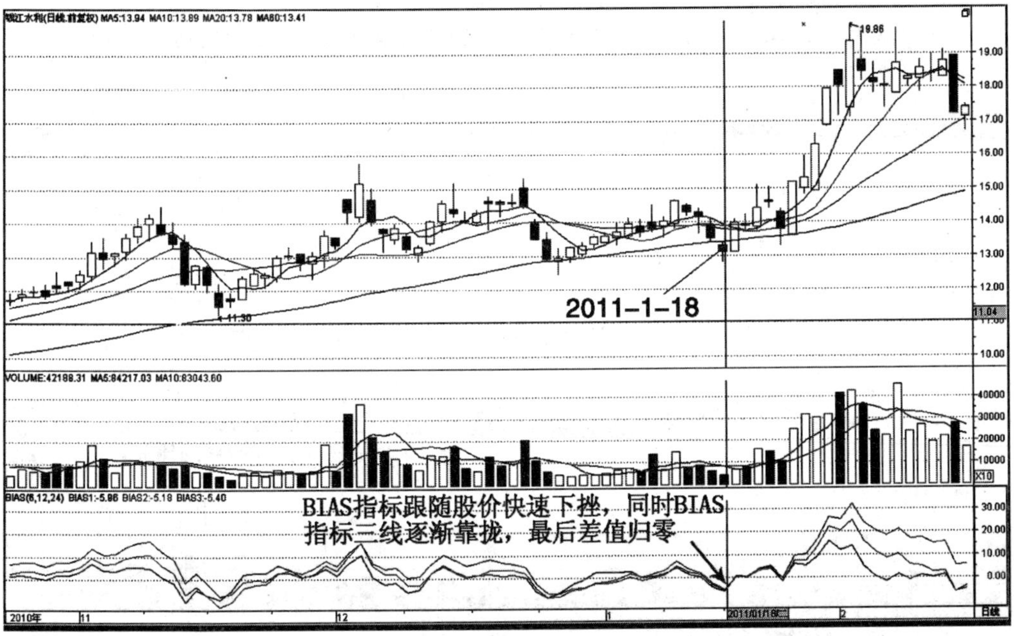

图 4－128　钱江水利　600283

五、BIAS 指标三线黏合后上扬

起涨信号

股价在一定区间横盘震荡，BIAS 指标三线逐渐靠拢，甚至黏合在一起，然后股价上涨，BIAS 指标三线同时跟随上扬，说明横盘结束，投资者可以立刻跟进做多。经过几天快速拉升后，如果 BIAS 指标三线开始发散且向下拐头，投资者就应该卖出。这通常是一个短线买卖的招法，准确率比较高，投资者不妨一试。

如图 4－129 所示，恒泰艾普 2011 年 6 月 17 日收出中阳线，突破所有平均线的压制，显然是一个很好的买点。这个信号还可以在 BIAS 指标上得到验证。此前该股在 60 日平均线下窄幅震荡横盘，股价跃跃欲试，同步 BIAS 指标三线逐渐靠拢，后来干脆黏合在一起。这是变盘的前奏，投资者可以密切关注。经过 6 月 17 日这一根中阳线，BIAS 指标开始向上抬头，预示着股价走势进入上升趋势，投资者可以进场参与了。此后经过 2 天调整，BIAS 指标开始发散向上，拉升正式开始，投资者可以加码介入。

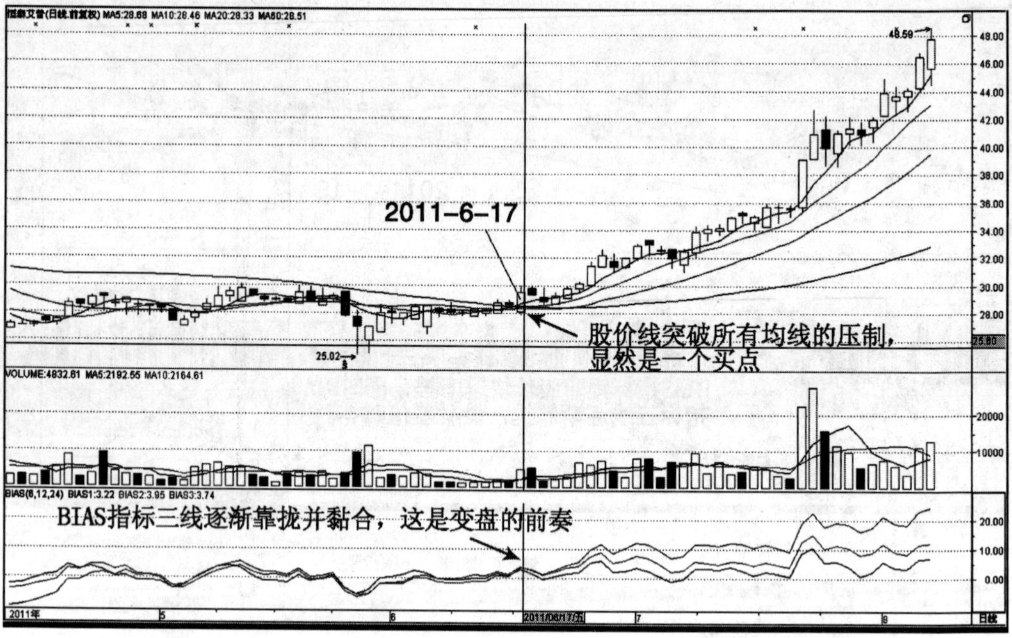

图 4-129　恒泰艾普　300157

如图 4-130 所示，天地源 2011 年 5 月 13 日收出长阳线，突破了所有平均线的压制，上升趋势显然已经开始，投资者可以积极买进。从 BIAS 指标看，该股此前窄幅震荡，平均线黏合在一起，BIAS 指标三线也逐渐靠拢，距离越来越近，甚至黏合在一起。这通常是变盘的前奏，投资者需要密切关注突破方向和时机。5 月 13 日长阳线收出，BIAS 指标向上抬头，说明横盘已经结束，后市将进入上升趋势，投资者可以积极跟进。此后该股震荡上行，涨势虽不猛烈，但短线的涨幅还是可以让人满意的。

如图 4-131 所示，＊ST 科健 2011 年 3 月 10 日涨停，股价明确脱离

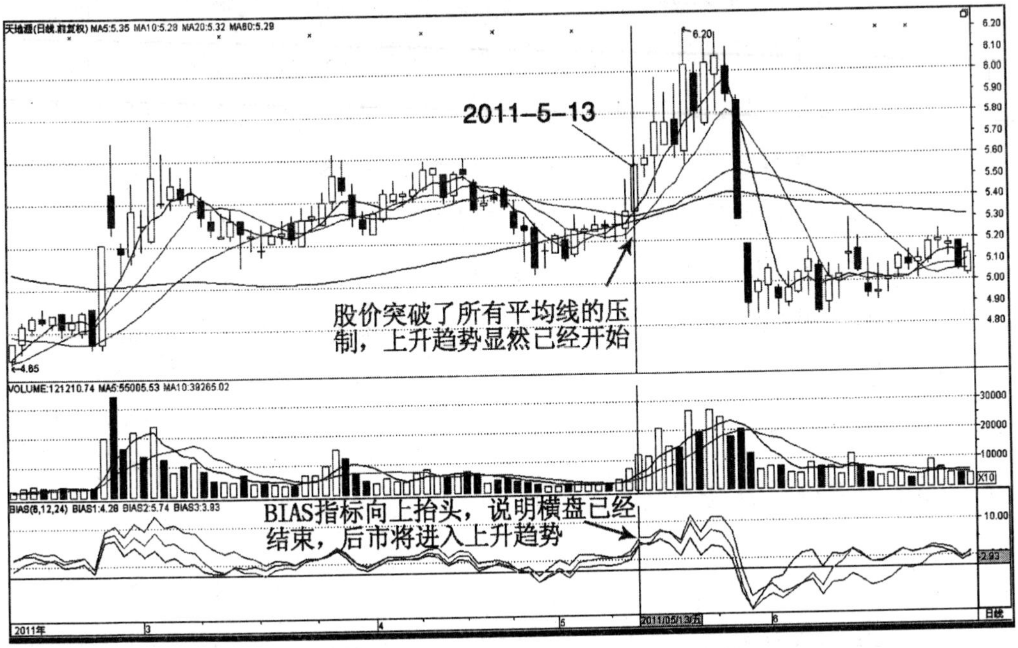

图4－130　天地源　600665

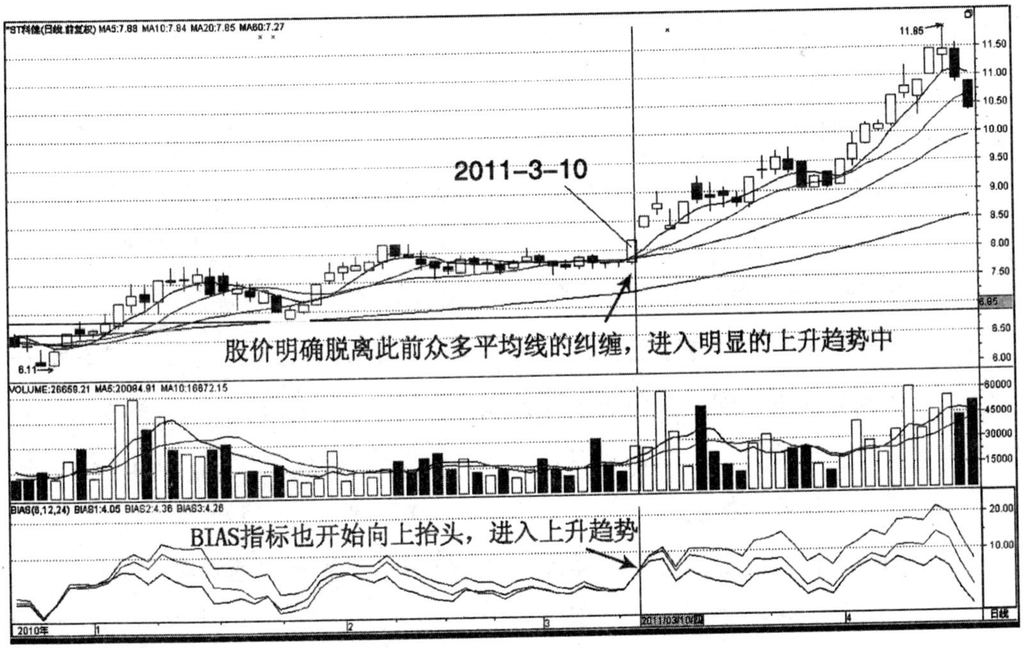

图4－131　*ST科健　000035

此前众多平均线的纠缠，进入明显的上升趋势中，投资者一眼就能看出这是一个很好的买点。这个买点也得到了 BIAS 指标的验证。此前该股连续横盘，收出众多的小阴线、小阳线，看不出股价的走势到底会如何发展。此时的 BIAS 指标随着股价的窄幅震荡而逐渐靠拢，最后黏合在一起。这是变盘的前兆，我们需要密切关注后市的发展。3 月 10 日该股做出了向上突破的选择，BIAS 指标也开始向上抬头，进入上升趋势。多个信号共振，投资者可以放心买进。后市该股也不负众望，涨幅非常可观。

六、BIAS 指标历史低值买点

起涨信号

股价持续下跌，BIAS 指标接近或者低于历史的低值，说明空头杀跌的动能达到了极限，后市很可能就此反转向上，投资者可以少量参与。如果后市股价掉头上行，平均线逐渐走好，反转走势正式确立，则可以加码介入。

如图 4－132 所示，泛海建设自高位下跌，股价逐浪下滑，累积的跌幅巨大。2009 年 8 月 31 日该股继续收出中阴线，跌势依然，走势令人沮丧。当大家灰心丧气的时候，也许机会就来了。当日该股的 BIAS 指标 24 日线的数值达到惊人的－22，股价显然已经严重超跌，这是一个历史的低值，往往预示着下跌即将结束，反弹随时来临。当然超跌并不一定就会立刻反弹，我们还需要关注反弹的信号。次日该股止跌收阳，此后更是连续收阳，反弹基本确立，投资者可以适当参与。后市该股持续反弹，反弹的幅度不小。当 BIAS 指标接近甚至超过历史低值的时候我们不能再割肉了，反而需伺机补仓，场外投资者可以适量参与抢反弹。

如图 4－133 所示，德赛电池自高位反转下跌，股价逐浪下滑，跌幅巨大。2011 年 1 月 25 日该股继续收阴，好像跌势依旧。此时我们可以关注一下 BIAS 指标。该指标的 24 日线数值接近－16，显然股价已经严

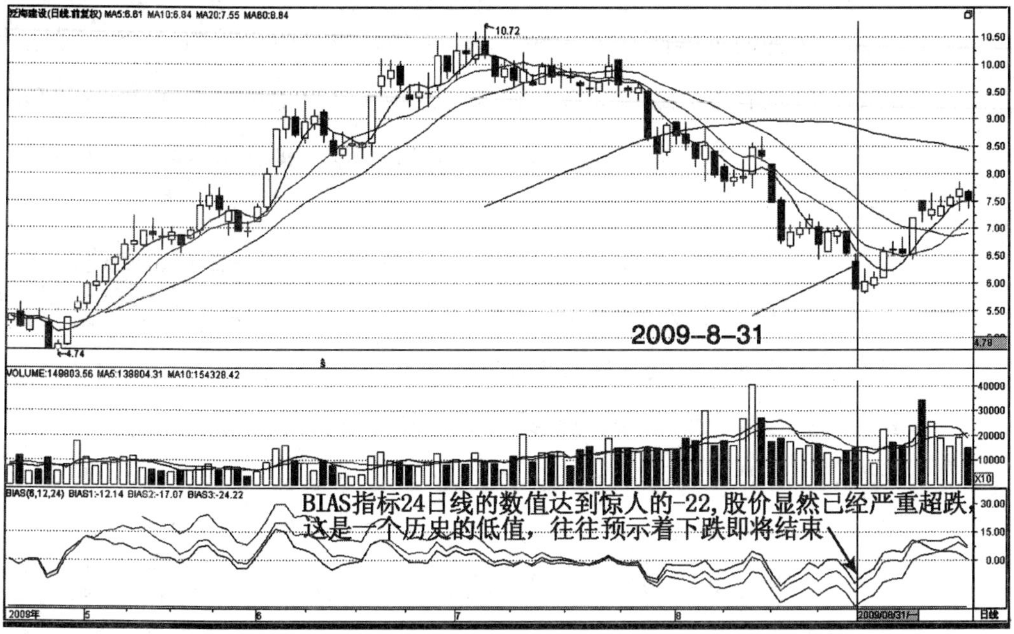

图4－132　泛海建设　000046

图4－133　德赛电池　000049

重超跌，反弹随时发生。同时这个数值也是一个历史的低值，更加增添了后市反弹的可能性。次日该股止跌企稳，当日收出小阳线，反弹就此开始，投资者可以适当参与。后市该股连续收出十多根阳线，反弹的幅度不小，如果我们能在 BIAS 指标达到历史低值的时候参与，后市收获相当可观。

如图 4－134 所示，深国商前期大幅上升，然后自高位快速回落。2011 年 5 月 27 日该股收出长阴线，跌势迅猛，看似股价走势已经明显变坏，投资者很可能会进入恐慌状态，慌不择路出逃。其实风险之下也蕴含着机会。我们看 BIAS 指标的 12 日线已经达到惊人的－14，显然短线股价已经严重超跌，同时这个数值也是一个历史的低值，这意味着股价反弹随时来临，投资者此时无需割肉。随后该股走出一个早晨之星的形态，反弹确立，场外的投资者可以积极进场。后市该股更是创出新高，不过那是后话了。

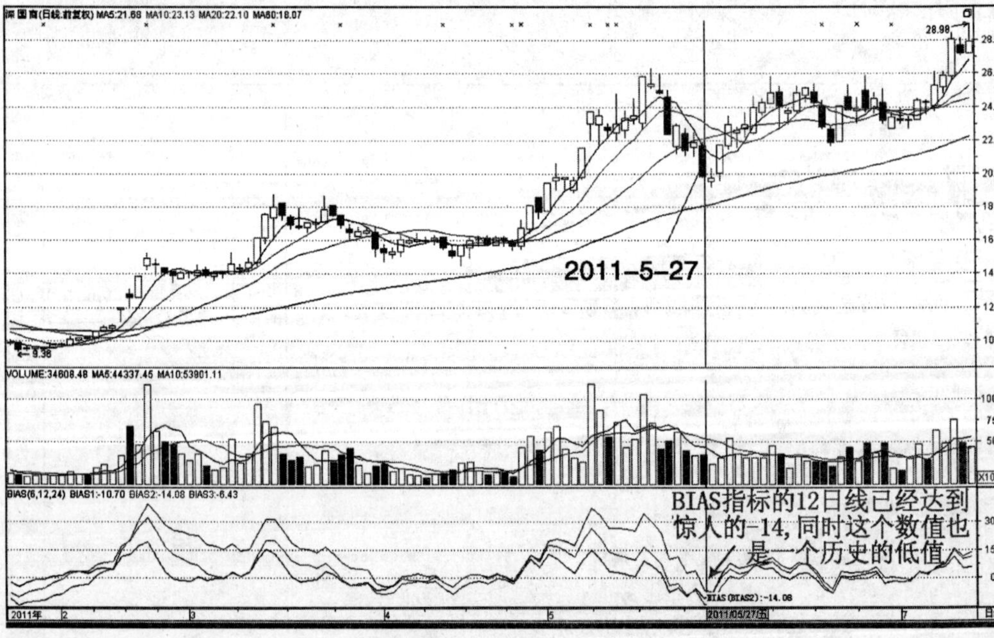

图 4－134　深国商　000056

第 5 章

分时图买点

买在

起涨点

分时图作为买卖信号具有很大的不确定性，错误信号非常之多，这一点我们首先要明确，不能管中窥豹，否则就得不偿失了。研判分时图必须考虑股价的整体走势，在对日线和周线等做出判断后才能到分时图里寻找合适的买卖时机。

分时图主要由股价线、均价线和成交量组成，三者的互动关系可以产生很多买点和卖点。均价线是当日股价的运行趋势，股价线的走势受制于均价线，两者产生的交叉成为明确的买点或卖点。当然股价的运行还需要成交量的配合，这一点不容忽视。

一、均价线支撑

起涨信号

均价线代表当日买入股票的平均价格，其走势也代表了当日股价的运行趋势，是平均线的一种。当均价线走平甚至上扬，股价线在均价线上方运行，股价线每次回落获得均价线支撑时都是很好的买入时机。不过要注意的是，当日股价涨幅已经比较大的时候就不适宜追涨了。

如图5-1所示，新黄浦略微高开后稳健上行，均价线跟随上扬。之所以说它稳健，是因为均价线的支撑非常稳固，股价每次回落到均价线即止跌回升，而且均价线明显上移，说明场内的买入平均价格越来越高，多头的攻势显然越来越强，市场气氛非常活跃，后市自然看好。既然该股走势如此稳健，介入是理所当然的。具体的介入时机即是股价获得均价线支撑的时候逢低买进。不过后市股价越来越高，超过3个点之

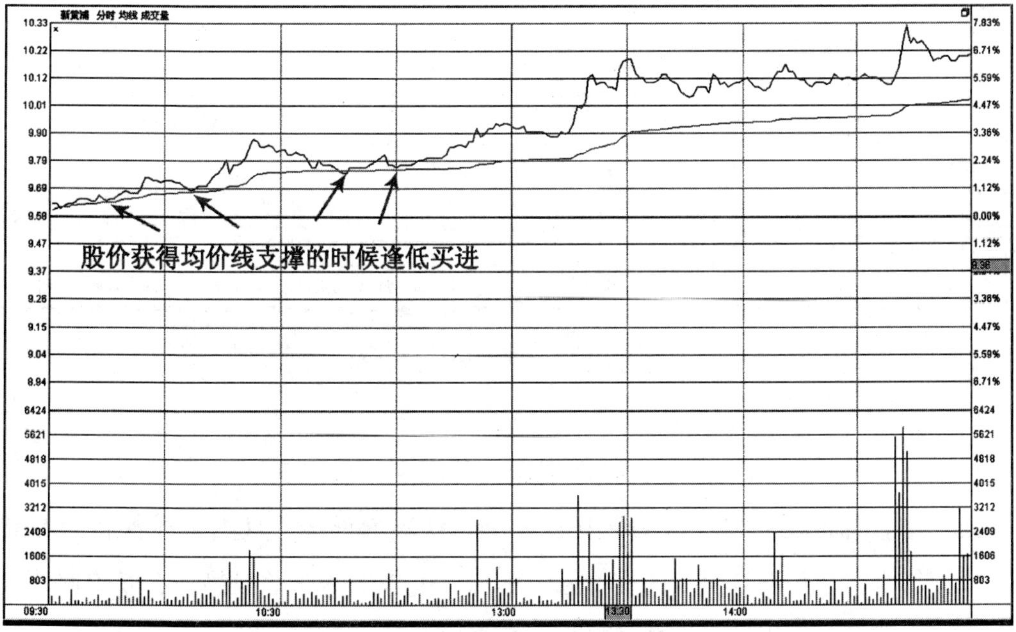

图5-1 新黄浦 600638

后就不太适合追涨了。

如图5－2所示，实达集团开盘后稍作盘整便开始逐浪攀升，成交量同步放大，这是非常好的量价配合形态，投资者可以择机介入。这种形态的买入时机比较好把握，那就是每当股价回落到均价线的时候，只要支撑可靠就可以买入。当然此时也要看均价线本身的走势，通常要求均价线走平，最好是略微上扬。均价线就是平均线，代表股价运行的趋势，一旦均价线形成有效支撑就是很好的逢低买入的时机。该股此后继续上涨，当股价涨幅较大时，虽然均价线有强力支撑，也不适合追涨，毕竟股价越高获利盘出逃的冲动就越强。

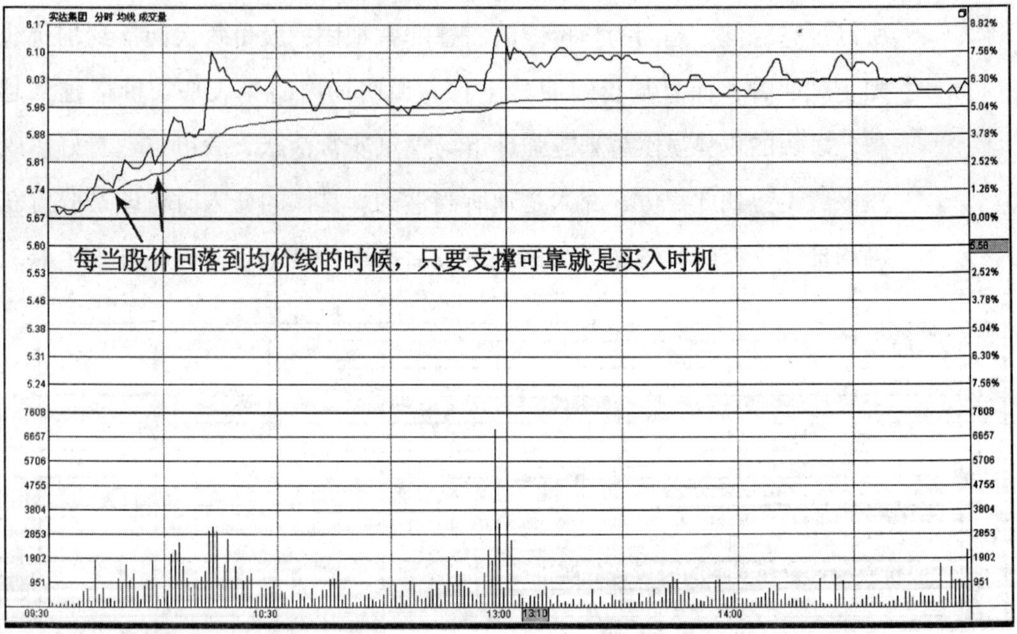

图5－2　实达集团　600734

如图5－3所示，海南瑞泽高开高走，10分钟后股价稍有回落，但在均价线上方获得明显支撑，没有跌破均价线，且均价线保持上行趋势。这说明均价线的支撑非常牢靠，走势依然非常强势。当股价回落到均价线附近获得支撑的时候，我们就有了逢低买入的机会。此后该股逐浪上升，股价即便回落也受到均价线的强力支撑，每次获得支撑时都是逢低买入的时机。但是涨幅太大的时候就不能再冒险介入。该股下午走势逐渐回落，成交量萎缩，多头逐渐走弱，这也说明不宜在高位追涨，毕竟分时图只是当日交易的表现，不确定性很大。

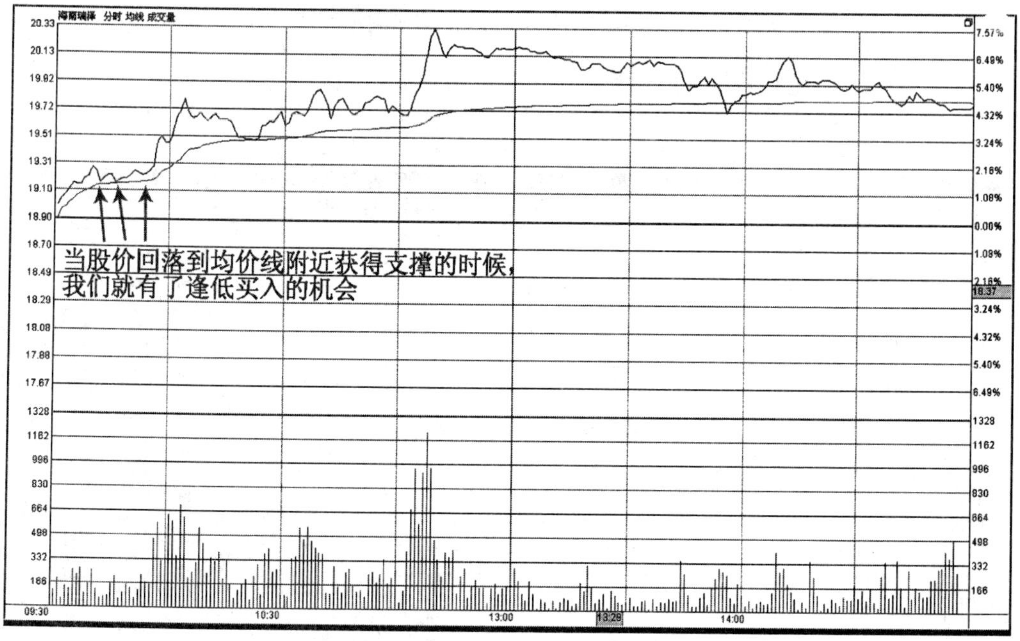

图5-3 海南瑞泽 002596

二、短暂跌破均价线

起涨信号

短暂跌破均价线事实上也是均价线有支撑的表现。股价短暂跌破均价线是很正常的，只要均价线还保持上行趋势，且跌破的时间不长，跌破的幅度不是很大，我们就可以认为均价线的支撑仍然有效，当股价很快回到均价线之上的时候就是很好的买入时机。

如图5-4所示，广发证券开盘后震荡走高，均价线也跟随上扬，这是比较好的股价走势，因为股价的上行得到了均价线的有效支撑。开盘

15 分钟左右，股价有一个短暂的回调，股价短暂跌穿均价线，但是幅度极小，且时间非常短。对于这种股价短暂跌穿均价线的行为我们完全不必惊慌，只要均价线没有跟随下行，就说明上升趋势保持完好，股价短暂穿越均价线很可能是主力盘中洗盘的行为，我们可以抓住机会加大介入力度。该股此后果然逐浪上升，全天涨幅很大，如果能在股价短暂跌穿均价线后拉回的时候介入，收获无疑非常可观。

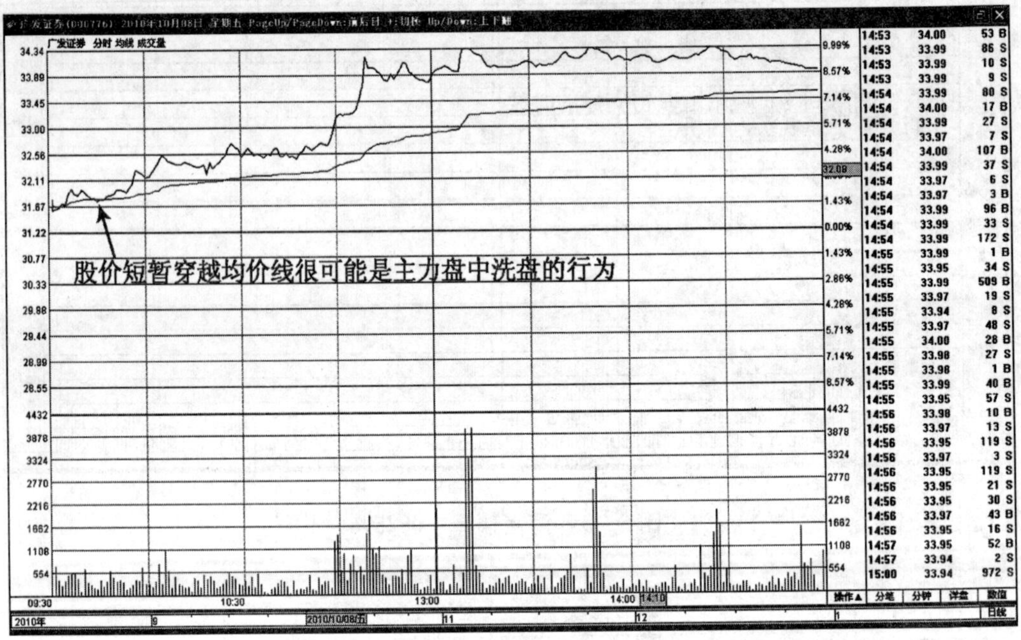

图 5-4　广发证券　000776

分时图的不确定性比较大，股价短暂跌穿均价线并不代表整体走势变坏。如果日线系统呈现多头走势，这种短暂的打压更是我们进场的良机。

如图 5-5 所示，东北证券开盘后走势强劲，股价涨到 4 个多点的时候突然反转快速下跌，甚至击穿了均价线，但很快就拉回到均价线之上。事实上对于这种现象不必过于惊慌，更不能在此时卖出。首先，股价快速下行并没有伴随成交量的放大，说明筹码比较稳定，并没有主力出货迹象；其次，股价下行并没有得到均价线的支持，均价线依然保持向上的趋势，说明整体上升趋势并没有改变。如此看来，股价短暂击穿均价线并不可怕，反而成为一个很好的买入时机。

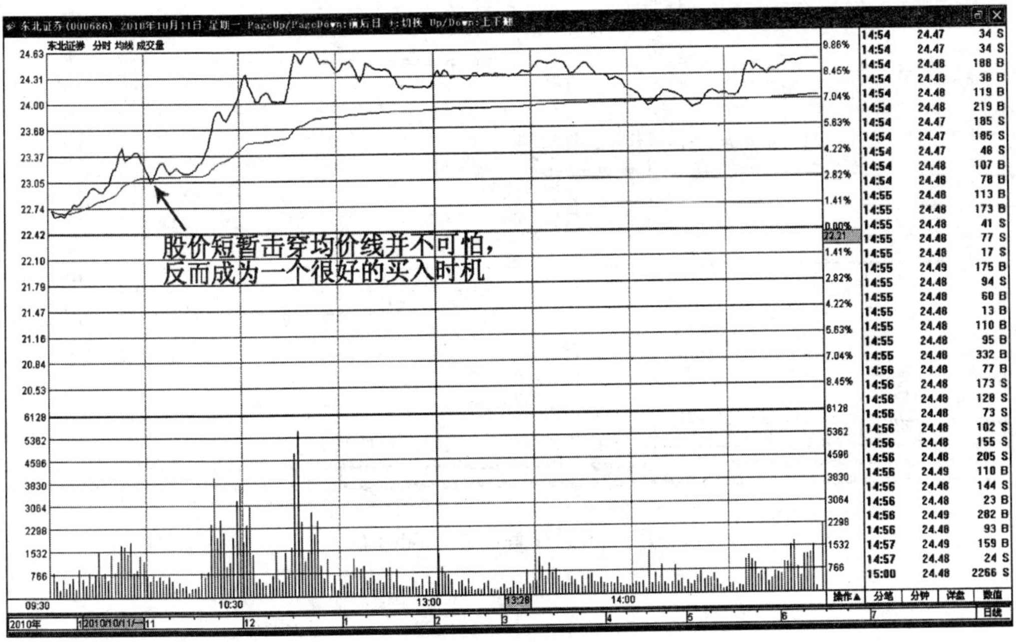

图5-5　东北证券　000686

如图5-6所示，长春一东开盘后基本上处于横盘走势，波澜不惊。10:00后该股开始缓缓下滑，股价跌穿均价线，看似走势变坏了，不过很快又回到均价线之上，有惊无险。事实上我们对于这种股价跌破均价线的现象不要过于惊慌，此时仍属于正常的横盘震荡，因为均价线并没有跟随下行，也就是说趋势仍保持完好。对于这种现象，我们可以保持关注，如果均价线也开始下行则需要止损出局，否则还可以继续持股。如果有全局观，就该明白该股开盘后的窄幅震荡是蓄势的表现，如果日线趋势向好，我们基本判断此为拉升前的蓄势，可以逢低介入，而短暂跌穿均价线正是这样的逢低介入的良机。注意，前提是日线走势完好，特别是在突破前的关口上，蓄势后很可能就是突破。

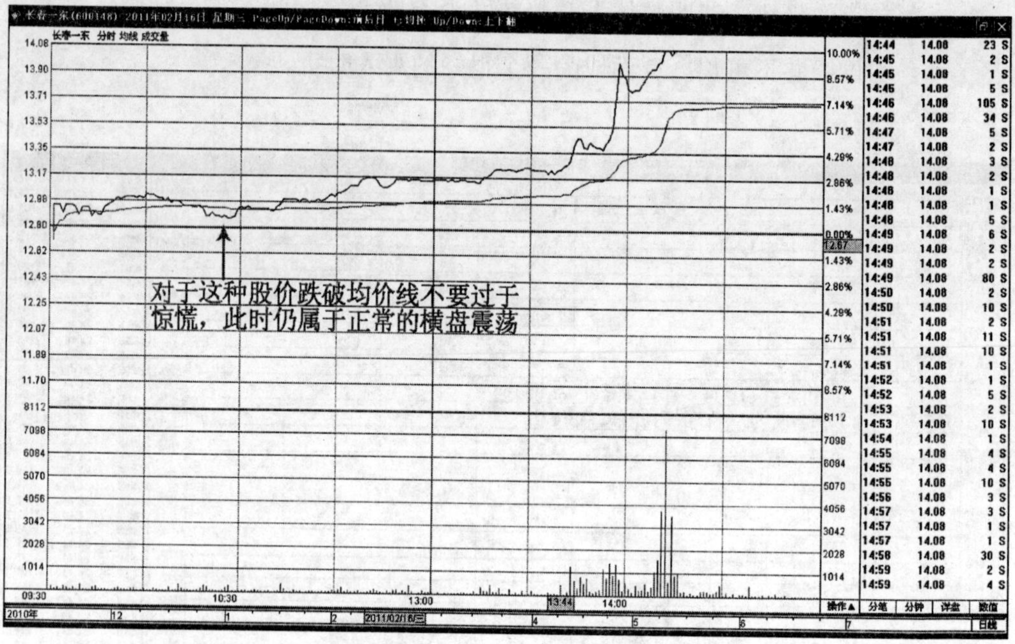

图5-6 长春一东 600148

三、突破横盘区间

起涨信号

分时图上经常可以看到股价线在一定区间上下震荡，均价线呈平行走势，这是盘中震荡整理的表现，后市股价一旦向上突破横盘整理的区间，就说明整理已经结束，后市将进入拉升阶段，在突破的瞬间我们可以积极参与。当然横盘的位置不能太高，否则风险很大。

如图5-7所示，乐通股份开盘后快速拉高，然后陷入横盘震荡，走出一个窄幅震荡的格局，但是股价回落的低点离均价线还有一段距离，说明均价线支撑非常强势，投资者可以逢低买进。10:05左右，该股结束横盘走势，突然放量拉起，这又是一个极佳的买点，投资者可以放心介入。横盘震荡蓄势后的向上突破通常颇具潜力，后市应该会相对乐观。不过该股此后仅是完成了一波突破后的快速拉升，没有更上层楼。

假如按突破横盘区间时的价位买入，当日的涨幅还是可以让短线交易者满意的，且走势一直非常稳健，后市还存在较大拉升的潜力。

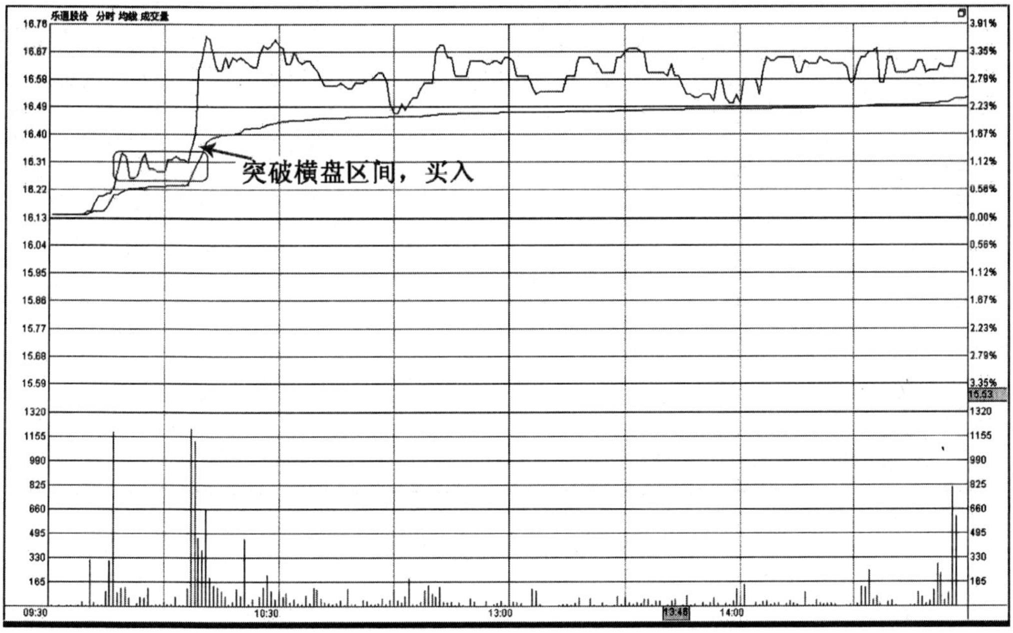

图5-7　乐通股份　002319

如图5-8所示，海南椰岛开盘后拉高2个点左右，然后陷入横盘震荡之中。这时候很难判明趋势，因为股价没有得到均价线的支撑，均价线甚至还略微有点下移。不过该股的跌幅并不大，基本围绕均价线上蹿下跳，在一个区间里横盘震荡。这种走势的个股我们可以密切关注。横盘震荡说明在蓄势，只是方向难以判明。如果向下突破即需要立刻卖出规避风险，如果向上突破则可以及时跟进。在上午临近收盘前，该股放量拉升，突破横盘区间，这是一个非常好的介入机会。该股此后直线拉升，只是尾盘受大盘影响大幅走低，盈利幅度大幅萎缩。

如图5-9所示，深南电A开盘后有一个小幅下探走势，然后回升，在回到前日收盘价附近的时候陷入横盘震荡中，横盘的低点基本是前日收盘价，说明这个位置有较强的支撑。在横盘震荡期间，该股的成交量极度萎缩，说明多空双方都没有多大的交易欲望，暂时取得了平衡。不

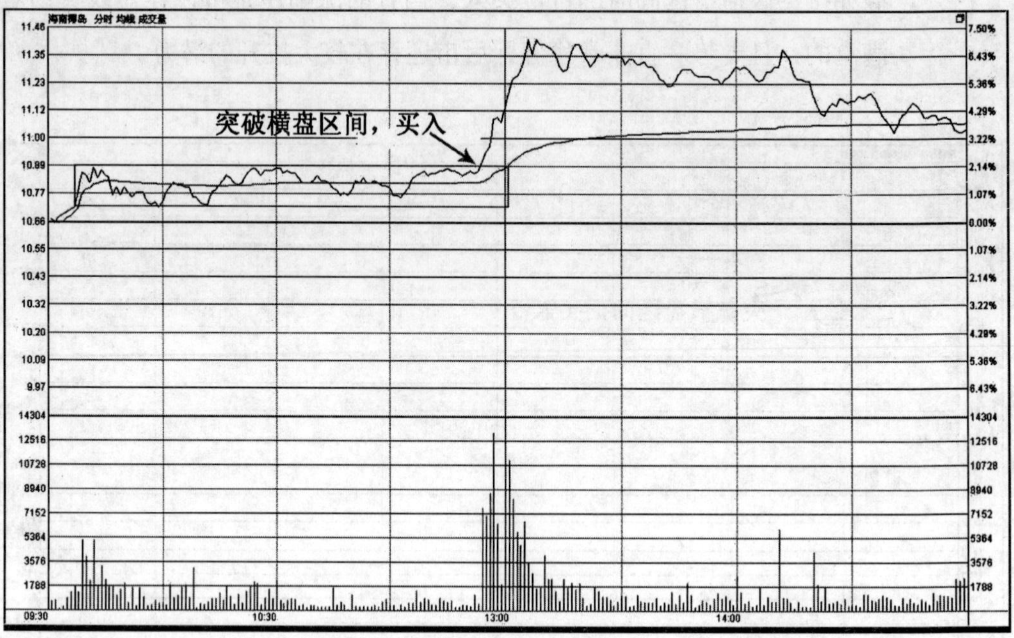

图5－8　海南椰岛　600238

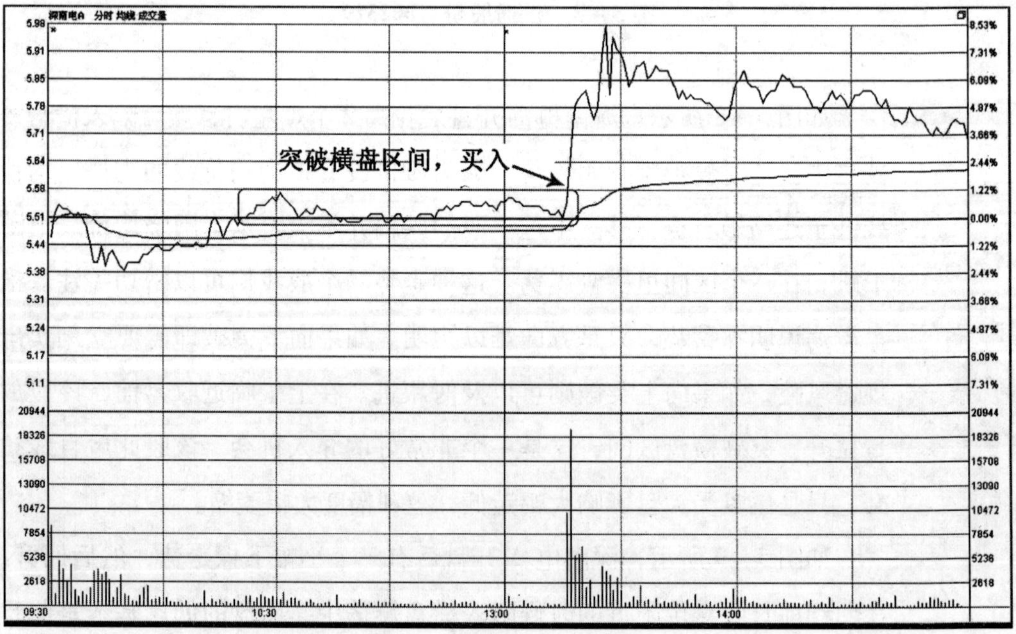

图5－9　深南电A　000037

过这通常是变盘的前奏，投资者可以密切关注。下午开盘后不久，该股放量拉起，投资者可以在股价突破横盘区间的瞬间及时跟进。本例该股后期的拉升没有多少追捧者，成交量明显萎缩，升势难以为继，这也导致了该股此后震荡回落，不过在突破横盘区间的时候买入者最终还是有所收获的。

四、股价在前日收盘价附近窄幅震荡

起涨信号

开盘后股价沿着前日收盘价窄幅震荡，均价线、股价线和收盘价线三者几乎重合在一起，这是蓄势的表现，也说明主力控盘能力很强，后市极有可能爆发，投资者可以先行潜伏，等待股价飙升。当然这一切的基础在于该股的日线处于上升趋势中，否则没有多大意义。

如图5－10所示，多氟多开盘稍有拉升后便开始回落，此后股价跌

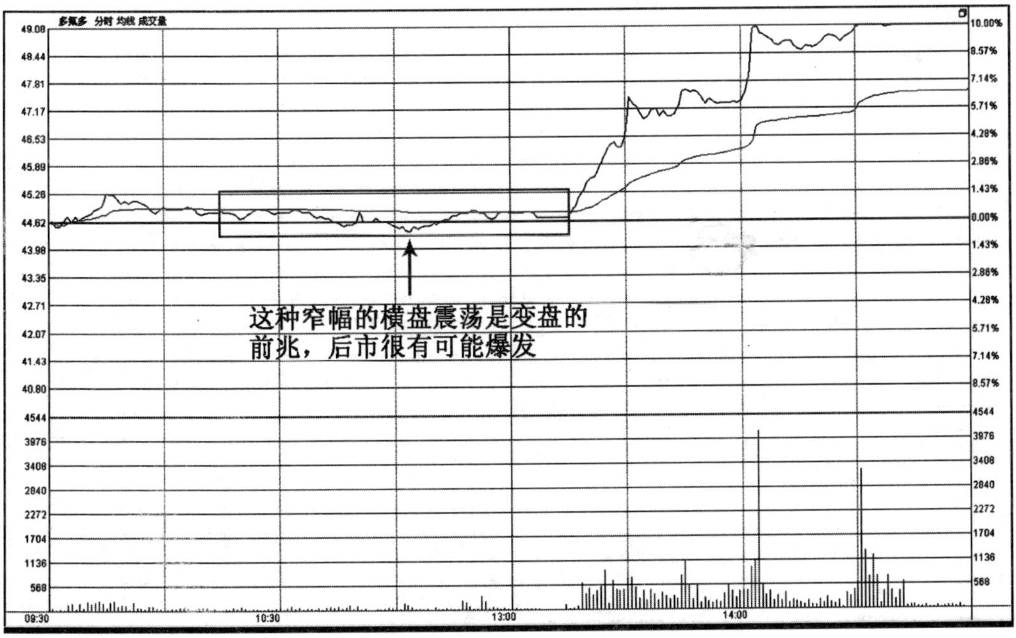

图5－10　多氟多　002407

破均价线，甚至跌穿了前日收盘价，多条防线被击破，这是不是预示着股价走势变坏了？其实完全不是。该股整体的走势仍是窄幅的震荡，股价围绕着前日收盘价和均价线上下震荡，成交量极度萎缩，一切都显得风平浪静。有经验的投资者就知道这种窄幅的横盘震荡是变盘的前兆，后市很可能有爆发。当然这还不能判断将向上还是向下爆发。如果日线等是多头走势，则很可能是向上的爆发，投资者可以在窄幅震荡的时候逢低介入，等待股价的爆发。该股午后放量拉升，很快拉升至涨停板，如果能在上午股价围绕前日收盘价震荡的时候介入，无疑捕获了一条大鱼。这是一个屡试不爽的抓短线牛股的方法，投资者可以细心体会。

如图 5－11 所示，中信银行开盘后的走势也比较诡异，股价线和均价线基本黏合在一起不说，两线还基本跟前日的收盘价横线重合，上下震荡的幅度极小，不超过 1 个点。大盘股的波动范围通常都很小，但如此窄幅的波动还是比较少见。这一方面表明交投冷清，但也说明主力对股价控制得非常牢靠，这就值得投资者密切关注。14:00 后该股突然爆发，股价被巨量拉起，几分钟即升到涨停板。虽然当日股价没有封住涨停板，但最后

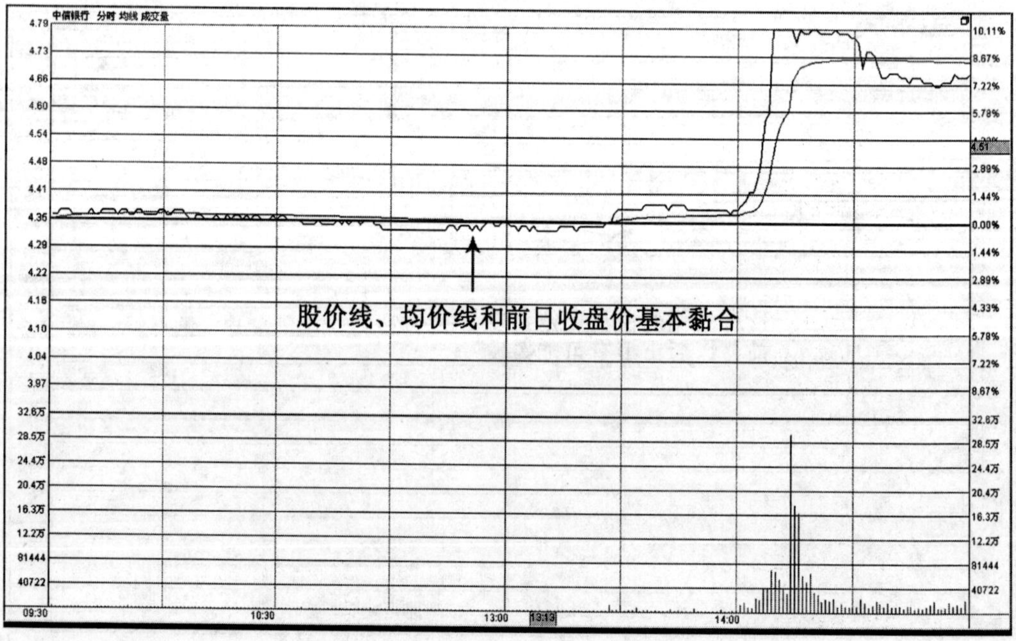

图 5－11　中信银行　601998

还是大幅收高，如果能在拉起的瞬间跟进，收获也非常可观。

如图5－12所示，万顺股份开盘后的走势也比较诡异，股价围绕着前日收盘价窄幅震荡，股价线、均价线和收盘价线三者合一，基本黏合在一起。这是主力蓄势的表现，也是变盘的前奏，后市很可能突然爆发。如果该股日线处于上升趋势中，我们可以在窄幅横盘的时候提前介入，等待股价的爆发。该股下午开盘后果然爆发，股价直线拉高，直奔涨停板，涨势非常惊人。虽然尾盘股价大幅回落，但如果能在上午横盘的时候提前潜伏，短线浮盈还是非常大。

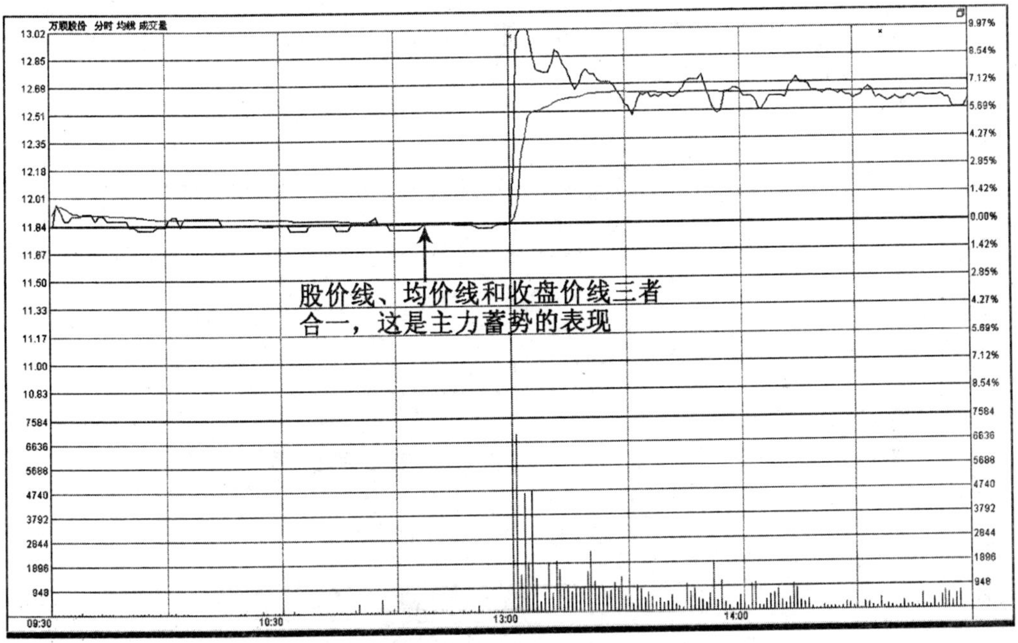

图5－12 万顺股份 300057

五、突破均价线

起涨信号

股价前期下跌，股价线在均价线下方运行，随后股价震荡走高，均价线走平甚至开始上扬，然后股价线突破均价线，说明当日多头开始占据优势，走势进入多头趋势中，这是一个较好的买点，投资者可以适当参与。如果该股的日线系统呈上升趋势则更可放心介入。

如图 5-13 所示，光电股份上午开盘后略微冲高便开始逐浪下跌，股价线和均价线都呈明显的下行趋势，整个上午走势非常低迷。午后该股止跌盘整，甚至有多次靠近均价线的表现，说明买盘复苏，只是还没有完全摆脱空头的压制。临近收盘还有 45 分钟左右的时候，该股终于发力，股价突破均价线，说明多头终于扭转了颓势，开始占据优势，投资者可以少量介入。此后该股放量飙升，短线涨幅不小。这种尾盘拉升的股票有作秀的嫌疑，后市并不非常看好，不过少量参与的话还是可以的。

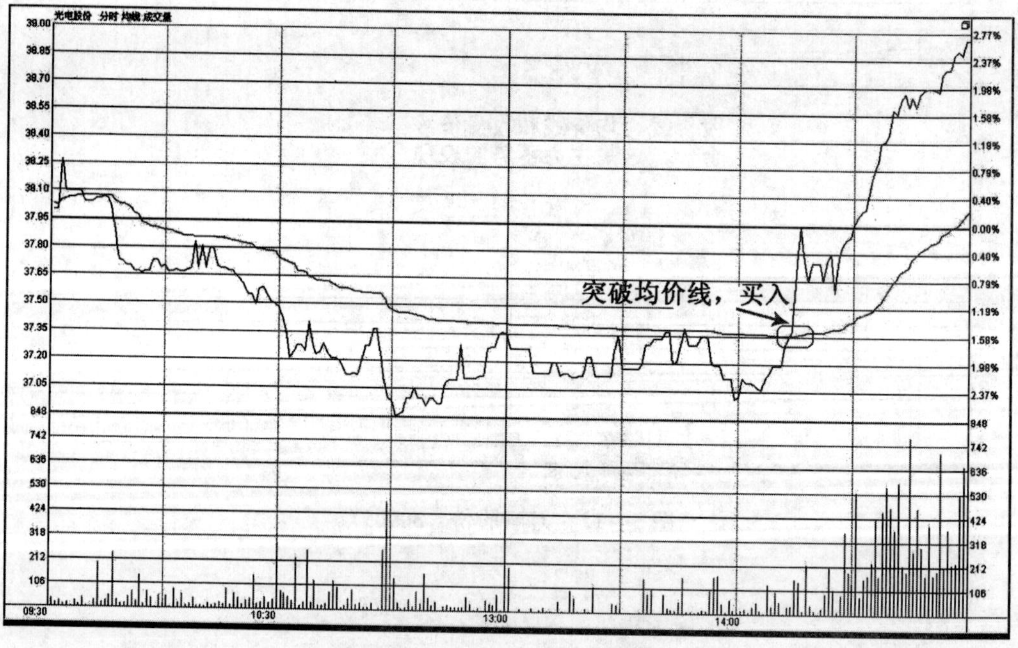

图 5-13 光电股份 600184

如图 5-14 所示，岳阳兴长当日低开走高，但反弹很快夭折，随后股价跌至均价线下方，均价线也明显下行，属于典型的空头走势。不过此后该股的下跌幅度并不大。10:20 左右该股拉高，股价突破均价线，这是一个少量参与的机会。此时的均价线也已走平，说明走势趋稳。此后股价震荡上行，股价回踩均价线获得支撑时是加码的时机，突破前日收盘价则可以加码介入。当然不同的介入时机适合不同的风险爱好者，不能一概而论。该股最后收盘价处于较高的位置，如果能在突破均价线的时候就介入，收获还是非常可观的。

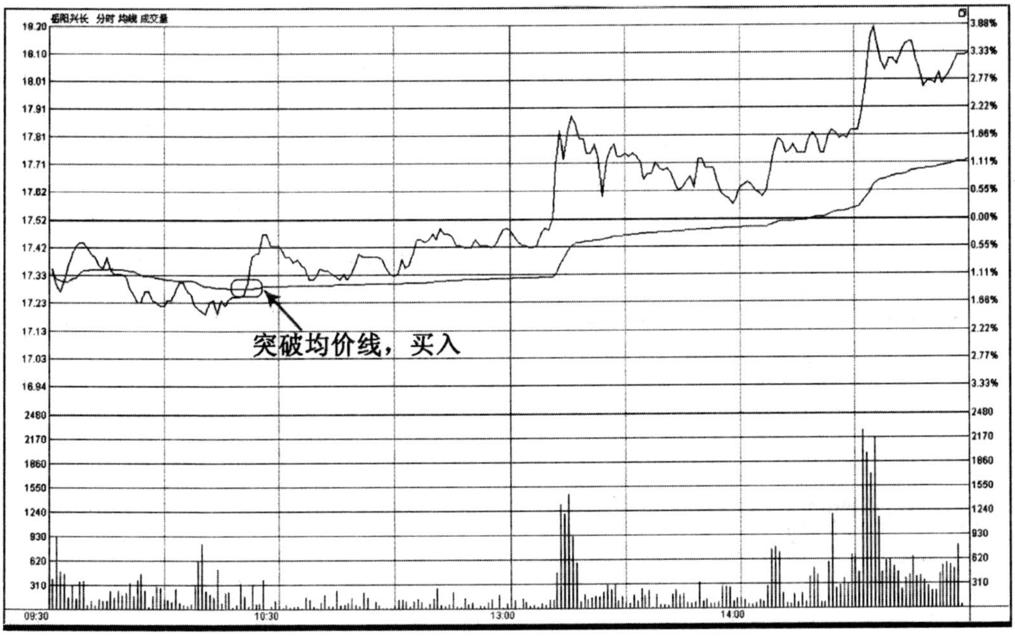

图 5 – 14　岳阳兴长　000819

如图 5 – 15 所示，巨化股份开盘后略微冲高即陷入跌势，股价线和均价线同步下行，弱势格局很明显，通常只能离场观望。整个上午该股的走势都比较低迷，即便反弹也受到均价线的压制，说明均价线的压力非常大。下午开盘半小时后该股开始走强，股价反弹，均价线也开始走平，随后股价突破均价线，是一个参与的机会。此后股价两次回踩均价线都获得明显支撑，说明均价线的支撑还是比较可靠的。不过因为当日大盘走势比较低迷，该股冲高后大幅回落，让介入的投资者多少有点遗憾。

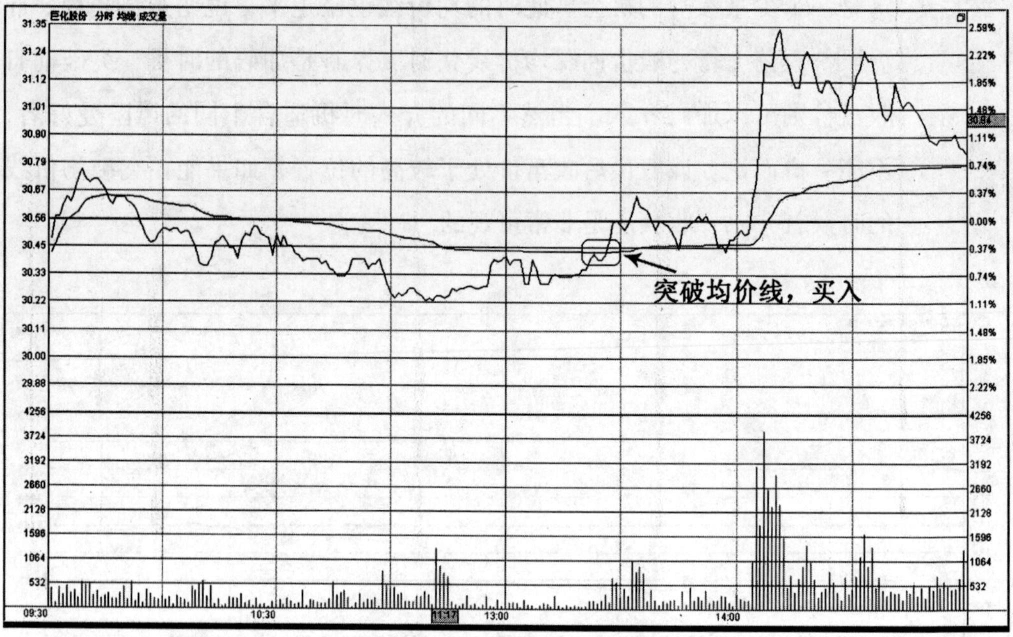

图 5－15　巨化股份　600160

六、突破前高

起涨信号

股价逐浪上升，前高就是当日的压力点，如果不能创出新高就可能就此回落；反之，股价一旦突破前高则说明压力已经被扫除，压力位也就此转换为支撑位，突破的时候就是买入的时机。若当日股价涨幅已大则不适合如此操作。

如图 5－16 所示，海能达低开高走，股价很快突破前日收盘价，走势变好。此后股价回踩前日收盘价，获得稳固支撑，说明突破有效，投资者可以买进。接着股价继续上升，突破前高，这又是一个很好的买点。因为此时上升的压力被扫清，形成了逐浪上升的格局。同步均价线明显跟随上扬，显示上升趋势非常健康，做多表现非常真实。该股此后果然逐浪上升，每次回调到均价线获得支撑均是买点，每次突破前高也是买点。当然如果当日的股价涨幅已经比较大了则不适合追涨，避免尾市回落的风险。

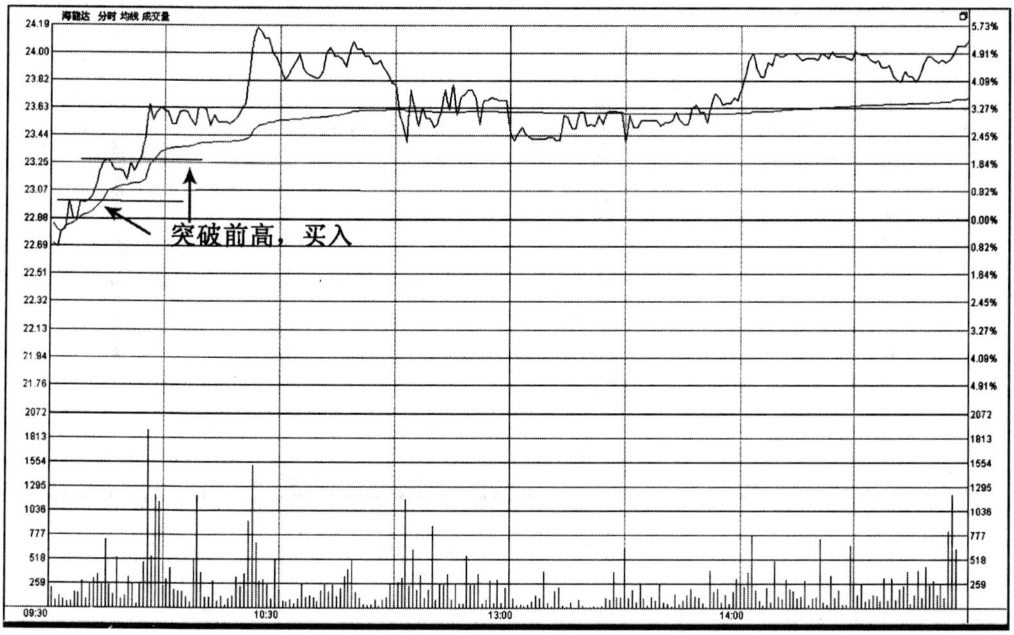

图5－16 海能达 002583

如图5－17所示，百大集团开盘后窄幅震荡。10：20左右该股突然拉起，涨幅为2个多点，然后股价稍微回落。经过短暂的横盘整理后股价再度上行并突破前高，预示着前方的压力被击溃，新一波拉升开始，短线投资者可以积极跟进。在股价逐浪上行的时候，均价线也跟随上扬，这是上升趋势的保证。有了保证后我们就可以寻找买点：股价回落至均价线获得支撑时是最佳的买点，股价突破前高是次佳的买点。但是当日涨幅过大的时候就不适合买入了。本例该股在上午收盘前还继续突破前高上扬，但此时股价涨幅已经超过6个点，显然短线涨幅已经太大。尾市该股有较大幅度的回落，如果在涨幅过大的时候追涨，当日就已经浮亏。

如图5－18所示，华东电脑开盘后略微下挫，然后在前日收盘价下方不远处横盘震荡。10:05左右该股突破前日收盘价，股价明显走强。

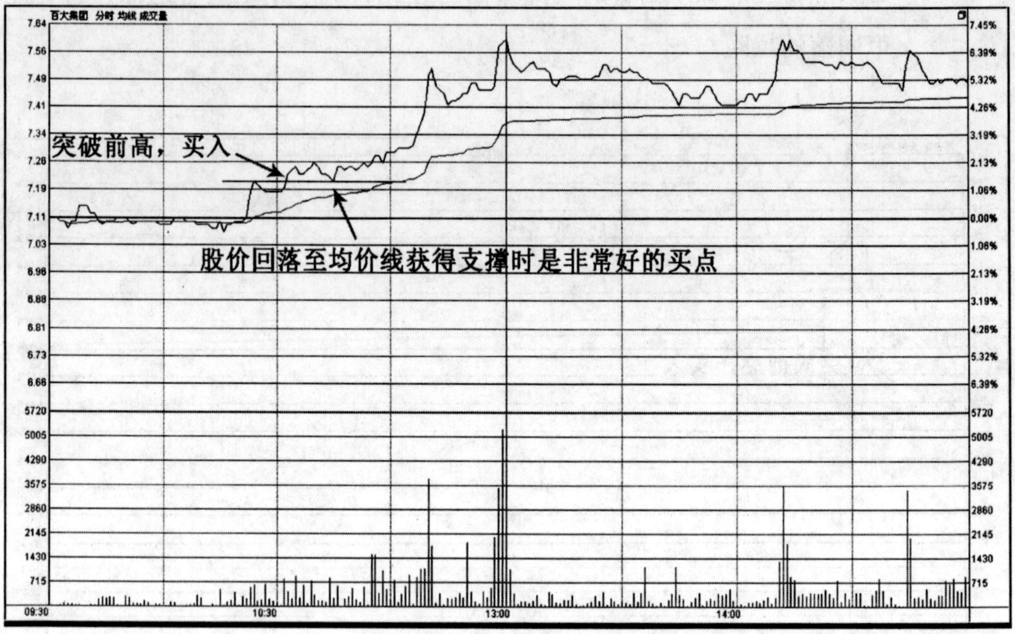

图 5－17　百大集团　600865

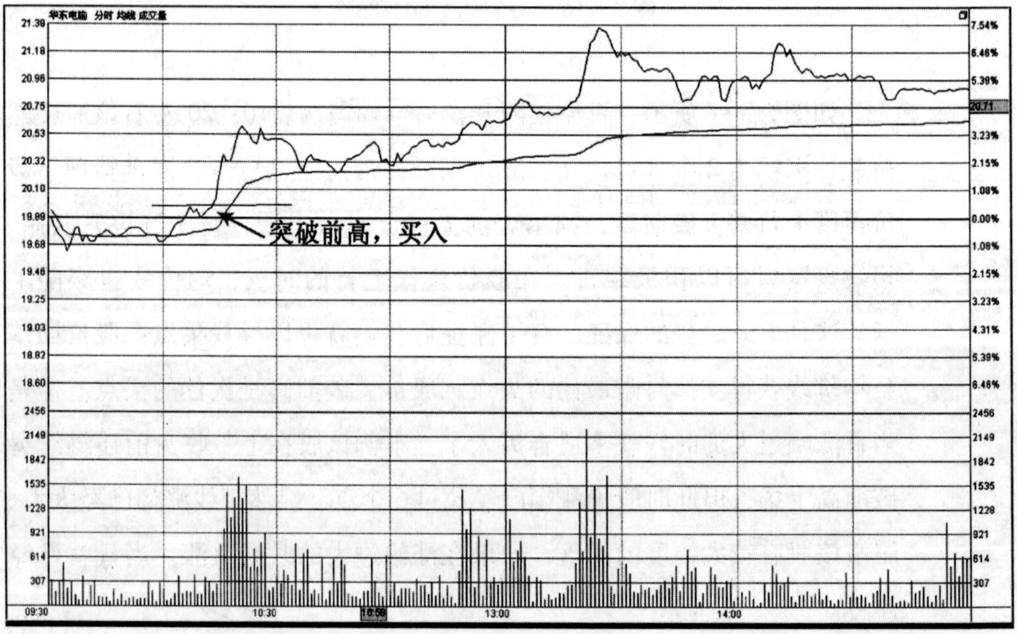

图 5－18　华东电脑　600850

之后股价小幅回落，回踩前日收盘价支撑有效。此后股价再度拉起，突破前面的高点，这是一个非常好的买点。突破前一波的高点，说明一个压力位被突破了，后市通常还有拉升的潜力。此时的均价线也跟随上行，股价涨幅不大，一切都显示走势极好，投资者可以短线追进。该股此后果然逐浪拉升，虽然尾市回落，但全天的涨幅还是非常可观。

七、突破前日收盘价

起涨信号

收盘价是一天多空厮杀的结果，具有较高的参考价值，对次日股价的走势也有重要影响。如果次日股价低开高走，突破前日收盘价，说明短暂的做空已经结束，后市将重回上升趋势，此时投资者可以适当参与。如果日线系统处于上升趋势，则这个买入信号更准确。

如图5－19所示，海能达低开高走，很快突破前日收盘价，这是一

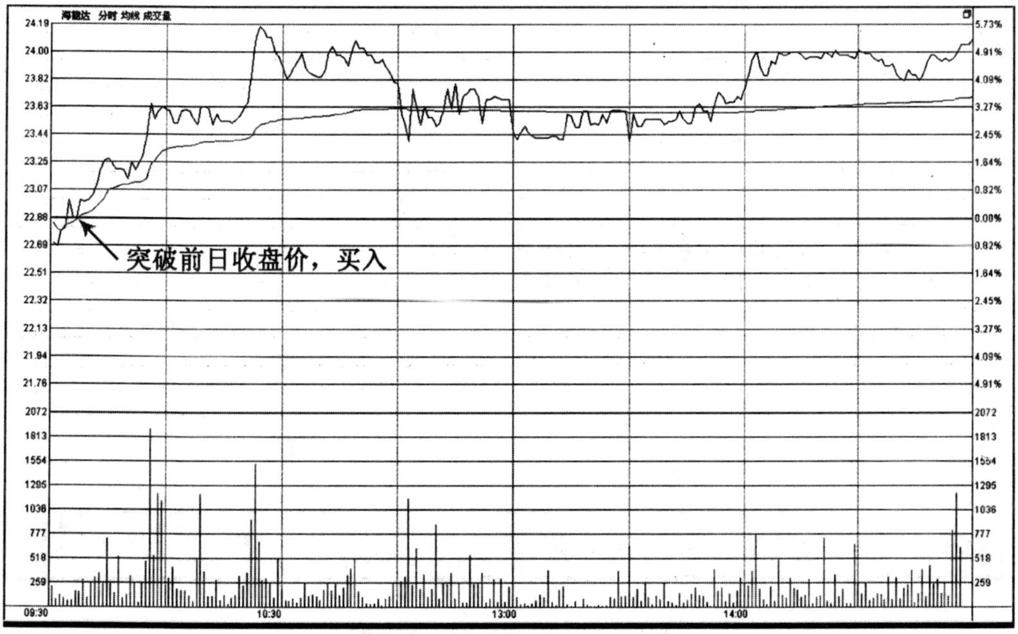

图5－19 海能达 002583

个买入时机。因为前日收盘价是投资者的一个重要参考标准，是一个压力、支撑转换的关键点位，而一旦突破则压力消除，且转换为支撑。本例该股突破后有一个回踩，股价也恰好在前日收盘价上获得了有效支撑，说明这个位置已经成功转换为支撑位了，可以加码买入。该股此后逐浪上升，全天涨幅可观。

如图 5－20 所示，盛通股份低开后横盘震荡，期间曾 3 次挑战前日收盘价，但都无功而返，没能突破。这说明前日收盘价是重要的压力位。此时我们需要静观其变，但肯定不是买入时机。10:15 左右，该股终于突破前日收盘价，按转换原理，此前的压力已经转变为支撑了，投资者可以适当参与。此后该股回踩前日收盘价，获得明显支撑，投资者可以加码介入。虽然该股此后仍是一个横盘震荡的走势，但显然已经是多头掌控的局面，投资者只需等待后市的拉升。该股此后果然放量拉升，虽然尾市有所回落，但整体涨幅也非常可观，如果能在突破前日收盘价的时候买进，当日的收益无疑非常丰厚。

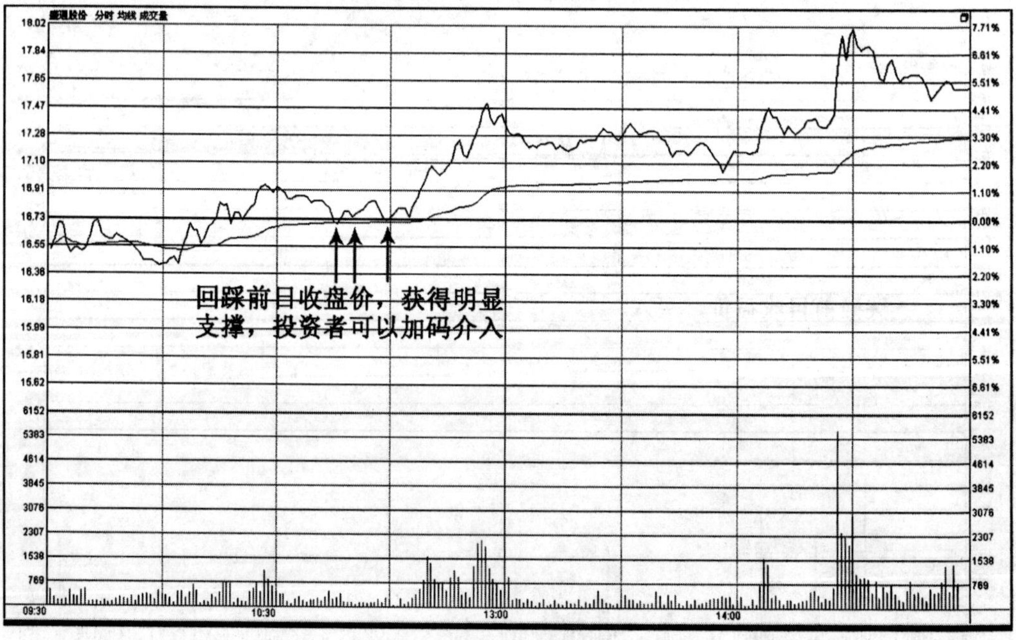

图 5－20　盛通股份　002599

如图5－21所示，华东电脑平开低走，不过跌幅不大，然后陷入窄幅震荡的走势。此时属于空头占优的格局，投资者只能观望。10:05左右，该股突破前日收盘价，压力扫除，走势进入多头走势，投资者可以适当介入（因为当时的成交量还有所欠缺，不能全力以赴）。此后股价回踩前日收盘价，获得明显支撑，投资者可以继续加码。接着该股放量拉升，虽然尾市回落，但全天涨幅还是非常可观。

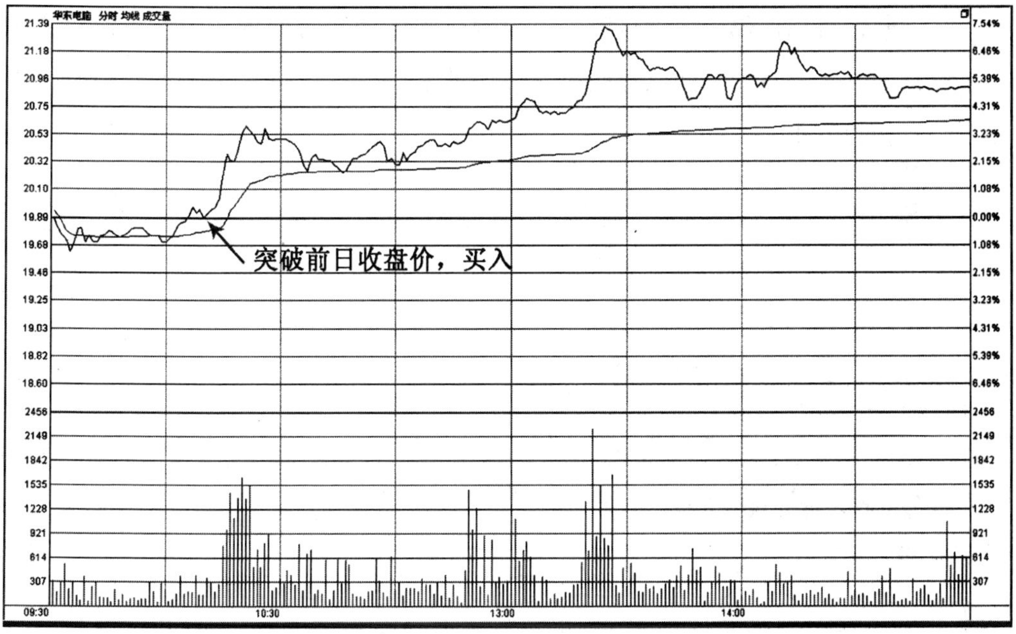

图5－21　华东电脑　600850

八、前日收盘价支撑

起涨信号

股价在盘中回落，当触及到前日收盘价的时候止跌企稳，这说明前日收盘价具有重要的支撑作用，投资者可以择机买入。当然这通常也需要日线系统的支持，如果日线系统呈上升趋势，前日收盘价的支撑往往更有效。

如图 5－22 所示，重庆啤酒开盘后略微拉高，然后回落，跌破均价线，均价线也开始下行，看似走势已经变坏。这时候还有最后一道防线，那就是前日收盘价，如果真跌穿了前日收盘价，那就说明走势已经基本走弱，需要止损出局。该股此后在收盘价上获得支撑，始终没有跌破收盘价，由此可见收盘价线的支撑还是非常稳固，投资者可以试探性少量参与。此后均价线逐渐走平，当股价再度回到均价线之上的时候，我们可以加码，因为这时候可以判明前面的短暂回落属于洗盘性质，主力真实的意图至此已经明了。该股此后台阶式上升，全天走势稳健，涨幅也不小。

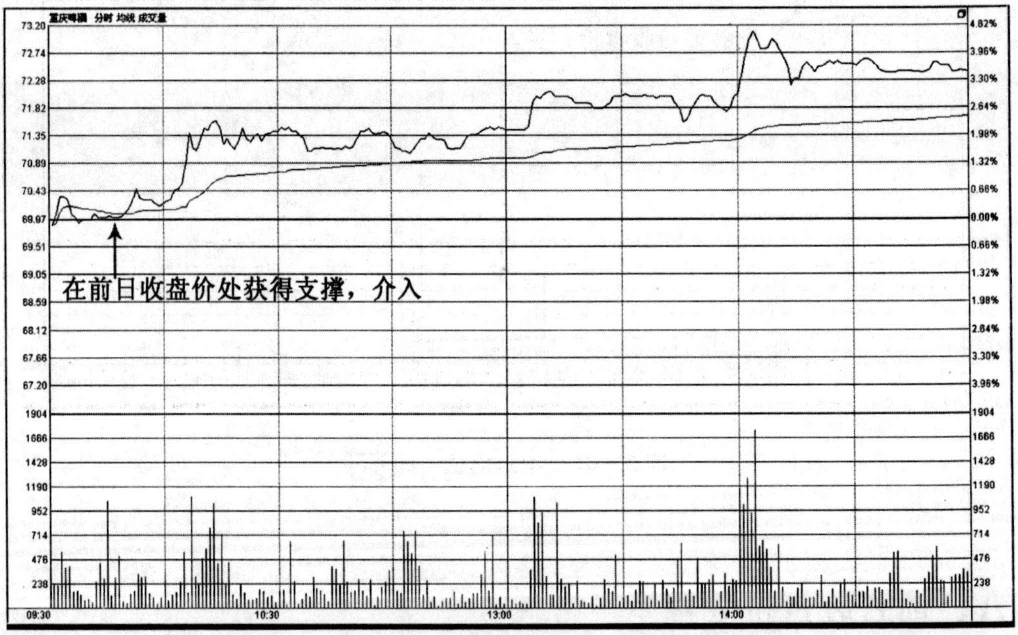

图 5－22　重庆啤酒　600132

如图 5－23 所示，宁波银行当日开盘后的走势非常符合我们前面讲的在前日收盘价附近窄幅震荡的走势，值得密切关注。不过我们这里讲的是前日收盘价的支撑。该股当日开盘后稍微冲高后回落，股价缓慢下移，跌破均价线，同时均价线也略微下行，显示空头略占优势。但是该股的股价在前日收盘价线上获得了明显支撑，基本没有跌破前日收盘价，说明这个价位的支撑还是非常牢固。既然有支撑，且股价窄幅震荡蓄势，我们更应该密切关注。如果大盘好，可以先行介入，大盘不好则应等变盘的时机。该股在 14:00 后异军突起，巨量拉升，大有直奔涨停板的架势，如果有准备的人可以快速下单追涨。

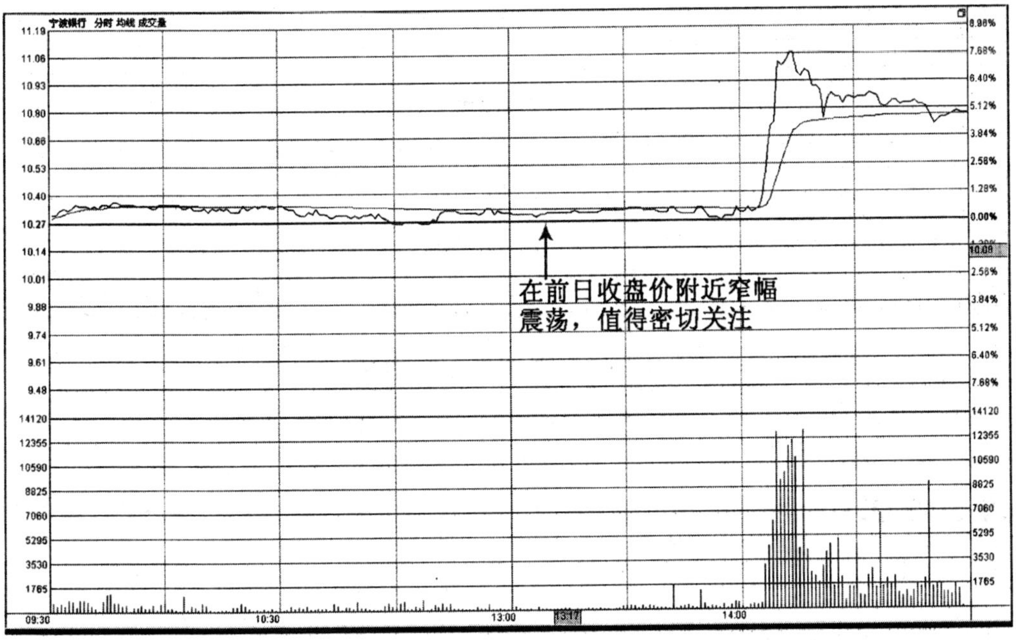

图 5－23　宁波银行　002142

如图 5－24 所示，金利科技高开低走，股价缓慢回到前日收盘价附近后止跌。此后该股在收盘价线上方窄幅横盘震荡。这种走势我们需要关注。窄幅横盘意味着蓄势，是变盘的前奏，后市有爆发的潜力。后市该股果然爆发，可惜尾盘受大盘影响大幅回落，不过就短线交易来说收获也算不错了。

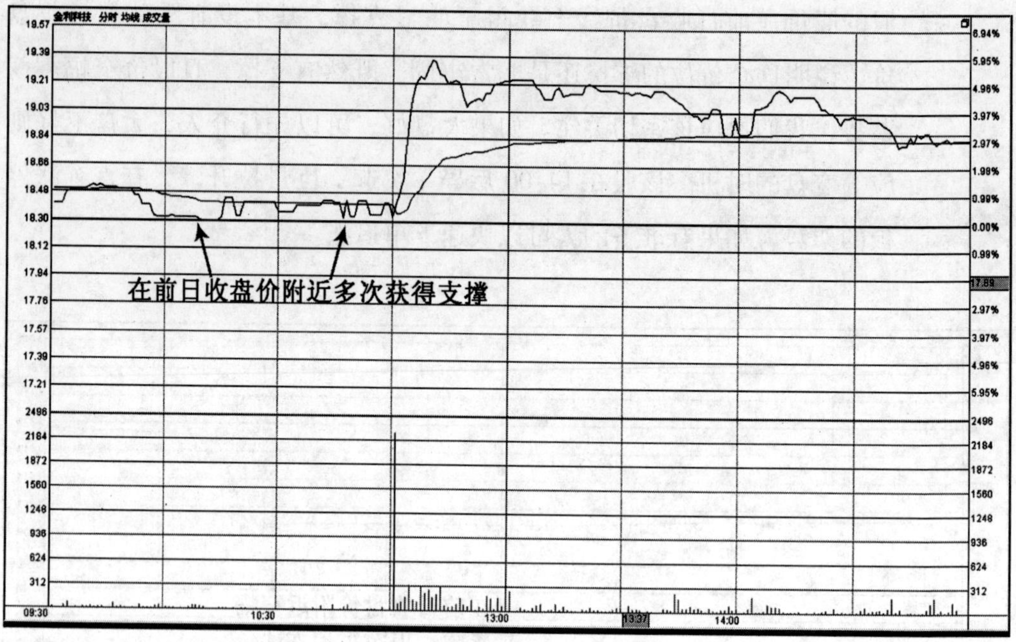

图 5－24　金利科技　002464

九、双底

起涨信号

股价被快速打压，股价线偏离均价线越来越远，短线处于超跌状态，然后股价企稳，走出一个双底模样。当股价突破双底的颈线的时候，说明短线底部成立，后市应该会继续走高，投资者可以适当参与。双底只是当日盘中的走势形态，具有很高的不确定性，要想成为安全的买点，还必须得到日线的支持，如果日线走势属于多头走势，双底则很可能是洗盘结束的表现，投资者参与的成功概率就很高。

如图 5－25 所示，深圳华强开盘后宽幅震荡，但股价走势没有明显变坏。11:00 前该股突然直线下坠，股价瞬间被大幅打压，导致股价线大幅偏离均价线。之后股价线走出一个小双底，此时我们可以少量参与。可以参与的原因在于股价偏离均价线太远，有回归的需要。另外该股当日的走势属于散户走势，交易清淡，基本没主力活动的痕迹，瞬间打压并非市场主力行为，后市很可能恢复原貌，超级短线玩家少量参与是理所当然的。

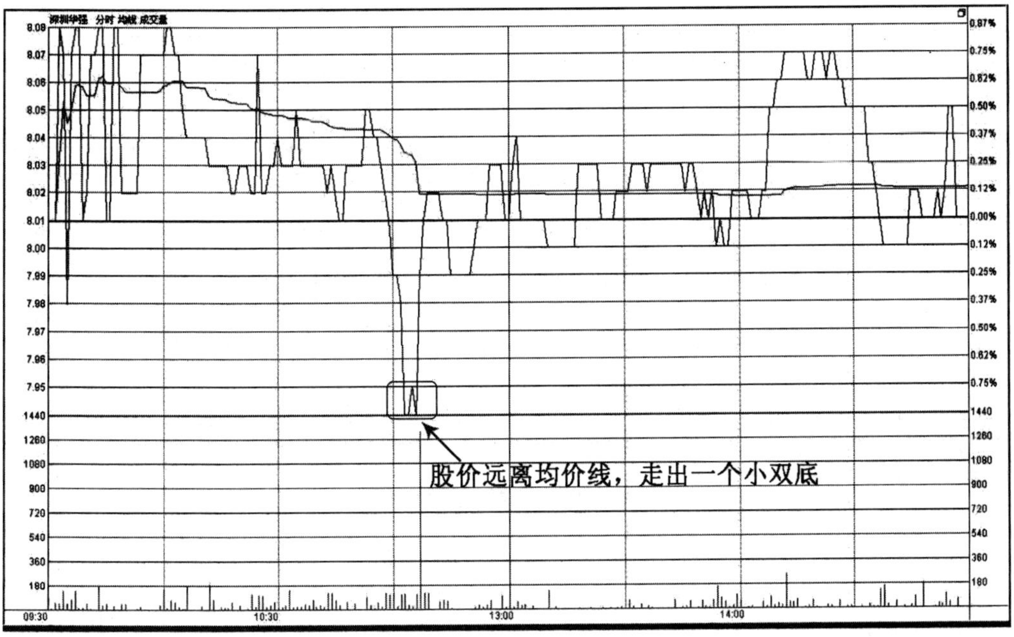

图5-25 深圳华强 000062

如图5-26所示，嘉凯城开盘后走出一种常见又诡异的走势，俗称为“修长城”。这是交投清淡的表现，多是散户行为的表现，没有主力出没的痕迹。对于这种走势通常只能继续观望，因为没有主力参与的股票是不太可能大幅涨跌的。下午开盘后该股继续修长城。13:30后该股突然加速下跌，股价大幅下挫，跌破此前的横盘区间，由红盘瞬间变成了绿盘，走势看似变坏。其实完全没有必要惊慌，因为只是偶尔的几笔大单打压导致股价快速下行，属于散户行为，绝非主力所为。此后该股走出一个小双底后快速拉起，短线投资者可以在双底形成的时候快速跟进。

如图5-27所示，普洛股份开盘后陷入震荡，围绕前日收盘价上蹿下跳，看不清方向。一个小时后该股开始破位下跌，均价线也明显下

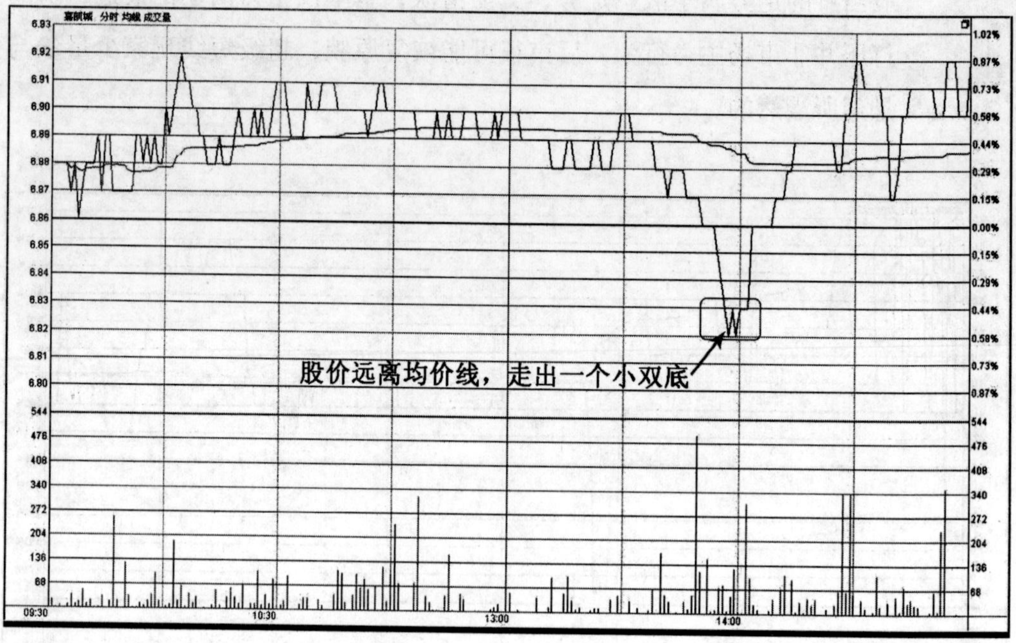

图 5－26　嘉凯城　000918

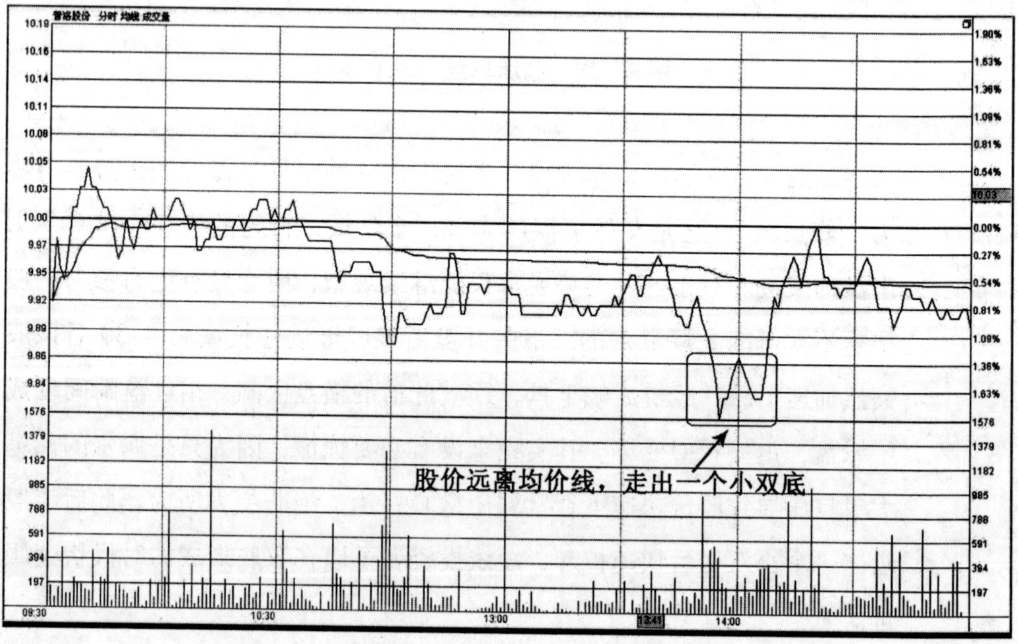

图 5－27　普洛股份　000739

行，进入明确的下跌趋势中，但跌幅还不算很大，空头的杀跌势头并不凶猛。下午13:40左右该股挑战均价线失败，然后股价突然跳水，瞬间大幅下挫，但均价线并没有跟随爆挫。这时候我们可以关注短线参与机会的到来，因为股价线与均价线偏离太远后会产生回归，换句话说均价线最终会把股价线吸引回到附近区域，这就给了超级短线玩家短线套利的机会。此后该股果然形成一个双底，我们可以在股价突破颈线的时候少量参与。此后该股如期回到均价线附近，只是尾盘股价回落，浮盈大幅缩水。

十、尖底

起涨信号

尖底又叫V底。是指股价瞬间被快速打压，然后突然反转，形成一个V字形。股价快速下跌而均价线没有跟随向下，这说明股价的下跌有非理性的成分，最终会向均价线靠拢，恢复正常走势。尖底给了短线玩家抄底的机会。当然尖底作为买点还需要参照股价的整体走势，否则容易被套。

如图5-28所示，福星股份高开低走，股价快速下坠，但是不久即快速拉回，形成一个尖底。这个尖底毫无疑问是个好买点，属于开盘急跌洗盘的范畴，洗盘结束自然是好的买点。尖底的买点比较难把握，通常股价要回到下跌的起点才算尖底正式成立，但有时候跌幅过大，等股价回到起点已经错失了较大的涨幅。因此我们可以在股价回到均价线之上的时候就介入，这样可以提前一步，且安全性较高。本例该股此后震荡上行，全天涨势并不出色，但短线收获还是可以接受的。

如图5-29所示，百润股份开盘后窄幅震荡，走势说不上好也说不上坏。25分钟后该股突然跳水，股价笔直下坠，但随即拉回，形成一个尖底。尖底多是交易清淡造成，偶尔的一两笔大的卖单就足以把股价大幅打压。瞬间的大幅打压一般是主力向下试盘的行为，主要是测试下档

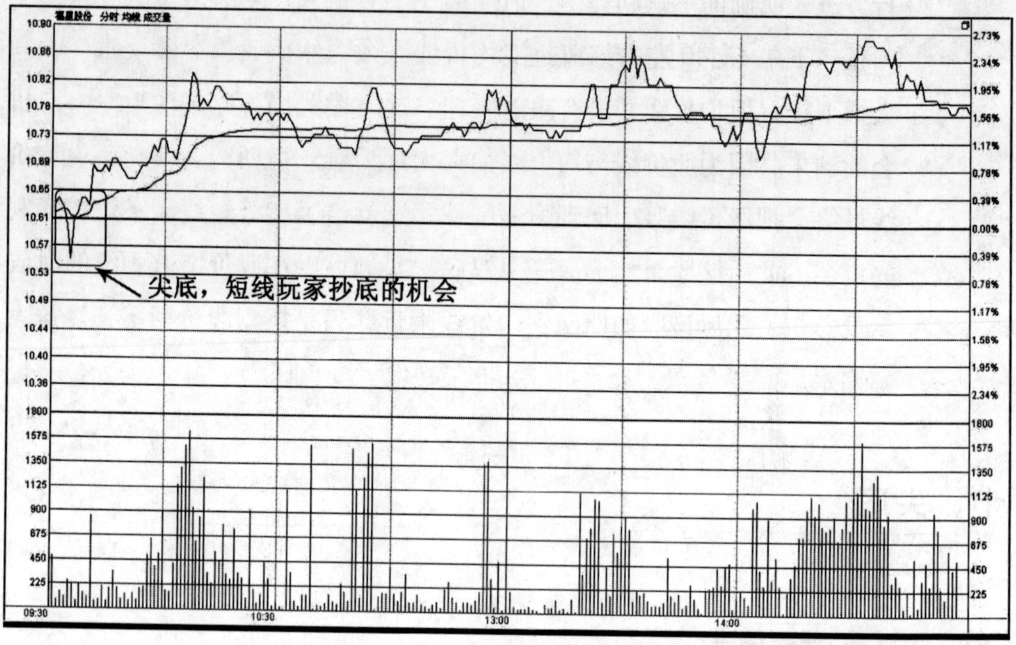

图 5－28 福星股份 000926

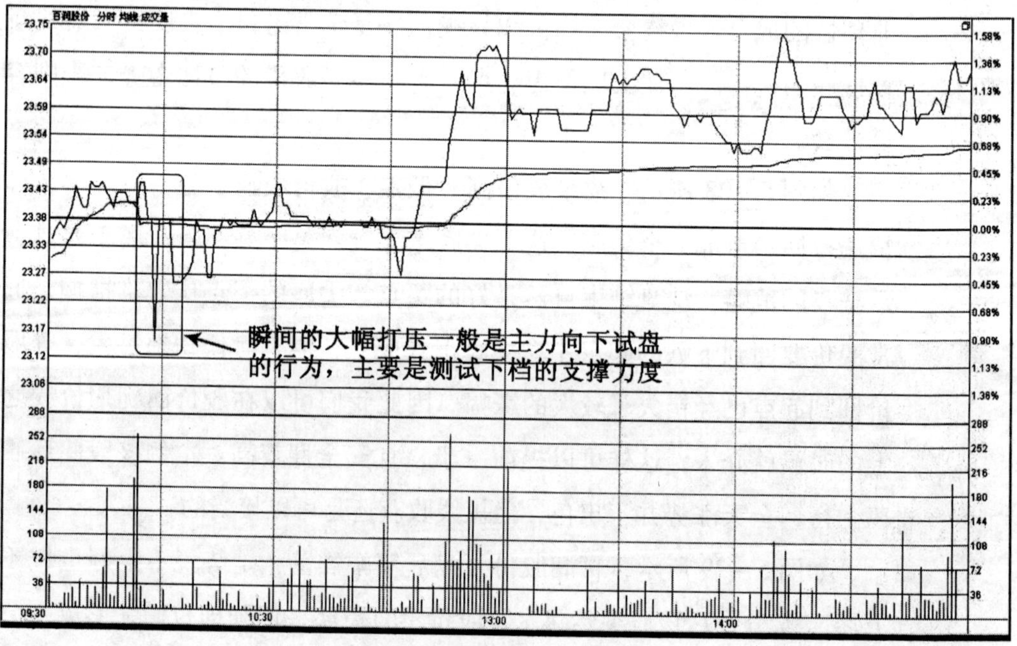

图 5－29 百润股份 002568

的支撑力度，并不是真正的下跌。另外有时候“送红包”的行动也会让股价大幅下挫，主要是输送利益。因此尖底往往是潜在的利好，投资者可以适当介入。当然这一切都建立在股价的日线向好的基础之上，如果日线是下跌趋势则不适合参与。本例该股尖底过后股价回到均价线之上，走势还算稳健，投资者参与也是可以的。

如图5-30所示，西安饮食开盘略微冲高后即反转下跌，股价逐浪下滑，走势比较低迷。下午开盘后跌幅扩大。14:00前后该股出现两波快速下跌，然后迅速拉起，形成一个尖底，投资者可以在股价快速拉起的时候少量参与。这个买点有一定的可靠性，因为在股价快速下跌的时候均价线没有跟随快速下行，这说明股价的下跌有虚跌的成分，甚至是短线刻意的打压。既然如此，股价就有回归均价线的需要，后市拉升也在情理之中，投资者少量参与的风险就不是很大。该股尾市快速拉高，收出红盘，比预想的要好。

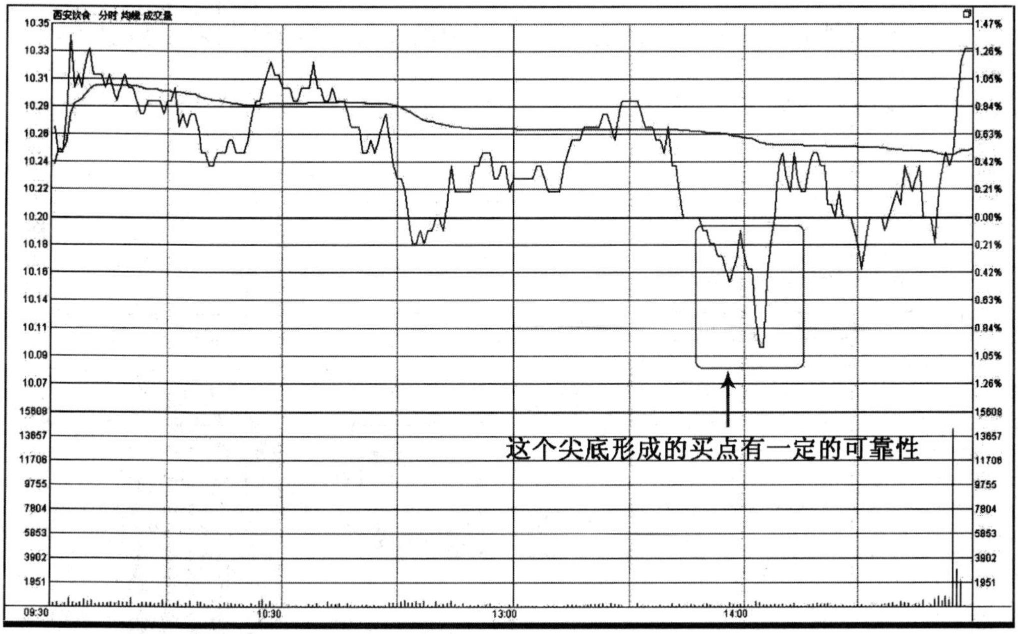

图5-30　西安饮食　000721

十一、头肩底

起涨信号

当日盘中股价大幅下跌，股价线偏离均价线比较远。然后股价在低位震荡，走出头肩底形态。当股价上穿头肩底形态的颈线的时候，我们可以判定头肩底形成，此时买入抢反弹正是时候。在A股T+1的交易制度下，根据这种形态买入需要得到日线走势的支持，否则买入的风险比较大。

如图5－31所示，美的电器开盘后横盘震荡，股价走势比较平稳，即使下跌也基本受到前日收盘价的有效支撑。不过开盘一个小时后风云突变，股价快速下跌，随后均价线也跟随下行，显然股价走势已经进入下跌趋势中。下午开盘后该股继续走低，且股价线与均价线的偏离程度越来越大，我们可以注意短线抢反弹的机会。14:00左右，该股走出一

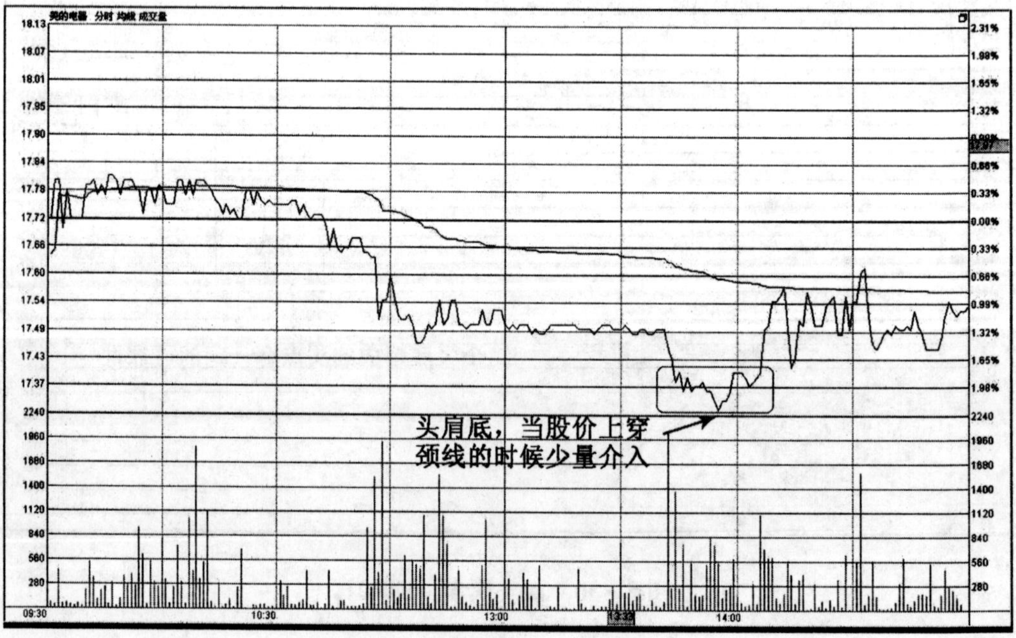

图5－31　美的电器　000527

个头肩底形态，短线投资者可以在股价突破头肩底颈线的时候少量参与。

如图5－32所示，山河智能高开低走，股价跌破均价线后逐浪下跌，走势非常疲软，投资者只有观望的份。下午13:30后该股加速下跌，跌幅明显扩大，股价线与均价线的偏离度越来越大，我们可以关注短线反弹的机会。此后该股的股价线走出一个头肩底，当股价穿越头肩底的颈线的时候我们可以少量参与。

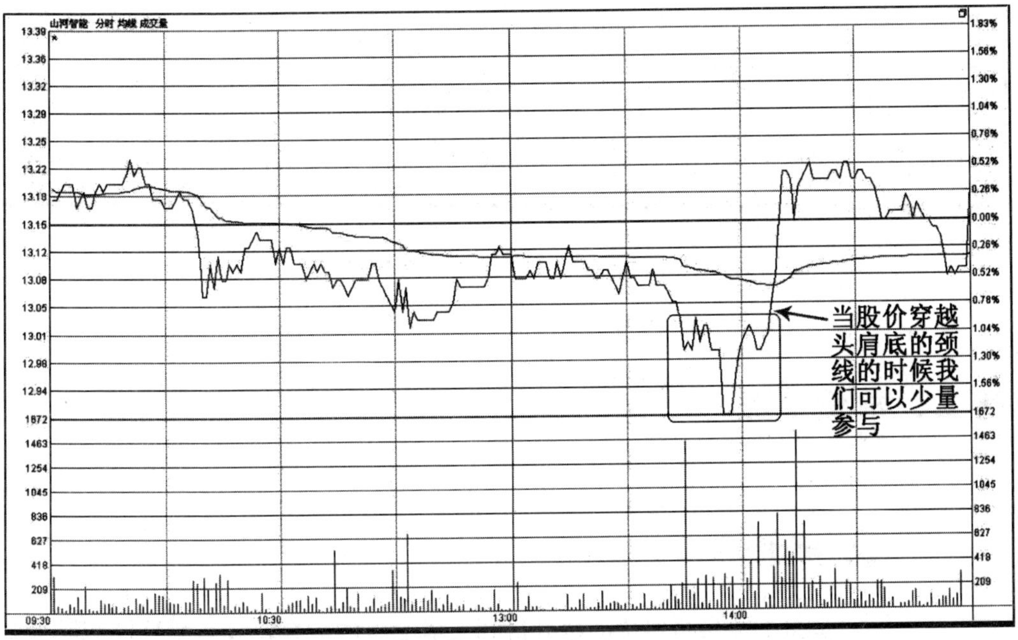

图5－32 山河智能 002097

如图5－33所示，西南药业开盘后快速拉高，但很快见顶回落，股价跌破均价线，进入下行趋势。此后该股逐浪下跌，均价线跟随下行，走势非常疲软。下午13:30后该股走出一个头肩底形态，这是多头介入的表现，我们也可以在股价突破头肩底颈线的时候少量参与，等待股价反弹。

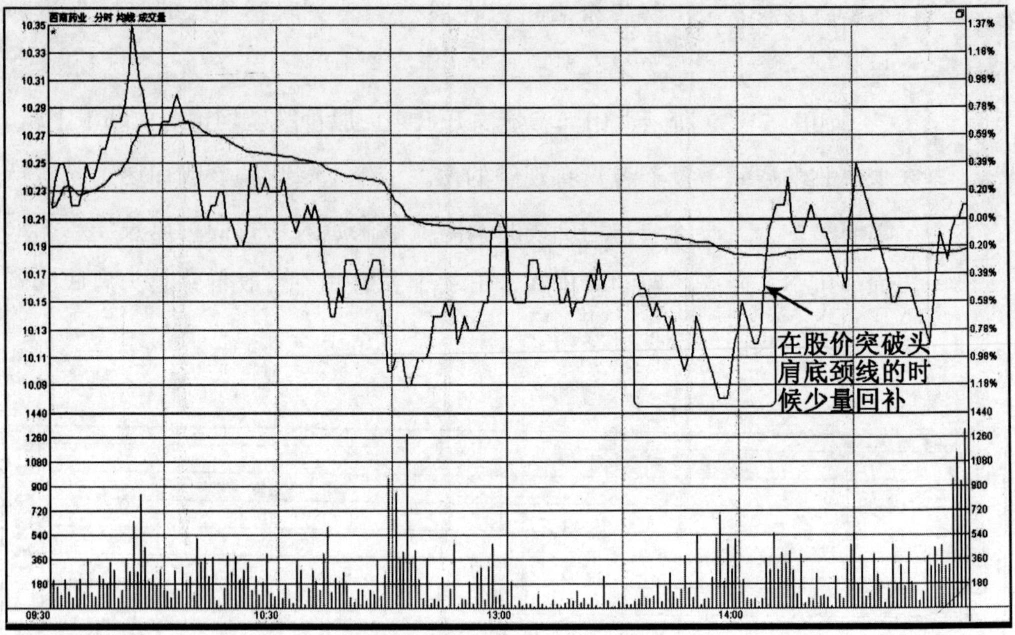

图5-33 西南药业 600666

十二、放量上涨

起涨信号

放量上涨是指股价的拉升得到了成交量的配合，成交量柱体跟随股价的上涨同步拉长，说明盘中参与做多的力量越来越大，做多人气越来越高。这是一种非常好的量价配合形态，投资者可以逢低介入，参与做多。

如图5-34所示，冠昊生物上升时波澜不惊，涨跌的幅度都不大，有一个稍微让人满意的地方就是涨时量能明显放大，下跌的时候则是明显的缩量。这是走势健康的表现，说明多头明显强于空头，做空的力度不大。午后该股震荡上行，同时成交量逐波放大，这是非常好的量价配合形态。价涨量增说明主力做多比较真实，股价的上涨得到了成交量的很好配合，投资者可以逢低买进。该股此后涨速加快，很快封于涨停板，如果能在午后价涨量增的时候介入，收益非常可观。

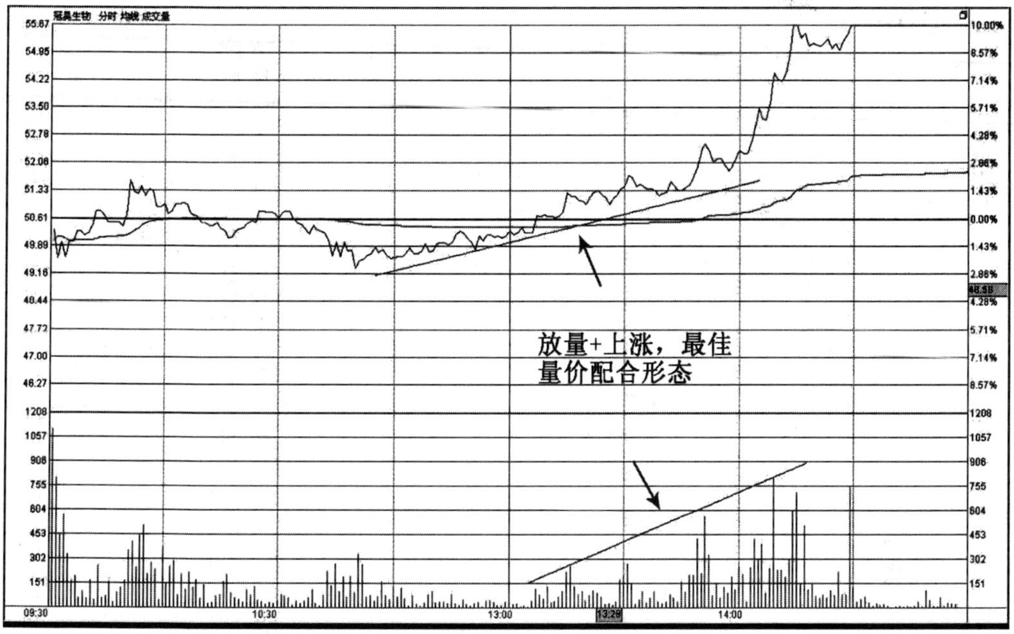

图 5－34 冠昊生物 300238

如图 5－35 所示，泰山石油开盘后基本处于一种窄幅震荡的走势格局，均价线走平，看不清楚方向，投资者可以暂时观望。开盘半个小时后，该股开始震荡走高，同步成交量明显放大。在股价走高的过程中，成交量柱体也一峰比一峰高。这是非常好的量价配合形态，说明市场参与做多的热情越来越高，买盘越来越多，后市看好，投资者可以逢低买进。该股此后果然大幅拉高，虽然尾盘有所回落，但浮盈还是非常可观。

如图 5－36 所示，实达集团开盘后震荡走高，在股价逐浪上行的过程中，成交量明显放大，成交量柱体的峰顶也是逐浪拔高，这说明股价的上涨得到了成交量的有效配合。这种价涨量增的走势形态能体现出市场是在真实做多，跟缩量的虚涨有本质的区别。见到这种健康的上升形态，我们可以逢低参与。

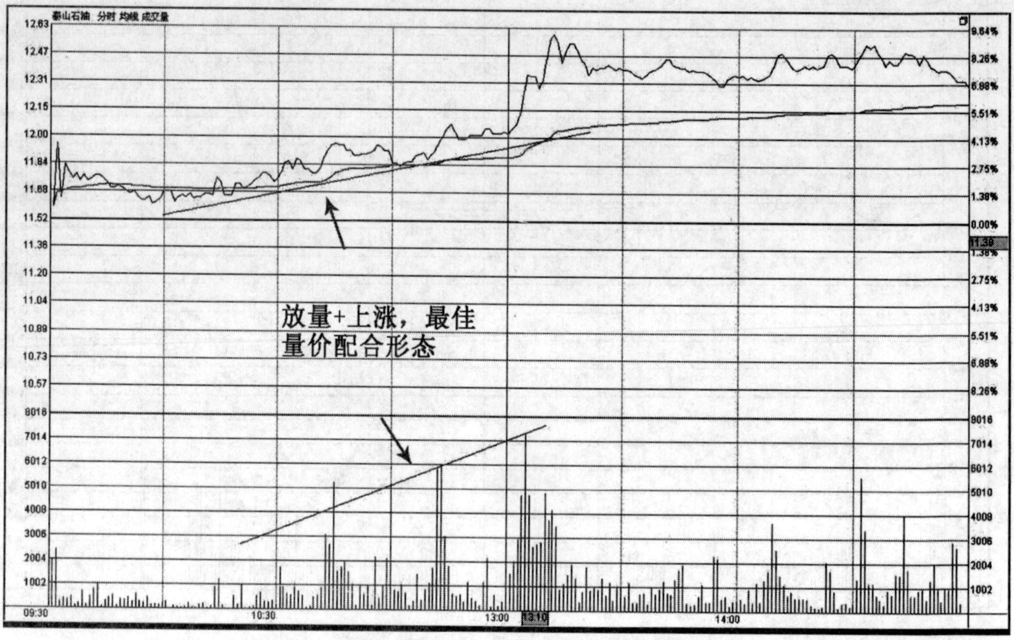

图5－35 泰山石油 000554

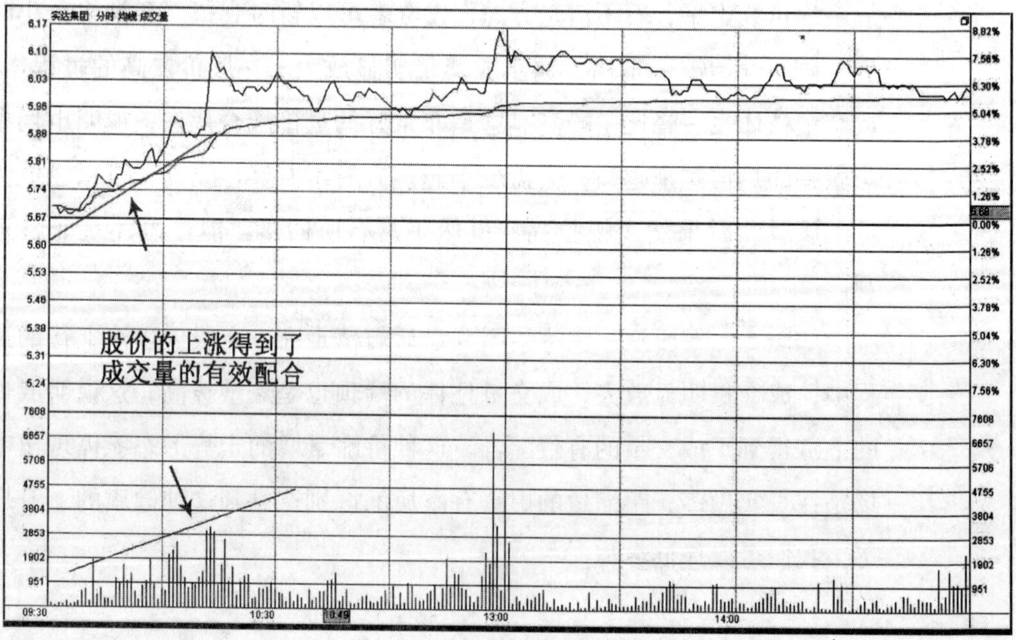

图5－36 实达集团 600734

十三、双线向上

起涨信号

双线是指股价线和量比线。股价线上升，量比线跟随上扬，说明股价的拉升得到了成交量的有力支持，是非常合理的量价配合形态，对后市股价的继续拉升起到很好的保障作用。因此当双线向上的时候我们可以逢低买进，等待后市更大的涨幅。量比线上扬跟前面所说的放量不太一样，量比是当日成交量跟前几日成交量的对比，而放量则只是当日成交量前后的对比。量比线上升和放量共同的特点是都表示成交量的放大。

如图5－37所示，多氟多开盘后呈窄幅横盘的走势，股价围绕着前日收盘价运行，股价线与均价线基本黏合在一起。下午开盘后该股爆发，股价快速拉起，成交量也跟随放大。在盘面上我们看到股价线和量

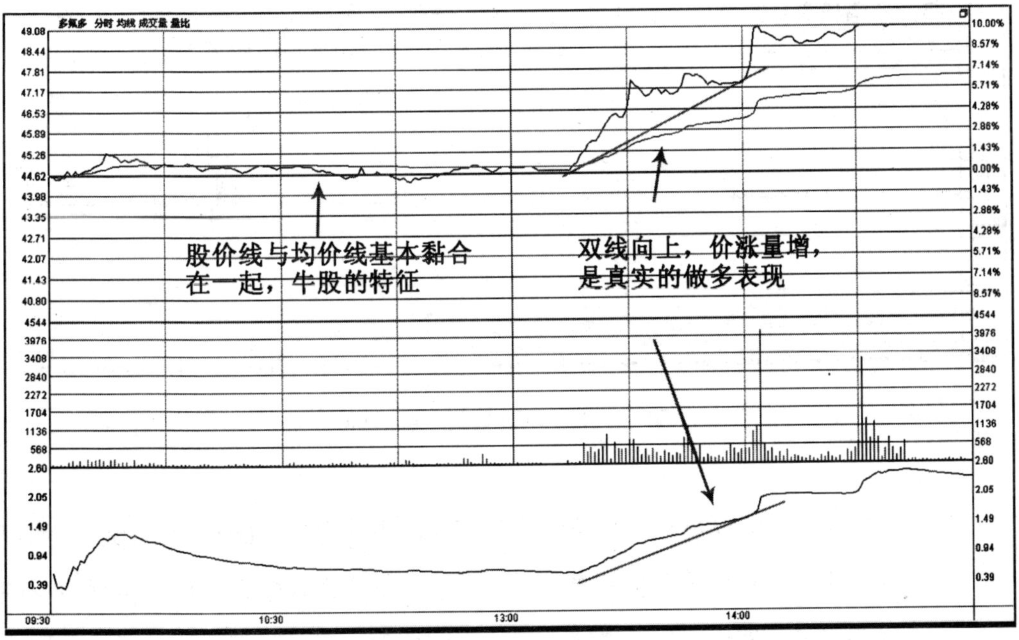

图5－37 多氟多 002407

比线同步拉起，这是非常好的价涨量增的走势形态，说明股价的拉升得到了成交量的很好配合，是真实的做多表现，值得我们积极追涨。该股此后果然继续强势拉高，最后牢牢地封于涨停板。

如图 5－38 所示，中信银行开盘后进入我们熟知的一种走势形态中，即股价沿着前日收盘价窄幅震荡，股价线、均价线和收盘价线三者黏合在一起。这种窄幅的横盘通常意味着后市会有爆发的机会，如果股价日线走势向好，我们可以提前潜入等待爆发。该股在 14:00 后突然爆发，股价放量拉起，同时量比线也迅速陡直拉起，说明股价的上涨得到了成交量的很好配合，这种价涨量增的形态值得我们积极参与。该股此后直线拉至涨停板，虽然尾盘有所回落，但浮盈还是非常可观。

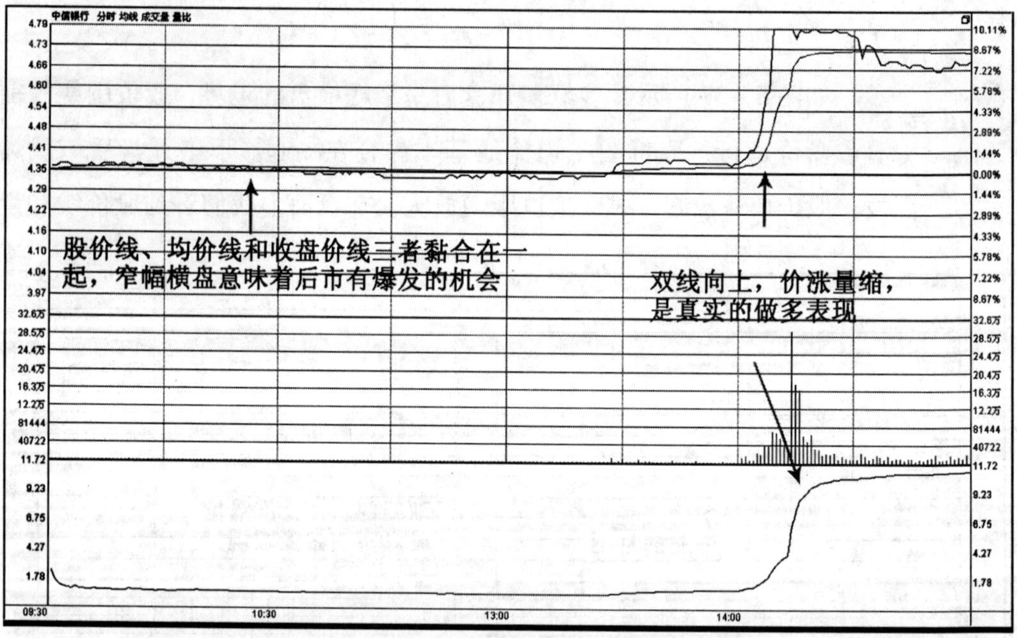

图 5－38　中信银行　601998

如图 5－39 所示，新黄浦略微高开后震荡上行，此时的量比线也明显跟随上行。这说明股价的上涨得到了成交量的很好配合。价涨量增也反映了做多的真实性，后市继续上涨的可能性大，值得我们逢低介入。该股此后果然继续逐浪上升，即使股价回落也受到均价线的强力支撑，走势非常稳健。同时量比线也同步上升，说明进场做多的力量越来越强，后市无忧。对于这种双线向上的走势，我们要能把握时机积极介入。

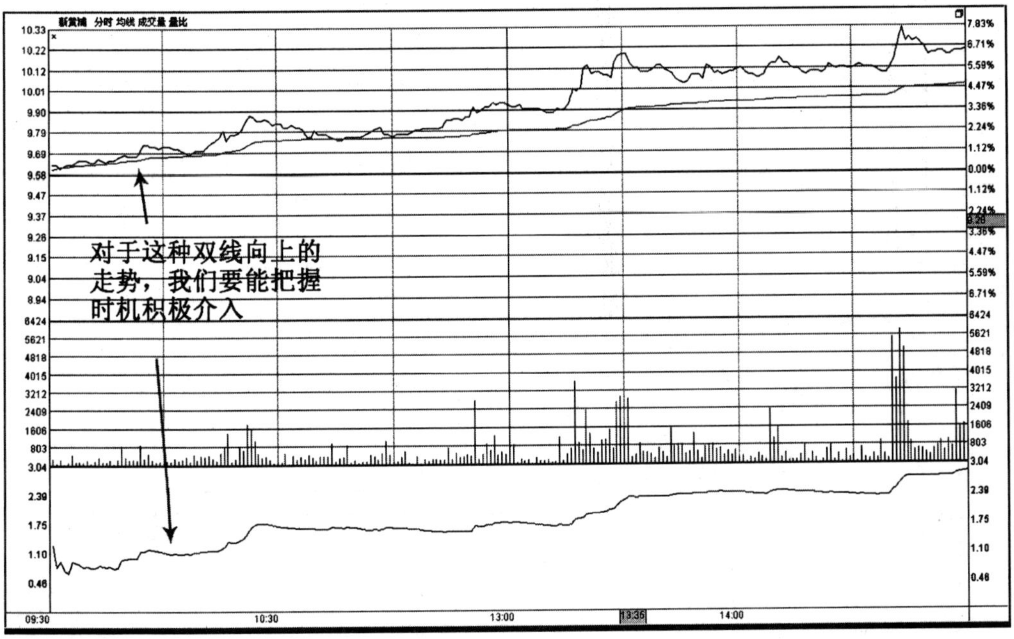

图5-39 新黄浦 600638

十四、开盘急跌

起涨信号

开盘急跌也是一种异常表现，当然这需要参照大盘来看，如果大盘正常上升，个股开盘急跌则属于异动。如果该股急跌后很快回升，呈V形拉起，则很可能是短暂的暴力洗盘，洗盘完毕后股价会重归升势。这是一个很好的买点。注意这是在日线走势趋好的背景下才能做出此种判断。安全的买入点应该是股价回升到急跌的起点位置时。

如图5-40所示，*ST偏转开盘后不久即快速下跌，两波下跌后股价直奔跌停板，但是成交量并没有放大，有虚跌的嫌疑，也可以理解为洗盘行为。此后股价反弹，均价线也逐渐走平，走势渐趋平稳。然后股价穿越均价线，多头逐渐走强，投资者可以少量参与。下午该股继续走强，股价迅速拉起，突破前日收盘价，同时成交量明显放大，投资者可以继续加码。该股此后逐浪拉高，最后封于涨停板。

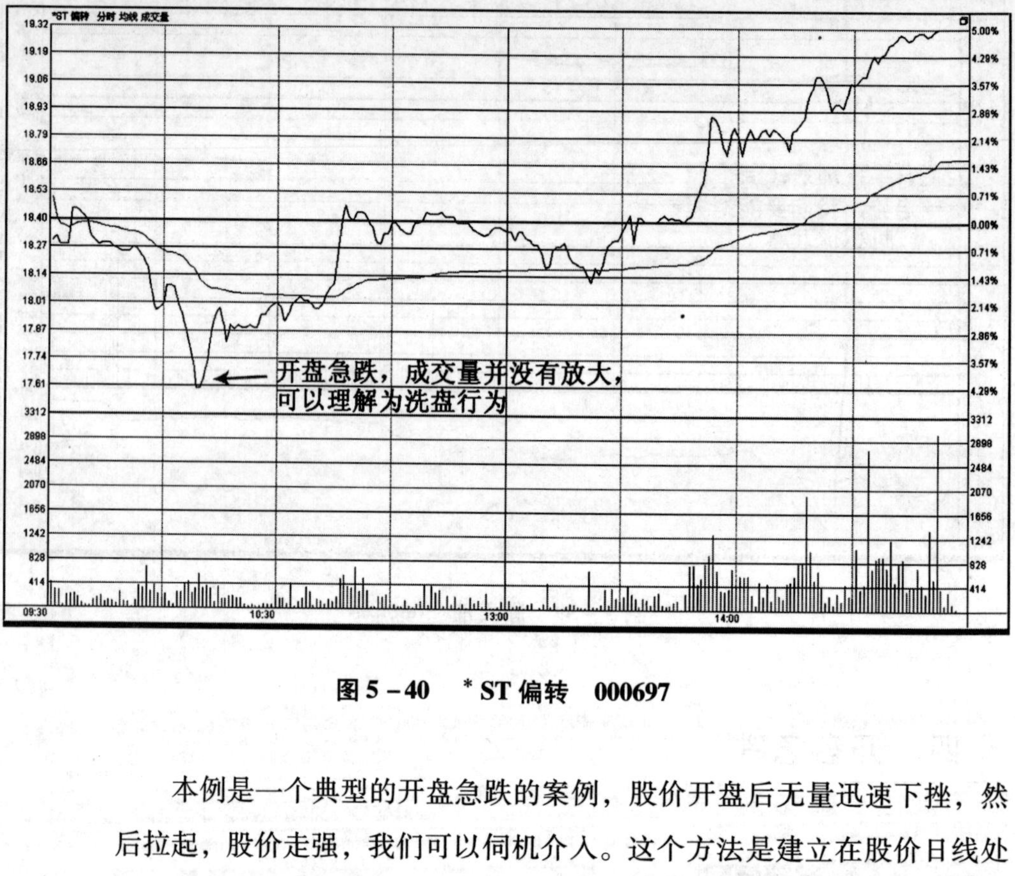

图5-40　*ST偏转　000697

本例是一个典型的开盘急跌的案例，股价开盘后无量迅速下挫，然后拉起，股价走强，我们可以伺机介入。这个方法是建立在股价日线处于上升趋势中的前提下，如果日线整体处于下跌趋势中，贸然介入风险比较大。

如图5-41所示，康得新高开后迅速下挫，在几波下跌后短线跌幅已经非常大。此后该股有筑底迹象，走出一个双底后逐步拉高，均价线也由原来的快速下跌趋势转为走平，这是股价走势趋稳的表现。此后股价穿越均价线，投资者可以少量参与。不久后股价上穿前日收盘价，投资者可以继续加码。只是该股此后的强势回升走势没有持续，最终只能略微收高，短线参与的收获并不大。这里我们要回过头来看看是什么原因导致后市只是略微收高。其实原因比较简单，就是开盘后的急跌是放量下挫，卖盘实力非常强大，甚至有恐慌的表现，做空真实性毋庸置疑。空头的强势出击才导致多头萎靡，后市的拉高也没有得到成交量的支持，因此行而不远。对于这种开盘放量杀跌的走势，虽然短线股价的偏离程度很大，但也需要小心对待，不能盲目乐观。如果股价处于明显的高位，开盘急跌更不能随意参与，小心掉入主力诱多的陷阱中。

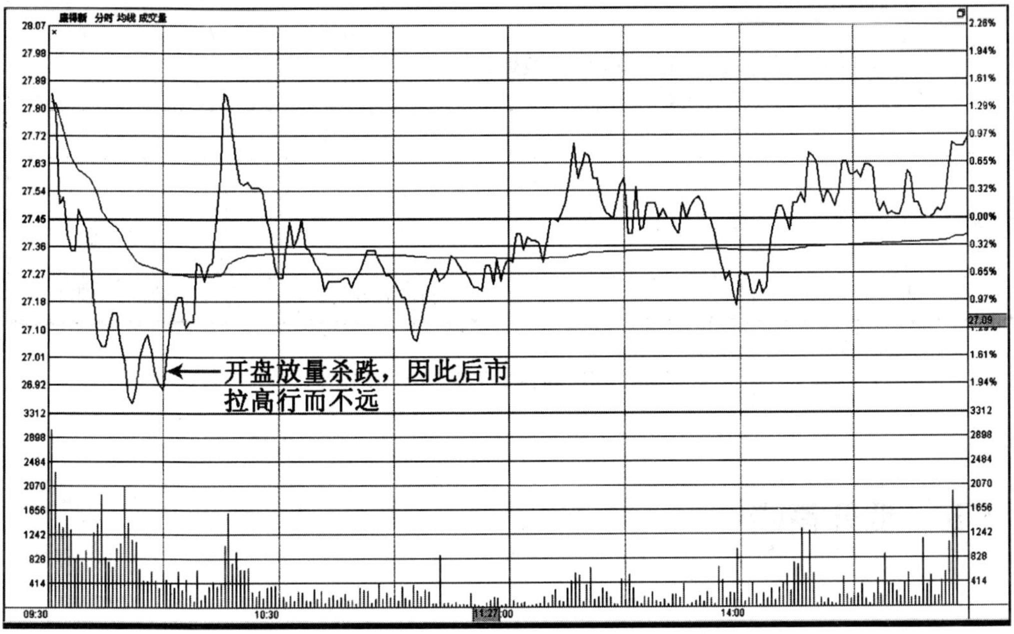

图5－41 康得新 002450

如图5－42所示，时代科技开盘后走势还比较平稳，虽然是绿盘，但是股价线和均价线都保持着上升走势。可是不久后该股突然跳水，股价直线下坠。不过这种异常的直线下坠值得我们关注。该股的瞬间打压很诡异，是单笔巨大卖单直接把股价大幅压低，然后股价又被拉起恢复正常，有送红包的嫌疑，我们可以伺机介入。此后股价震荡走高，上穿均价线，均价线也开始上扬，走势非常平稳，反证开盘的急跌有输送利益的嫌疑。

这种开盘后的直线打压，打压的幅度越大，拉回的速度越快，越可能是送红包行为，我们可以积极参与，分享红包。

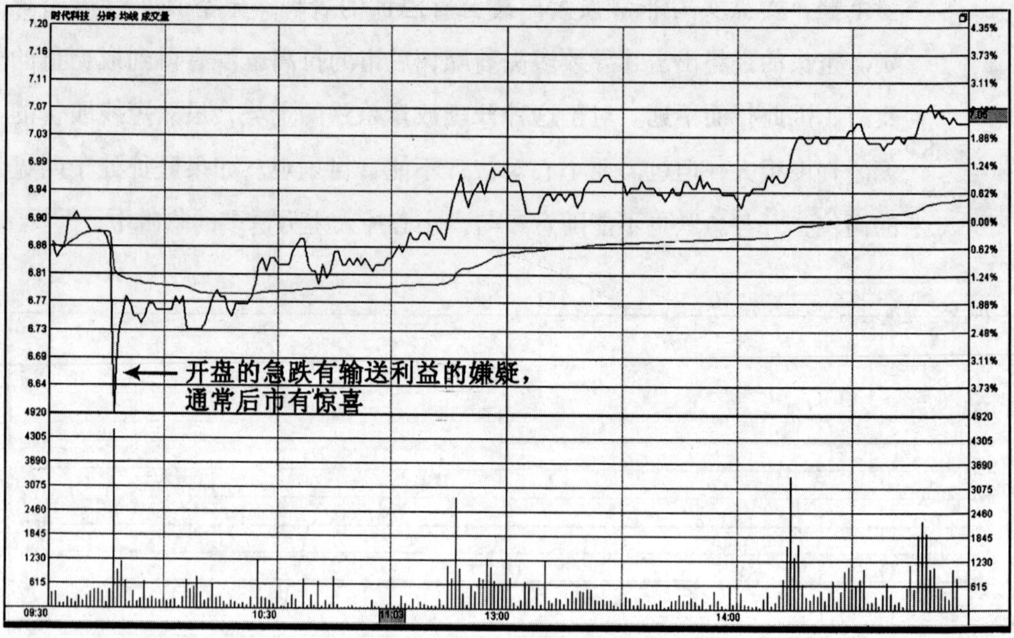

图5-42　时代科技　000611

十五、低开高走

起涨信号

在股价的日线走势处于多头走势的时候，也常常会出现洗盘的动作。某日股价低开，但很快走高，股价穿过均价线和前日收盘价，恢复正常走势，当股价突破均价线的时候是第一买点，当股价回到前日收盘价之上的时候可以继续加码。

如图5-43所示，龙力生物当日大幅低开，但开盘后迅速拉起，股价很快突破前日收盘价，让人目瞪口呆。低开是很多短线强庄股惯用的洗盘招数，我们不要轻易上当。这需要结合日线来分析，如果是处于快速拉升的初期，股价突然低开很可能是洗盘，投资者可以坚守，即使是后市继续下跌，但肯定也有反弹的高点让你出逃，因此我们不必在开盘的时候着急卖出，稍微等待一下，看看主力到底是什么操盘意图。而低开高走，股价穿越均价线和前日收盘价时反倒成为很好的短线买点，投资者可以积极跟进。本例该股此后一路上涨，最后收于涨停板，如果能及时跟进，收获丰厚。

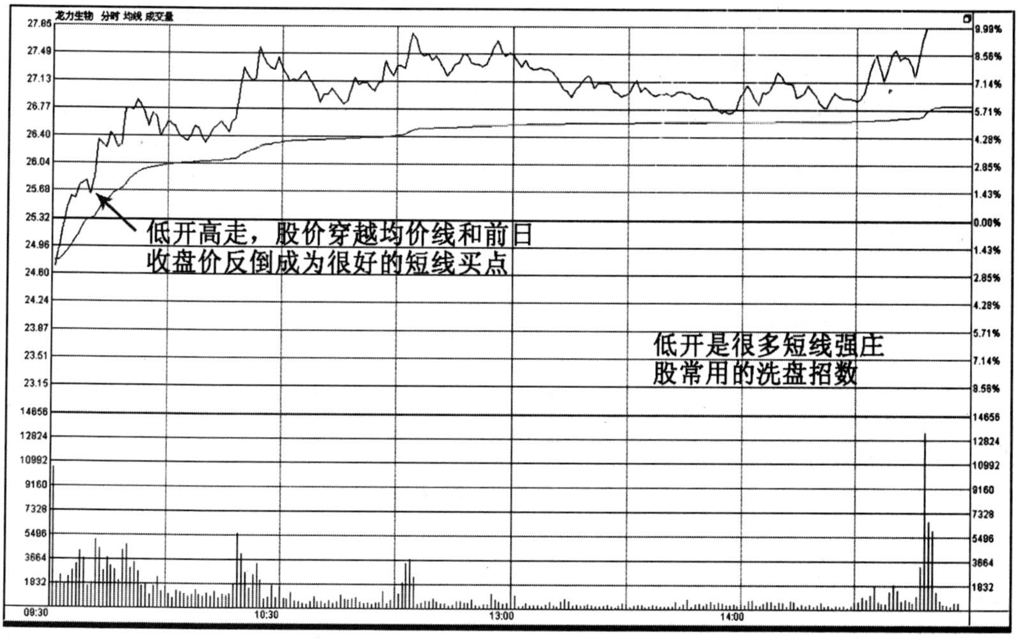

图5－43　龙力生物　002604

如图5－44所示，九安医疗低开低走，不过很快反转向上，股价迅速拉起，穿越均价线，然后又很快穿越前日收盘价。主力的操盘意图至此已经再明显不过了，那就是进行了一番洗盘。一旦洗盘完毕将重归升势，投资者可以伺机介入。低开可以逼迫一些不坚定的获利盘立刻交出筹码，开盘后继续下跌则进一步让某些持股者加深了股价下跌趋势的印象，很可能就此出逃。就在大家集体看空的时候，股价突然反转，并迅速拉高，摆脱了跟风盘的干扰，主力操盘的技巧可谓老辣，让人猝不及防。不过既然主力处心积虑洗盘，那么我们也可以花高点代价追涨。买入的时机集中在两个地方：一是突破均价线的时候；一是突破前日收盘价的时候。

如图5－45所示，海能达当日略微低开，开盘后股价快速拉起，很

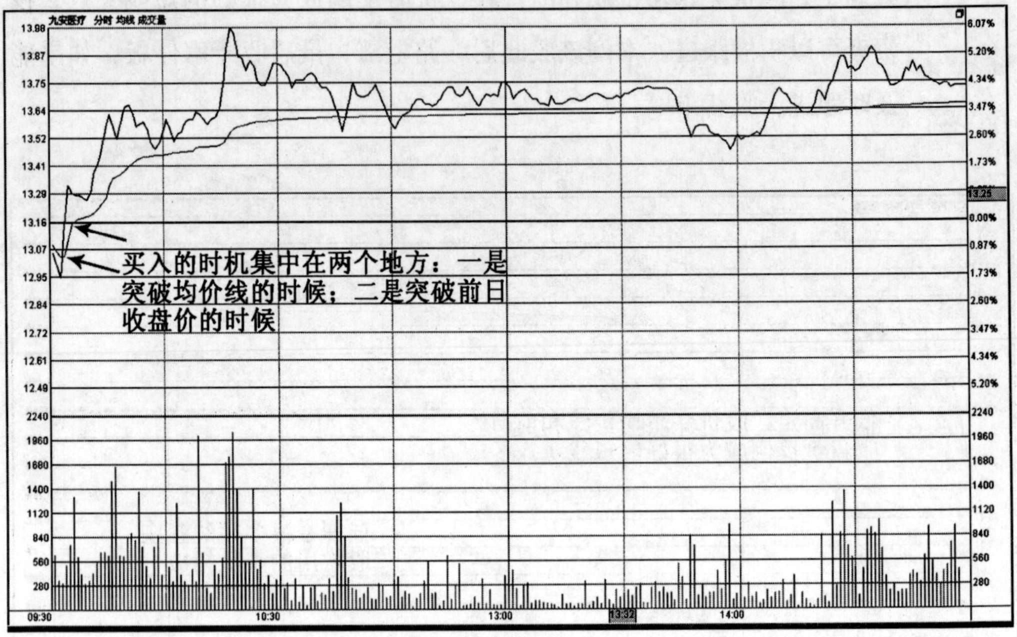

图 5－44　九安医疗　002432

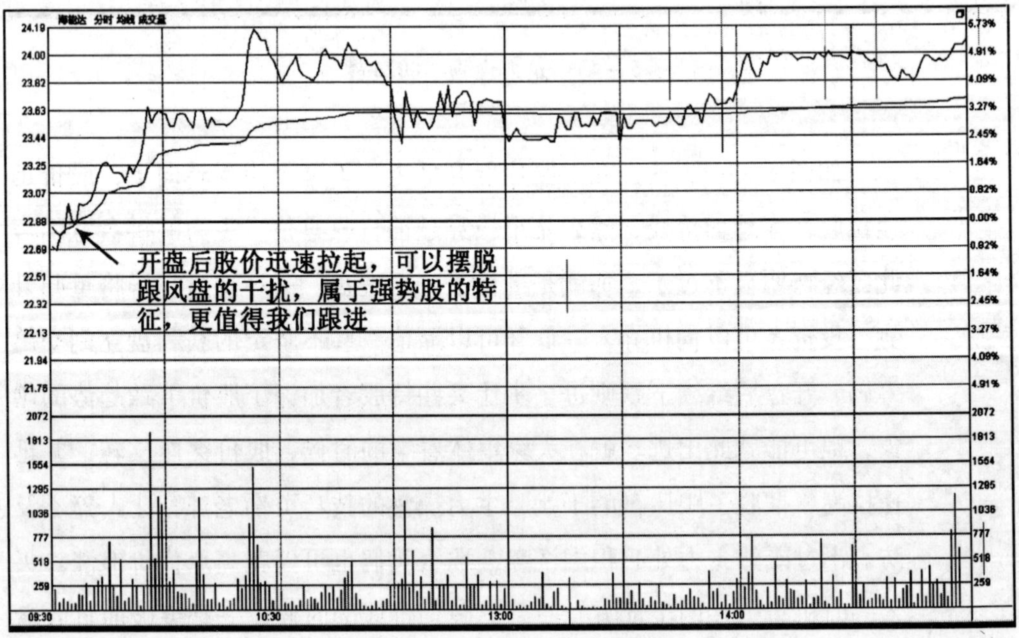

图 5－45　海能达　002583

快突破均价线和前日收盘价，投资者可以积极跟进，这种机会不是很多。小幅低开可能是前日获利盘的出逃导致的，这也是主力希望看到的。开盘后股价迅速拉起，可以摆脱跟风盘的干扰，属于强势股的特征，更值得我们跟进。该股此后果然逐浪上涨，全天涨幅可观。当然这一切的基础是日线系统处于多头走势中，如果日线系统是下跌趋势则需要逢高卖出。

十六、一底比一底高

起涨信号

股价当日处于下跌走势中，盘中股价加速下跌，但是均价线没有跟随向下，有超跌意味。然后股价逐步回升，形成一底比一底高的形态。这是股价走势逐步走强的表现，至少会向均价线靠拢，恢复正常，因此短线玩家可以少量参与。安全的买点应该是股价回到均价线之上的时候，这时才能证明多头占据一定优势。

如图5－46所示，东材科技盘中有一个明显的由涨转跌的走势：股价本来涨势良好，可是此后无缘无故开始逐浪下跌，股价跌破均价线和前日收盘价后并未打住，继续扩大跌幅。不过这种下跌有作秀的痕迹，因为均价线并没有跟随大幅下挫，说明这是虚跌，没有多大真实性，后市股价还是会回归均价线。14:00前后，该股震荡走高，形成一底比一底高的走势格局，这是买盘越来越强的表现，投资者可以少量参与。因为可以预计股价会向均价线回归，这中间有较大的涨幅。此后该股持续拉高，收盘竟然还是红盘，有点令人惊喜了。

如图5－47所示，华神集团开盘后快速拉高，但行而不远，很快跌破均价线和前日收盘价，均价线也跟随快速下行，进入明显的下跌趋势中。不过此后该股的跌幅并没有扩大，而是在一定的区间震荡。上午收盘前半小时，该股震荡走高，形成一底比一底高的走势形态。这是一个积极的变化，说明买盘在逐渐增强，后市回升可期。只是此时成交量并

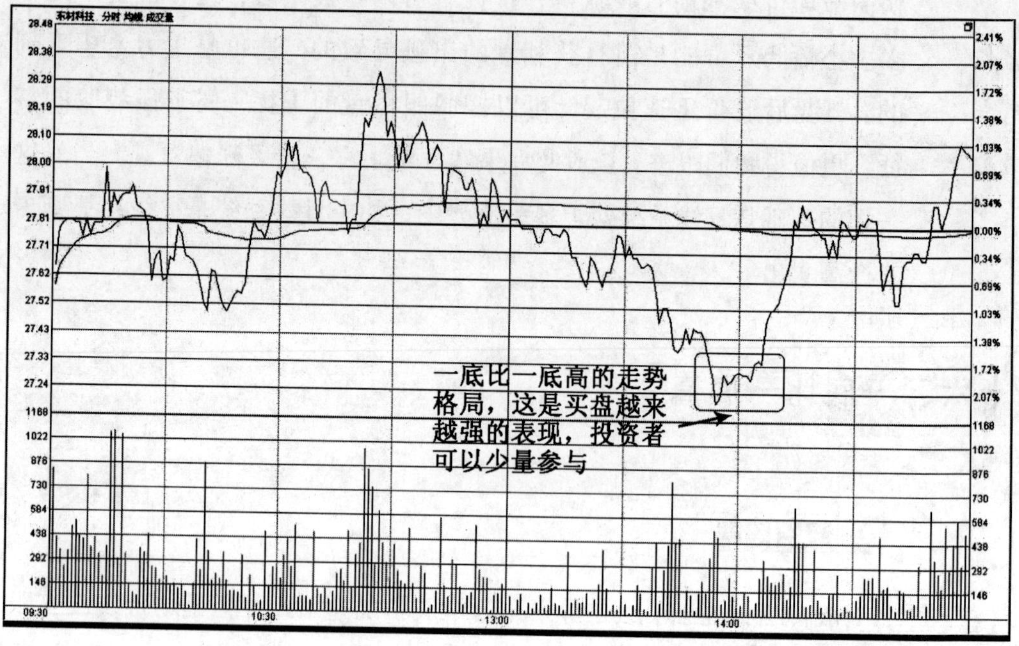

图 5－46　东材科技　601208

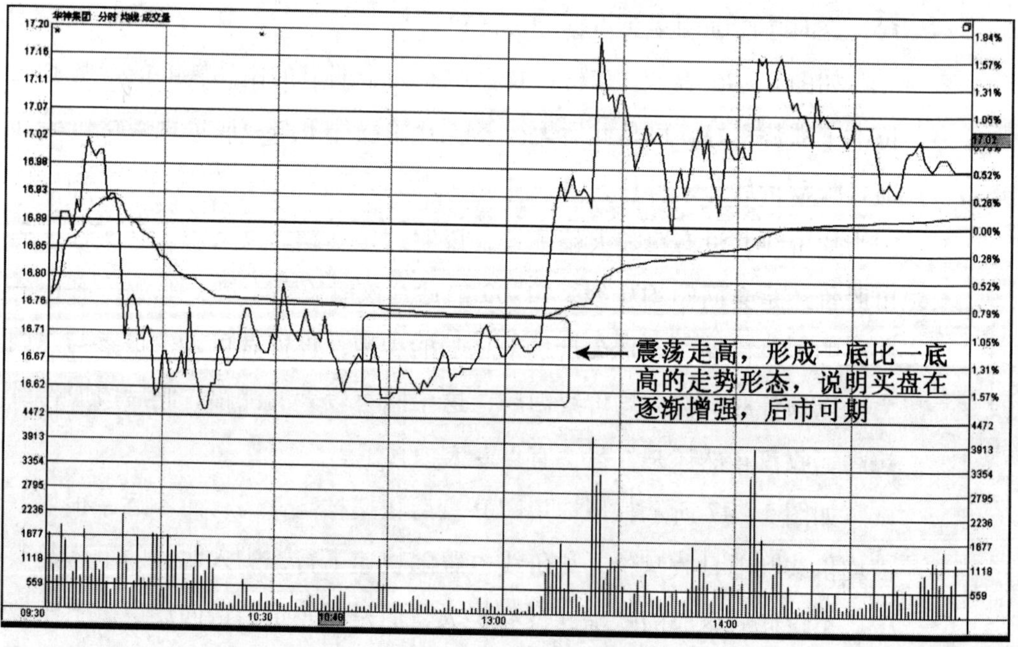

图 5－47　华神集团　000790

未有效放大，我们暂时还不能介入。下午开盘后该股放量拉高，股价突破均价线，此时我们可以积极参与。该股此后直线拉升，股价突破前日收盘价，进入多头走势中。不过尾盘股价大幅回落，浮盈萎缩，有点让人失望。这也是分时图的不确定性的表现，我们当理性看待。

如图 5－48 所示，ST 珠峰开盘后快速拉高，但是后劲不足，很快反转下跌，股价跌破均价线，同时均价线也明显下行，进入空头走势中。此后该股逐浪下跌，跌破前日收盘价，走势低迷，还好跌幅并没有进一步扩大。11:00 左右，该股开始震荡走高，但成交量低迷，不适合参与。直到股价逼近均价线的时候，该股才开始放量拉升，很快股价突破前日收盘价和均价线，此时我们可以适当参与。该股此后有一个快速拉高，只是缺乏持续性，短线介入的收获不是很大。

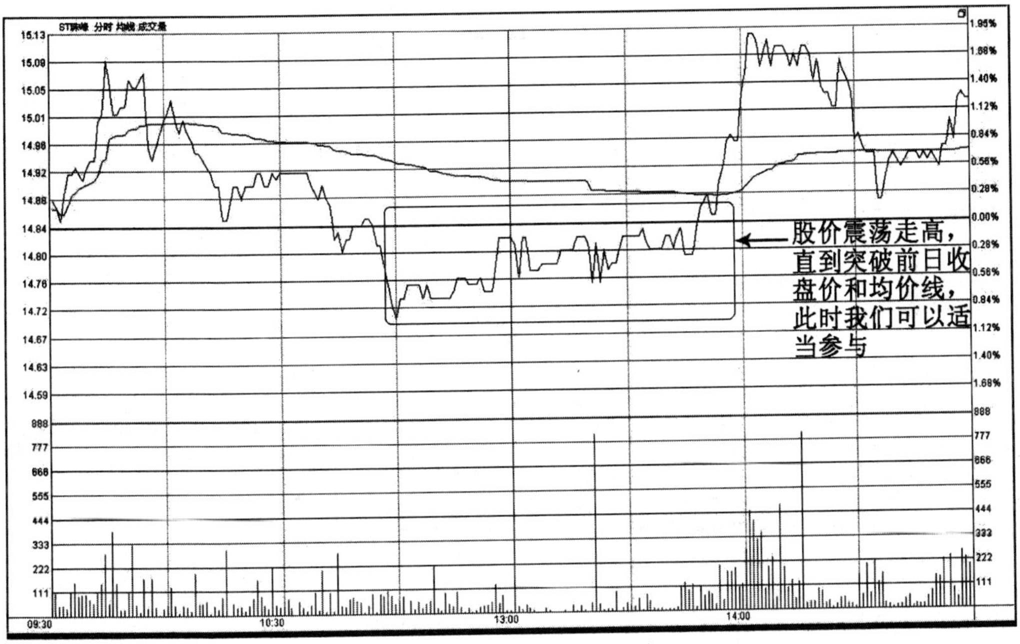

图 5－48　ST 珠峰　600338

十七、尾盘急跌

起涨信号

尾盘急跌属于股价的异常波动，肯定是另有意图。一般来说，尾盘急跌很可能是做盘，目的在于让日 K 线难看，以达到洗盘的目的。当然这是建立在股价整体走势向好的基础之上，如果股价处于明显的高位，尾盘急跌则很可能是主力的砸盘行为，此时抢进无疑是自取灭亡。

尾盘急跌的次日股价往往还会低开，因此不必过早介入，等次日股价企稳再买进。如果次日高开则只能追高了，通常这是牛股表现，追高也值得。

图 5－49 是桐昆股份的两日分时图，投资者可以在行情软件上自行调出。图中桐昆股份前日高开低走，然后回升，在一个位置横盘震荡，涨幅 2 个点左右，可见还是多头占据优势。没想到该股在离收盘 15 分钟

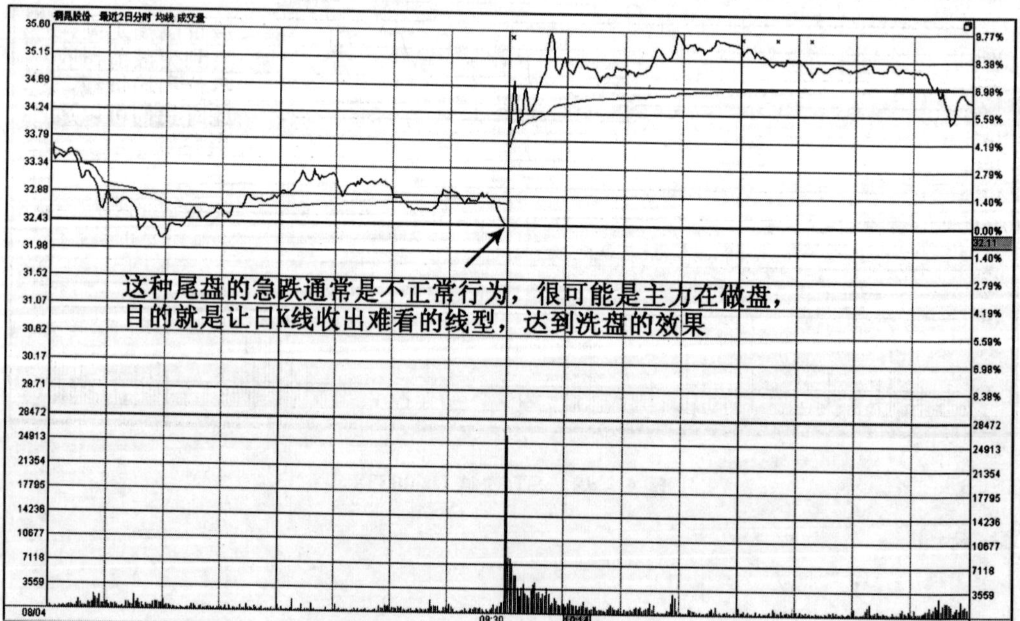

图 5－49　桐昆股份　601233

的时候突然掉头快速下跌，股价至收盘已经变成平盘，把当日涨幅全部吞没。这种尾盘的急跌通常是不正常行为，很可能是主力在做盘，目的就是让日K线收出难看的线型，最终让不坚定的投资者离场，达到洗盘的效果。胆大的投资者可以在低点挂单承接，等待后市股价恢复正常。次日该股高开高走，甚至冲击涨停板，虽然尾盘回落，但全天涨幅还是非常可观。

把尾盘急跌判定为洗盘行为是需要前提的。首先要保证股价的日线走势处于上升趋势中，且没有见顶迹象；其次要求大盘比较平稳，离开大盘来判断尾盘急跌也是不合理的。具备这两个条件后，尾盘的急跌就很可能是洗盘，投资者可以逢低买进。

图5－50是晶源电子两日分时图。图中晶源电子前日开盘急跌后回升，然后在一个位置横盘震荡，整体看还是多头优势，股价略有涨幅。在收盘前半小时，该股突然跳水，股价快速下跌，至收盘已经是平盘，把当日涨幅全部吞没。这种尾盘的急跌自然是不正常的，很可能是主力做盘，让日K线变得难看，达到洗盘的目的。次日该股顺势低开，但并

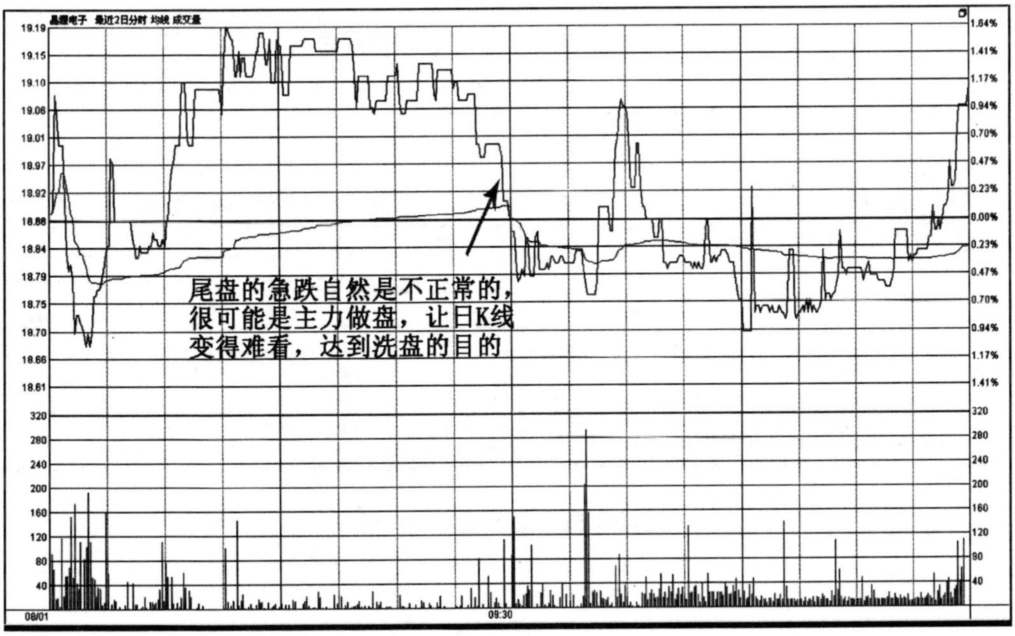

图5－50 晶源电子 002049

没有继续下跌，股价走势恢复正常，最后还收出红盘，如果能在低点介入，短线收获还不错。当然尾盘急跌并不一定是做盘，也可能是主力突击出货，这需要投资者对股价的整体走势有个了解。

图5-51是红宝丽的两日分时图。图中红宝丽前日震荡走高，当日大部分时间维持上升走势。我们注意当日尾盘的走势：离收盘还有半小时多点时间的时候，该股突然掉头直线下坠，几波打压后，当日涨幅已经被全部吞没。这种短时快速下跌通常是不正常行为，如果大盘正常，个股在尾盘股价突遭打压，很可能是主力做盘。次日该股可能会顺势低开，进一步吓阻投资者。洗盘目的达到后股价就会恢复正常走势，回到上升走势中。本例该股次日果然低开，全天走出一个U形的回升走势。投资者可以在低点介入，等待股价恢复上升走势。当然这一切建立在该股的日线走势是上升趋势的基础上，这个前提反复强调过。

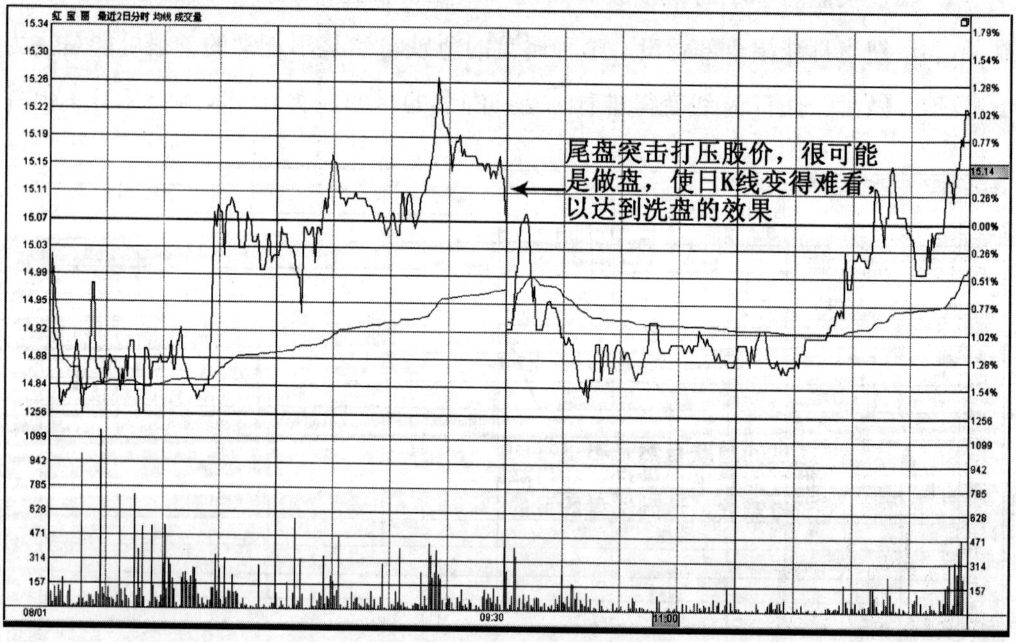

图5-51 红宝丽 002165